Werner Doralt • Steuerrecht 2016/17

Steuerrecht

2016/17

Ein systematischer Überblick

Stand 1. September 2016

von

Dr. Werner Doralt

em. o. Universitätsprofessor in Wien

18. Auflage

Wien 2016

MANZ'sche Verlags- und Universitätsbuchhandlung

Zitiervorschlag: *Doralt,* Steuerrecht 2016/17 [Tz]

1. Auflage: Steuerrecht 2001 (Stand 1. 1. 2001)
10. Auflage: Steuerrecht 2008/09 (Stand 1. 9. 2008)
11. Auflage: Steuerrecht 2009/10 (Stand 1. 9. 2009)
12. Auflage: Steuerrecht 2010/11 (Stand 1. 9. 2010)
13. Auflage: Steuerrecht 2011/12 (Stand 1. 9. 2011)
14. Auflage: Steuerrecht 2012/13 (Stand 1. 4. 2012)
15. Auflage: Steuerrecht 2013/14 (Stand 1. 9. 2013)
16. Auflage: Steuerrecht 2014/15 (Stand 1. 9. 2014)
17. Auflage: Steuerrecht 2015/16 (Stand 1. 9. 2015)
18. Auflage: Steuerrecht 2016/17 (Stand 1. 9. 2016)

ISBN 978-3-214-01917-4

Telefon: (01) 531 61-0
E-Mail: verlag@manz.at
www.manz.at
Bildnachweis: Mike Ranz
Datenkonvertierung und Satzherstellung: Ferdinand Berger & Söhne GmbH, 3580 Horn
Druck: Finidr, s. r. o., Český Těšín

„Mein Ziel ist es . . .“

„Mein Ziel ist es, in einer intelligenten Form Spielräume zu schaffen, um in die Wirtschaft zu investieren und damit Jobs zu schaffen“, erklärte der Bundeskanzler und kündigte damit erhöhte Abschreibungen für die Anschaffung von Anlagevermögen in Form einer degressiven AfA an (Kurier, 3. Juli 2016).

Schon im nächsten Satz kam allerdings die Einschränkung: „. . . befristet bis Ende 2017“.

Man reibt sich die Augen: Eine „intelligente Form“, um in die Wirtschaft zu investieren, und das aber befristet? – Ab 2018 ist es also mit der „intelligenten“ Förderung der Wirtschaft wieder vorbei?

Dabei kann man dem Bundeskanzler in der Sache nur zustimmen: Was vor vielen Jahren zum wirtschaftlichen Aufschwung maßgeblich beigetragen hat, gibt es heute nicht mehr. Investitionsbegünstigungen wie die vorzeitige Abschreibung von Anlagevermögen sind längst abgeschafft (in den USA sind rasche Abschreibungen vergleichsweise Standard), in der Wohnhaussanierung geht man sogar in die Gegenrichtung und erschwert steuerlich den Abzug von Erhaltungsaufwand. – Gesetzliche Mietzinsbeschränkungen mögen eine soziale Komponente haben, sie vermehren aber nicht die Zahl dringend benötigter Wohnungen. Steuerliche Förderungen von Wohnraumschaffung – allenfalls kombiniert mit Mietzinsbeschränkungen – sind kein Thema.

Ganz anders – vergleichsweise – die Situation in Deutschland: Dort können Klein- und Mittelbetriebe sogar für künftige Aufwendungen bis zu 40% der voraussichtlichen Anschaffungskosten von Anlagevermögen als „Investitionsabzugsbeträge“ geltend machen, und zusätzlich noch eine Sonderabschreibung von 20% als vorzeitige Abschreibung vornehmen (§ 7 g dEStG).

Beide Maßnahmen verbessern – wie die amtlichen Erläuterungen durchaus auch iS des Bundeskanzlers ausführen – „die Wettbewerbssituation von kleinen und mittleren Betrieben, sie erhöhen die Liquidität, sie erleichtern die Eigenkapitalbildung und stärken auf diese Weise die Investitions- und Innovationskraft.“

Für Österreich ein Vorbild in zweierlei Hinsicht: Erstens wären Abschreibungsbegünstigungen für Klein- und Mittelbetriebe ein Ausgleich für die Steuervorteile der Kapitalgesellschaft, und zweitens haben erhöhte Abschreibungen in der ESt im Hinblick auf den Spitzensteuersatz bis zu idR 50% eine höhere Hebelwirkung als in der Körperschaftsteuer. – Und was dazu kommt: Mit einer Einschränkung auf Klein- und Mittelbetriebe wären die steuerlichen Ausfälle überschaubar und ließen sich durch andere Maßnahmen relativ leicht ausgleichen.

Aber der Bundeskanzler hat ja selbst eine „intelligente“ Förderung der Wirtschaft auf die Zeit bis 2017 beschränkt.

Wien, im September 2016 *Werner Doralt*

Wie bei den Vorauflagen hat mich auch bei dieser Auflage Frau Mag. *Sabine Millauer* unterstützt, die Umsatzsteuer hat Herr Mag. *Mario Mayr* durchgesehen. Dafür danke ich herzlich.

Anregungen und Verbesserungsvorschläge bitte ich an meine E-Mail Adresse zu richten: werner.doralt@univie.ac.at

Inhaltsverzeichnis

Abkürzungsverzeichnis

AbgÄG	Abgabenänderungsgesetz
ABGB	Allgemeines Bürgerliches Gesetzbuch
AbgSiG	Abgabensicherungsgesetz
AEUV	Vertrag über die Arbeitsweise der EU
AfA	Absetzung für Abnutzung
AG	Aktiengesellschaft
AktG	Aktiengesetz
AÖF	„Amtsblatt der österreichischen Finanzverwaltung“
AVG	Allgemeines Verwaltungsverfahrensgesetz
AVOG	Abgabenverwaltungsorganisationsgesetz
B-VG	Bundes-Verfassungsgesetz
BAO	Bundesabgabenordnung
BewG	Bewertungsgesetz
BFG	Bundesfinanzgericht
BFH	Bundesfinanzhof
BgA	Betrieb gewerblicher Art
BMF	Bundesminister(ium) für Finanzen
BMR	Binnenmarktregelung
BStBl	Bundessteuerblatt (deutsch)
BudBG/BBG	Budgetbegleitgesetz
DBA	Doppelbesteuerungsabkommen
EAS	Express-Antwort-Service des BMF
EB	Erläuternde Bemerkungen zur Regierungsvorlage
ErbStG	Erbschafts- und Schenkungssteuergesetz
ESt(G)	Einkommensteuer(gesetz)
EStR	Einkommensteuer-Richtlinien
EuGH	Europäischer Gerichtshof
EUSt	Einfuhr-Umsatzsteuer
F-VG	Finanz-Verfassungsgesetz
FA	Finanzamt
FAG	Finanzausgleichsgesetz
FinStrG	Finanzstrafgesetz
FLAG	Familienlastenausgleichsgesetz
GebG	Gebührengesetz
GesbR	Gesellschaft bürgerlichen Rechts
GmbH	Gesellschaft mit beschränkter Haftung
GmbHG	Gesetz über Gesellschaften mit beschränkter Haftung
GoB	Grundsätze ordnungsmäßiger Buchführung
GrESt(G)	Grunderwerbsteuer(gesetz)
GrSt(G)	Grundsteuer(gesetz)
GSVG	Gewerbliches-Selbständigen-Sozialversicherungsgesetz
ig	innergemeinschaftlich
ImmoESt	Immobilienertragsteuer

iVm	in Verbindung mit
JGG	Jugendgerichtsgesetz
KESt	Kapitalertragsteuer
KG	Kommanditgesellschaft
KommSt(G)	Kommunalsteuer(gesetz)
KöR	Körperschaften öffentlichen Rechts
KSt(G)	Körperschaftsteuer(gesetz)
KStR	Körperschaftsteuerrichtlinien
KVG	Kapitalverkehrsteuergesetz
LStR	Lohnsteuerrichtlinien
LVO	Liebhabereiverordnung
MRG	Mietrechtsgesetz
OeNB	Oesterreichische Nationalbank
OG	Offene Gesellschaft
OGH	Oberster Gerichtshof
ÖStZ	„Österreichische Steuer-Zeitung“
ÖStZB	„Die finanzrechtlichen Erkenntnisse des VwGH und des VfGH“ – Beilage zur „Österreichischen Steuer-Zeitung“
RdW	„Recht der Wirtschaft“
RV	Regierungsvorlage
Slg	Sammlung (VwGH- bzw VfGH-Erkenntnisse)
SpaltG	Spaltungsgesetz
StabG	Stabilitätsgesetz
StGB	Strafgesetzbuch
StGG	Staatsgrundgesetz
StiftEG	Stiftungseingangssteuergesetz
StRefG	Steuerreformgesetz
StruktAnpG	Strukturanpassungsgesetz
SWI	„Steuer und Wirtschaft International“
SWK	„Steuer- und Wirtschaftskartei“
TP	Tarifpost
TS	Teilstrich
Tz	Textziffer
UB	Unbedenklichkeitsbescheinigung
UFS	Unabhängiger Finanzsenat
UFSG	Bundesgesetz über den Unabhängigen Finanzsenat
UGB	Unternehmensgesetzbuch
UID	Umsatzsteuer-Identifikationsnummer
UmgrStG	Umgründungssteuergesetz
USt(G)	Umsatzsteuer(gesetz)
UStR	Umsatzsteuerrichtlinien
VfGH	Verfassungsgerichtshof
vGA	verdeckte Gewinnausschüttung
VO	Verordnung
VwGH	Verwaltungsgerichtshof
VwGG	Verwaltungsgerichtshofgesetz

Kleine Stilkunde

„Einer plagt sich immer – der Autor oder der Leser“

Die ehemalige Präsidentin des OGH hat die bessere Verständlichkeit von Gerichtsentscheidungen eingemahnt und ebenso bescheinigt eine Diplomarbeit über die Sprache des VwGH und des VfGH den höchstrichterlichen Entscheidungen eine „auffallend überdurchschnittliche Satzlänge“; durch die langen Nebensätze entstünden häufig „lang gezogene Spannsatzrahmen mit einem beträchtlichen und unter Umständen verständnishemmenden Spannungsbogen“ *(Judith Langthaler).*

Ein Richter meinte dazu, es sei ihm kein Gesetz bekannt, das ihm vorschreibt, er müsse sich um Verständlichkeit bemühen. Ein anderer, auch als Fachautor bekannter Jurist meinte ähnlich, lange Sätze und Schachtelsätze seien Geschmacksache. Von einem früheren Legisten im BMF ist bekannt, dass er sich in Schachtelsätzen „baden“ konnte.

Es geht allerdings nicht darum, welcher Stil dem Verfasser eines Textes gefällt oder nicht gefällt, entscheidend ist vielmehr, dass der Leser den Text möglichst leicht versteht. Das muss unser Anliegen sein, gleichgültig, ob es sich um einen Fachbeitrag, um einen Schriftsatz an eine Behörde, ein Urteil oder um ein Gesetz handelt.

Konstruktive Kritik am fremden Text:

Eine bewährte Methode, seinen eigenen Stil zu verbessern, ist die „konstruktive Kritik am fremden Text“. Da wir in unseren eigenen Text „selbstverliebt“ sind, erkennen wir die Mängel leichter am fremden Text. – Es mag mühsam sein, hat aber einen hohen Lerneffekt, wenn wir versuchen, einen schwer verständlichen fremden Text umzuformulieren, um ihn lesbar zu machen.

Übrigens: Es gibt Stilfibeln, mit wertvollen Anregungen, zB von *Wolf Schneider* und *Tonio Walter.*

Werner Doralt

1. Regel: Vermeiden Sie lange Sätze

Lange Sätze mit oft mehr als 50, gelegentlich sogar mehr als 100 Wörtern sind einer der häufigsten Gründe, weshalb ein Text schwer lesbar ist. Daher ist eine der einfachsten Methoden, verständlicher zu schreiben: lange Sätze vermeiden.

Im Anhang finden Sie – als abschreckendes Beispiel – einen Satz mit 133 Wörtern aus einer Entscheidung des OGH.

Zählen Sie die Wörter in Ihren Sätzen: Ab 20 Wörtern sollten Sie vorsichtig werden, je mehr Wörter, desto mehr leidet die Verständlichkeit. Lösen Sie Nebensätze in selbständige Sätze auf (zB statt einen Nebensatz mit „weil" anzufangen, können Sie einen neuen Hauptsatz mit „denn" einleiten).

Ausnahmen gibt es zB dann, wenn Ausführungen nur aneinandergereiht werden.

2. Regel: Vermeiden Sie Schachtelsätze

Schachtelsätze machen einen Satz insbesondere dann schwer verständlich, wenn er lang ist, oder wenn mehrere Schachtelsätze hintereinander gereiht sind. Besonders erschwerend wirken Schachtelsätze, wenn sie Subjekt und Prädikat durch lange Nebensätze trennen.

Lange Sätze verbunden mit Schachtelsätzen sind die häufigsten Ursachen für einen schwer verständlichen Text. Indem Sie lange Sätze mit Schachtelsätzen vermeiden, gewinnen Sie bereits erheblich an Verständlichkeit.

Beispiel:

§ 12 Abs 1 Z 1 UStG (Vorsteuerabzug): „. . . Besteuert der Unternehmer nach vereinnahmten Entgelten (§ 17) – ausgenommen Unternehmen iS des § 17 Abs 1 zweiter Satz – und übersteigen die Umsätze nach § 1 Z 1 und 2 – hierbei bleiben die Umsätze aus Hilfsgeschäften einschließlich der Geschäftsveräußerung außer Ansatz – im vorangegangenen Veranlagungszeitraum 2.000.000 Euro nicht, ist zusätzliche Voraussetzung, dass die Zahlung geleistet worden ist . . ."

Alternative:

„. . . Versteuert der Unternehmer nach vereinnahmten Entgelten, muss außerdem die Zahlung geleistet sein; dies gilt nicht für Unternehmen, deren Umsätze im vorangegangenen Veranlagungsjahr 2.000.000 Euro überstiegen haben, wobei Umsätze von Hilfsgeschäften einschließlich der Geschäftsveräußerung außer Betracht bleiben, und für Unternehmungen iS des § 17 Abs 1 zweiter Satz . . ."

Anmerkung:

Richtig heißt es natürlich „Versteuert der Unternehmer . . ." und nicht „Besteuert . . ."

Die Hauptaussage ist durch Einschübe und Schachtelsatz zerrissen, gehört aber vorangestellt, die Ausnahmen gehören nachgereiht. Damit werden gleichzeitig die Verschachtelungen aufgelöst. Als Ausnahmen gehören die Unternehmen mit hohen Umsätzen den Versorgungsunternehmungen (§ 17

Abs 1 zweiter Satz) vorangereiht, weil sie für den Normadressaten die idR wichtigere Ausnahme sind.

Beispiel:

§ 28a FinstrG: Ein Beispiel, wie selbst ein Satz mit „nur" rund 40 Wörtern absolut unverständlich sein kann (siehe Anhang).

3. Regel: Verwenden Sie „dass"-Sätze sparsam

Unnötige „dass"-Sätze machen den Text holprig und stören den Lesefluss (wirken „wie eine Hacke"). Noch schlimmer ist es, wenn es sich um Treppensätze handelt (mehrere „dass" in einem Satz). Gerade in juristischen Texten ist der Satz vor dem „dass"-Satz häufig nur kurz und ohne relevante Aussage; erst der oft lange Nebensatz enthält die Hauptaussage. Nach dem ersten nichtssagenden Hauptsatz, ist die Hauptaussage bereits im ersten Nebensatz.

Beispiele:

- § 20 EStG normiert, dass ...
  Alternative: Nach § 20 EStG
- Der Autor vertritt die Auffassung, dass ...
  1. Alternative: Wie der Autor erklärt ...
  2. Alternative: Der Autor kommt zu folgendem Ergebnis: ...
- Voraussetzung ist, dass ...
  1. Alternative: Das gilt nur, wenn
  2. Alternative: Voraussetzungen sind:
- Es ist bekannt, dass es unzulässig ist, dass in öffentlichen Räumen geraucht wird.
  1. Alternative: Es ist bekannt, dass in öffentlichen Räumen nicht ...
  2. Alternative: Wie bekannt, darf in öffentlichen Räumen nicht ...
- Bemerkenswert ist, dass sich auch das Bezirksgericht für unzuständig erklärt hat.
  1. Alternative: Bemerkenswerterweise hat sich auch ...
  2. Alternative: Im Übrigen hat sich auch das Bezirksgericht ...
- Die Rechtslage sieht nunmehr vor, dass ...
  Alternative: Nach der neuen Rechtslage ...
- Der VwGH vertritt die Auffassung, dass ...
  1. Alternative: Nach Auffassung des VwGH ...
  2. Alternative: Wie der VwGH entschieden hat ...
  3. Alternative: Der VwGH kam zu folgendem Ergebnis: ...
- Der VwGH bestätigt die geltende Auffassung, dass ...
  Alternative: Der VwGH bestätigt die geltende Auffassung, nach der ...

Besonders hässlich sind „dass, wenn"-Sätze.

Beispiel:

- Es gibt den Grundsatz, dass, wenn der Gesetzgeber unterschiedliche Begriffe verwendet, er auch Unterschiedliches meint.

Notwendig ist ein „dass"-Satz, wenn der vorangehende Satz eine wichtige Aussage enthält; dann wirkt er auch nicht holprig.

- Der Kläger konnte nicht beweisen, dass . . .
- Die Zeit verging so schnell, dass . . .

4. Regel: Verwenden Sie „da" und „weil" richtig

Der Begründungssatz wird mit „da" eingeleitet, wenn er dem Satz mit der Folgeaussage vorangeht. Dagegen wird der Begründungssatz mit „weil" eingeleitet, wenn er dem Satz mit der Folgeaussage nachgereiht ist.

Beispiele:

- Da der Zeuge die Unwahrheit gesagt hat, wurde er wegen falscher Zeugenaussage verurteilt.
- Der Zeuge wurde wegen falscher Zeugenaussage verurteilt, weil er die Unwahrheit gesagt hat.

5. Regel: Achtung bei Verstärkerwörtern

Verstärkerwörter können auch abschwächen. Oft ist man versucht, eine Aussage mit einem Verstärkerwort zu betonen (zB sicher, sehr, genau, exakt). Die beabsichtigte Verstärkung kann allerdings gegenteilig wirken, meist ist sie unnötig oder weicht die Aussage sogar auf.

Beispiele:

- Der Zeuge hat sicher die Wahrheit gesagt.
  Alternative: Der Zeuge hat die Wahrheit gesagt.
  Anmerkung: In Prozessbehauptungen kann ein „sicher" sogar gefährlich sein, weil es die Frage provoziert: „Wie sicher sind Sie?"
- Bekanntes Beispiel aus einer Stilfibel: Der Freund flüstert seiner Freundin ins Ohr: „Ich liebe Dich sehr."
  (Kommentar überflüssig!)

6. Regel: Eher Zeitwörter als Hauptwörter verwenden

Verbalstil ist flüssiger zu lesen als Nominalstil. Das heißt nicht, dass man auf Hauptwörter verzichten soll – als formelhafte Begriffe können sie gerade bei juristischen Texten wichtig sein. Vielmehr sind überflüssige Substantivierungen zu vermeiden. Wenn es um Tätigkeiten geht, dann ist es besser, sie mit Tätigkeitswörtern auszudrücken, eben mit Zeitwörtern.

Beispiele:

- Ich stelle den Antrag auf Einvernahme des Herrn N. als Zeugen.
  Alternative: Ich beantrage, Herrn N. als Zeugen zu vernehmen.
- Die Behörde führt als Begründung an ...
  Alternative: Die Behörde begründet ...

7. Regel: Kündigen Sie Gegenmeinungen möglichst früh und ausdrücklich an

Wenn im Text eine Gegenposition erwähnt wird (gerade in juristischen Texten nicht selten), dann soll sie erstens als Gegenposition deutlich gemacht und außerdem so früh wie möglich angekündigt werden. Der Leser weiß dann sofort, dass eine Gegenposition kommt; damit erleichtern Sie dem Leser das Verständnis des (nachfolgenden) Textes.

Beispiele:

- Unbeschränkt Steuerpflichtige unterliegen mit ihren Welteinkommen der ESt. Beschränkt Steuerpflichtige unterliegen nur mit bestimmten Inlandseinkünften der ESt.
  Alternative: ... Dagegen unterliegen beschränkt Steuerpflichtige ...
- Der Kläger erklärte, er habe gesehen, wie das Fahrzeug nach rechts abgebogen ist. Der Beklagte erklärte, er habe gesehen, wie das Fahrzeug links abgebogen ist.
  Alternative: „... Der Beklagte erklärte dagegen ...“ oder noch besser „... Dagegen erklärte der Beklagte ...“

8. Regel: Verwenden Sie Tendenzwörter! Aber richtig!

Tendenzwörter sind Wörter, die das Positive oder Negative einer (bevorstehenden) Aussage erkennen lassen; sie erleichtern das Lesen. Nicht selten werden sie aber falsch angewendet und erschweren dann das Verständnis, statt es zu erleichtern.

Beispiele (überprüfen Sie selbst):

- Die Wahrscheinlichkeit, in einer Lawine umzukommen, ist groß.
- Die Gefahr, in einer Lawine umzukommen, ist groß (wohl besser!).
- Die Chance, in einer Lawine umzukommen ...

- Die Möglichkeit, in der Lotterie zu gewinnen, ist gering.
- Die Chance, ...

- Als Kolumbus starb, war der berühmte Entdecker schon halbwegs in Vergessenheit geraten.
- Die Chance, Opfer eines Terroranschlags zu werden ...
- Die Gefahr, Opfer ...
- „Kosten höher als erhofft.“ – Die Aussage irritiert, hohe Kosten waren wohl nicht „erhofft“; gemeint ist: „Kosten höher als erwartet.“
- „Insolvenzen: Österreich unter den Erwartungen.“
  Oder: „Insolvenzen: Österreich besser als erwartet.“
- Die Auswahl stieß auf Anerkennung.
  Die Auswahl fand Anerkennung.
- Feinstaubbelastung höher als die WHO „vorschreibt“ (besser wohl „zulässt“).
- Im ORF hieß es: Die Ergebnisse der Zentralmatura waren „besser als befürchtet“ (richtig wohl: „besser als erwartet“).

9. Regel: Hauptaussagen voranstellen (im Hauptsatz), Spezifizierungen oder Ausnahmen nachstellen (in Nebensätzen)

Beispiele:

- § 6 Z 5 EStG: „Einlagen sind wie folgt zu bewerten:
  a) Wirtschaftsgüter und Derivate ... sind mit den Anschaffungskosten anzusetzen ...
  b) Grundstücke ... sind mit den Anschaffungs- oder Herstellungskosten anzusetzen ...
  c) Abweichend von lit b sind Gebäude ...
  d) in allen übrigen Fällen ist der Teilwert im Zeitpunkt der Zuführung anzusetzen.“

  Alternative: Die allgemeine Regel gehört vorangestellt:
  „Einlagen sind mit dem Teilwert im Zeitpunkt der Zuführung anzusetzen; davon bestehen folgende Ausnahmen:
  a) ...
  b) ...
  c) ...“

  Siehe außerdem das Beispiel zum Vorsteuerabzug oben.

  § 8 Abs 4 Z 2 lit c KStG (Mantelkauf):

„Der Verlustabzug steht ab jenem Zeitpunkt nicht mehr zu, ab dem die Identität des Steuerpflichtigen infolge einer wesentlichen Änderung der organisatorischen und wirtschaftlichen Struktur im Zusammenhang mit einer wesentlichen Änderung der Gesellschafterstruktur auf entgeltlicher Grundlage nach dem Gesamtbild der Verhältnisse wirtschaftlich nicht mehr gegeben ist (Mantelkauf) ...“

Der Satz hat mit 45 Wörtern bereits eine Überlänge und ließe sich übersichtlicher gestalten:

„Der Verlustabzug steht ab jenem Zeitpunkt nicht mehr zu, ab dem die wirtschaftliche Identität des Steuerpflichtigen nicht mehr gegeben ist; das ist dann der Fall, wenn sich im Zusammenhang mit einer wesentlichen Änderung der Gesellschafterstruktur auf entgeltlicher Grundlage die organisatorische und wirtschaftliche Struktur nach dem Gesamtbild der Verhältnisse wesentlich geändert hat.“

Die Hauptaussage ist vorangestellt, die Spezifizierungen sind nachgestellt.

10. Regel: Vermeiden Sie „ich“ in wissenschaftlichen Arbeiten

Vermeiden Sie in wissenschaftlichen Fachpublikationen das „Ich“. Besser sind unpersönliche Formulierungen. Das „Ich“ wirkt meist eitel, es schwächt ab und lenkt von der Sache ab.

Beispiele:

- Ich habe in keinem Kommentar gefunden . . .
  Alternative: In keinem Kommentar findet sich . . .
- Freilich räume ich durchaus ein . . .
  Alternative: Freilich ist einzuräumen . . .
- . . . glaube ich, sagen zu können . . .
  Alternative: lässt sich wohl sagen (kann man wohl sagen) . . .
- Ich halte es für unnötig . . .
  Alternative: Es ist unnötig . . .
- Ungeachtet der Rechtsprechung lehne ich die Auffassung ab . . .
  Alternative: Ungeachtet der Rechtsprechung ist die Auffassung abzulehnen . . .

Anmerkung: Stellen Sie nicht Ihre Person in den Vordergrund, sondern die Sache. Das „Ich“ benötigen Sie nur dann, wenn Sie den Leser direkt ansprechen wollen (zB „für Anregungen bin ich dankbar“).

11. Regel: Machen wir uns in Fachbeiträgen (wissenschaftlichen Auseinandersetzungen) nicht zum Richter

Mit Wörtern wie „unzutreffend“ und „unrichtig“ in Fachbeiträgen machen wir uns zum Richter über andere. Das steht uns nicht zu, wirkt überheblich und verletzend; auch wir hätten keine Freude, wenn jemand anderer unsere Meinung derart abqualifiziert, selbst und gerade dann nicht, wenn er Recht hat und wir einen Fehler gemacht haben. Das Gleiche gilt für die Zustimmung, für das „Lob“. Auch wenn es freundlich klingt: Auch mit „zutreffend“ und „richtig“ maßen wir uns die Position des Richters an.

Schwächer, aber in der Sache nicht anders wirkt „überzeugend" bzw „nicht überzeugend".

Was richtig oder falsch ist, überzeugt oder nicht überzeugt, soll der Leser anhand unserer Argumente entscheiden; für die Zustimmung genügt „ebenso" oder „ebenso bereits". Für die gegenteilige Meinung genügt „anders"; dass Sie die andere Meinung nicht für richtig halten, ergibt sich bereits daraus, dass Sie sie nicht teilen.

Ebenso verletzend wie unnötig ist etwa die Bemerkung, der Autor habe „übersehen" oder er „ignoriere" oder „verkenne". Inhaltsgleich aber nicht verletzend wäre der Hinweis: Der Autor „lässt außer Betracht" (noch besser ist es, keinen Namen zu nennen, sondern zu formulieren: „. . . Diese Auslegung lässt außer Betracht . . ." oder: „Dagegen lässt sich einwenden . . ."

Die Regel, wie man mit einer anderen Meinung umgehen soll, ohne den anderen zu verletzen, ist einfach und alt: „Was du nicht willst, das man dir tut, das füg' auch keinem anderen zu."

Derartige Formulierungen sind unpassend und wirken anmaßend (zB: „Wie der OGH richtig erkannt hat", oder „zutreffend OGH" statt „Wie auch der OGH erklärt hat" bzw „ebenso OGH"; negative Beispiele siehe ÖJZ 2016, 416).

12. Regel: Belehrungen

Auch Belehrungen sind unpassend. Formulierungen wie etwa, der Gesetzgeber „wird gut beraten sein", befremden ebenso, wie die Empfehlung eine unbefriedigende Rechtslage „sollte den VfGH nicht in Versuchung führen, seine Kompetenzen zu überschreiten und selbst Gesetzgeber zu spielen". – Was erwartet sich der Autor von solchen Formulierungen?

13. Regel: Vermeiden Sie besonders hässliche Wörter (Unwörter)

Zu den besonders hässlichen Wörtern gehören zB „obig", „vor Ort", „oberstgerichtliche" oder etwa „seitens".

„Obig" ist nicht nur hässlich, sondern dient meist nicht einmal der beabsichtigen Präzisierung. Wenn Sie „obig" im Laufe des Textes verwenden (zB wie „obig" erwähnt, weiß der Leser genauso viel und genauso wenig, wie wenn Sie Passagen weglassen und sich auf „wie erwähnt" beschränken. Gerne wird „obig" zu Beginn eines Schreibens verwendet, um das im Betreff angeführte Thema nicht wiederholen zu müssen. Flüssiger zu lesen ist es allerdings, wenn Sie das Thema im Text wiederholen.

„Vor Ort" ist selten richtig und meist nur hässliche Journalistensprache. Wenn Sie sich am Unfallort befinden, dann sind Sie eben nicht „vor Ort".

Der „Oberste Gerichtshof" ist ein „Höchstgericht" und kein „Oberstgericht". Daher gibt es auch keine „oberstgerichtliche Entscheidung" sondern eine „höchstgerichtliche Entscheidung". In der Regel ergibt sich aus dem

Text, welches Höchstgericht gemeint ist; ist dies nicht der Fall, müssen wir das Gericht beim Namen nennen.

Statt „seitens" besser „von": Nicht „seitens der Partei wurde angemerkt", sondern „von der Partei wurde angemerkt".

14. Regel: Wohin mit Paragraphen, Geschäftszahlen und BGBl-Zahlen?

Paragraphen eines Gesetzes und Geschäftszahlen eines Erkenntnisses oder Urteils sind zwar wichtig, meist aber nur als Zusatzinformation von Interesse. Stehen sie mitten im Satz, dann muss der Leser sie trotzdem mitlesen; setzt man sie dagegen nach der Aussage oder am Schluss des Satzes oder Absatzes in eine Klammer, dann kann der Leser diese Information überspringen. Der Text ist flüssiger zu lesen.

Beispiele:

- Der VwGH hat in seiner Entscheidung vom 1. 3. 2002, 13/14/2001, Slg 2193 erklärt, dass Aufwendungen für ein Arbeitszimmer, das den Mittelpunkt der Tätigkeit bildet, als Betriebsausgaben abzugsfähig sind.
  1. Alternative: Der VwGH hat entschieden, dass ... abzugsfähig sind (E 1. 3. 2002 ...).
  2. Alternative: Nach der Rechtsprechung des VwGH sind ... abzugsfähig (E 1. 3. 2002 ...).
  3. Alternative: Aufwendungen für ein Arbeitszimmer sind als Betriebsausgaben abzugsfähig, wenn es den Mittelpunkt der Tätigkeit bildet (VwGH 1. 3. 2002 ...).
- Nach § 1 EStG sind natürliche Personen mit einem Wohnsitz im Inland unbeschränkt steuerpflichtig.
  Alternative: Natürliche Personen mit einem Wohnsitz im Inland sind unbeschränkt steuerpflichtig (§ 1 EStG).
- Das mit BGBl I 2007/104 geänderte Gesetz hat nunmehr folgenden Wortlaut ...
  Alternative: Das Gesetz wurde geändert (BGBl ...) und hat nunmehr folgenden Wortlaut ...

15. Regel: Wortwiederholungen vermeiden?

In der Schule haben wir gelernt, dass wir Wortwiederholungen vermeiden sollen.

In der Fachsprache ist dieser Grundsatz mit Vorsicht zu gebrauchen – Wortwiederholungen dienen oft der Präzisierung oder umgekehrt: Wechselt man die Begriffe, bloß um eine Wortwiederholung zu vermeiden, kann die Aussage unpräzise werden. Daher im Zweifel: Keine Scheu, dieselben Begriffe zu wiederholen, wenn dies der Klarheit dient.

16. Regel: Achten Sie auf die Stellung im Satz

Aus einer Presseaussendung:

„Die Staatsanwaltschaft darf einzig und alleine in Österreich entscheiden, ob jemand angeklagt wird oder nicht."

Was ist hier gemeint? „Nur in Österreich darf die Staatsanwaltschaft alleine entscheiden, ob . . ."

Oder: „Nur die Staatsanwaltschaft darf in Österreich entscheiden, ob . . ."

17. Regel: „Gendern" mit Blähsätzen?

Dass es dem Gesetzgeber vollkommen gleichgültig ist, ob ein Gesetz verständlich formuliert ist, zeigt *§ 41 ZahnärzteG:*

„(1) Wenn eine Person . . . eine Schadenersatzforderung erhoben hat, so ist der Fortlauf der Verjährungsfrist von dem Tag an, an welchem der/die Schädiger/Schädigerin, sein/seine bzw. ihr/ihre bevollmächtigter/bevollmächtigte Vertreter/Vertreterin oder sein/ihr Haftpflichtversicherer oder der Rechtsträger jener Krankenanstalt, in welcher der/die genannte Angehörige des zahnärztlichen Berufs tätig war, schriftlich erklärt hat, zur Verhandlung über eine außergerichtliche Regelung der Angelegenheit bereit zu sein, gehemmt."

Oder ein anderes Beispiel aus dem Oö Feuerwehrgesetz:

„§ 14 Abs 3: Die Pflichtbereichskommandantin bzw der Pflichtbereichskommandant kann im Einzelfall die Einsatzleitung einer der dazu bereiten Kommandantin bzw einem dazu bereiten Kommandanten eingesetzten Feuerwehrkräfte, der Abschnitts- oder Bezirks-Feuerwehrkommandantin bzw dem Abschnitts- oder Bezirks-Feuerwehrkommandanten, der Landes-Feuerwehrinspektorin bzw dem Landes-Feuerwehrinspektor oder der Landes-Feuerwerkommandantin bzw dem Landes-Feuerwehrkommandanten oder deren bzw dessen Stellervertreterin bzw Stellvertreter übertragen, soweit es aus einsatztechnischen oder einsatztaktischen Gründen nötig ist."

Kritisch auch: *Gerlinde Ondrej,* Rechtspanorama, 13. 12. 2010; abschreckend dagegen *Lugner,* ÖJZ 2009, 983 über die „Differenzierung zwischen Notar/e/innen und Rechtsanwält/e/innen".

Schlussbemerkung

Die hier dargestellten Vorschläge sind relativ willkürlich, sowohl in der Auswahl wie auch in ihrer Reihenfolge, und lassen sich auch selbst wieder kritisch hinterfragen. An Stilregeln braucht man sich nicht sklavisch halten; wichtig ist jedoch, eine Sensibilität dafür zu entwickeln, ob der Text, den man geschrieben hat, für den Adressaten möglichst leicht verständlich ist.

Anhang

Zwei besonders abschreckende Beispiele, das eine aus einer Entscheidung des OGH, das andere aus dem Finanzstrafgesetz:

1. **Aus einem Urteil des OGH** zum Schadenersatz des geschädigten Unfallhelfers (OGH 10. 4. 2008, 2 Ob 43/08z; ein Satz mit 133 Wörtern!):

   „. . . Auch wenn es im dort entschiedenen Anlassfall darum ging, dass der Hilfe leistende Dritte vom ‚Täter' selbst (der seinen Pkw nach Verursachung eines Parkschadens am Kfz der Kl schuldhaft gegen das Abrollen auf einer abschüssigen Straße nicht ausreichend abgesichert hatte, sodass sein Gegner nach Bemerken, dass das Fahrzeug zu rollen begann, hinterherlief, um es zum Stehen zu bringen, und hierbei sturzbedingt überrollt wurde) den Ersatz des bei seiner Eingriffshandlung erlittenen Schadens begehrte (und auch zugesprochen erhielt), während im vorliegenden Fall nicht der in der Gruppe der Hilfe Leistenden hineinfahrende und diese verletzende Lenker, sondern die den Hilfseinsatz auslösende Lenkerin (bzw für diese der Verband) in Anspruch genommen wird, so kann doch auch bei dieser Fallkonstellation die adäquate Verursachung dieses weiteren Folgeunfalls durch die Verursacherin des ersten Unfalls nicht ernsthaft in Zweifel gezogen werden . . ."

2. **§ 28a FinStrG** (Verbandsverantwortlichkeit): Selbst ein noch halbwegs kurzer Satz mit rund 40 Wörtern kann absolut unverständlich sein (weitere Beispiele aus der FinStrG-Novelle 2010 siehe *Doralt,* RdW 2011, 506).

   „Die Verbandsgeldbuße ist, sofern in den Tatbeständen nichts anderes bestimmt wird, jedoch nach der für die Finanzvergehen, für die der Verband verantwortlich ist, angedrohten Geldstrafe, unter den Voraussetzungen des § 15 Abs 2 jedoch nach dem 1,5-fachen dieser angedrohten Geldstrafe, zu bemessen."

   Alternative: „Sofern in den Tatbeständen nichts anderes bestimmt wird, ist die Verbandsgeldbuße nach der Geldstrafe zu bemessen, die für die Finanzvergehen angedroht ist, für die der Verband verantwortlich ist. Unter den Voraussetzungen des § 15 Abs 2 erhöht sich die Geldstrafe um 50%."

   Oder noch einfacher: „. . . ist die Verbandsgeldbuße nach der Geldstrafe zu bemessen, die für den Täter angedroht ist . . ."

3. OGH zur Verhängung einer Untersuchungshaft (OGH 13. 3. 2015, 11 Os 14/15s, ein Satz mit 165 Wörtern), ein Prunkstück an Unverständlichkeit:

   „Allein der Umstand, dass im Haftrecht der StPO die Situation nicht vorgesehen ist, dass sich die aufgrund einer gerichtlich bewilligten Festnahmeanordnung in ‚Verwahrungshaft' zu nehmende (weiter anzuhaltende) und ohne Aufschub in die Justizanstalt des zuständigen Gerichts einzuliefernde Person bereits (unmittelbar vor der Entlassung aus einer Strafhaft) in einer Justizanstalt befindet, und dass deshalb im gegenständlichen Fall – über Veranlassung der Staatsanwaltschaft auf Grund einer dem Beschuldigten samt schriftlicher Rechtsbelehrung ausgefolgten gerichtlich bewilligten Festnahmeanordnung (ON 14 in ON 11; ON 39) – die Übernahme aus der Strafhaft in eine ‚Anhaltung' sowie die weitere Überstellung durch die Justizwache (vgl Vollzugsinformation in ON 11; ON 39 S 7–13) ohne Zwischenschaltung der Kriminalpolizei (die den Betroffenen auf Grundlage der gerichtlich bewilligten Festnahmeanordnung unmittelbar im Anschluss an die Entlassung aus der Strafhaft ohnedies lediglich in Verwahrung zu nehmen und in die zuständige Justizanstalt einzuliefern hätte) bewerkstelligt wurde, konnte – ebenso wie die unterlassene Belehrung nach Art 36 Abs 2 WÜK – keinen Einfluss auf die Zulässigkeit der nachfolgenden, die ‚Verwahrungshaft' (Anhaltung) jedenfalls beendenden (*Kirchbacher/Rami,* WK-StPO Vor §§ 170–189 Rz 6) Verhängung der Untersuchungshaft haben, weil die für eine solche geltenden Haftkriterien (§ 173 StPO; *Kier* in WK^2 GRBG § 2 Rz 84; *Kirchbacher/Rami,* WK-StPO § 173 Rz 1) dadurch nicht berührt werden (vgl ON 55 S 10; mit Verweis darauf auch ON 56 S 3)."

I. Einführung

1. Entwicklung des Steuerrechts

(Doralt/Ruppe I[11], Tz 6ff)

Die Entwicklung des modernen Steuerrechts setzt mit dem Ende des 18. Jahrhunderts ein. 1

Erst in der Zeit der Aufklärung entstand die Forderung, dass Abgaben gerecht sein müssen. Eine der Ursachen der **Französischen Revolution** war die Steuerwillkür. Aus der Forderung nach gerechten Steuern entwickelten sich die Steuern auf das Einkommen, die die Leistungsfähigkeit berücksichtigen sollten; die erste effektive Einkommensteuer wurde in England eingeführt, um den Krieg gegen Napoleon zu finanzieren.

Gleichzeitig mit der damals einsetzenden Industrialisierung und dem Übergang von der Naturalwirtschaft (Selbstversorgung) zur Geldwirtschaft wurden die Voraussetzungen für ein modernes Steuerrecht geschaffen, das an den Geldverkehr anknüpfen konnte. Mit der Industrialisierung wuchsen auch die Staatsaufgaben, und es entstand damit das Bedürfnis des Staates nach einem regelmäßigen und gesicherten Steueraufkommen.

In Österreich etablierte sich im **Laufe des 19. Jahrhunderts** ein System von **Verbrauchsteuern** und **Verkehrsteuern** (Gebührengesetz 1850). Auf dem Gebiet der direkten Steuern gab es zunächst ein zersplittertes System verschiedener Ertragssteuern, die ua die gewerblichen Einkünfte und den Mietzins erfassten, bis 1898 das **Personalsteuergesetz** in Kraft trat, mit dem im Wesentlichen das Einkommen erfasst wurde. 1923 wurde in Österreich die **Warenumsatzsteuer** eingeführt.

1938 wurde in Österreich das **reichsdeutsche Steuerrecht** übernommen und **1945** mit dem **Rechtsüberleitungsgesetz 1945** in den österreichischen Rechtsbereich übergeleitet. In den Folgejahren wurden die deutschen Steuergesetze mit oft nur geringfügigen Änderungen als österreichische Steuergesetze neu beschlossen („Austrifizierung" der reichsdeutschen Steuergesetze; zB UStG 1951, EStG 1953).

In den Grundstrukturen stimmt das österreichische Steuerrecht auch heute noch mit dem deutschen Steuerrecht überein. Hinzu kommen Steuerharmonisierungen innerhalb der EU vor allem im Bereich der Umsatzsteuer und der Verbrauchsteuern. Daher kann zur Auslegung des österreichischen Steuerrechts oft auf die (umfangreiche) deutsche Literatur und auf die Rechtsprechung des deutschen Bundesfinanzhofs zurückgegriffen werden.

2. Einteilung der Steuern

(Doralt/Ruppe I[11], Tz 16 ff)

2 Die Steuern lassen sich nach verschiedenen Kriterien einteilen:

- Nach der **Finanzverfassung** wird danach unterschieden, welche Gebietskörperschaft die einzelne Steuer erhebt und welchen Gebietskörperschaften die Erträgnisse zufließen (Bundes-, Landes-, Gemeindesteuern).
- Nach der **Anknüpfung** wird danach unterschieden, ob die Steuern an persönliche Umstände, an bestimmte Objekte oder an bestimmte Vorgänge anknüpfen (Personensteuern, Objektsteuern, Verkehrsteuern).
- Nach der **Erhebungsform** wird danach unterschieden, wie die Steuern erhoben werden (Veranlagungssteuern, Selbstbemessungsabgaben, Abzugssteuern).
- **Finanzwissenschaftlich** werden direkte und indirekte Steuern unterschieden, je nachdem, ob der Steuerschuldner die Steuer auch wirtschaftlich tragen soll.

Bundes-, Landes- und Gemeindeabgaben

Auf der Grundlage des Finanz-Verfassungsgesetzes werden im **Finanzausgleichsgesetz** die Erträgnisse (Ertragshoheit) bzw die Einhebung (Verwaltungshoheit) dem Bund, den Ländern oder Gemeinden zugewiesen (ausführlich *Doralt/Ruppe* II[7], Tz 8 ff).

Gemeinschaftliche Bundesabgaben: Die Erhebung erfolgt durch den Bund, der Ertrag wird zwischen Bund, Ländern und Gemeinden aufgeteilt (zB ESt, KSt, USt).

Ausschließliche Bundesabgaben: zB Gebühren nach dem Gebührengesetz.

Ausschließliche Landesabgaben: zB Feuerschutzsteuer.

Zwischen Ländern und Gemeinden geteilte Abgaben: Fremdenverkehrsabgaben.

Ausschließliche Gemeindeabgaben: zB Kommunalsteuer, Grundsteuer.

Während der Bundesgesetzgeber nach der Finanzverfassung bei der Schaffung neuer Abgaben frei ist (uneingeschränktes Abgabenerfindungsrecht auf Grund der Kompetenzkompetenz), haben die Länder nur ein eingeschränktes Abgabenerfindungsrecht: Sie können zwar grundsätzlich neue Abgaben einführen, doch darf die Landesabgabe einer bereits bestehenden Bundesabgabe nicht „gleichwertig" sein (§ 8 Abs 3 F-VG).

Gemeinden können nur auf Grund einer Ermächtigung des Bundes bzw des Landes bestimmte Abgaben einheben; die Gemeinde hat dann nur ein Beschlussrecht, ob sie die Abgabe einheben möchte oder nicht (§ 7 Abs 5 und § 8 Abs 5 F-VG).

Der Bund kann sich die einheitliche Regelung von Landes- und Gemeindeabgaben vorbehalten. Beispiele sind die Grundsteuer und die Kommunalabgabe (§ 7 Abs 3 F-VG); sie sind Gemeindeabgaben, aber bundesgesetzlich geregelt.

Zu den finanzverfassungsrechtlichen Vorgaben kommen EU-rechtliche Vorgaben hinzu: zB widersprach die frühere Getränkesteuer der Verbrauchsteuer-Richtlinie.

Personensteuern, Objektsteuern, Verkehrsteuern, Verbrauchsteuern

Personensteuern knüpfen hinsichtlich des Steuergegenstandes und der Steuerhöhe an personenbezogene Merkmale an; Personensteuern sind die Einkommensteuer und die Körperschaftsteuer (bis 1. 8. 2008 auch die Erbschafts- und Schenkungssteuer). Den Personensteuern gemeinsam ist die Anknüpfung an den Wohnsitz bzw Sitz (bei juristischen Personen).

Objektsteuern (Sachsteuern) knüpfen hingegen an bestimmte Gegenstände an; zu den Objektsteuern gehört zB die Grundsteuer.

Verkehrsteuern knüpfen an bestimmte Vorgänge im wirtschaftlichen oder im rechtlichen Verkehr an (Umsatzsteuer, Rechtsverkehrsteuern).

Verbrauchsteuern knüpfen an den Verbrauch an (Tabaksteuer, Mineralölsteuer).

Die Einteilung in Personensteuern und andere Steuern ist allerdings weitgehend unergiebig und überschneidet sich zum Teil. ZB ist die Körperschaftsteuer zwar eine Personensteuer, hat aber zunehmend starke Züge einer Objektsteuer angenommen. Die USt ist eine Objektsteuer und zugleich eine Verkehrsteuer und Verbrauchsteuer.

Veranlagte Steuern, Selbstbemessungsabgaben und Abzugssteuern

Veranlagungssteuern werden auf Grund einer Steuererklärung mit Bescheid vorgeschrieben.

Selbstbemessungsabgaben hat der Steuerpflichtige selbst zu ermitteln und abzuführen. Selbstbemessungsabgaben sind zB die USt-Vorauszahlung, der Dienstgeberbeitrag zum Familienlastenausgleichfonds und die Kommunalsteuer.

Abzugssteuern behält der Zahlungspflichtige (= Leistungsempfänger) bei Auszahlung des Entgelts auf Rechnung des Zahlungsempfängers (= Steuerpflichtigen) ein und führt sie an den Fiskus ab (zB Lohnsteuer, Kapitalertragsteuer).

Direkte und indirekte Steuern

Die Unterscheidung zwischen direkten und indirekten Steuern richtet sich danach, ob die Steuer überwälzt werden kann: **Direkte Steuern** trägt der Steuerschuldner auch wirtschaftlich selbst, Steuerschuldner (Steuerzahler) und Steuerträger sind ident; zu den direkten Steuern werden die Personensteuern gezählt (ESt, KSt). **Indirekte Steuern** kann der Steuerschuldner (Steuerzahler) auf einen Dritten überwälzen, indem er sie auf den Preis aufschlägt oder in Rechnung stellt; indirekte Steuern sind die USt und die Verbrauchsteuern.

Die Abgrenzung zwischen direkten und indirekten Steuern ist insoweit problematisch, als die Überwälzbarkeit einer Steuer nicht vom Gesetzgeber beeinflusst werden kann, sondern von den Marktverhältnissen abhängt. Ob der Unternehmer die Steuer überwälzen kann, hängt von der „Preiselastizität" der Nachfrage ab: Ist die Preiselastizität gering, dh der Markt bzw die Nachfrage reagieren auf eine Preiserhöhung nicht, dann kann die Steuer leicht auf den Abnehmer überwälzt werden (zB Grundnahrungsmittel). Bei Luxusgütern ist dagegen die Preiselastizität höher; eine Steuererhöhung lässt sich nicht unbedingt im Preis unterbringen.

3. Die drei Funktionen der Steuern

3 **Steuern** erfüllen **drei Funktionen** (vgl *Beiser,* Steuern[13], Tz 1):

- *Finanzierungsfunktion* zur Finanzierung der Staatsausgaben (Primärfunktion),
- *Umverteilungsfunktion* zum Ausgleich der unterschiedlichen Leistungsfähigkeit der einzelnen Steuerpflichtigen,
- *Lenkungsfunktion* insbesondere zur Lenkung der Wirtschaft (zB Investitionsbegünstigungen).

Die **Finanzwissenschaft,** die sich mit den gesamtwirtschaftlichen Effekten der Besteuerung und ihren Auswirkungen auf die Volkswirtschaft beschäftigt, unterscheidet Steuern, Beiträge und Gebühren: **Steuern** sind Geldleistungen an Gebietskörperschaften ohne unmittelbare Gegenleistung; **Beiträge** sind Geldleistungen zur Errichtung bestimmter öffentlicher Einrichtungen im unmittelbaren Interesse der Beitragszahler (zB Kanalerrichtung, Straßen); **Gebühren** werden für bestimmte Dienstleistungen der öffentlichen Hand eingehoben (zB laufende Kanalgebühren). Der Gesetzgeber folgt nicht immer dieser Terminologie; zB sind die Gebühren nach dem Gebührengesetz finanzwissenschaftlich den Steuern zuzuordnen.

Zum Unterschied von der Finanzwissenschaft beschäftigt sich die **betriebswirtschaftliche Steuerlehre** mit den Steuerwirkungen auf den einzelnen Betrieb, zB unterschiedliche Besteuerung nach Wahl der Rechtsform.

4. Rechtsquellen des Steuerrechts

4 Die wichtigste Rechtsquelle im Steuerrecht ist das **Gesetz,** hinzu kommen zahlreiche **Verordnungen,** meist auf Grund ausdrücklicher gesetzlicher Ermächtigungen (zB Pauschalierungsverordnungen auf Grund des § 17 EStG); eine ausdrückliche gesetzliche Ermächtigung ist allerdings nicht notwendig (Art 18 Abs 2 B-VG; zB Liebhabereiverordnung).

5 Weitere Rechtsquellen ergeben sich aus dem Völkerrecht auf Grund der zwischenstaatlichen **Doppelbesteuerungsabkommen.**

6 Zunehmende Bedeutung auch für das Steuerrecht hat das **Europäische Gemeinschaftsrecht** teils auf Grund umfangreicher Richtlinien, die der nationale Gesetzgeber umzusetzen hat (zB Mehrwertsteuer), vor allem aber auch auf Grund der Grundfreiheiten des EG-Vertrages (siehe dazu unten Tz 528 f).

7 **Richtlinien** und **Erlässe** des BMF geben die Rechtsmeinung der Finanzverwaltung wieder; sie werden in der Regel auf der Homepage des BMF veröffentlicht. Richtlinien sind oft umfangreich, sie betreffen ganze Gesetze (EStR 2000, KStR 2013, UStR 2000); Erlässe ergehen zu Einzelfragen. Richtlinien und Erlässe des BMF sind zwar in keiner Weise verbindlich (keine normative Bedeutung), doch halten sich die Finanzämter an sie wie an ein Gesetz. Daraus ergibt sich eine de facto normative Wirkung, allerdings ohne höchstrichterliche Kontrolle, weil der VwGH und der VfGH (mit unterschiedlicher Begründung) sich nicht dafür zuständig halten. In Anbetracht der fehlenden Kontrolle ist die Rechtsauffassung des VwGH und des VfGH rechtstaatlich bedenklich.

II. Einkommensteuer

1. Allgemeines

(Doralt/Ruppe I[11], Tz 18ff)

Der ESt (EStG 1988) unterliegen **natürliche Personen** (§ 1); sie knüpft an persönliche Umstände an und zählt damit zu den **Personensteuern.** Die ESt wird vom Steuerschuldner grundsätzlich auch wirtschaftlich getragen, sie ist daher eine **direkte Steuer.** Nach dem Finanzausgleich wird die ESt vom Bund eingehoben und zwischen Bund, Ländern und Gemeinden aufgeteilt; damit gehört die ESt zu den **gemeinschaftlichen Bundesabgaben** (§ 8 Abs 1 FAG). 8

Die ESt erfasst das Einkommen der natürlichen Personen und ist damit eine Ertragsteuer; vergleichsweise ist die Körperschaftsteuer die Ertragsteuer der juristischen Personen (siehe Tz 201 ff).

Die ESt wird idR entweder vom Finanzamt dem Steuerpflichtigen direkt vorgeschrieben (idR auf Grund seiner Steuererklärung) oder sie wird vor Auszahlung der Einnahmen an den Steuerpflichtigen von der auszahlenden Stelle abgezogen und für den Steuerpflichtigen an das Finanzamt abgeführt.

Danach werden nach den Erhebungsformen unterschieden:

- Die ESt als **Veranlagungssteuer:** Das **Finanzamt** schreibt die Steuer dem Steuerschuldner mit Bescheid vor.
- Die ESt als **Abzugssteuer:** Die **auszahlende Stelle** zieht die Steuer vom Entgelt ab und führt sie an das FA ab, wie insbesondere die Lohnsteuer (Steuerabzug durch den Dienstgeber) und die Kapitalertragsteuer (Steuerabzug durch den, der die Kapitalerträge schuldet bzw auszahlt; zB bei Sparbüchern die Bank).

Die ESt wird von verschiedenen Prinzipien beherrscht; hervorzuheben sind das **Leistungsfähigkeitsprinzip,** das **Periodenprinzip** und das **Nettoprinzip.** 9

Leistungsfähigkeitsprinzip: Ausdruck des Leistungsfähigkeitsprinzips ist ua die Nichtbesteuerung des Existenzminimums und die **Berücksichtigung persönlicher Verhältnisse** im Rahmen der außergewöhnlichen Belastung. Der progressive Steuertarif wird teils als Ausdruck des Leistungsfähigkeitsprinzips gesehen, zum Teil als Ausdruck einer Sozialstaatlichkeit durch Umverteilung.

Periodenprinzip: Bei einer Besteuerung nach der Leistungsfähigkeit müsste das Lebenseinkommen erfasst werden; Zeiträume mit niedrigem Einkommen und Zeiträume mit hohem Einkommen müssten zur Ermittlung der Leistungsfähigkeit zusammengefasst werden. Da dies nicht möglich ist, wird der ESt das Einkommen des einzelnen Kalenderjahres zugrunde gelegt (Abschnittsbesteuerung; Periodenprinzip). Das Periodenprinzip führt allerdings dazu, dass Verluste in einer Periode mit Gewinnen einer anderen Periode nicht ausgeglichen werden können; nur unter bestimmten Voraussetzungen können Verluste einer Periode mit den Gewinnen einer späteren Periode verrechnet werden (Verlustabzug, siehe Tz 153).

Nettoprinzip: Nach dem Leistungsfähigkeitsprinzip darf der ESt nur das Einkommen unterworfen werden, das sich nach Abzug aller Ausgaben ergibt, die der Erzielung des Einkommens dienen; es darf kein fiktives Einkommen besteuert werden **(objektives Nettoprinzip).** Außerdem darf nur das Einkommen besteuert werden, das dem Steuerpflichtigen nach Abzug des Existenzminimums verbleibt **(subjektives Nettoprinzip).**

Ein weiteres Prinzip ist der Grundsatz der **Individualbesteuerung** im Gegensatz zur Haushaltsbesteuerung (Familienbesteuerung): Ehegatten werden individuell besteuert, während bei der Haushaltsbesteuerung die Einkommen beider Ehegatten zusammengerechnet und dann auf beide Ehegatten (oder auch auf die Zahl der Familienmitglieder) aufgeteilt werden. Beide Modelle haben unterschiedliche sozialpolitische Auswirkungen: Die Familienbesteuerung entlastet Familien mit einem Alleinverdiener, umgekehrt fördert die Individualbesteuerung die Berufstätigkeit der Frau, weil es steuerlich günstiger ist, wenn beide Ehegatten zum Familieneinkommen beitragen. Die in Österreich bestehende Individualbesteuerung berücksichtigt den Familienstand durch verschiedene Absetzbeträge.

2. Persönliche Steuerpflicht (§ 1)

(Doralt/Ruppe I[11], Tz 29 ff)

10 Personensteuern – und damit auch die Einkommensteuer – knüpfen regelmäßig an den **Wohnsitz** und an den **gewöhnlichen Aufenthalt** an (§ 1):

- **unbeschränkte Steuerpflicht:** Wer im Inland einen **Wohnsitz oder den gewöhnlichen Aufenthalt** hat, ist im Inland mit seinem gesamten Einkommen, also mit seinem Welteinkommen, steuerpflichtig (daher auch „Universalitätsprinzip").
- **beschränkte Steuerpflicht:** Wer im Inland **keinen Wohnsitz** und **keinen gewöhnlichen Aufenthalt** hat, ist nur mit seinen Einkünften aus dem Inland steuerpflichtig (daher auch „Territorialitätsprinzip").

Einen **Wohnsitz** iS der Abgabenvorschriften hat jemand dort, „wo er eine Wohnung innehat unter Umständen, die darauf schließen lassen, dass er die Wohnung beibehalten und benutzen wird" (§ 26 Abs 1 BAO), oder vereinfacht, wo jemand eine Wohnung innehat, die ihm jederzeit zur Verfügung steht. Ein Wohnsitz muss nicht der Hauptwohnsitz sein, auch der Zweitwohnsitz ist ein Wohnsitz; auf den Mittelpunkt der Lebensinteressen kommt es nicht an (siehe allerdings unten zur Zweitwohnsitzverordnung).

Einen Wohnsitz behält man zB auch dann, wenn man berufsbedingt für mehrere Jahre ins Ausland übersiedelt und die Wohnung in der Zwischenzeit nicht benützt. Der Stpfl muss die Wohnung für den eigenen Wohnbedarf nützen können; eine leerstehende Wohnung begründet keinen Wohnsitz. Die Wohnung steht dem Steuerpflichtigen jedenfalls dann nicht mehr jederzeit zur Verfügung, wenn er die Wohnung zur vollständigen Nutzung einem Dritten überlässt (Vermietung, Untervermietung); damit hat der Stpfl den Wohnsitz jedenfalls aufgegeben.

Einen Wohnsitz begründet zB auch eine Ferienwohnung, ein Untermietzimmer oder ein Hotelzimmer, wenn der Stpfl die Räumlichkeiten auf Dauer zur Nutzung übernommen (gemietet) hat.

Den **gewöhnlichen Aufenthalt** iS der Abgabenvorschriften hat jemand dort, „wo er sich unter Umständen aufhält, die erkennen lassen, dass er an diesem Ort oder in diesem Land nicht nur vorübergehend verweilt" (§ 26 Abs 2 BAO).

Bei einem **Aufenthalt von mehr als sechs Monaten** besteht jedenfalls unbeschränkte Steuerpflicht (§ 26 Abs 2 BAO).

Der gewöhnliche Aufenthalt ist ein Ersatztatbestand und erübrigt die uU schwierige Prüfung, ob ein Wohnsitz vorliegt.

Staatsangehörige aus der EU und dem EWR, die nur beschränkt steuerpflichtig sind, können beantragen, wie unbeschränkt Stpfl behandelt zu werden, wenn sie in Österreich einen wesentlichen Teil ihrer Einkünfte beziehen (dazu § 1 Abs 4 EStG). Damit lassen sich Nachteile vermeiden, die sich aus der beschränkten Steuerpflicht ergeben können (zB Hinzurechnungsbetrag beim Steuertarif, keine Berücksichtigung von außergewöhnlichen Belastungen).

Nach der **Zweitwohnsitzverordnung** besteht trotz Wohnsitz im Inland keine unbeschränkte Steuerpflicht, wenn 11

- die Wohnung im Inland höchstens 70 Tage im Jahr genutzt wird und
- der Mittelpunkt der Lebensinteressen im Ausland liegt.

Die Wirkung der Verordnung tritt zwar sofort ein, doch muss der Mittelpunkt der Lebensinteressen mindestens fünf Jahre lang im Ausland beibehalten werden; wird der Mittelpunkt der Lebensinteressen vor Ablauf von fünf Jahren in das Inland verlegt, tritt die unbeschränkte Steuerpflicht rückwirkend ein.

Mit der Zweitwohnsitzverordnung wurde in Wahrheit das Wohnsitzprinzip aufgegeben: Maßgeblich ist nicht der Wohnsitz, sondern der Mittelpunkt der Lebensinteressen im Inland. Zwar ist über die Nutzung der Wohnung im Inland ein Verzeichnis zu führen, doch lässt sich die tatsächliche Aufenthaltsdauer in der Praxis nicht überprüfen.

Die Verordnung ist daher im Gesetz nicht gedeckt (Art 18 B-VG); Steuerflüchtige, die in Steueroasen ansässig sind, können damit steuerunschädlich einen Zweitwohnsitz im Inland begründen. Das ist auch der erklärte Zweck der Verordnung; der Stpfl soll damit in den privaten Konsum im Inland investieren können. Trotz Wohnsitz im Inland sind daher diese Personen nicht unbeschränkt steuerpflichtig und damit gegenüber anderen Personen mit Wohnsitz im Inland begünstigt.

Doppelwohnsitz: Wer in mehreren Staaten jeweils einen Wohnsitz oder 12
in dem einen Staat einen Wohnsitz und in einem anderen Staat seinen gewöhnlichen Aufenthalt hat, unterliegt in jedem dieser Staaten der unbeschränkten Steuerpflicht. Damit kann es zur **Doppelbesteuerung** oder Mehrfachbesteuerung in verschiedenen Staaten kommen.

Zur Doppelbesteuerung kommt es auch dann, wenn die unbeschränkte Steuerpflicht in einem Staat mit der beschränkten Steuerpflicht in einem anderen Staat zusammentrifft (zB in dem einen Staat Wohnsitz, im anderen Staat eine Betriebsstätte).

Zur **Vermeidung der Doppelbesteuerung** dienen vor allem **Doppelbesteuerungsabkommen,** die das Besteuerungsrecht zwischen den einzelnen Staaten aufteilen (ausführlich Tz 176 ff).

Beginn und Ende der unbeschränkten Steuerpflicht

Die unbeschränkte Steuerpflicht beginnt mit der Geburt oder der Be- 13
gründung eines Wohnsitzes oder des gewöhnlichen Aufenthaltes im Inland und **endet** mit dem Tod des Stpfl oder der Aufgabe des Wohnsitzes oder des gewöhnlichen Aufenthaltes im Inland.

3. Sachliche Steuerpflicht – das Einkommen (§ 2)

(Doralt/Ruppe I[11], Tz 38ff)

14 Der Einkommensteuer ist das **Einkommen** zugrunde zu legen, das der Stpfl innerhalb eines Jahres bezogen hat (§ 2; sachliche Steuerpflicht, Steuergegenstand). Daher ist die ESt eine **Ertragsteuer.**

Einkommen ist im Wesentlichen

- der Gesamtbetrag der sieben Einkunftsarten,
- nach Ausgleich mit den Verlusten aus den Einkunftsarten,
- nach Abzug der Sonderausgaben und
- nach Abzug der außergewöhnlichen Belastungen.

4. Die sieben Einkunftsarten

(Doralt/Ruppe I[11], Tz 58ff)

15 Zum Einkommen zählen nur solche Einkünfte, die ausdrücklich unter eine der im Gesetz aufgezählten sieben Einkunftsarten fallen. Nicht zu den Einkünften zählen zB Schenkungen und Erbschaften, Schmerzengeld, Spielgewinne, Finderlohn.

Zu den sieben Einkunftsarten gehören:

1. Einkünfte aus Land- und Forstwirtschaft 2. Einkünfte aus selbständiger Arbeit 3. Einkünfte aus Gewerbebetrieb	betriebliche Einkünfte 1–3	Haupteinkunftsarten 1–4
4. Einkünfte aus nichtselbständiger Arbeit	außerbetriebliche Einkünfte 4–7	
5. Einkünfte aus Kapitalvermögen 6. Einkünfte aus Vermietung und Verpachtung 7. Sonstige Einkünfte.		Nebeneinkunftsarten 5–7

16 1. Nach der **Art der Einkünfteermittlung** werden unterschieden:

- **drei betriebliche Einkunftsarten,** bei denen sich die Einkünfte aus einer Gewinnermittlung ergeben (daher auch als „Gewinneinkünfte" bezeichnet);
- **vier außerbetriebliche Einkunftsarten,** bei denen sich die Einkünfte aus dem Überschuss der Einnahmen über die Werbungskosten ergeben (daher auch als „Überschusseinkünfte" bezeichnet).

Wirtschaftsgüter, die der Erzielung betrieblicher Einkünfte dienen, werden als **Betriebsvermögen** bezeichnet.

Wirtschaftsgüter, die der Erzielung außerbetrieblicher Einkünfte dienen, gehören zum **Privatvermögen** (ebenso wie auch ausschließlich privat genutztes Vermögen). Daher gehört idR sowohl die für eigene Wohnzwecke genutzte Eigentumswohnung als auch die vermietete Eigentumswohnung zum Privatvermögen.

Besteuerung von Wertzuwächsen im Privatvermögen: Ursprünglich war die Veräußerung von Vermögenswerten im außerbetrieblichen Bereich grundsätzlich nicht steuerpflichtig; nach Ablauf einer Spekulationsfrist konnte Privatvermögen steuerfrei veräußert werden. Mit dem BBG 2011 wurde zunächst die Veräußerung von Kapitalvermögen und mit dem 1. StabG 2012 auch die Veräußerung von Grundvermögen steuerpflichtig. Heute ist daher – nach Ablauf einer Spekulationsfrist – nur mehr die Veräußerung des übrigen Privatvermögens steuerfrei (insbesondere Antiquitäten, Bilder, Fahrzeuge).

2. Nach der **Subsidiarität** werden unterschieden: 17
- vier **Haupteinkunftsarten** (Erwerbseinkünfte),
- drei **Nebeneinkunftsarten** (insbesondere Vermögensverwaltung und Veräußerung von Privatvermögen).

Danach gehören Einkünfte aus der Verwaltung des eigenen Vermögens (Einkünfte aus Kapitalvermögen, Mieteinkünfte) und aus privaten Veräußerungsgeschäften nur dann zu den Nebeneinkunftsarten, wenn sie nicht zu den Haupteinkunftsarten zählen (Subsidiarität der Einkunftsarten).

Beispiele:

1. Zinsen aus einer Bankeinlage gehören nur dann zu den Einkünften aus Kapitalvermögen (5. Einkunftsart), wenn die Bankeinlage nicht zu einem Betriebsvermögen gehören, sondern zum Privatvermögen (§ 27 Abs 1).
2. Mieteinkünfte gehören dann zu den Einkünften aus Vermietung und Verpachtung (6. Einkunftsart), wenn das Gebäude zum Privatvermögen gehört (§ 28 Abs 1). Gehört dagegen das Mietgebäude zum Betriebsvermögen, dann gehören auch die Mieteinkünfte zu den betrieblichen Einkünften (ebenso auch der Veräußerungsgewinn).

4.1. Einkünfte aus Land- und Forstwirtschaft (§ 21)

Zu den Einkünften aus Land- und Forstwirtschaft gehören insbesondere 18
Einkünfte aus der
- Urproduktion (Landwirtschaft, Forstwirtschaft),
- Tierzucht mit eigenen landwirtschaftlichen Produkten,
- Jagd.

Rund 97% der land- und forstwirtschaftlichen Betriebe sind durch eine Verordnung pauschaliert; die Pauschalierung führt tendenziell zu einer erheblich niedrigeren Besteuerung der Land- und Forstwirtschaft als nach den tatsächlichen Verhältnissen. Begünstigt davon sind vor allem größere landwirtschaftliche Betriebe.

Nebenbetriebe zu einer Land- und Forstwirtschaft, die isoliert betrachtet einen Gewerbebetrieb darstellen, gehören zum land- und forstwirtschaftlichen Hauptbetrieb, wenn sie im Wesentlichen nur der **Verarbeitung eigener Produkte** dienen. Für sie ist der Gewinn durch Einnahmen-Ausgabenrechnung zu ermitteln.

Beispiele:

1. Sägewerk eines Forstbetriebs, Obstverarbeitung eines gärtnerischen (landwirtschaftlichen) Betriebs.
2. Die Vermietung von Zimmern mit insgesamt bis zu zehn Betten gehört als Nebenerwerb noch zur land- und forstwirtschaftlichen Tätigkeit (PauschVO, mit Betriebsausgabenpauschale).

4.2. Einkünfte aus selbständiger Arbeit (§ 22)

19 Zu den Einkünften aus selbständiger Arbeit gehören die Einkünfte

- aus **freiberuflichen Tätigkeiten** (insbesondere Künstler, Wissenschaftler, Schriftsteller, Journalisten, unterrichtende und erzieherische Tätigkeiten, Rechtsanwälte, Steuerberater, Architekten, Ärzte, medizinische Berufe);
- aus **vermögensverwaltenden Tätigkeiten** (nur die Verwaltung fremden Vermögens gehört zu den Einkünften aus selbständiger Arbeit, zB Hausverwalter, Aufsichtsratsmitglieder; im Werkvertrag und im freien Dienstvertrag tätige Geschäftsführer);

  Von der Tätigkeit des Vermögensverwalters für Dritte als selbständige berufliche Tätigkeit ist die Verwaltung des eigenen Vermögens zu unterscheiden; sie begründet keine eigene Einkunftsart, sondern gehört zu den Einkünften aus dem jeweiligen Vermögen (zB Verwaltung des eigenen Hauses; siehe dazu unten „Vermögensverwaltung" Tz 21).

- aus der Tätigkeit als **Gesellschafter-Geschäftsführer** von Kapitalgesellschaften, wenn er an der Kapitalgesellschaft wesentlich beteiligt ist (zu mehr als 25%) und von der Gesellschaft
  - Gehälter oder
  - sonstige Tätigkeitsvergütungen bezieht,

  und zwar auch dann, wenn seine Tätigkeit sonst alle Merkmale eines Dienstverhältnisses aufweist. Bei einer geringeren Beteiligung bezieht der Gesellschafter-Geschäftsführer idR nichtselbständige Einkünfte (siehe unten Tz 23).

Das Gesetz spricht nicht vom „Gesellschafter-Geschäftsführer", doch handelt es sich regelmäßig um solche.

Vereinfacht gesagt ist der Gesellschafter-Geschäftsführer mit seinen Bezügen von der Gesellschaft idR dann selbständig tätig, wenn er zu mehr als 25% beteiligt ist; bis zu 25% gilt er als nichtselbständig tätig (Tz 23). Unabhängig von einer Beteiligung an der Gesellschaft ist der Geschäftsführer auch dann selbständig, wenn er im Werkvertrag oder freien Dienstvertrag tätig ist; siehe auch unten, Exkurs zum Geschäftsführer im Arbeitsrecht, Sozialversicherungsrecht und Steuerrecht, Tz 33 ff.

Wichtig ist der Unterschied zwischen dem Gesellschafter-Geschäftsführer einer Kapitalgesellschaft und dem **Gesellschafter-Geschäftsführer einer Personengesellschaft;** beim Gesellschafter-Geschäftsführer einer Personengesellschaft sind die Geschäftsführerbezüge unabhängig von der Beteiligungshöhe als „Gewinnvoraus" Teil des Gewinnes aus der Gesellschaft, idR also gewerbliche Einkünfte (§ 23 Z 2; dazu Tz 22, ausführlich Tz 125).

4.3. Einkünfte aus Gewerbebetrieb (§ 23)

20 **Zu den Einkünften aus Gewerbebetrieb gehören Einkünfte aus einer selbständigen, nachhaltigen** Betätigung mit **Gewinnabsicht** und **Beteiligung am wirtschaftlichen Verkehr**.

- **Selbständigkeit** ist als Gegensatz zur nichtselbständigen Tätigkeit zu sehen (siehe unten Tz 23).

- **Nachhaltigkeit** bedeutet mit Wiederholungsabsicht. Dabei kommt es jedoch nicht auf die subjektive Absicht an, sondern darauf, ob nach objektiven Umständen mit einer Wiederholung zu rechnen ist. Auch eine einmalige oder nur kurzfristig ausgeübte Tätigkeit ist daher idR als nachhaltig anzusehen (zB einmalige Erstellung eines Gutachtens). Gelegentliche Leistungen können unter sonstige Einkünfte fallen (siehe unten Tz 30).
- **Gewinnerzielungsabsicht** ist von der bloßen Einnahmenabsicht zu unterscheiden.
- **Beteiligung am wirtschaftlichen Verkehr** liegt dann vor, wenn als Adressaten der Tätigkeit eine unbestimmte Anzahl von Personen in Betracht kommt.

Die gleichen Kriterien gelten auch für die anderen betrieblichen Einkünfte; deshalb grenzt das Gesetz die gewerblichen Einkünfte von den anderen betrieblichen Einkunftsarten folgendermaßen ab: Gewerbliche Einkünfte liegen nur dann vor, wenn keine land- und forstwirtschaftlichen Einkünfte und keine Einkünfte aus selbständiger Tätigkeit vorliegen (§ 23 Z 1). Danach gehen innerhalb der betrieblichen Einkunftsarten die Land- und Forstwirtschaft (§ 21) und die selbständige Arbeit (§ 22) den Einkünften aus Gewerbebetrieb (§ 23) vor (entspricht der Reihenfolge im Gesetz).

Vermögensverwaltung: Gewerbliche (betriebliche) Einkünfte liegen dann nicht 21
vor, wenn eigenes Privatvermögen nur verwaltet wird (Einkünfte aus Kapitalvermögen und aus Vermietung und Verpachtung; §§ 27, 28).

Vermögensverwaltung liegt dann vor, wenn eigenes Vermögen nur genutzt und nicht bewirtschaftet wird, wenn zB Kapitalvermögen verzinslich angelegt wird oder unbewegliches Vermögen nur vermietet oder verpachtet wird und keine weitere Dienstleistung erbracht wird (vgl § 32 BAO). Danach begründet zB die bloße Vermietung von Apartments Vermögensverwaltung. Stellt allerdings der Vermieter die Wäsche zur Verfügung und übernimmt er die regelmäßige Reinigung, dann wird die Vermögensverwaltung auf Grund der weiteren Dienstleistungen zur gewerblichen Tätigkeit (ausgenommen, wenn solche zusätzlichen Tätigkeiten wegen der geringen Anzahl der Zimmer nur in bescheidenem Umfang anfallen, VwGH 30. 9. 1999, 97/15/0027, ÖStZB 2000, 59). Vermögensverwaltung, die nicht unter die betrieblichen Einkünfte fällt, wird im Rahmen der außerbetrieblichen Einkünfte erfasst. „Vermögensverwaltung" ist nicht mit dem Beruf eines Vermögensverwalters zu verwechseln; der Vermögensverwalter verwaltet fremdes Vermögen und hat Einkünfte aus selbständiger Arbeit (zB Hausverwalter, siehe oben Tz 19).

Gesellschafter einer Personengesellschaft, die betriebliche Einkünfte erzielt 22
(OG, KG, GesbR ua) werden wie **Einzelunternehmer** behandelt: Die Personengesellschaft selbst ist im Rahmen der ESt nicht Steuersubjekt, die Gewinne werden den Gesellschaftern direkt zugerechnet (**Durchgriffsprinzip**). Ist eine Personengesellschaft land- und forstwirtschaftlich tätig, dann beziehen die Gesellschafter Einkünfte aus Land- und Forstwirtschaft (§ 21 Abs 2 Z 2). Übt die Personengesellschaft eine selbständige Arbeit aus, dann beziehen die Gesellschafter Einkünfte aus selbständiger Arbeit (§ 22 Z 3). Sind die Gesellschafter an einer Personengesellschaft mit betrieblichen Einkünften beteiligt, dann beziehen sie Einkünfte aus Gewerbebetrieb (§ 23 Z 2). Dagegen werden Gewinne von **Kapitalgesellschaften** zunächst bei der Kapitalgesellschaft besteuert (Körperschaftsteuer); der Gesellschafter unterliegt mit seinen Gewinnen aus der Kapitalgesellschaft erst dann der ESt, wenn die Gesellschaft die Gewinne an die Gesellschafter ausschüttet (**Trennungsprinzip**, zu Personengesellschaften Tz 123 ff).

Erzielt die OG oder KG ausschließlich Einkünfte aus Vermietung und Verpachtung, dann bezieht sie trotz ihrer Unternehmerform keine betrieblichen, sondern außerbetriebliche Einkünfte (vermögensverwaltende OG).

4.4. Einkünfte aus nichtselbständiger Arbeit (§§ 25, 26)

23 Zu den Einkünften aus nichtselbständiger Arbeit gehören insbesondere

- **Gehälter** und **sonstige Vorteile** aus einem bestehenden oder früheren **Dienstverhältnis;** Kriterien sind insbesondere Weisungsgebundenheit, Eingliederung in den Betrieb, kein Unternehmerwagnis (§ 47 Abs 2),
- **Pensionen** aus der gesetzlichen Sozialversicherung, und zwar unabhängig davon, ob die pensionsbegründende Tätigkeit eine nichtselbständige oder eine selbständige (gewerbliche) Tätigkeit war. Daher begründen auch Pensionsleistungen aus der gewerblichen Pensionsversicherung Einkünfte aus nichtselbständiger Arbeit.

Außerdem gelten als nichtselbständig tätig

- **Gesellschafter-Geschäftsführer** von Kapitalgesellschaften mit ihren Tätigkeitsvergütungen, wenn sie bis zu 25% an der Gesellschaft beteiligt sind, und zwar auch dann, wenn sie auf Grund ihrer Gesellschafterstellung weisungsfrei und daher keine Dienstnehmer sind (siehe dazu auch unten Tz 33 ff).

  Sind Gesellschafter-Geschäftsführer zu mehr als 25% beteiligt oder im Werkvertrag bzw im freien Dienstvertrag tätig, dann sind sie selbständig tätig (§ 22 Z 2).

- **Lehrbeauftragte**, zB an Universitäten.
- **politische Funktionäre** nach dem Bezügegesetz (zB Abgeordnete zum Nationalrat) oder vergleichbaren landesrechtlichen Vorschriften.

Politische Funktionäre werden deshalb als nichtselbständig behandelt, um sie in den Genuss der Lohnsteuervorteile kommen zu lassen (zB begünstigtes Urlaubs- und Weihnachtsgeld); zu den anderen Funktionsgebühren siehe Tz 31.

Dienstnehmerähnliche Tätigkeiten begründen Einkünfte aus selbständiger Arbeit oder aus Gewerbebetrieb (anders in der Sozialversicherung).

Zu den Einkünften aus nichtselbständiger Arbeit gehören auch **Sachbezüge** und andere **geldwerte Vorteile** und **Zuwendungen von dritter Seite.**

Die wichtigsten Sachbezüge wie zB zur Privatnutzung überlassener Firmen-Pkw, Wohnraumüberlassung, freie Station, sind teils im Gesetz (§ 15 Abs 2), teils in einer eigenen **Sachbezugsverordnung** geregelt (tendenziell eher zu niedrig bewertet).

Zuwendungen von dritter Seite sind zB Trinkgelder (allerdings steuerfrei, § 3 Abs 1 Z 16a) und Provisionen von Geschäftspartnern, gleichgültig, ob erlaubt oder unerlaubt (Bestechungsgelder).

Tagesgelder, **Kilometergelder, „Jobticket**“ und ähnliche Zahlungen, die der Arbeitnehmer zur Abgeltung der eigenen Kosten vom Arbeitgeber ersetzt erhält, sind steuerfrei bzw gehören nicht zu den Einkünften des Arbeitnehmers (§ 3 Abs 1 Z 16b, § 26 Z 4 und 5).

Steuerfrei sind ua
- **bestimmte Leistungen der öffentlichen Hand,** zB wegen Hilfsbedürftigkeit oder für Zwecke der Wissenschaft und Kunst (§ 3 Abs 1 Z 3);
- **Sachleistungen an Arbeitnehmer** wie verbilligte Mahlzeiten, Mitarbeiterrabatte (neu geregelt ab 2016), begünstigte Arbeitgeberdarlehen (§ 3 Abs 1 Z 17ff) und Benützung von Freizeiteinrichtungen (§ 3 Abs 1 Z 13);
- **Zuwendungen des Arbeitgebers** zur **Zukunftssicherung** seiner Arbeitnehmer bis zu 300 € jährlich und in Form von **Mitarbeiterbeteiligungen** am Unternehmen bis 3.000 € jährlich (§ 3 Abs 1 Z 15).

4.5. Einkünfte aus Kapitalvermögen (§§ 27, 27a)

Als Einkünfte aus Kapitalvermögen werden Erträge aus privatem Kapitalvermögen erfasst. Dazu gehören Einkünfte aus der 24
- Nutzung von Kapital (insb Zinsen und Dividenden),
- Veräußerung von Kapitalvermögen („realisierte Wertsteigerungen"),
- Einkünfte aus Derivaten.

Die Besteuerung erfolgt
- im Wege des Steuerabzuges durch den Schuldner der Kapitalerträge in Form der **Kapitalertragsteuer** mit dem „besonderen Steuersatz" von 25% bzw 27,5% (KESt; § 93), oder
- im Wege der Veranlagung idR zum Normalsteuersatz.

Der „besondere Steuersatz" von 25% bzw 27,5% kommt ausnahmsweise auch im Rahmen der Veranlagung zur Anwendung, wenn es sich um Kapitaleinkünfte aus dem Ausland handelt, die den KESt-pflichtigen Einkünften im Inland entsprechen.

Als **„Endbesteuerung"** bezeichnet man jene Fälle, in denen die Steuer mit dem „besonderen Steuersatz" abgegolten ist (25% bzw 27,5% statt dem Normaltarif).

1. Einkünfte aus der Nutzung von Kapital (§ 27 Abs 2 und 5)

Nach dem Gesetzeswortlaut erfasst das Gesetz die „Überlassung von Kapital"; „Überlassen" von Kapital ist jedoch zweideutig und kann sowohl die Nutzung als auch die Übertragung von Kapital bedeuten; gemeint ist hier die Nutzung (laufende Fruchtziehung). 24/1

Dazu gehören insbesondere:
- **Zinsen aus Bankeinlagen,** insbesondere Sparbücher, Bankkonten (25%, idR mit KESt endbesteuert),
- **Zinsen aus Forderungswertpapieren** (zB Anleihen, 27,5%, idR mit KESt endbesteuert),
- **Zinsen aus privaten Darlehen** einschließlich Wertsicherungsbeträge (Normalsteuersatz, nicht endbesteuert),

- **Gewinnanteile** aus Beteiligungen an Kapitalgesellschaften (27,5%, idR mit KESt endbesteuert); zu den Gewinnanteilen gehören auch verdeckte Gewinnausschüttungen (siehe dazu Tz 209),
- **Gewinnanteile aus echten stillen Gesellschaften** (Normalsteuersatz, nicht endbesteuert; siehe unten Tz 24/5).

Bei der **echten stillen Gesellschaft** erhält der Gesellschafter als Gegenleistung für seine Kapitaleinlage eine Beteiligung nur am Gewinn und Verlust; scheidet der stille Gesellschafter aus, dann erhält er nur seine Kapitaleinlage zurück. Ist dagegen der stille Gesellschafter darüber hinaus auch am Vermögen (einschließlich den Wertsteigerungen) und am Firmenwert beteiligt, liegt eine **unechte stille Gesellschaft** vor. Der unechte stille Gesellschafter ist dem Kommanditisten ähnlich und bezieht dann mit seinen Einkünften aus der Gesellschaft nicht Einkünfte aus Kapitalvermögen, sondern betriebliche Einkünfte (siehe dazu unten Tz 123 ff).

- **Versicherungsleistungen** aus Erlebensversicherungen (nicht endbesteuert; Normalsteuersatz). Damit sollen Leistungen aus Versicherungsverträgen erfasst werden, die einer Kapitalanlage vergleichbar sind. Steht dagegen der Vorsorgegedanke im Vordergrund (reine Ablebensversicherung), dann unterliegen die Versicherungsleistungen nicht der ESt. Steuerfrei sind danach
  - Versicherungen gegen laufende Prämien und
  - Versicherungen gegen Einmalprämien bei langer Laufzeit (mindestens zehn bzw fünfzehn Jahre).

Versicherungsleistungen aus einer Versicherung auf den Todesfall (reine Risikoversicherung) unterliegen nicht der ESt.

- Zuwendungen von **Privatstiftungen** (27,5%, idR endbesteuert),
- **sonstige Vorteile** aus Kapitalvermögen, zB Wertsicherungsbeträge, Gewinnanteile aus partiarischen Darlehen (Normalsteuersatz, nicht endbesteuert).

Der Kapitalertragsteuer von 25% bzw 27,5% unterliegen danach insbesondere:
- Zinsen aus Bankeinlagen, Sparbücher (25%),
- Forderungswertpapiere (27,5%),
- Gewinnanteile und sonstige Bezüge aus Aktien und GmbH-Anteilen (27,5%).

EU-Quellensteuergesetz: Für EU-Bürger ohne Wohnsitz in Österreich mit Bankeinlagen in Österreich hat die österreichische Bank von den Zinsen eine Quellensteuer (iHv 35%) einzuheben. Der ausländische Bankkunde kann aber die Quellensteuer vermeiden, wenn er der Bank eine Ansässigkeitsbescheinigung seines Finanzamtes vorlegt (mit dem automatischen Informationsaustausch ab 2017 aufgehoben).

2. Einkünfte aus der Veräußerung von Kapitalvermögen (§ 27 Abs 3 und 6)

24/2 Kapitalvermögen, dessen Früchte steuerpflichtig sind (insb Gewinnanteile, Zinsen), ist auch mit einem allfälligen **Veräußerungsgewinn** steuerpflichtig. Mit anderen Worten: sind die laufenden Erträgnisse aus einer Kapitalveranlagung steuerpflichtig, dann ist auch der Gewinn im Fall der Veräußerung steuerpflichtig (Beispiel: Da die Gewinnanteile aus einer Kapitalgesellschaft steuerpflichtig sind, ist auch der Gewinn aus der Veräußerung des Anteils an der Kapitalgesellschaft steuerpflichtig).

Das Gesetz spricht nicht von einer „Veräußerung" sondern von „realisierten Wertsteigerungen", doch handelt es sich dabei in erster Linie um Veräußerungen. Eine Steuerpflicht ohne Veräußerung tritt bei Anteilen an einer Kapitalgesellschaft zB dann ein, wenn der Steuerpflichtige in das Ausland übersiedelt und die Besteuerung im Zeitpunkt der späteren Veräußerung nicht sichergestellt ist („Wegzugbesteuerung" insb bei Wegzug in Drittstaaten; siehe dazu § 27 Abs 6).

Die Besteuerung erfolgt zum besonderen Steuersatz von 27,5%, grundsätzlich mit der KESt. Ist ein KESt-Abzug nicht möglich (insb Einkünfte aus dem Ausland), erfolgt die Besteuerung im Wege der Veranlagung.

Inkrafttreten der Besteuerung von Veräußerungsgewinnen: Die umfassende Besteuerung von Veräußerungsgewinnen aus Kapitalvermögen ist mit dem BBG 2011 eingeführt worden. Danach gilt nunmehr folgendes:
- Beteiligungen: steuerpflichtig unabhängig vom Anschaffungszeitpunkt;
- einzelne Aktien und Fondsanteile: steuerpflichtig, wenn ab 2011 angeschafft;
- andere Kapitalwerte (Anleihen usw): steuerpflichtig, wenn ab 1. 10. 2011 angeschafft.

3. Einkünfte aus Derivaten (§ 27 Abs 4)

Zu den Einkünften aus Derivaten gehören die Einkünfte aus verschiedenen Termingeschäften, zB Optionen. 24/3

Derivate („abgeleitete Werte") sind Finanzinstrumente, deren Wert von der Wertentwicklung bestimmter Wirtschaftsgüter abhängt (insb von der Kursentwicklung bestimmter Wertpapiere).

Einkünfte aus verbrieften Derivaten werden mit dem besonderen Steuersatz besteuert (27,5%; entweder als KESt oder im Wege der Veranlagung endbesteuert).

4. Verluste aus der Veräußerung von Kapitalvermögen

Verluste aus der Veräußerung von Kapitalvermögen sind im Wesentlichen nur mit Veräußerungsgewinnen aus gleichartig besteuerten Kapitalvermögen ausgleichsfähig und nur im selben Jahr (§ 27 Abs 8 Z 1 iVm § 93 Abs 6). 24/4

Beispiel:

Der Steuerpflichtige bezieht im Jahr 01
- Sparbuchzinsen,
- Gewinne aus der Veräußerung von Aktien an der A-Gesellschaft,
- Verluste aus der Veräußerung von Aktien an der B-Gesellschaft.

Die Verluste aus der Veräußerung der B-Aktien können nur mit den Gewinnen aus der Veräußerung der A-Aktien verrechnet werden; eine Verrechnung mit den Sparbuchzinsen ist ausgeschlossen. Auch eine spätere Verwertung der Verluste in einem Folgejahr ist nicht möglich.

5. Gewinne und Verluste aus einer stillen Gesellschaft

24/5 Die Gewinne aus einer (echten) stillen Gesellschaft werden zum Normalsteuersatz im Rahmen der Veranlagung besteuert, ebenso die Veräußerungsgewinne (Abschichtungsüberschüsse). Verluste aus einer stillen Gesellschaft können nur mit späteren Gewinnen aus derselben Beteiligung verrechnet werden (§ 27 Abs 8 Z 2).

Beispiel:

Der stille Gesellschafter bezieht neben anderen laufenden Einkünften aus seinem Anteil

- im Jahr 01 einen Verlust von 15.000 €,
- im Jahr 02 einen Gewinn von 10.000 €,
- im Jahr 03 einen Gewinn von 10.000 €.

Der Verlust im Jahr 01 kann nur mit den Gewinnen aus dem Jahr 02 und 03 verrechnet werden (keine Verrechnung mit anderen Einkünften im Jahr 01).

4.6. Einkünfte aus Vermietung und Verpachtung (§ 28)

25 Zu den Einkünften aus Vermietung und Verpachtung gehören insbesondere Einkünfte aus der

- Vermietung unbeweglichen Vermögens,
- Verpachtung von Unternehmen,
- Überlassung von Rechten (Lizenzen etc; im Hinblick auf das Subsidiaritätsprinzip idR Einkünfte aus Gewerbebetrieb; von Bedeutung allerdings bei beschränkt Stpfl; siehe Tz 174).

Beispiele:

1. Mieteinkünfte aus einem vermieteten Gebäude, das nicht zum Betriebsvermögen gehört, Lizenzeinkünfte eines beschränkt Stpfl.
2. Die außerbetriebliche (gelegentliche) Vermietung von beweglichem Vermögen fällt nicht unter die Einkunftsart Vermietung und Verpachtung, sondern unter die sonstigen Einkünfte (Leistungen; § 29 Z 3).

4.7. Sonstige Einkünfte (§§ 29–30)

26 Zu den „sonstigen Einkünften" gehören Einkünfte aus

1. wiederkehrenden Bezügen (§ 29 Z 1),
2. privaten Grundstücksveräußerungen nach § 30 (§ 29 Z 2, erster Fall),
3. Spekulationsgeschäfte nach § 31 (§ 29 Z 2, zweiter Fall),
4. Leistungen (§ 29 Z 3),
5. Funktionsgebühren (§ 29 Z 4).

1. Wiederkehrende Bezüge (§ 29 Z 1)

27 Unter wiederkehrende Bezüge fallen insbesondere

- **Renten** (ohne Übertragung von Wirtschaftsgütern, zB Unfallrenten oder Renten auf Grund eines Rentenlegats): Sie sind von der ersten

Rente an steuerpflichtig. In Betracht kommen auch Sachleistungen, zB die Einräumung eines Wohnrechtes durch Legat.

- **Gegenleistungsrenten** gegen Hingabe von Privatvermögen. Hier sind folgende Fälle zu unterscheiden:
  - Wird ein **Grundstück** gegen Rente veräußert, dann ist der Erlös nach Überschreiten der Anschaffungskosten zu versteuern (ab 1. 4. 2012; entspricht der Besteuerung der Veräußerung von Grundstücken, siehe unten; vorher waren nicht die Anschaffungskosten maßgeblich, sondern der Rentenbarwert).
  - Werden **andere Wirtschaftsgüter** gegen Rente veräußert, dann ist die Rente erst dann steuerpflichtig, wenn die bereits gezahlten Renten den Wert der Gegenleistung übersteigen, (bewertet mit dem Rentenbarwert; §§ 15, 16 BewG). Besteht die Gegenleistung in Geld, dann ist die Rente ab Überschreiten des Geldbetrages steuerpflichtig.

Unterhaltsrenten auf Grund eines gesetzlichen Anspruchs und **freigebige Renten** sind beim Empfänger nicht steuerpflichtig (zB auch Unterhaltszahlungen an die geschiedene Ehegattin).

Beispiele:

1. Rentenlegat: Die Nichte erhält auf Grund eines Testaments vom Erben eine jährliche Rente von 5.000 €. Die Rente ist als wiederkehrender Bezug von der ersten Rente an zu versteuern (der Erbe kann die Rentenzahlungen als Sonderausgabe nach § 18 Abs 1 Z 1 geltend machen). Verpflichtet sich der Onkel dagegen zu Lebzeiten zu Rentenzahlungen an die Nichte, dann sind die Renten freigebig und daher bei der Nichte nicht steuerpflichtig.
2. Unfallrenten: Genauso wie das Rentenlegat sind Unfallrenten von der ersten Rente an beim Empfänger steuerpflichtig; beim Verpflichteten sind sie als Sonderausgabe abzugsfähig.
3. Gegenleistungsrente für einen Sachwert: Der Stpfl verkauft ein Gemälde gegen Rente. Die Rente ist nach Überschreiten des nach § 16 BewG ermittelten Rentenbarwertes steuerpflichtig.
4. Gegenleistungsrente für Geld (Versicherungsrente): Der Stpfl leistet an eine Versicherung einen Einmalbetrag von 100.000 € und erhält dafür eine jährliche Rente von 10.000 €. Nach Überschreiten des Einmalbetrages von 100.000 € sind die Rentenzahlungen steuerpflichtig.
5. Unterhaltsrente: Der geschiedene Ehegatte zahlt seiner früheren Ehegattin eine Unterhaltsrente von monatlich 2.000 €. Die Rente ist bei der geschiedenen Ehegattin nicht steuerpflichtig (und beim Ehegatten nicht abzugsfähig).
6. Ebenso liegt eine Unterhaltsrente vor, wenn sich zB der Lebensgefährte vertraglich zu einer Unterhaltsrente an seine Lebensgefährtin verpflichtet. Verpflichtet er sich zur Rentenzahlung bis zu ihrem Tod, dann geht die Rentenverpflichtung auf seine Erben über; die Rentenzahlungen bleiben weiterhin steuerlich unbeachtliche Unterhaltsrenten. Verpflichtet er sich jedoch zur Unterhaltsrente nur bis zu seinem Tod und setzt er ihr ein Rentenlegat aus, dann sind die nach seinem Tod gezahlten Renten steuerwirksam (siehe oben Bsp 1).

2. Private Grundstücksveräußerungen (§ 30ff)

28 Mit dem 1. Stabilitätsgesetz 2012 wurde die Veräußerung von privaten Grundstücken steuerpflichtig (ab 1. 4. 2012); vorher war die Veräußerung von privaten Grundstücken nur als Spekulationsgeschäft steuerpflichtig, wenn ein Grundstück innerhalb von 10 Jahren nach der Anschaffung veräußert worden ist.

Private Grundstücksveräußerungen sind Veräußerungsgeschäfte von Grundstücken, die nicht zum Betriebsvermögen gehören. Gehören sie zum Betriebsvermögen, dann werden sie – weitgehend nach den gleichen Grundsätzen – bei den betrieblichen Einkünften erfasst. Der Begriff Grundstück umfasst den Grund und Boden, Gebäude und grundstücksgleiche Rechte (Baurecht ua).

Die unentgeltliche Grundstücksübertragung unterliegt nicht der Veräußerungsbesteuerung; es fällt allerdings GrESt an (siehe Tz 462). Erfolgt die Veräußerung nach einem unentgeltlichen Erwerb, sind die Anschaffungskosten des letzten entgeltlichen Erwerbs maßgeblich.

Abgrenzung entgeltliche und unentgeltliche Grundstücksübertragung: Unentgeltlichkeit liegt vor, wenn die Gegenleistung weniger als 50% des gemeinen Wertes beträgt (vgl § 20 Abs 1 Z 4; anders in der GrESt, § 7).

Bei der Veräußerung eines **Pachtgrundstückes** (zB Kleingartenpacht) unterliegt nur der auf das Gebäude entfallende Veräußerungsgewinn der Besteuerung nach § 30. Die Veräußerung des Pachtrechts ist allenfalls als Spekulationsgeschäft zu versteuern (§ 31).

Als **Einkünfte** ist der Unterschiedsbetrag zwischen dem Veräußerungserlös und den Anschaffungskosten anzusetzen. Die Anschaffungskosten sind zu erhöhen um

- Anschaffungsnebenkosten (zB GrESt, Vertragserrichtungskosten, Maklergebühr zur Anschaffung des Grundstücks),
- Herstellungsaufwand
- Instandsetzungen.

Die Anschaffungskosten sind zu kürzen um

- Absetzungen für Abnutzung (AfA), soweit sie in der Vergangenheit steuermindernd geltend gemacht worden sind.

Kosten der Veräußerung (zB Maklergebühren, Schätzungsgutachten) kürzen den Veräußerungsgewinn nicht (§ 20 Abs 2).

Fiktive Anschaffungskosten bei „Altgrundstücken“:

Bei Grundstücken, die vor dem **31. 3. 2002** angeschafft worden sind (nach bisheriger Rechtslage nicht „spekulationsverfangene“ Grundstücke, sogenannte „Altgrundstücke“) werden als fiktive Anschaffungskosten 86% des Veräußerungserlöses angesetzt („Pauschalbesteuerung“; siehe dazu auch unten). Eine erhöhte Besteuerung besteht für Altgrundstücke, die in Bauland umgewidmet worden sind.

Besonderer Steuersatz: Die Einkünfte aus privaten Grundstücksveräußerungen unterliegen einem besonderen Steuersatz von 30% und sind bei der Berechnung der ESt nicht zu berücksichtigen. Auf Antrag ist jedoch eine Regelbesteuerung nach dem allgemeinen Tarif möglich.

Verluste: Führen private Grundstücksveräußerungen innerhalb eines Kalenderjahres insgesamt zu einem Verlust, so ist dieser Verlust auf 60% zu kürzen und kann in weiterer Folge nur mit Einkünften aus Vermietung und Verpachtung verrechnet werden (dazu § 30 Abs 7). Die Kürzung des verrechenbaren Verlusts ergibt sich aus dem besonderen Steuersatz im Fall der Veräußerung.

Ausnahmen: Ausgenommen von der Besteuerung sind insbesondere

- der **Hauptwohnsitz,** wenn das Eigenheim oder die Eigentumswohnung ab der Anschaffung bis zur Veräußerung durchgehend mindestens zwei Jahre *oder* innerhalb der letzten zehn Jahre vor der Veräußerung durchgehend fünf Jahre als Hauptwohnsitz gedient hat und der Hauptwohnsitz dort aufgegeben wird;
- **selbsthergestellte Gebäude,** soweit sie innerhalb der letzten zehn Jahre nicht zur Erzielung von Einkünften gedient haben (zB Gebäudewert bei einem selbsthergestellten Zweitwohnsitz; befreit ist also nur das Gebäude, nicht der Grund und Boden);
- Veräußerung infolge (drohender) **Enteignung.**

Beispiele:

1. Der Stpfl hat vor acht Jahren eine Wohnung angeschafft, sie zunächst vermietet und zwei Jahre danach als Hauptwohnsitz selbst bezogen. Nach weiteren sechs Jahren übersiedelt er und verkauft die Wohnung. – Die Hauptwohnsitzbefreiung kommt zur Anwendung (fünf Jahre durchgehend selbst genutzt).
2. Der Stpfl kauft ein Grundstück und lässt darauf ein Sommerhaus errichten (selbsthergestelltes Gebäude). In weiterer Folge verkauft er das Grundstück. – Soweit der Veräußerungsgewinn auf das Gebäude entfällt, bleibt er steuerfrei.

Bei der **Veräußerung gegen Rente** tritt die Steuerpflicht erst ein, wenn die Summe der bereits bezahlten Renten die Anschaffungskosten übersteigen; die Besteuerung erfolgt zum Normalsteuersatz (§ 30a Abs 4).

Immobilien-Ertragsteuer (ImmoESt) und Selbstberechnung: Soweit ein Parteienvertreter für den Stpfl die GrESt selbst berechnet und an das FA abführt (siehe Tz 469), hat er auch die Steuer aus der Grundstücksveräußerung grundsätzlich selbst zu berechnen und an das FA abzuführen (ImmoESt; § 30b und § 30c; zur Besonderheit bei Körperschaften siehe § 30b Abs 1a). Außerdem besteht eine **Erklärungspflicht** zwingend durch einen Parteienvertreter in Verbindung mit der GrESt-Erklärung.

Neugrundstücke und Altgrundstücke – Ermittlung des Veräußerungsgewinnes

Für die Ermittlung des Veräußerungsgewinnes ist zwischen „Neugrundstücken" (Anschaffung ab 31. 3. 2002) und „Altgrundstücken" (Anschaffung davor) zu unterscheiden. Der Stichtag 31. 3. 2002 ergibt sich daraus, dass vorher angeschaffte Grundstücke steuerfrei veräußert werden konnten; im Zeitpunkt des Inkrafttretens der neuen Immobilienbesteuerung waren sie nicht mehr steuerverfangen, weil für sie die damalige 10-jährige Spekulationsfrist bereits abgelaufen ist.

- Bei **Neugrundstücken,** ergibt sich der Veräußerungsgewinn grundsätzlich aus dem Veräußerungserlös abzüglich den Anschaffungs- und Herstellungskosten.
- Bei **Altgrundstücken** werden die Anschaffungskosten mit 86% des Veräußerungserlöses angenommen. Daraus ergibt sich ein **pauschalierter Veräußerungsgewinn** von 14% des Veräußerungserlöses bzw ein Steuersatz von 4,2% des Veräußerungserlöses (30% von 14%).

Mit der niedrigeren Besteuerung von Altgrundstücken soll verfassungsrechtlichen Bedenken vorgebeugt werden, die sich daraus ergeben, dass das Grundvermögen, das im Zeitpunkt des Inkrafttretens der neuen Immobilienbesteuerung steuerfrei veräußert werden konnte, nachträglich in die Steuerpflicht hineingezogen wird. Bei lang zurückliegenden Erwerben lassen sich die tatsächlichen Anschaffungskosten oft auch nicht mehr feststellen. Auf Antrag ist auch die Regelbesteuerung möglich (§ 30 Abs 5).

Beispiele:

1. Das Grundstück wurde vor 20 Jahren um 60.000 € angeschafft (also ein Altgrundstück) und wird nunmehr um 100.000 € veräußert.
   Als Anschaffungskosten werden 86.000 € angenommen. Der Veräußerungsgewinn beträgt daher 14.000 €, davon 30% ergibt 4,2% vom Veräußerungserlös von 100.000 €, bzw 4.200 € Steuer.
2. Das Grundstück wurde vor 10 Jahren um 60.000 € als Zweitwohnsitz angeschafft (also ein „Neugrundstück“) und wird nunmehr um 100.000 € veräußert. Der Veräußerungsgewinn beträgt 40.000 €; 30% ImmoESt ergeben 12.000 € Steuer.
3. Das Grundstück wurde vor 10 Jahren um 120.000 € zur Vermietung angeschafft (daher ebenfalls ein Neugrundstück) und wird nunmehr um 150.000 € veräußert.
   Der Veräußerungsgewinn beträgt daher 30.000 €, erhöht sich aber um die während der Vermietungsdauer geltend gemachte AfA. Betrug zB der Gebäudewert 100.000 € und die AfA 2% pro Jahr, dann wurden insgesamt 20.000 € als AfA geltend gemacht, die daher auch den Veräußerungsgewinn erhöhen. Insgesamt beträgt dann der Veräußerungsgewinn 50.000 €.

Umwidmungen: Bei in Bauland umgewidmeten Altgrundstücken wird ein höherer pauschaler Veräußerungsgewinn unterstellt (§ 30 Abs 4; im Ergebnis beträgt er 18% des Veräußerungserlöses).

Umwidmungen in Bauland betreffen in erster Linie landwirtschaftliches Vermögen und bewirken idR enorme Wertsteigerungen, die ihre Ursache ausschließlich in einer behördlichen Maßnahme haben, ohne irgendein Zutun des Landwirts. Ein Steuersatz von bloß 18% lässt sich daher nur schwer rechtfertigen. Noch dazu wird hier nicht die Landwirtschaft begünstigt, denn der in Bauland umgewidmete Acker dient nicht mehr der Landwirtschaft.

3. Spekulationsgeschäfte (§ 31)

29 Spekulationsgeschäfte sind Veräußerungsgeschäfte von Privatvermögen, wenn es sich nicht um die Veräußerung von Kapitalanlagen (§ 27) oder um die Veräußerung von privaten Grundstücken (§ 30) handelt, und der

Zeitraum zwischen Anschaffung und Veräußerung nicht mehr als ein Jahr beträgt.

Bei unentgeltlich erworbenen Wirtschaftsgütern ist der Anschaffungszeitpunkt des Rechtsvorgängers maßgeblich.

Beispiele sind insbesondere Antiquitäten, Bilder.

Als Einkünfte ist der Unterschiedsbetrag zwischen dem Veräußerungserlös und den Anschaffungskosten anzusetzen, abzüglich Werbungskosten.

Einkünfte aus Spekulationsgeschäften bis 440 € jährlich bleiben steuerfrei; führen Spekulationsgeschäfte in einem Kalenderjahr insgesamt zu einem Verlust, ist der Verlust nicht ausgleichsfähig.

4. Leistungen (§ 29 Z 3)

Steuerpflichtig sind auch Einkünfte aus Leistungen, „wie insbesondere 30
Einkünfte aus einer gelegentlichen Vermittlung oder aus der Vermietung beweglicher Gegenstände“ (subsidiär, soweit sie nicht im Rahmen einer anderen Einkunftsart anfallen).

Leistungen können in einem positiven Tun, einem Unterlassen, in einem Dulden oder auch in einem Verzicht bestehen. Besteht die Leistung im Verzicht auf ein Wirtschaftsgut (zB Verzicht auf eine Rechtsposition, wenn die Rechtsposition ein Wirtschaftsgut darstellt), gehört der Vorgang zum nicht steuerbaren privaten Vermögensbereich. Die Abgrenzung ist schwierig: ZB gelten Nachbarrechte im Baurecht nicht als selbständige Wirtschaftsgüter, daher gilt der entgeltliche Verzicht auf ein Nachbarrecht als Leistung iSd § 29; dagegen stellt das Mietrecht an einer Wohnung ein selbständiges Wirtschaftsgut dar, daher gilt die Aufgabe der Wohnung gegen Entgelt nicht als Leistung iSd § 29, sondern als Veräußerung.

Die unterschiedliche steuerliche Beurteilung ist allerdings problematisch: Das „Mehr“, nämlich die Überlassung des ganzen Wirtschaftsgutes, wird idR mit 30% besteuert (zB Verkauf des Grundstücks), dagegen wird das „Weniger“, nämlich der Verzicht auf ein Teilrecht (Nachbarrecht), zum Normaltarif besteuert.

Die entgeltliche Zustimmung zu einem Syndikatsvertrag ist eine Leistung iSd § 29, ebenso der entgeltliche Verzicht auf eine Besitzstörungsklage. Der Täterhinweis auf Grund einer Auslobung gilt nicht als Leistung iSd § 29 (obwohl ansonsten ein entgeltlicher Täterhinweis sehr wohl als Leistung anzusehen sein wird). Auch Gewinne aus der Teilnahme an einem Fernsehquiz sind nicht als Leistung steuerpflichtig. Schmiergelder und Bestechungsgelder fallen unter § 29, soweit sie nicht zu anderen Einkünften gehören.

Abgrenzungen zur gewerblichen Tätigkeit: Leistungen iSd § 29 Z 3 sind Tätigkeiten, die ihrer Art nach nicht regelmäßig vorkommen, oder sie bestehen in der gelegentlichen Nutzung von Privatvermögen als Einkunftsquelle (zB ein Autobesitzer verleiht seinen Privat-Pkw gelegentlich zum Wochenende an einen Freund). Nur wenn zusätzliche Leistungen erbracht werden, die über die bloße Vermietung hinausgehen bzw die Vermietung geschäftsmäßig betrieben wird, liegen gewerbliche Einkünfte vor.

Beispiel:

> Vermietet die Ehefrau an ihren Ehemann (Röntgenarzt) mehrere Röntgengeräte, dann begründet dies keinen Gewerbebetrieb (keine „geschäftsmäßige Tätigkeit“, sondern Leistungen iSd § 29 Z 3 (vgl VwGH 5. 9. 2012, 2012/15/0055).

5. Funktionsgebühren (§ 29 Z 4)

31 Funktionsgebühren sind Einkünfte aus Tätigkeiten für öffentlich-rechtliche Körperschaften, soweit sie nicht zu den Einkünften aus nichtselbständiger Arbeit gehören (Funktionsgebühren erhalten zB Kammerfunktionäre).

4.8. Gemeinsame Vorschriften für alle Einkunftsarten (§ 32)

32 Zu den Einkünften gehören insbesondere auch:

- **Entschädigungen** als Ersatz für entgangene oder entgehende Einnahmen (auf Antrag auf drei Jahre verteilungsfähig, wenn der Entschädigungszeitraum mindestens sieben Jahre beträgt; § 37 Abs 2 Z 2),
- Einkünfte aus einer **ehemaligen Tätigkeit** im Rahmen einer der Einkunftsarten.

4.9. Exkurs: Der Geschäftsführer einer Kapitalgesellschaft im Arbeitsrecht, Sozialversicherungsrecht und Steuerrecht

Arbeitsrecht

33 Grundsätzlich kann der Geschäftsführer Arbeitnehmer oder selbständig tätig sein.

Als **Arbeitnehmer** ist der Geschäftsführer im **echten Dienstvertrag** tätig.

Als **Selbständiger** kann der Geschäftsführer tätig sein

- im **freien Dienstvertrag,**
- im **Werkvertrag** oder
- im **Auftragsverhältnis.**

Das wichtigste Abgrenzungskriterium des Arbeitnehmers von den selbständigen Beschäftigungsverhältnissen ist die Weisungsgebundenheit und die organisatorische Eingliederung (vgl auch § 47 EStG).

Der Fremdgeschäftsführer einer Kapitalgesellschaft:

Der **Geschäftsführer einer GmbH** ist grundsätzlich weisungsgebunden, er kann aber auch weisungsfrei gestellt werden (§ 20 GmbHG). Dagegen ist der **Vorstand einer Aktiengesellschaft** immer weisungsfrei (§ 70 AktG).

Ist danach der Geschäftsführer einer GmbH weisungsgebunden und daher arbeitsrechtlich als Dienstnehmer einzustufen, dann ist auf ihn auch das Angestelltengesetz anzuwenden.

Dagegen ist das AngestelltenG auf den Vorstand der Aktiengesellschaft und auf den weisungsfreien Geschäftsführer einer GmbH grundsätzlich nicht anzuwenden (daher zB kein gesetzlicher Anspruch auf Abfertigung, sondern allenfalls auf Grund des Vorstandsvertrages).

Der Gesellschafter-Geschäftsführer:

Der **Gesellschafter-Geschäftsführer** unterliegt im Prinzip den gleichen Regelungen wie der Fremdgeschäftsführer einer Kapitalgesellschaft; er ist allerdings dann nicht weisungsgebunden und folglich auch kein Dienstnehmer, wenn er

- **Mehrheitsgesellschafter** ist oder
- über eine **Sperrminorität** verfügt, mit der er Beschlüsse der Gesellschafterversammlung verhindern kann.

Sozialversicherung

Fremdgeschäftsführer:

Der Fremdgeschäftsführer unterliegt der Pflichtversicherung als 34

- **Dienstnehmer** nach ASVG (§ 4 Abs 2 ASVG; persönliche oder wirtschaftliche Abhängigkeit),
- **dienstnehmerähnlich freier Dienstnehmer** nach ASVG (§ 4 Abs 4 ASVG),
- **Selbständiger** nach GSVG (sog neuer Selbständiger; § 2 Abs 1 Z 4 GSVG).

Dienstnehmerähnlich freier Dienstnehmer ist, wer die Dienstleistungen überwiegend in eigener Person zu erbringen hat, über keine wesentlichen Betriebsmittel verfügt und nicht „selbständig" iSd GSVG ist.

Gesellschafter-Geschäftsführer:

Der Gesellschafter-Geschäftsführer unterliegt der Pflichtversicherung als

- **Dienstnehmer** nach ASVG, wenn er weisungsgebunden ist oder zwar weisungsfrei ist, aber nach EStG als Dienstnehmer gilt (§ 4 Abs 2 letzter Satz ASVG),
- **dienstnehmerähnlich freier Dienstnehmer** nach ASVG,
- **Selbständiger** nach GSVG (sog alter oder neuer Selbständiger; § 2 Abs 1 Z 3 bzw Z 4 GSVG).

Steuerrecht

Einkommensteuer

Der Fremdgeschäftsführer bezieht: 35

- Einkünfte aus nichtselbständiger Tätigkeit, wenn er weisungsgebunden ist,
- Einkünfte aus selbständiger Arbeit, wenn er als freier Dienstnehmer oder im Werkvertrag tätig ist.

Der Gesellschafter-Geschäftsführer bezieht im Regelfall

- wenn er bis zu 25% beteiligt und im Dienstvertrag tätig ist: Einkünfte aus nichtselbständiger Arbeit (und zwar auch dann, wenn er aufgrund des Gesellschaftsvertrages weisungsfrei gestellt ist; § 25 Abs 1 Z 1 lit b),

- wenn er zu mehr als 25% beteiligt ist: Einkünfte aus selbständiger Tätigkeit (§ 22 Z 2 zweiter Teilstrich),
- als freier Dienstnehmer oder im Werkvertrag: unabhängig von der Beteiligungshöhe Einkünfte aus selbständiger Tätigkeit (§ 22 Z 2 erster Teilstrich).

Beim Werkvertrag wird ein „Werk“ bzw der Erfolg geschuldet (zB Bauaufsicht für ein bestimmtes Projekt). Im Gegensatz dazu wird bei einem freien Dienstvertrag die Verrichtung von Diensten schlechthin geschuldet. Bei einem Werkvertrag wird die zu erbringende Leistung bereits im Zeitpunkt des Vertragsabschlusses konkret festgelegt; hingegen wird bei einem freien Dienstvertrag die zu erbringende Leistung nur gattungsmäßig umschrieben; der freie Dienstnehmer kann die Arbeitszeit und den Arbeitsort selbst bestimmen. Beide Vertragstypen, Werkvertrag und freier Dienstvertrag, begründen im Gegensatz zum (echten) Dienstvertrag keine persönliche Abhängigkeit.

Dienstgeberbeitrag (FamilienlastenausgleichsG) und Kommunalsteuer

36 Sowohl die Bezüge des **Fremdgeschäftsführers** als auch die Bezüge des **Gesellschafter-Geschäftsführers** unterliegen idR dem Dienstgeberbeitrag und der Kommunalsteuer (siehe Tz 391 und 392).

Dagegen unterliegt der im **Werkvertrag** oder **freien Dienstvertrag** tätige Geschäftsführer mit Einkünften aus selbständiger Arbeit nicht dem Dienstgeberbeitrag und der Kommunalsteuer.

5. Verluste und Liebhaberei

(Doralt/Ruppe I[11], Tz 45 ff)

37 **Vorbemerkung:** Bloße Einnahmenerzielung bewirkt noch keine Einkunftsquelle. Im betrieblichen Bereich müssen nachhaltig Gewinne erzielt werden („Gewinnerzielungsabsicht“; siehe Tz 20) und genauso muss im außerbetrieblichen Bereich nachhaltig ein Überschuss von Einnahmen über Werbungskosten erzielt werden.

Ergeben sich aus einer Tätigkeit auf Dauer gesehen nur Verluste, weil die **Tätigkeit nur als Hobby** (Freizeitbeschäftigung) oder **als private Vermögensvorsorge** mit hoher Fremdfinanzierung betrieben wird, dann könnte der Stpfl solche „Liebhaberei-Tätigkeiten“ auf Kosten der Allgemeinheit ausüben; denn die Verluste kürzen sein Einkommen und damit die Steuerbemessungsgrundlage. Deshalb werden derartige „Liebhaberei-Tätigkeiten“ mit nachhaltigen Verlusten steuerlich nicht als Einkunftsquelle anerkannt. Damit sind auch die Verluste aus solchen Tätigkeiten steuerlich nicht verwertbar.

Beispiel:

Ein Rechtsanwalt ist passionierter Jäger und betreibt selbst eine Jagd. Das erlegte Wild verkauft er einem Gastwirt. Er ist also mit der Jagd nachhaltig tätig und beteiligt sich am wirtschaftlichen Verkehr; er erzielt auch Einnahmen, aber keinen Gewinn, sondern laufend nur Verluste. Könnte der Rechtsanwalt die Verluste aus seiner Jagd mit seinen anderen Einkünften verrechnen, dann würde er dadurch sein Einkommen und in weiterer Folge seine ESt-Belastung vermindern.

Die Liebhaberei und die Nichtanerkennung von Verlusten ist zwar nicht ausdrücklich im EStG geregelt, sie ergibt sich allerdings daraus, dass das Gesetz im Bereich der betrieblichen Einkünfte Gewinnerzielungsabsicht voraussetzt und im außerbetrieblichen Bereich von der Erzielung von Überschüssen ausgeht. Diese Voraussetzungen werden dann nicht erfüllt, wenn nachhaltig nur Verluste erwirtschaftet werden.

Ob eine Tätigkeit als „Liebhaberei" gilt, ist in einer eigenen **„Liebhabereiverordnung"** (LVO) geregelt, zu der auch ein Erlass (Liebhaberei-Richtlinien) ergangen ist.

Die Liebhabereiverordnung unterscheidet Tätigkeiten mit
- Liebhabereivermutung (§ 1 Abs 2 LVO),
- Einkünftevermutung (§ 1 Abs 1 LVO) und
- unwiderlegbarer Einkunftsquelleneigenschaft (§ 1 Abs 3 LVO).

1. Liebhabereivermutung

Bei Verlusten aus bestimmten Tätigkeiten geht die Liebhabereiver- 38
ordnung von vornherein davon aus, dass Liebhaberei vorliegt **(Tätigkeiten mit Liebhabereivermutung).** In diesen Fällen werden die Verluste nicht anerkannt. Ist allerdings in einem „absehbaren Zeitraum" ein Gesamtgewinn (Gesamtüberschuss) zu erwarten, dann werden die Anlaufverluste anerkannt (§ 2 Abs 4 LVO). Liebhabereivermutung besteht insbesondere bei Verlusten aus Tätigkeiten, die
- in erster Linie der Sport- und Freizeitausübung oder
- der langfristigen Vermögensanlage dienen (§ 1 Abs 2 LVO).

Typische Fälle der Liebhaberei im Bereich der **Sport- und Freizeitausübung** sind zB die hobbymäßig betriebene Jagd, wenn das Wild verkauft wird, oder eine nur in der Freizeit betriebene Landwirtschaft, bei der die Ausgaben regelmäßig die Einnahmen übersteigen. Bei der **Vermögensanlage** geht es regelmäßig um vermietete Gebäude im Privatvermögen: Wird das Gebäude zu einem großen Teil fremdfinanziert, dann können die Zinsen die Einnahmen übersteigen und damit zu einem Verlust führen; der Wertzuwachs wird nur mit 30% besteuert.

Bei **Mieteinkünften** sind zu unterscheiden
- die **„große Vermietung":** Mietgebäude mit mehreren Mietobjekten (mindestens drei Wohneinheiten);
- die **„kleine Vermietung":** einzelne Eigentumswohnungen.

Bei der **„großen Vermietung"** (Mietgebäude mit mehreren Mietobjekten) wird Liebhaberei nicht angenommen (die Verluste also anerkannt), wenn innerhalb von 25 Jahren ab Beginn der entgeltlichen Überlassung, höchstens 28 Jahre ab den ersten Aufwendungen, ein Gesamtüberschuss erzielt wird (§ 2 Abs 3 LVO).

Bei vermieteten **Eigentumswohnungen** und Eigenheimen („kleine Vermietung") muss innerhalb von 20 Jahren bzw 23 Jahren ein Gesamtüberschuss erzielt werden (§ 2 Abs 4 LVO).

Bei **anderen Tätigkeiten** mit Liebhabereivermutung ist der absehbare Zeitraum, in der ein Gesamtüberschuss erzielt werden muss, nach der Art der Tätigkeit zu ermitteln.

Besteht in Anbetracht von Verlusten der Verdacht auf Liebhaberei, dann verlangt das FA vom Stpfl idR eine **Prognoserechnung,** anhand der der Stpfl glaubhaft machen kann, dass er innerhalb der erforderlichen Zeit (Prognosezeitraum) einen Gesamtüberschuss erzielen wird.

Veräußerungsgewinne innerhalb des Prognosezeitraumes sind in die Prognoserechnung grundsätzlich nicht einzubeziehen (ausgenommen, wenn die Veräußerung glaubhaft gemacht wird). Außerdem können Veräußerungsgewinne nur dann angesetzt werden, wenn sie auch steuerpflichtig sind (zu den Auswirkungen der neuen Grundstücksbesteuerung auf die Liebhabereibeurteilung siehe Liebhaberei-Richtlinie Rz 32 f).

2. Einkünftevermutung

39 Bei Tätigkeiten, die nicht unter die Liebhabereivermutung fallen, insbesondere bei den **gewerblichen Tätigkeiten,** ist Liebhaberei ebenfalls möglich, wenn sie auf Dauer keinen Gewinn erbringen. Doch besteht dort in den ersten drei Jahren selbst dann eine Einkünftevermutung, wenn Verluste vorliegen (§ 1 Abs 1 und § 2 LVO). Anlaufverluste werden daher anerkannt.

In der **Umsatzsteuer** stellt sich das Problem der Liebhaberei wegen des Vorsteuerabzugs ähnlich, doch werden dort nur die typischen Liebhaberei-Tätigkeiten (Freizeittätigkeiten, Vermögensanlagen) tatsächlich als Liebhaberei behandelt (§ 6 LVO).

3. Unwiderlegbare Einkunftsquelleneigenschaft

40 Selbst bei **nachhaltigen Verlusten** ist eine **Einkunftsquelle** dann anzunehmen, wenn die Verluste aus einer Tätigkeit stammen, die aus Gründen der **Gesamtrentabilität** aufrechterhalten wird (zB Verluste aus einer Garage in Verbindung mit einem Hotel; § 1 Abs 3 LVO).

4. Betriebe gewerblicher Art, gemeinnützige Einrichtungen

41 **Betriebe gewerblicher Art** von Körperschaften öffentlichen Rechts (siehe Tz 206) und gemeinnützige Einrichtungen unterliegen nicht der Liebhabereiverordnung (§ 5 LVO). Bei Betrieben gewerblicher Art wird eine betriebliche Tätigkeit auch bei nachhaltigen Verlusten anerkannt (vor allem für die USt von Bedeutung).

Ansonsten gelten die Liebhabereigrundsätze auch in der Körperschaftsteuer.

6. Zeitliche Zuordnung von Einkünften (§ 19)

(Doralt/Ruppe I[11], Tz 49 ff)

42 Die ESt wird für jedes Kalenderjahr getrennt ermittelt (Abschnittsbesteuerung). Daher müssen auch die Einkünfte entsprechend zeitlich abgegrenzt werden. Dabei gibt es zwei Alternativen:

1. Einkünfte werden bereits der Periode zugerechnet, in der die Forderung entstanden ist (wirtschaftliche Zuordnung; Maßgeblichkeit des Vermögens).

2. Einkünfte werden erst der Periode zugerechnet, in der gezahlt worden ist (Zu- und Abflussprinzip).

Das EStG ermittelt die Einkünfte nach beiden Methoden je nach Einkunftsart unterschiedlich:

- **Betriebliche Einkünfte** (Gewinneinkünfte): Bei den betrieblichen Einkünften werden die Einkünfte grundsätzlich auf Grund eines Vermögensvergleichs ermittelt; daraus ergibt sich automatisch eine Zuordnung der Einkünfte nach der **wirtschaftlichen Zuordnung** zum einzelnen Veranlagungszeitraum: Sobald der Unternehmer seine Leistung erbracht hat und er damit den maßgeblichen wirtschaftlichen Erfolg gesetzt hat, ist die Forderung auszuweisen (vgl auch die Zahlungspflicht aufgrund des Gesetzes nach § 1052 ABGB). Davon unabhängig bleibt eine vertraglich abweichende Regelung über die Fälligkeit. Die Forderung ist als Vermögenswert (Aktivposten) bereits gewinnwirksam, auch wenn eine spätere Fälligkeit vereinbart worden ist oder die Forderung noch nicht bezahlt worden ist. Ebenso ist eine Verbindlichkeit (Zahlungsverpflichtung) in dem Zeitpunkt steuerwirksam, in dem sie entstanden ist, und nicht erst dann, wenn sie bezahlt wird.

  Ausnahme: Nur bei der vereinfachten Gewinnermittlung durch Einnahmen-Ausgabenrechnung (§ 4 Abs 3) kommt bei den betrieblichen Einkünften auch das Zu- und Abflussprinzip zur Anwendung (siehe unten Tz 117).

- **Außerbetriebliche Einkünfte** (Überschusseinkünfte): Bei ihnen werden die Einkünfte durch den Überschuss der Einnahmen über die Ausgaben (Werbungskosten) ermittelt; maßgeblich ist der **Zuflusszeitpunkt** der Einnahmen und der **Abflusszeitpunkt** der Ausgaben. Bei den außerbetrieblichen Einkünften ist daher für die Höhe der Einkünfte in der Besteuerungsperiode grundsätzlich nicht die wirtschaftliche Zurechnung, sondern der Zeitpunkt der Zahlung entscheidend (**Zu- und Abflussprinzip;** § 19). Besteuert wird nur, was aus der Einkunftsquelle bezogen wird; Wertveränderungen der Einkunftsquelle selbst bleiben unberücksichtigt, erst bei der Veräußerung werden sie steuerwirksam.

  Beispiel:

  Der Hauseigentümer eines Mietwohngebäudes (außerbetriebliche Einkünfte) lässt das Dach reparieren. Die Reparatur wurde im November durchgeführt; die Rechnung wurde im Dezember gelegt. Die Bezahlung erfolgt im Jänner, daher ist der Aufwand erst im Jänner steuerwirksam. – Bei der Gewinnermittlung durch Vermögensvergleich wäre der Aufwand bereits im Vorjahr steuerwirksam gewesen (Entstehen der Verbindlichkeit).

Da bei den Überschusseinkünften und bei der Einnahmen-Ausgabenrechnung (§ 4 Abs 3) der Zeitpunkt der Zahlung maßgeblich ist, kann der Stpfl durch geschickte Wahl des Zahlungszeitpunktes den Gewinn innerhalb der einzelnen Perioden verschieben und dadurch Steuerstundungseffekte bei der ESt erzielen (zB Zahlungen werden nicht erst bei Fälligkeit im Jänner geleistet, sondern bereits im Dezember). Das Gesetz wirkt dem durch zwei Maßnahmen entgegen:

43 1. **Kurze-Zeit-Regel: Regelmäßig wiederkehrende Zahlungen,** die kurze Zeit vor oder nach Beginn des Kalenderjahres gezahlt oder vereinnahmt werden: Sie gelten als in dem Jahr bezogen, zu dem sie wirtschaftlich gehören (§ 19 Abs 1). Als „kurze Zeit" gelten 15 Tage (EStR 2000 Rz 4631), im Bereich der Lohnsteuer gelten Bezüge für das Vorjahr, die bis zum 15. 2. des Folgejahres ausgezahlt werden, als Bezüge des Vorjahres (LStR Rz 631).

2. **Verteilungsregel** für **Vorauszahlungen:** Vorauszahlungen insbesondere von Mieten und Zinsen, weiters von Beratungs-, Bürgschafts-, Garantie-, Treuhand-, Vermittlungs-, Vertriebs- und Verwaltungskosten: Sie sind nur dann sofort abzugsfähig, wenn sie nur für das laufende und das folgende Jahr geleistet werden. Vorauszahlungen über das laufende und das folgende Jahr hinaus sind gleichmäßig auf den Zeitraum der Vorauszahlung aufzuteilen (§ 19 Abs 3; Entsprechendes gilt nach § 4 Abs 6 auch für den Vermögensvergleich nach § 4 Abs 1). – Die Verteilungsregel gilt nur für geleistete Vorauszahlungen (Zahlungsabfluss); dagegen hat der Empfänger die Vorauszahlung sofort in voller Höhe zu versteuern (bei den betrieblichen Einkünften kommt unter Umständen eine Verteilung als Rechnungsabgrenzungsposten in Betracht; siehe dazu Tz 97).

Beispiele:

1. Der Mieter bezahlt im Februar 01 die Miete für die Zeit bis Dezember 02 im Voraus: Die Mietvorauszahlung erstreckt sich damit nur auf das laufende und das folgende Jahr und ist daher in voller Höhe im Jahr 01 abzuziehen.
2. Der Mieter bezahlt im Februar 01 für die Zeit bis zum Jänner 03 im Voraus: Da die Mietvorauszahlung nicht nur für 01 und 02 geleistet wird, hat der Mieter sie entsprechend der Mietzeiten auf die Jahre 01, 02 und 03 aufzuteilen.
3. Der Vermieter erhält die Miete für 3 Jahre im Voraus: Die Mieteinnahmen sind in voller Höhe sofort zu versteuern (die Verteilungspflicht betrifft die für künftige Jahre geleisteten Vorauszahlungen und nicht die für künftige Jahre vorauserhaltenen Einnahmen).

7. Persönliche Zuordnung von Einkünften

(Doralt/Ruppe I[11], Tz 54ff)

44 Die Einkünfte aus einer Einkunftsquelle sind demjenigen zuzuordnen, der die Einkunftsquelle bewirtschaftet (über sie verfügen kann). Das ist in der Regel der **Eigentümer;** ist die Einkunftsquelle vermietet oder verpachtet, dann bewirtschaften sowohl der Eigentümer als auch der **Mieter** oder **Pächter** eine eigene Einkunftsquelle.

Fruchtgenuss

Beim **unentgeltlichen Fruchtgenuss** hat nur der Fruchtgenussberechtigte (Fruchtnießer) eine Einkunftsquelle. Unterschieden werden:

– **Der Zuwendungsfruchtgenuss:** Der Eigentümer überlässt den Fruchtgenuss an einem Wirtschaftsgut unentgeltlich dem Fruchtnießer, der auch das wirtschaftliche Risiko trägt (zB der Ehemann überträgt den Fruchtgenuss an seinem Mietgebäude seiner Ehefrau).

- **Der Vorbehaltsfruchtgenuss:** Der bisherige Eigentümer überträgt das Eigentum am Wirtschaftsgut unentgeltlich dem neuen Eigentümer, behält sich aber das Nutzungsrecht (häufig bei vorweggenommener Erbfolge, zB der Vater schenkt sein Mietgebäude seiner Tochter, behält sich aber das lebenslange Fruchtgenussrecht).

Zuwendungsfruchtgenuss und Vorbehaltsfruchtgenuss verfolgen damit idR zwei unterschiedliche Ziele:

Zuwendungsfruchtgenuss: Aufteilung der Einkünfte zwischen Fruchtnießer und Fruchtgenussbesteller (Splittingeffekt; idR steuerliche Überlegung).

Vorbehaltsfruchtgenuss: vorweggenommene Erbfolge.

Problem der **Absetzung für Abnutzung** (AfA): Den Eigentümer trifft zwar der Wertverlust (AfA) am Gebäude, doch hat er keine Einkunftsquelle. Andererseits hat der Fruchtnießer eine Einkunftsquelle, doch trifft ihn die Abnutzung des Gebäudes nicht. Daher geht beim Fruchtgenuss die steuermindernde AfA grundsätzlich verloren. Nach der Verwaltungspraxis kann jedoch beim Vorbehaltsfruchtgenuss der Fruchtnießer im Ergebnis die AfA geltend machen, indem er dem Eigentümer den Substanzverlust in Höhe der AfA abgilt („AfA-Miete", EStR 2000 Rz 112; im Gesetz nicht gedeckt). Dagegen gibt es für den Zuwendungsfruchtgenuss, der idR nur ein steuerschonendes Einkommenssplitting bedeutet, keine begünstigende Verwaltungspraxis.

Fruchtgenuss und wirtschaftliches Eigentum: Der Fruchtnießer wird nur ausnahmsweise zum wirtschaftlichen Eigentümer (siehe dazu unten Tz 60).

Zurechnung höchstpersönlicher Tätigkeiten

Vorbemerkung: Dem Steuerpflichtigen steht es frei, ob er seine Tätigkeit als Einzelunternehmer oder im Rahmen einer Kapitalgesellschaft ausübt. Diese freie Wahl der Rechtsform hat dazu geführt, dass zB Geschäftsführer sich nicht selbst als Geschäftsführer bestellen ließen, vielmehr gründeten sie eine GmbH, die dann als GmbH die Geschäftsführung besorgte. Tatsächlich hat aber dann der Geschäftsführer der GmbH auch die Geschäftsführung des bestellenden Unternehmens übernommen. Hintergrund für eine solche Konstruktion sind die steuerlichen Vorteile der Kapitalgesellschaft gegenüber dem Einzelunternehmer. Der VwGH bestätigte die Zulässigkeit solcher Konstruktionen (E 4. 9. 2014, 2011/15/0149). Aus diesem Grund sieht das Gesetz nunmehr eine ausdrückliche Zurechnungsbestimmung vor. 44/1

Einkünfte einer Körperschaft aus einer höchst persönlichen Tätigkeit sind der natürlichen Person zuzurechnen, die die Leistungen erbringt, wenn die Körperschaft

- unter dem Einfluss dieser Person steht und
- über keinen eigenständigen, sich von dieser Tätigkeit abhebenden Betrieb verfügt (§ 2 Abs 4a; AbgÄG 2015).

Neben den Tätigkeiten eines Geschäftsführers sind davon die Tätigkeiten als Künstler, Schriftsteller, Wissenschaftler, Sportler und Vortragende erfasst.

Beispiele:

1. A soll zum Geschäftsführer der B-GmbH bestellt werden. A lässt sich jedoch nicht persönlich als Geschäftsführer bestellen, sondern gründet die A-GmbH; er selbst ist Geschäftsführer der A-GmbH. Nunmehr wird die A-GmbH zum Geschäftsführer der B-GmbH bestellt. Formal wären die Geschäftsführerbe-

züge der A-GmbH zuzurechnen, aufgrund der neuen Regelung sind sie jedoch A steuerlich persönlich zuzurechnen.

2. Ein Professor gründet eine GmbH, unter deren Namen er seine Gutachtertätigkeit und seine fachschriftstellerische Tätigkeit entfaltet. Die GmbH zieht daraus die entsprechenden Einkünfte, doch sind diese Einkünfte steuerlich nicht der Gesellschaft, sondern dem Gesellschafter unmittelbar zuzurechnen. Anders wäre der Fall zu beurteilen, wenn er für seine Gutachtertätigkeit und seine schriftstellerische Tätigkeit im Rahmen eines eigenen Geschäftsbetriebes einen Mitarbeiterstab beschäftigen würde.

Verträge zwischen nahen Angehörigen; Fremdvergleich

45 Zahlungen auf Grund von **Verträgen zwischen nahen Angehörigen** mindern nur dann die Einkünfte, werden also nur dann steuerlich anerkannt, wenn sie auch **betrieblich** (durch die Einkunftsquelle) veranlasst sind; daher sind sie auch nur insoweit anzuerkennen, als das Entgelt angemessen ist (einem **Fremdvergleich** standhält); ansonsten liegt eine unentgeltliche Zuwendung vor.

Als **nahe Angehörige** gelten hier jedenfalls der Ehegatte, die Kinder, die Eltern, der Lebensgefährte und darüber hinaus in einem Naheverhältnis stehende Personen (also weiter als der Angehörigenbegriff in § 25 BAO).

Die gleichen Grundsätze gelten auch für Beziehungen zwischen einer Kapitalgesellschaft und ihren Gesellschaftern.

Insbesondere Dienstverträge eignen sich dazu, das Einkommen steuergünstig auf mehrere Personen aufzuteilen, zB indem der Stpfl einen Angehörigen (insbesondere Ehepartner, Kinder) in seinem Betrieb beschäftigt. Daher gelten für die Anerkennung solcher Verträge zwischen Angehörigen im Bereich der Beweisführung erhöhte Anforderungen. Nach der Rechtsprechung müssen sie

- nach außen ausreichend zum Ausdruck kommen,
- einen eindeutigen Inhalt haben und
- dem Fremdvergleich standhalten.

Ist das Entgelt unangemessen gering, dann werden die Zahlungen in ihrer tatsächlichen geleisteten Höhe anerkannt. Hat das Entgelt nur Taschengeldcharakter, dann wird die Zahlung insgesamt nicht anerkannt (EStR 2000 Rz 1230).

Beispiele:

1. Der Rechtsanwalt beschäftigt seine Tochter als Konzipientin und bezahlt ihr monatlich 4.000 €. Damit hält der Dienstvertrag einem Fremdvergleich nicht stand; es wird nur das angemessene Entgelt anerkannt.
2. Der Rechtsanwalt zahlt seiner Tochter als Sekretärin statt des angemessenen Lohns in Höhe von 1.500 € nur 800 €. Die tatsächlichen Zahlungen werden anerkannt.
3. Der Rechtsanwalt zahlt seinem Sohn 10 € dafür, dass er sein betrieblich genutztes Auto wäscht. Die Bezahlung wird als freiwillig geleistetes Taschengeld gesehen und wird daher steuerlich nicht als Betriebsausgabe anerkannt.
4. Die Mutter vermietet an die Tochter eine Wohnung zu einer nicht kostendeckenden Miete (Nichtanerkennung des Mietverhältnisses bzw Liebhaberei).

Erwerb von Todes wegen

Der **Erbe** tritt ertragsteuerlich mit dem Nachlassvermögen und den daraus erzielten Einkünften bereits mit dem Todestag des Erblassers in die Rechtsstellung des Erblassers ein (dagegen gibt es zivilrechtlich bis zur Einantwortung den ruhenden Nachlass als selbständige juristische Person). 46

Anders als der Erbe setzt der **Vermächtnisnehmer** die Person des Erblassers nicht unmittelbar fort, sondern erwirbt nur einen obligatorischen Anspruch gegen den Erben auf Herausgabe des Vermächtnisses; daher sind dem Vermächtnisnehmer das vermachte Gut und seine Erträgnisse einkommensteuerrechtlich erst mit der **Übertragung durch den Erben** zuzurechnen; allerdings können der Erbe und der Vermächtnisnehmer Anderes vereinbaren (VwGH 21. 4. 2005, 2003/15/0022).

8. Ermittlung der Einkünfte

(Doralt/Ruppe I[11], Tz 153ff)

Bei der Ermittlung der Einkünfte sind zu unterscheiden (§ 2 Abs 4): 47

- die **betrieblichen Einkunftsarten** (Land- und Forstwirtschaft, selbständige Arbeit, Gewerbebetrieb) mit der **Gewinnermittlung** (siehe unten Gewinnermittlungen unter Tz 48ff) und
- die **außerbetrieblichen Einkunftsarten** mit der Ermittlung des **Überschusses der Einnahmen über die Werbungskosten** (siehe unten Tz 132ff).

Außerdem ist das **Subsidiaritätsprinzip** der Nebeneinkunftsarten gegenüber den Haupteinkunftsarten zu beachten: Einkünfte werden einer Nebeneinkunftsart nur dann zugerechnet, wenn sie nicht einer Haupteinkunftsart zuzurechnen sind (zB Bankzinsen aus einem betrieblichen Konto gehören zu den betrieblichen Einkünften, ansonsten zu den Einkünften aus Kapitalvermögen).

9. Betriebliche Einkünfte – Gewinnermittlung

Bei den betrieblichen Einkunftsarten ergeben sich die Einkünfte aus dem Gewinn. Dafür kommen folgende Gewinnermittlungsarten in Betracht: 48

1. Gewinnermittlung durch Vermögensvergleich
   a) § 5: uneingeschränkter Betriebsvermögensvergleich für nach UGB rechnungslegungspflichtige Gewerbetreibende (erfasst auch gewillkürtes Betriebsvermögen).
   b) § 4 Abs 1: eingeschränkter Betriebsvermögensvergleich für buchführungspflichtige Landwirte und freiwillig Buchführende (steuerlicher Vermögensvergleich; erfasst nur notwendiges Betriebsvermögen).

2. § 4 Abs 3: Einnahmen-Ausgabenrechnung
3. § 17: Durchschnittssätze (Pauschalierungen)
   – für Betriebsausgaben (Teilpauschalierung) oder
   – für den ganzen Gewinn (Vollpauschalierung).

1. Gewinnermittlung durch Vermögensvergleich (§ 5 und § 4 Abs 1)

49 Die **Gewinnermittlung** erfolgt grundsätzlich nach einem **Vermögensvergleich**, und zwar durch die Ermittlung des **Unterschiedsbetrages**

– zwischen dem Betriebsvermögen **am Ende des Wirtschaftsjahres**
– und dem Betriebsvermögen **am Ende des vorangegangenen Wirtschaftsjahres.**

Entnahmen aus dem Betrieb für den privaten Bereich sind hinzuzurechnen,
Einlagen aus dem privaten Bereich in den Betrieb sind abzuziehen.

Gewinn ist der „durch doppelte Buchführung zu ermittelnde Unterschiedsbetrag zwischen dem Betriebsvermögen am Schluss des Wirtschaftsjahres und dem Betriebsvermögen am Schluss des vorangegangenen Wirtschaftsjahres“ (§ 4 Abs 1): In der „doppelten Buchführung“ werden die Konten in „Bestandskonten“ und in „Erfolgskonten“ getrennt. Die Bestandskonten werden in der Vermögensbilanz ausgewiesen, die Erfolgskonten in der Gewinn- und Verlustrechnung. In der Gewinn- und Verlustrechnung wird der Gewinn direkt ermittelt, in der Vermögensbilanz durch Vergleich der Bilanz mit der Vorjahresbilanz indirekt (siehe dazu den Anhang „Bilanzen lesen“).

Beispiele:

1. Verliert ein Wirtschaftsgut seinen Wert und wird es daher auf Null abgeschrieben, so wirkt sich der Wertverlust in der Vermögensbilanz als vermögensmindernd aus. Gleichzeitig liegt ein Aufwand vor (Abschreibung), der sich in der Gewinn- und Verlustrechnung niederschlägt.
2. Ein Unternehmer hat eine Ware um 10.000 € eingekauft und verkauft sie um 15.000 €. Mit dem Verkauf vermindert sich sein Warenbestand um 10.000 €, sein Kassabestand erhöht sich um 15.000 €. In der Vermögensbilanz ergibt sich daher ein Zuwachs um 5.000 €. Gleichzeitig liegt in der Gewinn- und Verlustrechnung ein Warenerlös von 15.000 € vor, der um den Wareneinsatz von 10.000 € gekürzt wird.

Unter **Entnahmen** werden nur privat bedingte Entnahmen verstanden (zB der Unternehmer entnimmt seiner Betriebskassa Geld für private Zwecke). Die Entnahme mindert das Betriebsvermögen und würde damit auch den Gewinn mindern. Deshalb sind Entnahmen dem Gewinn hinzuzurechnen. Umgekehrt erhöhen private **Einlagen** das Betriebsvermögen; daher sind sie vom Gewinn abzuziehen (ausführlich dazu unten Tz 63).

2. Einnahmen-Ausgabenrechnung (§ 4 Abs 3)

50 Im Unterschied zum Vermögensvergleich beruht die Einnahmen-Ausgabenrechnung auf dem Zu- und Abflussprinzip; maßgeblich für den Gewinn ist, wann ein Betrag als Einnahme zugeflossen bzw als Ausgabe abgeflossen ist.

Als vereinfachte Gewinnermittlung ist die Einnahmen-Ausgabenrechnung zulässig für

- **Gewerbebetriebe** mit einem **Umsatz bis 700.000 €,**
- **Einkünfte aus freien Berufen** unabhängig von Umsatz und Vermögen (generell keine Buchführungspflicht nach § 125 BAO),
- **land- und forstwirtschaftliche Betriebe** mit einem Umsatz bis 550.000 € oder mit einem Einheitswert bis zu 150.000 €.

Rechnungslegungspflichtige Steuerpflichtige sind von der Einnahmen-Ausgabenrechnung jedenfalls ausgeschlossen.

Die freien Berufe sind nach UGB nicht rechnungslegungspflichtig (§ 189 Abs 4 UGB) und daher von der Gewinnermittlung nach § 5 ausgenommen. Welche Berufe als „freiberuflich" im Sinne des UGB gelten, richtet sich nach der Verkehrsauffassung, deckt sich aber weitgehend mit den selbständigen Einkünften iS des § 22.

Die Buchführungspflicht wegen Überschreiten der Umsatzgrenze von 700.000 € entsteht erst, wenn die Umsatzgrenze in zwei aufeinanderfolgenden Geschäftsjahren überschritten wird, und auch dann erst im zweitfolgenden Jahr (§ 189 Abs 2 UGB und § 125 Abs 3 BAO; siehe auch unten Tz 52).

Beispiel:

Die Umsatzgrenze wird im Jahr 1 und im Jahr 2 überschritten; die Buchführungspflicht tritt erst im Jahr 4 ein.

Auch wenn die Voraussetzungen einer Einnahmen-Ausgabenrechnung erfüllt sind, ist eine Gewinnermittlung nach § 4 Abs 1 ebenfalls zulässig.

3. Durchschnittssätze (§ 17)

Der Gewinn kann auch mit Hilfe von Durchschnittssätzen ermittelt werden; dabei gibt es Teilpauschalierungen, bei denen nur die Betriebsausgaben pauschaliert werden, und Vollpauschalierungen, die den gesamten Gewinn erfassen. 51

Pauschalierungen sind nur für die Gewinnermittlung nach § 4 Abs 3 vorgesehen, und auch hier nur für kleinere Betriebe (siehe dazu unten Tz 118).

Teilpauschalierungen gibt es auch im außerbetrieblichen Bereich für Werbungskosten (siehe Tz 134).

9.1. Gewinnermittlung nach § 5 und § 4 Abs 1

(Doralt/Ruppe I[11], Tz 160 ff)

Die **Gewinnermittlung nach § 5 setzt voraus:** 52

- **Einkünfte aus Gewerbebetrieb** (§ 23 Abs 1) und
- **Rechnungslegungspflicht** nach UGB oder anderen Vorschriften.

Land- und Forstwirte (§ 21) sowie selbständig Tätige (§ 22) kommen daher für eine Gewinnermittlung nach § 5 nicht in Betracht, selbst wenn sie rechnungslegungspflichtig sein sollten (der Begriff der freien Berufe iSd UGB deckt sich zwar weitgehend aber nicht zur Gänze mit der selbständigen Tätigkeit iSd § 22; siehe auch oben Tz 50).

Rechnungslegungspflicht nach UGB (§ 189 UGB) besteht:
- **unabhängig vom Umsatz** für Kapitalgesellschaften und kapitalistische Personengesellschaften;

  Als **kapitalistische Personengesellschaften („verdeckte Kapitalgesellschaften")** bezeichnet man im Unternehmensrecht Personengesellschaften, bei denen keine natürliche Person als Gesellschafter unbeschränkt haftet (insbesondere GmbH & Co KG).

- **umsatzabhängig** für alle sonstigen Unternehmer, die mehr als 700.000 € Umsatzerlös im Geschäftsjahr erzielen (ausgenommen freie Berufe, Land- und Forstwirtschaft).

  Die umsatzabhängige Rechnungslegungspflicht tritt erst dann ein, wenn der **Schwellenwert von 700.000 €** zweimal hintereinander (nachhaltig) überschritten wird und sodann noch ein „Pufferjahr" abgelaufen ist. Wird die Umsatzschwelle zweimal hintereinander nicht überschritten, entfällt die Rechnungslegungspflicht. Wird die Umsatzschwelle in einem Geschäftsjahr **qualifiziert überschritten** (Umsätze von **mindestens 1.000.000 €**), tritt die Rechnungslegungspflicht bereits ab dem folgenden Geschäftsjahr ein.

Der Gewinnermittlung nach § 5 unterliegt daher jeder nach UGB rechnungslegungspflichtige Gewerbetreibende. Dies gilt unabhängig davon, ob er im Firmenbuch eingetragen ist oder nicht, und unabhängig davon, ob er tatsächlich Bücher führt (seine Rechnungslegungspflicht erfüllt).

Die Gewinnermittlung nach § 4 Abs 1 erfasst:
- freiwillige Buchführung bei Steuerpflichtigen, die den Gewinn auch durch Einnahmen-Ausgabenrechnung ermitteln können (Gewerbetreibende und Land- und Forstwirte unterhalb der Buchführungsgrenze, Einkünfte aus selbständiger Arbeit),
- Land- und Forstwirte, wenn sie nach § 125 BAO buchführungspflichtig sind (Umsatz von mehr als 550.000 € oder Einheitswert von mehr als 150.000 €).

Der Gewinnermittlung nach § 4 Abs 1 unterliegt daher der buchführungspflichtige Land- und Forstwirt und jeder, der freiwillig Bücher führt.

Die Gewinnermittlung nach **§ 5** erfasst den nach **UGB Rechnungslegungspflichtigen,** dagegen ist die Gewinnermittlung nach **§ 4 Abs 1** eine ausschließlich **steuerliche Gewinnermittlung.**

Offene Gesellschaften (OG) und **Kommanditgesellschaften** (KG) ermitteln den Gewinn dann nach § 5, wenn sie nach UGB rechnungslegungspflichtig sind und Einkünfte aus Gewerbebetrieb (§ 23) erzielen. Bei einem Umsatz bis 700.000 € ermitteln sie den Gewinn nach § 4 Abs 1 oder § 4 Abs 3.

Gewinnermittlung nach den Einkunftsarten

Nach den Einkunftsarten ergeben sich folgende Gewinnermittlungsarten:

Einkünfte aus Land- und Forstwirtschaft:
- Umsatz von mehr als 550.000 € oder Einheitswert von mehr als 150.000 €: Gewinnermittlung nach § 4 Abs 1;

- Umsatz bis 550.000 € und Einheitswert bis zu 150.000 €: Einnahmen-Ausgabenrechnung, insbesondere aber Pauschalierung (mehr als 95% der Betriebe sind pauschaliert).

Einkünfte aus selbständiger Arbeit:

- unabhängig vom Umsatz: wahlweise Gewinnermittlung nach § 4 Abs 1 oder Einnahmen-Ausgabenrechnung; allenfalls Pauschalierungen (Teilpauschalierungen nur der Betriebsausgaben).

Einkünfte aus Gewerbebetrieb:

- Umsätze bis 700.000 €: wahlweise Einnahmen-Ausgabenrechnung, allenfalls mit Teilpauschalierungen oder auch Vollpauschalierungen oder Gewinnermittlung nach § 4 Abs 1;
- Umsätze von mehr als 700.000 €: Gewinnermittlung nach § 5.

Gewinnermittlung nach § 5
Maßgeblichkeit der Rechnungslegungsvorschriften des UGB

Gewerbetreibende, die den Rechnungslegungsvorschriften des UGB 53
unterliegen und daher eine UGB-Bilanz zu erstellen haben (§§ 189ff UGB), haben ihre Gewinnermittlung auch für steuerliche Zwecke nach den UGB-Grundsätzen ordnungsmäßiger Buchführung (GoB) zu erstellen (Maßgeblichkeit der UGB-Grundsätze für die Steuerbilanz; siehe auch unten Tz 65).

Nur soweit zwingende steuerliche Vorschriften abweichende Regelungen enthalten, gehen diese Vorschriften vor (aus der UGB-Bilanz abgeleitete Steuerbilanz; „steuerliche Mehr-Weniger-Rechnung").

Die UGB-Bilanz (frühere Handelsbilanz) und die Steuerbilanz haben allerdings unterschiedliche Zielsetzungen:

- Die **UGB-Bilanz** ist vom Gläubigerschutz geprägt, daher gilt dort das **Vorsichtsprinzip**; das Betriebsvermögen ist daher im Zweifel eher niedrig zu bewerten.
- Dagegen ist die **Steuerbilanz** nicht vom Vorsichtsprinzip geprägt; maßgeblich ist der **Wert am Bilanzstichtag.**
- Über das **Maßgeblichkeitsprinzip** gelangt allerdings das Vorsichtsprinzip auch in die Steuerbilanz.

Zu unterscheiden sind die „Grundsätze ordnungsmäßiger Buchführung" für rechnungslegungspflichtige Unternehmer nach UGB (§§ 189ff UGB) und die „allgemeinen Grundsätze ordnungsmäßiger Buchführung" nach Steuerrecht (§ 4 Abs 2 EStG).

Abweichendes Wirtschaftsjahr

Wirtschaftsjahr: Der Gewinn wird immer für ein **Wirtschaftsjahr** er- 54
mittelt und in dem Kalenderjahr (= Veranlagungsjahr) versteuert, in dem das Wirtschaftsjahr endet; grundsätzlich dauert das Wirtschaftsjahr zwölf Mo-

nate. Meist deckt sich das Wirtschaftsjahr auch mit dem Kalenderjahr, doch kann vor allem bei größeren Unternehmen ein vom Kalenderjahr **abweichendes Wirtschaftsjahr** sinnvoll sein (zB Inventur, einheitlicher Konzernabschluss).

Ein abweichendes Wirtschaftsjahr können in Anspruch nehmen:

- rechnungslegungspflichtige Gewerbetreibende (Gewinnermittlung nach § 5; siehe oben Tz 52),
- buchführende Land- und Forstwirte (Gewinnermittlung nach § 4 Abs 1; siehe oben Tz 52).

Bei der Gewinnermittlung nach § 4 Abs 1 ist daher das Wirtschaftsjahr zwingend mit dem Kalenderjahr ident (ausgenommen Land- und Forstwirte).

Für das abweichende Wirtschaftsjahr ist zwar die Zustimmung des FA erforderlich, doch hat das FA die Zustimmung zu erteilen, wenn gewichtige betriebliche Gründe vorliegen (§ 2 Abs 5 ff).

Das Wirtschaftsjahr läuft dann zB vom 1. April 01 bis 31. März 02; der Gewinn wird dem Kalenderjahr zugerechnet, in dem das Wirtschaftsjahr endet (02). In dem Jahr, in dem ein vom Kalenderjahr abweichendes Wirtschaftsjahr erstmals eingerichtet wird, ergibt sich ein **„Rumpfwirtschaftsjahr“** (im Beispiel 1. 1. 01 bis 31. 3. 01).

Ein Rumpfwirtschaftsjahr ergibt sich zB auch bei der Betriebseröffnung oder bei der Betriebsveräußerung während des Kalenderjahres (wenn das Kalenderjahr mit dem Wirtschaftsjahr übereinstimmt).

Das Rumpfwirtschaftsjahr führt in der Regel zu einem Steuerstundungseffekt: Im Jahr des Übergangs auf ein abweichendes Wirtschaftsjahr endet nur das Rumpfwirtschaftsjahr; in diesem Jahr wird nur der im Rumpfwirtschaftsjahr erzielte Gewinn besteuert (im Beispielsfall eben nur drei Monate). Der auf das restliche Kalenderjahr entfallende Gewinn wird erst im Folgejahr versteuert.

Das Wirtschaftsjahr ist vom **Veranlagungsjahr** zu unterscheiden. Das Veranlagungsjahr entspricht dem Kalenderjahr; das Einkommen wird in dem Kalenderjahr (= „Veranlagungsjahr“) erfasst, in dem das Wirtschaftsjahr endet.

Unterschiede zwischen der Gewinnermittlung nach § 5 und § 4 Abs 1

55 Zwischen § 5 (uneingeschränkter Betriebsvermögensvergleich für nach UGB rechnungslegungspflichtige Gewerbetreibende) und § 4 Abs 1 (eingeschränkter Betriebsvermögensvergleich; steuerliche Gewinnermittlung) **bestehen folgende Unterschiede:**

- **Umfang des Betriebsvermögens:** Nach § 4 Abs 1 wird nur notwendiges Betriebsvermögen erfasst, nach § 5 auch gewillkürtes Betriebsvermögen (siehe dazu unten Tz 56 ff).
- **Rückstellungen und Rechnungsabgrenzungsposten** sind bei der Gewinnermittlung nach § 5 zwingend; nach § 4 Abs 1 besteht ein Wahlrecht.

Rückstellungen werden für **ungewisse Verbindlichkeiten** gebildet, die am Bilanzstichtag dem Grunde oder der Höhe nach ungewiss sind und ihre Ursache im vergangenen Wirtschaftsjahr haben (siehe dazu unten Tz 98 ff).

Rechnungsabgrenzungsposten dienen dazu, Ausgaben bzw Einnahmen aus **zeitraumbezogenen Leistungsverpflichtungen** dem Wirtschaftsjahr zuzurechnen, zu dem sie wirtschaftlich gehören (zB bei vorausbezahlten Mieten; siehe dazu unten Tz 96).

- **Bewertung des Betriebsvermögens:** Für die Gewinnermittlung nach § 4 Abs 1 gelten nur die steuerlichen Bewertungsvorschriften des § 6. Dagegen gelten nach § 5 die unternehmensrechtlichen Bewertungsvorschriften nach dem UGB, soweit die steuerliche Bewertung nicht zwingend vorgeht (siehe dazu unten Tz 69 ff).
- **Wirtschaftsjahr:** Rechnungslegungspflichtige Gewerbetreibende (§ 5) und buchführungspflichtige Land- und Forstwirte (§ 4 Abs 1) können auf ein abweichendes Wirtschaftsjahr optieren (siehe oben Tz 54).
- **Unterschiedliche Ergebnisse der Gewinnermittlungsarten:** Da bei der Gewinnermittlungsart nach § 5 gewillkürtes Betriebsvermögen möglich ist, decken sich die Gewinne nach § 5 und § 4 Abs 1 nicht zwingend, und zwar auch nicht über mehrere Perioden. Dagegen unterscheiden sich die Gewinnermittlung nach § 4 Abs 1 und die Einnahmen-Ausgabenrechnung nur in der Gewinnhöhe der einzelnen Perioden; der Gesamtgewinn deckt sich, wenn man die Summe alle Perioden vergleicht.

Grundstücke im Betriebsvermögen (Anlagevermögen) 55/1

Für die Veräußerung von **Grundstücken im Betriebsvermögen** (Anlagevermögen) gelten weitgehend die gleichen Regeln wie für private Grundstücksveräußerungen (siehe oben Tz 28).

Danach unterliegen alle Grundstücksveräußerungen grundsätzlich dem besonderen Steuersatz von 30%, soweit nicht die Regelbesteuerung beantragt wird.

Der begünstigte Steuersatz (30%) kommt ua nicht zur Anwendung, soweit für das Grundstück vor Inkrafttreten der neuen Grundstücksbesteuerung (1. 4. 2012) eine Teilwertabschreibung vorgenommen worden ist (Begründung: die Teilwertabschreibung war damals zum vollen (Normal-)Steuersatz steuerwirksam; anders heute, siehe unten).

Verluste aus der Veräußerung von Grundstücken und Teilwertabschreibungen: Der besondere Steuersatz für Veräußerungsgewinne verlangt auch eine besondere Behandlung von Veräußerungsverlusten und Teilwertabschreibungen; sie sind

- primär mit Gewinnen aus Grundstücksveräußerungen zu verrechnen,
- ein verbleibender Überhang ist zu 60% mit dem übrigen Betriebsergebnis zu verrechnen (§ 6 Z 2 lit d).

9.2. Betriebsvermögen

(Doralt/Ruppe I[11], Tz 170 ff)

56 Da der Gewinn grundsätzlich auf Grundlage eines Vermögensvergleichs ermittelt wird, sind für die Gewinnermittlung zwei Fragen von wesentlicher Bedeutung:

1. **Umfang des Betriebsvermögens:** Welche Wirtschaftsgüter gehören zum Betriebsvermögen?
2. **Bewertung des Betriebsvermögens:** Wie wird das Betriebsvermögen bewertet?

Nur Wirtschaftsgüter, die zum Betriebsvermögen gehören, sind in den Vermögensvergleich einzubeziehen; verlieren diese Wirtschaftsgüter an Wert, dann ist der Wertverlust gewinnwirksam. **Wirtschaftsgüter** sind alle nach der Verkehrsauffassung **selbständig bewertbaren Güter,** zB Bargeld, Waren, Erzeugnisse, Maschinen, Gebäude, Rechte, Forderungen.

Aktivieren: Wird ein Aufwand getätigt, der zur Anschaffung oder Herstellung eines Wirtschaftsguts führt, dann ist dieser Aufwand nicht sofort als Betriebsausgabe abzugsfähig (also nicht sofort gewinnmindernd), er ist vielmehr auf das neue Wirtschaftsgut zu „aktivieren". Der Aufwand verändert daher die Höhe des Betriebsvermögens nicht, er ist „gewinnneutral". Dagegen kürzen Aufwendungen, die nicht aktiviert werden, den Gewinn (zB Erhaltungsaufwendungen, wie etwa Reparaturen oder Kosten für den laufenden Betrieb).

Beispiel:

Die Anschaffung einer Maschine um 1.000 € vermindert zwar das Betriebsvermögen im Kassastand um 1.000 €, erhöht aber gleichzeitig den Wert des Betriebsvermögens im Anlagevermögen um 1.000 €. Mit der Aktivierung der Ausgabe als Anschaffungskosten bleibt daher der Vorgang gewinnneutral. Dagegen ist eine Reparatur gewinnmindernd, weil der Aufwand nicht aktiviert wird.

Würde die Maschine nicht repariert werden, dann wäre der Wertverlust nachhaltig, der Wert der Maschine müsste dann entsprechend berichtigt werden (sog „Wertberichtigung", „Abschreibung auf den niedrigeren Teilwert", dazu auch unten, Tz 86).

Passiviert werden dagegen zB Schulden (zB nicht ausgezahlte Löhne, bereits erhaltene, aber noch nicht bezahlte Waren, Schadenersatzverpflichtungen).

Notwendiges Betriebsvermögen

57 **Notwendiges Betriebsvermögen** sind jene Wirtschaftsgüter, die dem Betrieb dienen (zB Waren zum Verkauf, Maschinen zur Produktion); Betriebsnotwendigkeit ist jedoch nicht iS von Unentbehrlichkeit zu verstehen.

Zum notwendigen Betriebsvermögen gehören danach Wirtschaftsgüter, die objektiv erkennbar zum unmittelbaren Einsatz im Betrieb bestimmt sind.

Gewillkürtes Betriebsvermögen

58 **Gewillkürtes Betriebsvermögen** sind Wirtschaftsgüter, die weder dem Betrieb noch den privaten Bedürfnissen des Stpfl unmittelbar dienen, aber

betriebliche Interessen, insbesondere die Kapitalausstattung fördern (zB Wertpapiere oder vermietete Liegenschaften des Privatvermögens, die dem Betriebsvermögen gewidmet werden, um das Betriebskapital zu stärken). Gewillkürtes Betriebsvermögen können nur rechnungslegungspflichtige Gewerbetreibende bilden (Gewinnermittlung nach § 5). Gewillkürtes Betriebsvermögen entsteht einfach durch Aufnahme von Privatvermögen in die Unternehmensbücher (buchmäßige Behandlung als Einlage).

Notwendiges Privatvermögen sind Wirtschaftsgüter, die der privaten Bedürfnisbefriedigung dienen, zB das selbstbewohnte Eigenheim; sie kommen als gewillkürtes Betriebsvermögen nicht in Betracht.

Beispiel:

Ein Textilhändler und ein Rechtsanwalt besitzen ein Mietgebäude. Da die Vermietung als reine Vermögensverwaltung keine betriebliche Tätigkeit darstellt, gehört das Mietgebäude keinesfalls zum notwendigen Betriebsvermögen; grundsätzlich liegen daher Einkünfte aus Vermietung und Verpachtung vor. Ist allerdings der Textilhändler rechnungslegungspflichtig (§ 5), dann kann er das Gebäude als gewillkürtes Betriebsvermögen behandeln; die Einkünfte daraus sind dann gewerbliche Einkünfte. Dagegen kommt beim Rechtsanwalt ein gewillkürtes Betriebsvermögen nicht in Betracht, weil er keinen Gewerbebetrieb unterhält (keine Gewinnermittlung nach § 5). Daher können beim Rechtsanwalt nur Einkünfte aus Vermietung und Verpachtung vorliegen.

Gemischt genutzte Wirtschaftsgüter

Werden **Wirtschaftsgüter teils privat, teils betrieblich** genutzt, so ist zu unterscheiden: 59

- **bewegliche Wirtschaftsgüter** gehören bei **überwiegend betrieblicher Nutzung** zur Gänze zum Betriebsvermögen, ansonsten zum Privatvermögen (Überwiegensprinzip),
- **unbewegliche Wirtschaftsgüter** gehören mit ihrem **betrieblich genutzten Teil** zum Betriebsvermögen (Aufteilungsprinzip).

Bei **beweglichen Wirtschaftsgütern** gilt daher das **Überwiegensprinzip.** Dagegen werden **Gebäude nach dem Nutzungsverhältnis aufgeteilt;** geringfügige betriebliche oder private Nutzungen (bis 20%) bleiben dabei unbeachtlich: 40% betriebliche Nutzung führt daher zu einer Aufteilung; bei mehr als 80% betrieblicher Nutzung ist das gesamte Gebäude Betriebsvermögen, die private Nutzung wird als Nutzungsentnahme laufend berücksichtigt. Bei mehr als 80% privater Nutzung ist das gesamte Gebäude Privatvermögen, die betriebliche Nutzung ist eine Einlage und führt nur mit anteiligen Aufwendungen zu Betriebsausgaben (anders die gemischte Nutzung in der USt).

Beispiele:

1. Ein Pkw wird zu 60% betrieblich und zu 40% privat genutzt. Der Pkw wird daher zur Gänze als Betriebsvermögen behandelt; die private Nutzung wird als Privatentnahme erfasst. Wird der Pkw nur zu 40% betrieblich und zu 60% privat genutzt, dann führt die betriebliche Nutzung mit den anteiligen Aufwendungen zu Betriebsausgaben (pauschaliert im Kilometergeld).
2. Ein einstöckiges Gebäude wird im Erdgeschoß für betriebliche Zwecke genutzt; im ersten Stock befindet sich die Wohnung des Betriebsinhabers. Das Gebäude wird daher zur Hälfte betrieblich und zur anderen Hälfte privat ge-

nutzt und ist dementsprechend zur Hälfte als Betriebsvermögen, zur Hälfte als Privatvermögen zu behandeln.

Gehört ein bewegliches Wirtschaftsgut auf Grund überwiegender betrieblicher Nutzung zum Betriebsvermögen, dann sind Wertveränderungen des Wirtschaftsgutes nicht nur anteilig, sondern zur Gänze steuerwirksam.

Die Zuordnung gemischt genutzter Wirtschaftsgüter zum Betriebsvermögen oder zum Privatvermögen hat daher vor allem auch für den Fall der Veräußerung Bedeutung: Gehört das Wirtschaftsgut zum Betriebsvermögen, dann sind im Fall der Veräußerung die stillen Reserven zu versteuern. Bei Grundstücken hat die Zuordnung zum Betriebsvermögen bzw zum Privatvermögen mit der grundsätzlichen Gleichbehandlung des Veräußerungsgewinns an Bedeutung verloren.

Wirtschaftliches Eigentum; Leasing

60 Das **zivilrechtliche Eigentum** ist das dingliche Vollrecht an einer körperlichen Sache, nämlich die Befugnis, mit der Substanz und den Nutzungen einer Sache nach Willkür zu schalten und jeden anderen davon auszuschließen (§§ 353 f ABGB).

Für die steuerliche Zuordnung zum Vermögen eines Stpfl ist aber nicht das zivilrechtliche Eigentum, sondern das **wirtschaftliche Eigentum** maßgeblich: „Wirtschaftsgüter, über die jemand die Herrschaft gleich einem Eigentümer ausübt, sind diesem zuzurechnen" (§ 24 BAO). Ist zB der zivilrechtliche Eigentümer von der Nutzung und von allen wesentlichen Verfügungsrechten ausgeschlossen (zB Kaufoption des Mieters, Veräußerungsverbote, Belastungsverbote, Gestaltungsverbote), dann ist der zivilrechtliche Eigentümer nicht wirtschaftlicher Eigentümer. Maßgeblich ist insbesondere, wem Wertsteigerungen zugute kommen oder Wertverluste treffen würden, in wessen Vermögen sich also allfällige **Wertänderungen** auswirken (VwGH 28. 5. 2015, 2013/15/0135).

Beispiele:

1. Verkauft der Rechtsanwalt die Kanzleiräume an die Ehegattin und mietet er sie von ihr zurück, dann ist die Ehegattin auch wirtschaftliche Eigentümerin, wenn die Wertveränderungen an der Liegenschaft ihr zuzurechnen sind (vgl VwGH 28. 5. 2015, 2013/15/0135).
2. Der Fruchtnießer ist nicht wirtschaftlicher Eigentümer, und zwar selbst dann nicht, wenn der Eigentümer zugunsten des Fruchtnießers ein Belastungs- und Veräußerungsverbot übernimmt (klargestellt mit VwGH 28. 11. 2007, 2007/14/0021, ÖStZB 2008, 476).
3. Der Dieb ist zwar nicht zivilrechtlicher Eigentümer, aber wirtschaftlicher Eigentümer.

61 Ein Sonderfall des wirtschaftlichen Eigentums ist das **Leasing** („Kaufmiete"): Der Vorteil beim Leasing besteht darin, dass Mietzahlungen grundsätzlich als Betriebsausgaben sofort abgezogen werden können.

Beispiel:

Die Anschaffungskosten einer Maschine betragen 10.000 €, die voraussichtliche Nutzungsdauer beträgt 10 Jahre. Statt die Maschine zu kaufen, wird sie auf

3 Jahre zu einer Jahresmiete von 3.000 € gemietet; nach Ablauf der dreijährigen Mietdauer kann der Mieter die Maschine um 1.000 € kaufen (vertraglich vereinbartes Optionsrecht).

Wirtschaftlich betrachtet liegt im Beispielsfall keine Miete, sondern ein Kauf auf Raten vor. Es ist von Anfang an mit großer Sicherheit anzunehmen, dass der Mieter nach Ablauf der Mietdauer in Anbetracht des geringen Kaufpreises das Optionsrecht ausüben wird. Der Mieter wird daher immer dann als wirtschaftlicher Eigentümer anzusehen sein, wenn er das Wirtschaftsgut nach Ablauf der Mietdauer auf Grund eines Optionsrechtes zu einem wirtschaftlich nicht angemessenen Entgelt (Bagatellentgelt) erwerben kann. Steuerlich kann er dann nicht die Miete geltend machen, sondern nur die anteilige Absetzung für Abnutzung (im Beispielsfall 1.000 € pro Jahr).

Als **wirtschaftlich angemessen** gilt ein Entgelt nach den EStR 2000 dann, wenn zum Ende der Mietdauer mindestens der dann bestehende Restbuchwert, abzüglich 20%, als Kaufpreis zu zahlen ist (Rz 3224). Nur dann wird der Leasingvertrag steuerlich auch als Miete anerkannt.

Beispiel:

Die Anschaffungskosten eines Wirtschaftsgutes mit einer Nutzungsdauer von 10 Jahren betragen 10.000 €; als Mietdauer werden fünf Jahre vereinbart. Dementsprechend beträgt der Restbuchwert nach Ablauf der Mietdauer 5.000 €. Als Kaufpreis am Ende der Mietdauer müssen daher mindestens 4.000 € vereinbart sein (5.000 € abzüglich 20%); ist der Kaufpreis niedriger, gilt der Mieter als wirtschaftlicher Eigentümer. In diesem Fall kann er die Miete nicht steuerlich absetzen, sondern nur die AfA von den Anschaffungskosten.

Unabhängig von der steuerlichen (und der bilanzrechtlichen) Beurteilung stellt sich auch im Zivilrecht die Frage, inwieweit bei Leasingverträgen ein Mietvertrag oder ein Kaufvertrag vorliegt.

Vom **Treuhänder** gehaltene Wirtschaftsgüter sind dem Treugeber zuzu- 62
rechnen und daher in seiner Bilanz auszuweisen (§ 24 Abs 1 lit b BAO).

Die **UGB-Bilanz** kennt zwar keine ausdrückliche Regelung für das wirtschaftliche Eigentum, doch gelten dort die gleichen Grundsätze.

9.3. Entnahmen – Einlagen

(Doralt/Ruppe I[11], Tz 192 ff)

Wird der Gewinn durch einen Vermögensvergleich ermittelt und werden 63
während des Jahres Wirtschaftsgüter für betriebsfremde (private) Zwecke entnommen, dann ist der Gewinn insoweit zu niedrig ausgewiesen. Werden andererseits Wirtschaftsgüter aus dem außerbetrieblichen (privaten) Bereich dem Betrieb zugeführt, dann ist der Gewinn insoweit zu hoch. Daraus ergibt sich für die Gewinnermittlung durch Vermögensvergleich ergänzend:

- Entnahmen sind hinzuzurechnen,
- Einlagen sind abzuziehen.

Beispiele:

1. Ein Autohändler entnimmt seinem Betrieb einen Pkw für private Zwecke. Durch die Entnahme verringert sich das Betriebsvermögen als Grundlage der

Gewinnermittlung. Daher muss der Wert des Pkw bei der Ermittlung des Gewinns hinzugerechnet werden.

2. Um für das Weihnachtsgeschäft genügend Warenlager zu haben, legt der Juwelier aus seinem privaten Vermögen 20.000 € in den Betrieb ein; um diesen Betrag erhöht sich das Betriebsvermögen. Da der Vermögenszuwachs jedoch nicht betrieblich veranlasst ist, sondern aus dem privaten Bereich stammt, ist die Einlage bei der Ermittlung des Gewinns abzuziehen.

Notwendiges Betriebsvermögen wird entnommen, indem es für betriebsfremde Zwecke verwendet wird; beim rechnungslegungspflichtigen Gewerbetreibenden kann notwendiges Betriebsvermögen zum gewillkürten Betriebsvermögen werden (zB bisher betrieblich genutzte Büroräume werden vermietet).

Gewillkürtes Betriebsvermögen wird entnommen, indem es aus den Büchern ausgebucht wird oder indem es persönlich genutzt wird (zB der Stpfl nutzt ein bisher vermietetes und als gewillkürtes Betriebsvermögen behandeltes Gebäude nunmehr als Wohnung für sich selbst).

Beim **Wechsel der Gewinnermittlung** von § 5 auf § 4 gilt gewillkürtes Betriebsvermögen als entnommen (Versteuerung als Entnahme).

Grund und Boden beim Wechsel von § 5 auf § 4: Da der Grund und Boden unabhängig von der Gewinnermittlung gleichbehandelt wird, wirkt sich der Grund und Boden bei der Änderung der Gewinnermittlung grundsätzlich nicht aus.

Entnahme eines Grundstücks: Wird ein Grundstück entnommen, ist zwischen Grund und Boden einerseits und dem Gebäude andererseits zu unterscheiden (§ 6 Z 4):

- Bei **Grund und Boden** erfolgt die Besteuerung im Betriebsvermögen und im Privatvermögen nach den gleichen Grundsätzen, daher unterbleibt im Fall der Entnahme eine Besteuerung allfälliger stiller Reserven (die stillen Reserven bleiben auch im Privatvermögen unverändert steuerhängig).
- Bei **Gebäuden** wirken sich die Absetzungen für Abnutzung (AfA) zum Normalsteuersatz aus, dagegen erfolgt die spätere Veräußerung im Privatvermögen zum idR günstigeren besonderen Steuersatz von 30%. Daher müssen hier bei der Entnahme die stillen Reserven aufgedeckt werden (zur allfälligen Hauptwohnsitzbefreiung im Rahmen einer Betriebsaufgabe siehe Tz 129).

9.4. Bilanzierungsgrundsätze

(Doralt/Ruppe I[11], Tz 200 ff)

64 Zu den Bilanzierungsgrundsätzen gehören insbesondere

- das Maßgeblichkeitsprinzip bei der Gewinnermittlung nach § 5 (siehe oben Tz 53),
- die Grundsätze ordnungsmäßiger Buchführung,
- die Grundsätze der Bilanzberichtigung und der Bilanzänderung,

- die Bewertungsgrundsätze für das Betriebsvermögen,
- die Bilanzierungsstetigkeit zur Vergleichbarkeit der Bilanzen,
- das Stichtagsprinzip mit der Maßgeblichkeit des Bilanzstichtages,
- das Realisationsprinzip und das Imparitätsprinzip über den Zeitpunkt des Gewinn- und Verlustausweises.

Die einzelnen Grundsätze werden im Folgenden oder im Zusammenhang mit den einzelnen Punkten der Gewinnermittlung behandelt.

Maßgeblichkeit der UGB-Bilanz für die Steuerbilanz (§ 5)

Rechnungslegungspflichtige Gewerbetreibende müssen bereits nach dem UGB eine Bilanz erstellen (UGB-Bilanz). Daher sind die für die UGB-Bilanz maßgeblichen Rechnungslegungsvorschriften aus Vereinfachungsgründen auch für die Steuerbilanz maßgeblich (Maßgeblichkeitsprinzip). 65

Aus dem Maßgeblichkeitsprinzip ergibt sich für nach UGB rechnungslegungspflichtige Gewerbetreibende:

- Der rechnungslegungspflichtige Gewerbetreibende hat eine den Grundsätzen ordnungsmäßiger Buchführung (GoB nach UGB) entsprechende UGB-Bilanz zu errichten.
- Die UGB-Bilanz ist die Grundlage für die Steuerbilanz.
- Die steuerlichen Vorschriften gehen nur vor, wenn sie zwingend von den UGB-Grundsätzen abweichen.

Daraus ergibt sich weiters:

- Ist der (niedrigere) Ansatz in der UGB-Bilanz auch steuerlich zulässig, dann muss in der Steuerbilanz der gleiche Wert ausgewiesen werden (zB Sofortabschreibung geringwertiger Wirtschaftsgüter; vgl § 205 UGB iVm § 13 EStG).
- Ist der Ansatz zwar in der UGB-Bilanz zulässig, aber nicht in der Steuerbilanz, dann muss in der Steuerbilanz der steuerrechtlich maßgebliche Wert ausgewiesen werden (zB ist in der Steuerbilanz die in der UGB-Bilanz zulässige Aufwandsrückstellung nicht zulässig).

Die Abweichungen der Steuerbilanz von der UGB-Bilanz werden in einer sogenannten **Mehr-Weniger-Rechnung** dargestellt.

Statische und dynamische Bilanztheorie – ihre Bedeutung für die UGB-Bilanz und die Steuerbilanz

Je nach der Aufgabenstellung der Bilanz gibt es verschiedene Bilanztheorien; für die UGB-Bilanz und die Steuerbilanz sind historisch die statische und die dynamische Bilanztheorie von besonderer Bedeutung: Die statische Bilanztheorie stellt die Bewertung am Bilanzstichtag in den Vordergrund, dagegen betrachtet die dynamische Bilanztheorie die Bilanzwerte periodenübergreifend und verlangt die periodengerechte Zurechnung von Einnahmen und Ausgaben. Das geltende Bilanzrecht folgt teils der statischen, vorrangig aber der dynamischen Bilanztheorie. 66

Leistungsfähigkeitsprinzip und Vorsichts-(Gläubigerschutz-)prinzip

66/1 Während die Steuerbilanz am Leistungsfähigkeitsprinzip orientiert ist und damit die Ermittlung des tatsächlichen Gewinns anstrebt, ist die Unternehmensbilanz vom Vorsichtsprinzip (Gläubigerschutzprinzip) beherrscht und verlangt damit im Zweifel eher eine Unterbewertung der Vermögensgegenstände.

Leistungsfähigkeitsprinzip und Vorsichtsprinzip stehen damit tendenziell in einem Wertungswiderspruch, auch wenn in der Praxis – als Folge der Maßgeblichkeit der Unternehmensbilanz – das Vorsichtsprinzip das Leistungsfähigkeitsprinzip verdrängt.

Rechtspolitisch wäre daher – im Hinblick auf die grundsätzlich unterschiedlichen Ziele der steuerlichen Gewinnermittlung einerseits und der Gewinnermittlung nach UGB andererseits – eine Trennung der steuerlichen Gewinnermittlung von der UGB-Bilanz vorzuziehen.

Grundsätze ordnungsmäßiger Buchführung

67 Für den rechnungslegungspflichtigen Gewerbetreibenden (§ 5) gelten für die Ermittlung und Bewertung des Betriebsvermögens die Rechnungslegungsvorschriften des UGB **(GoB auf Grund des UGB);** dagegen beschränken sich die **„allgemeinen steuerlichen GoB"** auf die Einhaltung der steuerlichen Gewinnermittlungsgrundsätze und der steuerlichen Formvorschriften (zu den Unterschieden zwischen § 5 und § 4 Abs 1 siehe oben Tz 55).

Nach den steuerlichen Formvorschriften (auch für § 4 Abs 3) sind **Eintragungen** in die Bücher der Zeitfolge nach geordnet, vollständig, richtig und zeitgerecht vorzunehmen; gewerbliche Unternehmer haben ein Wareneingangsbuch zu führen, soweit sie den Gewinn nicht durch Vermögensvergleich ermitteln (§§ 127, 131 BAO); die **Aufbewahrungspflicht** für Bücher und Aufzeichnungen beträgt sieben Jahre (§ 132 BAO). Ist die Buchführung nicht ordnungsgemäß, dann ist die Behörde zur **Schätzung** berechtigt (§ 184 BAO).

Verpflichtende Registrierkassen- und Belegerteilungspflicht: Für bestimmte Betriebe bzw Unternehmen mit Barverkäufen besteht die Verpflichtung, die Barumsätze mittels elektronischer Registrierkasse zu ermitteln und über die Barverkäufe Belege auszustellen (§ 131 b und § 132 BAO ab 2016). Ausnahmen bestehen für Kleinbetriebe (Jahresumsatz bis 30.000 €) mit Barumsätzen, insbesondere an öffentlichen Orten (§ 131 Abs 4 BAO).

Bilanzberichtigung und Bilanzänderung

68 Zu einer **Bilanzberichtigung** kommt es dann, wenn die Bilanz unrichtig ist; die Bilanzberichtigung ist zwingend vorzunehmen (§ 4 Abs 2 Z 2).

Eine Bilanz ist unrichtig, wenn
- Bilanzposten unrichtig bewertet sind (zB überhöhte Abschreibungen),
- Bilanzposten fehlen (zB notwendiges Betriebsvermögen),

– Bilanzposten zu Unrecht aufgenommen worden sind (zB Aktivierung von Erhaltungsaufwand).

Von besonderer Bedeutung ist die Bilanzberichtigung, wenn sie Veranlagungsjahre betrifft, in denen der Fehler nicht mehr steuerwirksam berichtigt werden kann (Rechtskraft, eingetretene Verjährung). In diesem Fall kann die Berichtigung in der ersten noch nicht verjährten Periode nachgeholt werden (§ 4 Abs 2 Z 2; von Amts wegen oder auf Antrag).

Damit wird die Fehlerberichtigung im ersten zum Zeitpunkt der Bescheiderlassung noch nicht verjährten Veranlagungszeitraum durch Ansatz von Zu- und Abschlägen zum Gewinn steuerwirksam. Die Fehlerberichtigung ist aber nur dann und insoweit vorzunehmen, als der Fehler in den Folgejahren nach dem Jahr der Berichtigung noch steuerliche Auswirkungen haben kann.

Beispiele:

1. In einem bereits verjährten Veranlagungsjahr (idR mehr als fünf Jahre zurück) wurde bei einem Gebäude ein Herstellungsaufwand zu Unrecht sofort abgeschrieben; richtigerweise hätte der Aufwand aktiviert und auf die Nutzungsdauer – im Wege der AfA – verteilt werden müssen. – Da der Fehler auch die Folgejahre betrifft, ist er im ersten nicht verjährten Veranlagungsjahr zu berichtigen.
2. Ein privater Aufwand wurde in einem bereits verjährten Veranlagungsjahr zu Unrecht als Betriebsausgabe geltend gemacht. – Da der Fehler sich hier auf die Folgejahre nicht auswirkt, unterbleibt in diesem Fall eine Fehlerberichtigung.

Eine **Bilanzänderung** liegt dagegen dann vor, wenn ein **richtiger Bilanzansatz** durch einen anderen richtigen Bilanzansatz ersetzt werden soll (Bilanzierungswahlrechte). Nach Einreichen der Bilanz beim FA ist eine Bilanzänderung nur zulässig, wenn sie wirtschaftlich begründet ist und das FA zustimmt (§ 4 Abs 2 Z 1; wird vom FA eher einschränkend gehandhabt).

Beispiele:

1. Der Stpfl mit Gewinnermittlung nach § 4 Abs 1 hat eine Rückstellung, zu der er berechtigt gewesen wäre, nicht gebildet. Im Rahmen der Betriebsprüfung will er die Rückstellung nachholen. Es liegt eine Bilanzänderung vor, die nur bei Vorliegen wirtschaftlicher Gründe zulässig ist. Dagegen wäre bei der Gewinnermittlung nach § 5 die Rückstellung zwingend zu bilden gewesen; daher wäre in diesem Fall eine Bilanzberichtigung vorzunehmen.
2. Der Stpfl hat bei einem Betriebsgebäude eine AfA von 2% angenommen (50 Jahre Nutzungsdauer), obwohl er nach dem Gesetz eine AfA von 2,5% ansetzen hätte können (§ 8 Abs 1). Nach Einreichung der Steuererklärung will er die AfA ändern. – Es liegt eine Bilanzänderung vor, die das FA voraussichtlich nicht genehmigen wird.

9.5. Allgemeine Bewertungsvorschriften

(Doralt/Ruppe I[11], Tz 298 ff)

Grundsatz der Einzelbewertung: Die Wirtschaftsgüter sind einzeln zu 69
bewerten; verschiedene Wirtschaftsgüter dürfen nicht für Zwecke der Bewer-

tung zusammengefasst werden (wichtig, weil regelmäßig nur Wertverluste durch Abwertungen sofort berücksichtigt werden, während dagegen Wertsteigerungen in der Regel keine Aufwertung erlauben; daher kein Ausgleich, wenn ein Wirtschaftsgut im Wert fällt und ein anderes Wirtschaftsgut im Wert steigt). Andererseits darf ein einheitliches Wirtschaftsgut, das aus verschiedenen Teilen besteht, für die Bewertung nicht in die einzelnen Teile zerlegt werden.

Beispiele:

1. Die Heizungsanlage und andere technische Einrichtungen eines Gebäudes, wie zB ein Aufzug, bilden mit dem Gebäude ein einheitliches Wirtschaftsgut. Auch wenn die Nutzungsdauer der technischen Einrichtungen isoliert betrachtet kürzer ist als die Nutzungsdauer des Gebäudes, können sie daher nicht getrennt vom Gebäude abgeschrieben werden; allfällige Wertverluste können nur dann geltend gemacht werden, wenn der Wert des gesamten Gebäudes gesunken ist.
2. Bei Grundstücken gelten der Grund und Boden einerseits und das Gebäude andererseits als zwei getrennte Wirtschaftsgüter (EStR Rz 583). Daher sind zB Wertverluste im Gebäude nicht mit Wertsteigerungen des Grund und Bodens auszugleichen.

70 **Stichtagsbewertung:** Bewertungsstichtag ist der Bilanzstichtag, das ist der 31. 12. bzw der letzte Tag eines abweichenden Wirtschaftsjahres. Wertveränderungen nach dem Bilanzstichtag bleiben unberücksichtigt. Die Notwendigkeit der Stichtagsbewertung ergibt sich aus der Periodenbesteuerung. Bei Umständen, die nach dem Bilanzstichtag eintreten, sind zu unterscheiden:

Wert*verändernde* Umstände, die den Wert erst nach dem Bilanzstichtag verändern, sind nicht zu berücksichtigen (wirken auf den Bilanzstichtag nicht zurück).

Wert*erhellende* Umstände nach dem Bilanzstichtag: Nachträglich bekannt gewordene Umstände über den am Bilanzstichtag bereits bestehenden Wert sind zu berücksichtigen (wirken auf den Bilanzstichtag zurück). Ist die Bilanz bereits erstellt, dann besteht eine Berichtigungspflicht nur dann, wenn es zu wesentlichen Wertveränderungen kommt.

Beispiele:

1. Die Konkursanmeldung des Schuldners im Jänner ist rückwirkend für den Wert der Forderung des Gläubigers für den Stichtag 31. 12. wert*erhellend*. Die Forderung war bereits am 31. 12. wertlos.
2. Der Totalschaden einer Maschine im Jänner bleibt für den Stichtag 31. 12. ohne Auswirkung (wert*verändernder* Umstand).

71 **Bewertungsstetigkeit:** Auch wenn bei der Bilanzierung Bilanzierungs- bzw Bewertungsspielräume und Wahlrechte bestehen, müssen die einmal gewählten Bilanzierungsprinzipien bei den nächsten Jahresbilanzen beibehalten werden (dient der Vergleichbarkeit der Bilanzen).

Bei gleich bleibenden Verhältnissen kann daher nicht die Abschreibungsdauer geändert werden oder Abzinsungssätze neu gewählt werden; bei der Gewinnermittlung nach § 4 Abs 1 kann nicht willkürlich von der Bildung von Rückstellungen abgegangen werden.

Realisationsprinzip: Gewinne dürfen erst dann ausgewiesen werden, wenn die Leistung erbracht worden ist und damit die Forderung zu aktivieren ist (unabhängig von einer späteren Fälligkeit). Ein noch nicht erfüllter Vertrag ist als **schwebendes Geschäft** in der Bilanz nicht auszuweisen, außer es drohen Verluste (**Imparitätsprinzip**, siehe unten Tz 74). 72

Ein **schwebendes Geschäft** liegt dann vor, wenn der Leistungsverpflichtete (!) seine Leistungspflicht noch nicht erfüllt hat. Hat dagegen der Leistungsempfänger eine Vorauszahlung geleistet, dann muss der Leistungsverpflichtete in Höhe der Vorauszahlung eine Verbindlichkeit ausweisen („erhaltene Vorauszahlungen" als Passivposten).

Beispiel:

Im Jahr 1 schließt der Unternehmer einen Vertrag über den Verkauf einer Maschine.

Im Jahr 2 wird die Maschine geliefert.

Im Jahr 3 bezahlt der Käufer.

Beurteilung:

Der Vertragsabschluss im Jahr 1 bewirkt nur ein schwebendes Geschäft (in der Bilanz daher nicht auszuweisen).

Mit der Lieferung (im Jahr 2) erwirbt der Verkäufer eine durchsetzbare Forderung; damit realisiert er den Gewinn.

Die Bezahlung im Jahr 3 ist im Rahmen der Gewinnermittlung durch Vermögensvergleich gewinnneutral (wirkt sich auf den Gewinn nicht aus): An die Stelle der Forderung tritt der Geldbetrag.

Vorsichtsprinzip: Aus Gründen des Gläubigerschutzes muss das Betriebsvermögen in der **UGB-Bilanz** vorsichtig bewertet werden, die Nutzungsdauer muss eher niedrig als zu hoch angesetzt werden, Rückstellungen sind zwingend zu bilden. Obwohl das Vorsichtsprinzip in der Steuerbilanz nicht gilt, dürfen dort die gleichen Werte wie in der UGB-Bilanz angesetzt werden, um die Gewinnermittlung nach § 4 Abs 1 gegenüber den rechnungslegungspflichtigen Gewerbetreibenden (§ 5) nicht zu benachteiligen. 73

Das **Imparitätsprinzip** ergibt sich aus dem Realisationsprinzip einerseits und aus dem Vorsichtsprinzip andererseits: Gewinne, die zwar zu erwarten, aber noch nicht realisiert sind, dürfen nicht ausgewiesen werden. Dagegen müssen Verluste in bestimmten Fällen auch dann ausgewiesen werden, wenn sie noch nicht realisiert sind (Wertverluste im Betriebsvermögen; Rückstellungen für ungewisse Verbindlichkeiten und für drohende Verluste aus schwebenden Geschäften). In der Steuerbilanz (Gewinnermittlung nach § 4 Abs 1) ist nur das Realisationsprinzip zwingend; der Ausweis von Wertminderungen (Teilwertabschreibung) und von Rückstellungen ist nicht zwingend (dazu unten Tz 98ff). 74

Die Kurzformel lautet daher:

Erwartete Gewinne dürfen nicht ausgewiesen werden,

drohende Verluste müssen dagegen ausgewiesen werden.

9.6. Bewertungsmaßstäbe

(Doralt/Ruppe I[11], Tz 315 ff)

75 Bewertungsmaßstäbe sind

- die Anschaffungskosten,
- die Herstellungskosten,
- der Teilwert und
- der gemeine Wert.

76 Der **Buchwert** ist kein Bewertungsmaßstab, sondern der Wert, mit dem das Wirtschaftsgut auf Grund der Bewertungsvorschriften in der Bilanz („in den Büchern") angesetzt ist (Anschaffungskosten vermindert um die Absetzung für Abnutzung oder Teilwertabschreibungen).

77 Der Buchwert ist vor allem beim Anlagevermögen oft niedriger als der tatsächliche Wert. Der Unterschied zwischen dem tatsächlichen Wert und dem niedrigeren Buchwert sind die **stillen Reserven**; sie scheinen in der Bilanz nicht auf. Stille Reserven entstehen insbesondere dann,

- wenn das Wirtschaftsgut rascher abgeschrieben worden ist, als seiner tatsächlichen Entwertung entspricht (zB es wurde eine Nutzungsdauer von 10 Jahren angenommen; danach hat das Wirtschaftsgut einen Buchwert von Null, auch wenn es noch immer einen Wert besitzt),
- wenn das Wirtschaftsgut in seinem Wert gestiegen ist (vor allem bei Grundstücken).

78 **Anschaffungs-** und **Herstellungskosten** sind auf ein neues Wirtschaftsgut gerichtet und sind als Aufwand auf einen Aktivposten zu „aktivieren". Nachträgliche Herstellungskosten sind Aufwendungen, die nach einer Anschaffung oder Herstellung des Wirtschaftsgutes getätigt werden; sie sind von den Erhaltungsaufwendungen zu unterscheiden, die grundsätzlich als Betriebsausgaben sofort abzugsfähig sind.

79 **Erhaltungsaufwendungen** sind Aufwendungen, die keine Herstellungskosten sind, sondern dazu dienen, das Wirtschaftsgut in einem ordnungsmäßigen Zustand zu erhalten oder diesen wieder herzustellen; sie sind grundsätzlich als laufende Betriebsausgaben sofort abzugsfähig. Ein Erhaltungsaufwand bleibt auch dann Erhaltungsaufwand, wenn er über die Werterhaltung hinaus (zB Reparatur) zu einer Werterhöhung des Wirtschaftsgutes führt (zB ist ein Gebäude mit einer frisch gestrichenen Fassade mehr wert als vorher). Auch die Verwendung eines besseren Materials macht aus einem Erhaltungsaufwand keinen Herstellungsaufwand (zB Kupferdach statt Blechdach).

Abgrenzung Erhaltungsaufwand und Herstellungsaufwand:

Nachträgliche Aufwendungen werden dann zum Herstellungsaufwand (und sind dann zu aktivieren), wenn das vorhandene Wirtschaftsgut in seiner Funktion bzw seinem Wesen verändert wird (Funktions-/Wesensänderung; siehe unten Tz 82); ansonsten sind sie Erhaltungsaufwendungen.

Beispiel:

Der nachträgliche Einbau eines Badezimmers ist Herstellungsaufwand; dagegen ist die Renovierung des vorhandenen Badezimmers Erhaltungsaufwand (auch wenn die Kosten gleich hoch sind wie der nachträgliche Einbau).

Soweit ein **Gebäude für Wohnzwecke vermietet** ist (Mietwohngebäude), 80
ist der Erhaltungsaufwand in einen **Instandhaltungsaufwand** und in einen **Instandsetzungsaufwand** zu trennen (§ 4 Abs 7):

- **Instandhaltungsaufwand** ist **sofort abzusetzen,**
- **Instandsetzungsaufwand** dient dagegen dazu, den **Nutzungswert** oder die **Nutzungsdauer** des Gebäudes wesentlich zu erhöhen, und ist **auf fünfzehn Jahre** zu verteilen (ab 2016, vorher zehn Jahre, noch offene Zehntelabsetzungen sind anzupassen, ebenso bei Werbungskosten aus Vermietung und Verpachtung). Zum Instandsetzungsaufwand zählen zB der Austausch der Fenster, die Erneuerung der Fassade oder die Erneuerung von Leitungen (siehe dazu Tz 137 f).

Wird dagegen das Gebäude bzw der Gebäudeteil nicht für Wohnzwecke, sondern für andere Zwecke verwendet (zB vermietete oder selbst genutzte Büroräume oder Geschäftsräume), ist auch der Instandsetzungsaufwand sofort abzugsfähig.

Anschaffungskosten

Die Anschaffungskosten (§ 203 Abs 2 UGB) bestehen aus den 81

- **unmittelbaren Aufwendungen** zum Erwerb eines Vermögensgegenstandes,
- **Nebenkosten** im Zusammenhang mit der Anschaffung (zB Transportkosten, Montagekosten, GrESt, Vertragserrichtungskosten),
- Aufwendungen, um den Gegenstand in einen **betriebsbereiten Zustand zu versetzen** (zB Montagekosten; Reparaturkosten einer im Zeitpunkt der Anschaffung nicht funktionsfähigen Maschine).

Bei **anschaffungsnahem Erhaltungsaufwand** (zB Erwerb eines sanierungsbedürftigen Gebäudes) ist zu unterscheiden:

- Ist das angeschaffte Wirtschaftsgut betriebsbereit, dann sind Erhaltungsaufwendungen auch dann sofort abzugsfähig, wenn sie im zeitlichen Nahebereich der Anschaffung anfallen (zB Erneuerung einer an sich funktionsfähigen Installation; Neustreichen der Fassade).
- Sind dagegen die Aufwendungen notwendig zur Erlangung der Betriebsbereitschaft, dann sind sie als nachträgliche Anschaffungskosten zu aktivieren (zB Erwerb eines havarierten Fahrzeuges).

Nach der früheren Rechtsprechung war ein anschaffungsnaher Erhaltungsaufwand als nachträgliche Anschaffungskosten zu aktivieren, unabhängig davon, ob das erworbene Wirtschaftsgut in betriebsbereitem Zustand erworben worden ist. Grundlage der früheren Rechtsprechung war, dass auch der Kaufpreis des Wirtschaftsgutes im sanierten Zustand entsprechend höher gewesen wäre (Änderung der Rechtsprechung mit VwGH 30. 6. 2010, 2005/13/0076).

Fremdkapitalzinsen im Zusammenhang mit einem Kredit zur Anschaffung eines Wirtschaftsgutes gehören nicht zu den Anschaffungskosten des Wirtschaftsgutes; sie sind laufende Betriebsausgaben und nicht zu aktivieren (anders bei Herstellungskosten, siehe Tz 82).

Beim **Tausch** ergeben sich die Anschaffungskosten des neuen Wirtschaftsgutes aus dem gemeinen Wert des hingegebenen Wirtschaftsgutes (§ 6 Z 14 lit a): Um das neue Wirtschaftsgut zu erlangen, muss das alte Wirtschaftsgut hingegeben werden; daher gilt der Wert des hingegebenen alten Wirtschaftsgutes als Anschaffungswert des neuen Wirtschaftsgutes.

Beispiel:

Der Bauunternehmer tauscht seinen gebrauchten Lkw (Wert 55.000 €) gegen einen neuen Pkw (Listenpreis 60.000 €). Der Anschaffungswert des Pkw ergibt sich aus dem Wert des gebrauchten Lkw und beträgt daher 55.000 €.

Herstellungskosten

82 Herstellungskosten liegen dann vor (§ 203 Abs 3 UGB), wenn
- ein neues Wirtschaftsgut geschaffen wird,
- ein bestehendes Wirtschaftsgut erweitert wird (zB Gebäudeanbau) oder
- ein bestehendes Wirtschaftsgut wesentlich verbessert wird (die Funktion bzw Wesensart geändert wird; zB Umbau des Gebäudes oder auch nur eines Gebäudeteiles; siehe auch oben zur Abgrenzung von Erhaltungsaufwendungen, Tz 79).

Herstellungskosten bestehen insbesondere aus
- Materialkosten,
- Fertigungskosten (zB Personalkosten),
- Gemeinkosten (zB Miete oder Heizung für die Produktionshalle).

Fremdkapitalzinsen dürfen aktiviert werden, soweit sie auf den Herstellungszeitraum entfallen.

Unterbeschäftigungskosten dürfen nicht angesetzt werden; es handelt sich dabei um Kosten, die deshalb entstehen, weil bei schlechter Auftragslage in der gleichen Zeit weniger Produkte hergestellt werden als bei Arbeitsauslastung.

Kosten der allgemeinen **Verwaltung** und des **Vertriebs** dürfen in die Herstellungskosten nicht einbezogen werden.

Teilwert

83 *Vorbemerkung:* Abgesehen von den Anschaffungs- oder Herstellungskosten werden als weitere Bewertungsmaßstäbe der „Teilwert“ und der „gemeine Wert“ unterschieden. Der Teilwert ist der Wert, den das Wirtschaftsgut für den lebenden Betrieb hat (Fortführungswert); dagegen ist der gemeine Wert der Wert, der dem Wirtschaftsgut im Fall der Einzelveräußerung, also zB auch im Fall der Liquidation, zukommt.

Steht ein Wirtschaftsgut in einem lebenden Betrieb in Verwendung, wird also das Wirtschaftsgut im Betrieb laufend eingesetzt, dann entspricht der Wert des Wirtschaftsguts dem Wert, der ihm **als Teil des gesamten Betriebsvermögens** zukommt (daher als „Teilwert“ bezeichnet, zum Unterschied vom gemeinen Wert, der sich nicht aus der Zugehörigkeit eines Wirtschaftsguts zu einem Betrieb ergibt, sondern als Einzelveräußerungspreis, dazu unten).

Der **Teilwert** ist danach der Wert, der dem einzelnen Wirtschaftsgut
- als Teil des Gesamtbetriebes
- bei Fortführung des Unternehmens zukommt.

Die Definition im Gesetz lautet: „Teilwert ist der Betrag, den der Erwerber des ganzen Betriebs im Rahmen des Gesamtkaufpreises für das einzelne Wirtschaftsgut ansetzen würde; dabei ist davon auszugehen, dass der Erwerber den Betrieb fortführt" (§ 6 Z 1; siehe auch § 12 BewG).

Der Teilwert in der Steuerbilanz entspricht in der **Unternehmensbilanz** dem am Bilanzstichtag **„beizulegenden Wert":** Die Definition ist weitgehend wortgleich und inhaltlich ident (§ 189a Z 3 UGB idF RÄG 2014). Sowohl in der Steuerbilanz wie auch in der Unternehmensbilanz ist danach idR von der Fortführung des Unternehmens auszugehen (**„Going concern Prinzip"**, siehe auch § 201 Z 2 UGB).

Beim Teilwert (ebenso beim „beizulegenden Wert") steht idR der Wiederbeschaffungswert im Vordergrund; bei nichtabnutzbaren Wirtschaftsgütern wird vermutet, dass der Teilwert zumindest den Anschaffungskosten entspricht, bei abnutzbaren Wirtschaftsgütern, dass er den Anschaffungskosten abzüglich der AfA entspricht (Teilwertvermutung).

Für den Teilwert gilt danach:
- Bei Wirtschaftsgütern, die in betrieblicher Verwendung stehen, entspricht der Teilwert idR den Wiederbeschaffungskosten.
- Bei Wirtschaftsgütern, die im Betrieb nicht mehr gebraucht werden, entspricht der Teilwert dem gemeinen Wert.

Der Teilwert ist im Bilanzrecht vor allem dann von Bedeutung, wenn er niedriger ist als der Buchwert („Abschreiben" des Buchwertes auf den niedrigeren Teilwert; siehe dazu unten, Tz 86ff).

Gemeiner Wert

Der gemeine Wert wird durch den Preis bestimmt, der im **gewöhnlichen** 84
Geschäftsverkehr bei einer Veräußerung für das Wirtschaftsgut zu erzielen wäre (§ 10 Abs 2 BewG). Damit ist aber nicht der Preis gemeint, den der Unternehmer im Rahmen seines Geschäftes erzielen würde, sondern der Preis, den jeder, also auch ein Privater erzielen kann („gewöhnlicher Geschäftsverkehr" meint den Geschäftsverkehr, der jedermann offensteht; zB Flohmarkt, öffentliche Versteigerung nach Abzug der Spesen; strittig, siehe unten Anmerkung).

Der gemeine Wert wird auch als **Verkehrswert, Liquidationswert** oder **Einzelveräußerungswert** bezeichnet (vgl § 10 Abs 2 BewG). Naturgemäß ist der gemeine Wert in hohem Maß unbestimmt. Gelegentlich werden der gemeine Wert und der Verkehrswert unterschieden, ohne dass allerdings der Unterschied erläutert wird.

Kurz gefasst ist
- der gemeine Wert der Einzelveräußerungswert (Liquidationswert),
- der Teilwert der Fortführungswert.

Gemeiner Wert und Teilwert am Beispiel eines gebrauchten Pkw:
- der gemeine Wert entspricht dem bei einer Veräußerung erzielbaren Preis (Verkauf an einen Gebrauchtwagenhändler),

– der Teilwert entspricht dem Wiederbeschaffungspreis (Kauf bei einem Gebrauchtwagenhändler).

Der Teilwert zB einer neuen Maschine wird danach unterschiedlich sein, ob es um den Wert im Produktionsunternehmen geht (Herstellerbetrieb) oder beim Maschinenhändler (Händleranschaffungspreis) oder beim Unternehmer, in dessen Unternehmen die Maschine eingesetzt ist (Händlerverkaufspreis).

Dagegen ist der gemeine Wert unabhängig davon, ob sich das Wirtschaftsgut bei einem Unternehmen befindet und welche Funktion es dort hat, oder ob das Wirtschaftsgut etwa in einem privaten Haushalt eingesetzt ist.

Der klassische (wichtigste) Anwendungsbereich für den gemeinen Wert iS des § 10 Abs 2 BewG war die frühere Vermögenssteuer. Es ist klar, dass einer Vermögenssteuer nur der Liquidationswert (Versilberungswert) eines Gegenstandes zugrunde gelegt werden kann (und nicht die Wiederbeschaffungskosten). Das gleiche gilt für die frühere Erbschaftssteuer und für die Betriebsaufgabe (§ 24 Abs 3).

Anmerkung: Sowohl beim VwGH als auch im BMF bestehen abweichende Vorstellungen über den gemeinen Wert: Nach den UStR 2000 Rz 671 soll sich der gemeine Wert an der Wirtschaftsstufe des Unternehmens orientieren, abhängig davon, ob es sich um einen Erzeuger, Großhändler oder Einzelhändler handelt (anders allerdings der VwGH, der den gemeinen Wert mit dem Händlerverkaufspreis gleichsetzt; VwGH 11. 7. 2000, 97/16/0222, ÖStZB 2001, 164). Was auch immer der gemeine Wert eines Wirtschaftsgutes ist, ist er weder von der Handelsstufe abhängig noch entspricht er dem Händlerverkaufspreis. Die Verwendung falscher Begriffsinhalte trägt die Gefahr in sich, dass sie in die Gesetzgebung einfließen (zB § 5 NoVAG). Kritisch zum VwGH auch *Twaroch/Wittmann/Frühwald,* BewG § 10 Anm 7.

Gemeiner Wert im Bürgerlichen Recht: Der Begriff des gemeinen Wertes geht auf das „Allgemeine Landrecht" zurück und findet sich auch im ABGB (§ 305), hat dort aber eine differenzierte Bedeutung (zB § 934, Verkürzung über die Hälfte; § 1332 Schadenersatz).

9.7. Bewertung des Betriebsvermögens (§ 6)

(Doralt/Ruppe I[11], Tz 347 ff)

85 Zum Betriebsvermögen gehören
- das abnutzbare Anlagevermögen,
- das nichtabnutzbare Anlagevermögen,
- das Umlaufvermögen.

Die Unterscheidung hat insbesondere für die Bewertung Bedeutung.

Besondere Bewertungsvorschriften bestehen außerdem für
- Entnahmen und Einlagen und den
- unentgeltlichen Erwerb des Betriebes und einzelner Wirtschaftsgüter.

Vorbemerkung: Die Anschaffung von Betriebsvermögen hat im Zeitpunkt der Anschaffung bei der Gewinnermittlung durch Vermögensvergleich auf die Höhe des

Gewinnes keine Auswirkung; es findet bloß ein Austausch von zwei Aktivwerten statt. ZB die Anschaffung von Anlagevermögen im Wert von 100.000 € erhöht das Anlagevermögen um 100.000 € und vermindert gleichzeitig den Kassastand um 100.000 € (gewinnneutraler Vorgang). Gewinnwirksam wären etwa allfällige Wertveränderungen und die Absetzung für Abnutzung.

1. Anlagevermögen

Zum Anlagevermögen gehören jene Wirtschaftsgüter, die dazu bestimmt sind, dauernd dem Betrieb zu dienen (vgl § 198 Abs 2 UGB), im Unterschied zum Umlaufvermögen, das nicht dazu bestimmt ist, dem Betrieb dauernd zu dienen (siehe unten). 86

Zu unterscheiden ist das abnutzbare und das nicht abnutzbare Anlagevermögen:

Abnutzbares Anlagevermögen (Gebäude, Maschinen usw) ist mit den
- **Anschaffungs- oder Herstellungskosten,**
- vermindert um die **Absetzung für Abnutzung** (AfA) zu bewerten (§ 6 Z 1).

Nicht abnutzbares Anlagevermögen (Grund und Boden, Beteiligungen) ist naturgemäß nur mit den
- **Anschaffungskosten** zu bewerten (§ 6 Z 2).

Ist der **Teilwert niedriger** als der Buchwert und liegt eine **voraussichtlich dauernde Wertminderung** vor, dann muss der rechnungslegungspflichtige Gewerbetreibende den niedrigeren Teilwert ansetzen (§ 6 Z 1 und 2 iVm § 204 Abs 2 UGB; „Teilwertabschreibung"; mit Wahlrecht bei der Gewinnermittlung nach § 4 Abs 1).

Wertaufholung (Zuschreibung): Sind die Gründe für die Teilwertabschreibung in einer späteren Periode weggefallen, dann ist der entsprechende Betrag wieder zuzuschreiben (§ 208 UGB, § 6 Z 13 EStG).

Eine Zuschreibung über die seinerzeitigen Anschaffungs- bzw Herstellungskosten kommt nicht in Betracht.

Die zwingende Wertaufholung früherer Teilwertabschreibungen besteht erstmals für Wirtschaftsjahre, die nach 2015 beginnen (RÄG 2014; für die Zeit davor besteht ein Wahlrecht; zu den Übergangsvorschriften siehe § 124b Z 270).

Zusammenfassend gilt für die Bewertung des abnutzbaren und des nicht abnutzbaren Anlagevermögens:

Anschaffungs- oder Herstellungskosten

– AfA (bei abnutzbaren Anlagevermögen)

– Teilwertabschreibung bei dauernder Wertminderung

\+ Zuschreibung.

Aktivierungsverbot für selbst hergestellte unkörperliche Wirtschaftsgüter: Unkörperliche Wirtschaftsgüter des Anlagevermögens (zB Patente,

Rezepte) dürfen nur dann ausgewiesen werden, wenn sie entgeltlich erworben wurden. Selbst hergestellte unkörperliche Wirtschaftsgüter dürfen daher nicht aktiviert werden (§ 4 Abs 1 vorletzter Satz; ebenso § 197 Abs 2 UGB). Begründet wird dies damit, dass selbst hergestellte immaterielle Wirtschaftsgüter nur schwer bewertet werden können und besonders unsicher sind.

Beispiele:

1. Ein Pharmabetrieb entwickelt ein neues Medikament. Die Forschungskosten für das Medikament betragen 10 Mio €, der Wert des Rezepts beträgt 20 Mio €. In der Bilanz ist der Wert des Rezepts trotz der hohen Forschungskosten mit Null anzusetzen. Die Forschungskosten werden als Aufwand (Betriebsausgaben) verbucht. Verkauft der Pharmabetrieb das Rezept um 20 Mio €, dann hat der Käufer das Rezept in der Bilanz mit den Anschaffungskosten von 20 Mio € anzusetzen.
2. Das Burgtheater in Wien aktivierte die Kosten der Neuinszenierungen und schrieb sie verteilt auf die voraussichtliche Spieldauer ab (mehrere Jahre). Selbst wenn man eine Neuinszenierung als Wirtschaftsgut betrachtet, unterliegt sie als selbst hergestelltes immaterielles Wirtschaftsgut jedenfalls dem Aktivierungsverbot.

87 Für **Kapitalvermögen** (Anlage- und Umlaufvermögen) gilt Folgendes:

Teilwertabschreibungen und Verluste aus der Veräußerung von Kapitalvermögen sind vorrangig mit Wertsteigerungen aus gleichartigem Kapitalvermögen zu verrechnen (dazu § 6 Z 2 lit c; Angleichung an den außerbetrieblichen Bereich).

Ein verbleibender Verlustüberhang darf nur zu 55% mit anderen betrieblichen Einkünften verrechnet werden (§ 6 Z 2 lit c). Damit wird die Verlustverrechnung im betrieblichen Kapitalvermögen der Verlustverrechnung im außerbetrieblichen Bereich angeglichen (zur Verlustverrechnung im außerbetrieblichen Bereich siehe oben Tz 24/4).

Spätere Wertsteigerungen sind zwingend zuzuschreiben (Wertaufholungsgebot, erstmals für Wirtschaftsjahre, die nach 2015 beginnen, RÄG 2014).

Ein Vorteil im betrieblichen Bereich bleibt, weil der „Verlustüberhang" – wenn auch nur zu 55% – mit anderen betrieblichen Einkünften verrechnet werden kann; daher kann es vorteilhaft sein, Kapitalvermögen aus dem Privatvermögen in das (gewillkürte) Betriebsvermögen zu verlagern.

In der **Land- und Forstwirtschaft** kann für Pflanzen und Tiere auch ein über den Anschaffungs- oder Herstellungskosten liegender Teilwert angesetzt werden (§ 6 Z 2 lit b EStG).

2. Umlaufvermögen (§ 6 Z 2)

88 **Umlaufvermögen,** dazu gehören insbesondere Waren, Hilfsstoffe und die meisten Forderungen, ist mit den **Anschaffungs- oder Herstellungskosten** zu bewerten (§ 6 Z 2). Ist der **Teilwert niedriger,** so gilt beim rechnungslegungspflichtigen Gewerbetreibenden das strenge **Niederstwertprinzip** (unab-

hängig von der Dauer der Wertminderung ist der niedrigere Wert zwingend anzusetzen, § 207 UGB), bei der Gewinnermittlung nach § 4 Abs 1 kann der niedrigere Teilwert angesetzt werden.

Ist der Teilwert in einer späteren Periode wieder gestiegen, ist eine Zuschreibung bis zu den Anschaffungskosten in der Unternehmensbilanz zwingend (§ 208 Abs 1 UGB ab 2016, RÄG 2014). Die Aufwertung in der Steuerbilanz bei rechnungslegungspflichtigen Unternehmen ergibt sich aus dem Maßgeblichkeitsprinzip.

3. Verbindlichkeiten

Verbindlichkeiten sind mit dem Erfüllungsbetrag anzusetzen; ein **Disagio** (Unterschiedsbetrag zwischen dem zugezahlten Betrag und dem Rückzahlungsbetrag) ist zu aktivieren und auf die Laufzeit zu verteilen (§ 6 Z 3). **Geldbeschaffungskosten** sind ebenfalls auf die Laufzeit der Verbindlichkeit aufzuteilen (§ 6 Z 3). 89

Steigt die Höhe der Verbindlichkeit auf Grund einer **Wertsicherung,** ist der Wertsicherungsbetrag bei der Gewinnermittlung nach § 5 zwingend zu passivieren.

4. Entnahme, Einlage

Entnahmen und **Einlagen** sind grundsätzlich jeweils mit dem Teilwert anzusetzen (§ 6 Z 4 und Z 5). 90

Wird **Kapitalvermögen** (insbesondere Gesellschaftsanteile) oder **Immobilienvermögen** in das Betriebsvermögen eingelegt, so ist es mit dem Teilwert anzusetzen. Sind allerdings die seinerzeitigen Anschaffungskosten niedriger als der Teilwert im Zeitpunkt der Einlage, dann sind die seinerzeitigen Anschaffungskosten anzusetzen (§ 6 Z 5; Gebäude des Altvermögens sind immer mit dem Teilwert anzusetzen). Damit werden die stillen Reserven, die vor der Einlage im außerbetrieblichen Bereich entstanden sind, in den betrieblichen Bereich transferiert.

Beispiele:

1. Die Anteile an einer Kapitalgesellschaft wurden um 100 € angeschafft; im Zeitpunkt der Einlage sind sie 130 € wert (Teilwert). Bei der Einlage sind die Anteile daher mit 100 € anzusetzen. Wäre der Teilwert im Zeitpunkt der Einlage 50 €, dann wäre dieser anzusetzen.
2. Ein Grundstück wurde im Jahr 2001 als Privatvermögen angeschafft und wird im Jahr 2008 in den Betrieb eingelegt. 2001 betrugen die Anschaffungskosten 100.000 €, der Teilwert im Zeitpunkt der Einlage beträgt 150.000 €. Daher ist das Grundstück mit den niedrigeren Anschaffungskosten, also mit 100.000 € einzulegen.

Bei der Entnahme des Grundstücks sind zu trennen:

- Grund und Boden: Entnahme zum Buchwert, weil es auch im Privatvermögen unverändert steuerverfangen bleibt.
- Gebäude: Entnahme zum Teilwert, weil es in der Vergangenheit im Wege der AfA zum Normalsteuersatz abgeschrieben worden ist und insoweit stille Reserven aus überhöhten Abschreibungen entstanden sein können.

91 **Zusammenfassung zur Bewertung von Betriebsvermögen**

Das Betriebsvermögen ist mit den Anschaffungs- bzw Herstellungskosten, gegebenenfalls unter Berücksichtigung der AfA, anzusetzen.
Der niedrigere Teilwert kann oder muss je nach Vermögensart und Gewinnermittlung angesetzt werden.
Steigt in der Folge der Teilwert, dann ist bei rechnungslegungspflichtigen Unternehmen eine Zuschreibung zwingend, jedoch höchstens bis zu den Anschaffungs- bzw Herstellungskosten.

Bewertungsgrundsätze – Übersicht (nach RÄG 2014)

Vermögenswert			Teilwert < Buchwert Teilwertabschreibung		Teilwert > Buchwert Zuschreibung	
			§ 4/1	§ 5	§ 4/1	§ 5
AV	abnutzbar	AK oder HK, vermindert um AfA	bei dauernder Wertminderung: Wahlrecht	bei dauernder Wertminderung: Zwang	Zuschreibungsverbot; uneingeschränkter Wertzusammenhang	Zuschreibungsgebot
AV	nicht abnutzbar	AK	bei dauernder Wertminderung: Wahlrecht	bei dauernder Wertminderung: Zwang	Zuschreibungswahlrecht bis AK	Zuschreibungsgebot
AV	Finanzanlagen		nur bei dauernder Wertminderung: Wahlrecht	bei dauernder Wertminderung: Zwang	Eingeschränkter Wertzusammenhang	Zuschreibungsgebot
UV		AK oder HK	bei dauernder Wertminderung: Wahlrecht	auch bei nicht dauernder Wertminderung: Zwang	Zuschreibungswahlrecht bis AK	Zuschreibungsgebot
Verbindlichkeiten		Erfüllungsbetrag	darf grundsätzlich nicht berücksichtigt werden	wie bei § 4 Abs 1	Zuschreibungswahlrecht	Zuschreibungsgebot

AV = Anlagevermögen
UV = Umlaufvermögen
AK = Anschaffungskosten
HK = Herstellungskosten

5. Unentgeltlicher (Betriebs-)Erwerb

Wird ein Betrieb unentgeltlich erworben (Erbschaft, Schenkung), dann hat der Rechtsnachfolger die Buchwerte fortzuführen (§ 6 Z 9 lit a **„Buchwertfortführung"**). Damit unterbleibt beim unentgeltlichen Betriebsübergang die Besteuerung der stillen Reserven; die stillen Reserven hat erst der Empfänger zu versteuern, wenn er den Betrieb oder einzelne Wirtschaftsgüter veräußert. 92

Aus betrieblichem Anlass **unentgeltlich erworbene einzelne Wirtschaftsgüter** sind mit den fiktiven Anschaffungskosten zu bewerten. Damit kommt es beim Empfänger zu einer Gewinnrealisierung (§ 6 Z 9 lit b erster Satz). Anwendungsfälle sind selten (zB ein Erzeugungsbetrieb richtet einem Händler unentgeltlich das Lokal ein).

6. Entgeltlicher Betriebserwerb

Beim entgeltlichen Betriebserwerb (entgeltliche Unternehmensnachfolge) sind die einzelnen übernommenen Wirtschaftsgüter mit dem Teilwert anzusetzen (das Gesetz spricht von „Anschaffungskosten", obwohl der Teilwert gemeint ist; § 6 Z 8 lit b). Die Differenz zwischen dem Wert der einzelnen Wirtschaftsgüter und dem Kaufpreis für das gesamte Unternehmen ergibt den **Firmenwert** (§ 203 Abs 5 UGB). 93

Beispiel:

> Ein Unternehmen wird um 10 Mio € erworben. Die einzelnen übernommenen Wirtschaftsgüter ergeben einen Wert von insgesamt nur 6 Mio €. Die Differenz von 4 Mio € entfällt auf den Firmenwert.

9.8. Betriebsausgaben – Betriebseinnahmen

(Doralt/Ruppe I[11], Tz 257 ff)

Betriebsausgaben sind Aufwendungen oder Ausgaben, die durch den Betrieb veranlasst sind (§ 4 Abs 4); sie vermindern den steuerpflichtigen Gewinn. Notwendigkeit, Zweckmäßigkeit oder Angemessenheit der Aufwendungen sind grundsätzlich keine Voraussetzung für die Abzugsfähigkeit (zu nichtabzugsfähigen Aufwendungen siehe Tz 95). 94

Zu den Betriebsausgaben gehören ua

- Löhne,
- Erhaltungsaufwendungen im Zusammenhang mit Betriebsvermögen,
- Zinsen im Zusammenhang mit der Anschaffung oder Herstellung von Betriebsvermögen,
- Pflichtversicherungsbeiträge,
- Reisekosten (Tagesgelder für den Verpflegungsmehraufwand, Nächtigungskosten),

- Mitgliedsbeiträge an Berufs- und Wirtschaftsverbände,
- Aus- oder Fortbildungsmaßnahmen und Umschulungsmaßnahmen.

Zuwendungen (Spenden) an Universitäten, Museen und ähnliche Einrichtungen gelten als Betriebsausgaben, ebenso insbesondere Zuwendungen an mildtätige Einrichtungen (§ 4a).

Grundsätzlich sind **Spenden** nicht betrieblich veranlasst und daher in der Regel nicht abzugsfähig.

Mitgliedsbeiträge an Berufs- und Wirtschaftsverbände sind abzugsfähig; leisten allerdings solche Berufs- und Wirtschaftsverbände an politische Parteien Zuwendungen, so werden auf diesem Weg an sich nicht abzugsfähige Aufwendungen abzugsfähig. Aus diesen Überlegungen unterliegen Berufs- und Wirtschaftsverbände insbesonders mit ihren Zuwendungen an politische Parteien einer gesonderten Abgabe iHv 15% **(„Abgabe von Zuwendungen“).**

Nachweispflicht für Betriebsausgaben: Auf Verlangen der Abgabenbehörde hat der Steuerpflichtige den **Empfänger** einer als Betriebsausgabe geltend gemachten Zahlung zu nennen; kommt er diesem Verlangen nicht nach, dann ist diese Betriebsausgabe nicht anzuerkennen (§ 162 BAO, **Empfängerbenennung**).

Betriebseinnahmen sind alle Zugänge in Geld oder Geldeswert, die durch den Betrieb veranlasst sind, soweit den Zugängen auch eine Gewinnrealisierung zugrunde liegt; auch Subventionen führen grundsätzlich zu Betriebseinnahmen.

Ausnahme: Subventionen aus öffentlichen Mitteln zur Anschaffung oder Herstellung von Anlagevermögen sind steuerfrei (§ 3 Abs 1 Z 6) und kürzen dafür die Anschaffungs- und Herstellungskosten (§ 6 Z 10).

Verluste aus Vorjahren: Ergibt sich aus einem Betrieb in einem bestimmten Wirtschaftsjahr kein Gewinn sondern ein Verlust, dann ist dieser Verlust grundsätzlich mit Einkünften aus anderen Einkunftsarten auszugleichen („Verlustausgleich“). Verbleibt auch dann noch ein Verlust, dann kann dieser Verlust unter bestimmten Voraussetzungen in den Folgejahren als Sonderausgabe geltend gemacht werden (Verlustabzug; siehe Tz 153).

Exkurs: Aufwand, Ausgaben, Kosten

In der **Betriebswirtschaftslehre** versteht man unter **Aufwand** den Verbrauch von Waren und Dienstleistungen. Aufwendungen können, müssen aber nicht gleichzeitig Ausgaben und Kosten sein.

Aufwand ist jede Minderung von Betriebsvermögen (AfA, Verlust eines Wirtschaftsguts durch Zerstörung).

Ausgaben sind Zahlungsvorgänge; sie führen nur dann zu Aufwendungen, wenn sie vermögensmindernd sind; sind sie zu aktivieren, dann liegen zwar Ausgaben vor, aber keine Aufwendungen (Aktivierung von Anschaffungskosten).

Kosten können Ausgaben oder Aufwendungen sein; Herstellungskosten bestehen zB aus Ausgaben für Löhne und aus Aufwendungen für Materialverzehr.

Nichtabzugsfähige Aufwendungen (§ 20)

Aufwendungen der privaten Lebensführung sind weder als Betriebsausgaben noch als Werbungskosten abzugsfähig, und zwar auch dann nicht, wenn sie beruflich mitveranlasst sind. 95

Ausnahmsweise ist ein beruflich mitveranlasster Aufwand (sog „Mischaufwand") mit dem beruflichen Anteil dann abzugsfähig, wenn eine eindeutige Trennung zwischen der beruflichen und der privaten Veranlassung möglich ist (VwGH 21. 1. 2011, 2010/15/0197 zu Studienreisen mit einem beruflichen und einem privaten Anteil).

Nichtabzugsfähig sind insbesondere:

- Aufwendungen für den **Haushalt** und den **Unterhalt der Familie,**
- Aufwendungen für die **Lebensführung** in Zusammenhang mit der wirtschaftlichen und gesellschaftlichen Stellung des Stpfl, auch wenn sie der Förderung des Berufs dienen (zB Sprachkurse),
- **betrieblich oder beruflich veranlasste Aufwendungen,** die auch die Lebensführung des Stpfl berühren und unangemessen hoch sind; sie sind nur mit dem angemessenen Teil abzugsfähig.

  Das Gesetz zählt dazu Aufwendungen zB für Pkw, Flugzeuge, Perserteppiche, Antiquitäten. Für Pkw gelten derzeit höchstens 40.000 € Anschaffungskosten als angemessen (Verordnung zu § 20).

- **Reisekosten**, soweit sie nicht als Betriebsausgaben oder Werbungskosten ausdrücklich abzugsfähig sind,
- **Familienheimfahrten** von mehr als 3.672 € jährlich (höchstes Pendlerpauschale),
- **Arbeitszimmer im Wohnungsverband:** Die Aufwendungen sind nur dann abzugsfähig, wenn das Arbeitszimmer den „Mittelpunkt der gesamten beruflichen Tätigkeit" des Stpfl bildet; dagegen genügt es nach der Judikatur, wenn das Arbeitszimmer den Mittelpunkt der einzelnen Einkunftsquelle bildet (VwGH 27. 5. 1999, 98/15/0100 verfassungskonforme Auslegung gegen den Gesetzeswortlaut),

  Beispiele:

  1. Das Arbeitszimmer eines Lehrers in seiner Wohnung ist nicht abzugsfähig; Mittelpunkt der beruflichen Tätigkeit ist hier die Schule.
  2. Ein Finanzbeamter ist auch als Kfz-Sachverständiger tätig und benötigt dafür ein Arbeitszimmer. In diesem Fall sind die Aufwendungen für das Arbeitszimmer abzugsfähig (Mittelpunkt der einzelnen Einkunftsquelle).

- **Repräsentationsaufwendungen**, dazu gehören insbesondere die Bewirtungsspesen für Geschäftsfreunde. Die Aufwendungen sind zu 50% abzugsfähig, wenn die Bewirtung der Werbung dient (dagegen ist für die USt der Vorsteuerabzug in voller Höhe möglich),
- **freiwillige** (richtig: freigebige) **Zuwendungen** und gesetzliche **Unterhaltszahlungen,**
- **Geld- und Sachzuwendungen,** deren Gewährung oder Annahme mit einer gerichtlichen Strafe bedroht ist (Bestechungsgelder),

- **Geldstrafen** und Geldbußen nach dem Verbandsverantwortlichkeitsgesetz, ebenso Abgabenerhöhungen nach dem FinStrG (insb Verkürzungszuschlag) und Zahlungen auf Grund einer Diversion,
- **Personensteuern** (ESt) und die USt, soweit sie auf Entnahmen (Eigenverbrauch) und auf nichtabziehbare Aufwendungen entfällt, ebenso die GrESt und andere Nebenkosten bei einem unentgeltlichen Erwerb von Miet- und Betriebsgrundstücken,
- **Ausgaben im Zusammenhang mit steuerfreien Einnahmen** (ergibt sich bereits auch aus der Gesetzessystematik),
- **Ausgaben im Zusammenhang mit Kapitalerträgen und Grundstücksveräußerungen, auf die der besondere Steuersatz anwendbar ist** (gilt für Kapitalerträge auch, wenn die Regelbesteuerung beantragt wird).

Beispiele:

1. Der Stpfl erwirbt Anteile an einer Kapitalgesellschaft und finanziert den Erwerb mit Hilfe eines Darlehens. Da die Dividenden dem besonderen Steuersatz von 27,5% unterliegen, sind die Darlehenszinsen nicht abzugsfähig.
2. Der Stpfl veräußert ein Grundstück. Soweit dabei Kosten zB für die Schätzung und Maklerspesen anfallen, sind diese Ausgaben nicht abzugsfähig (wird jedoch die Regelbesteuerung beantragt, sind sie abzugsfähig).

- **Managerbezüge von mehr als 500.000 €** pro Person jährlich (das Gesetz spricht allgemein von Gehältern und Ausgaben für Werkleistungen, soweit sie pro Person den Betrag von 500.000 € übersteigen; widerspricht zwar dem Nettoprinzip, ist aber dennoch nicht verfassungswidrig; VfGH 9. 12. 2014, G 136/2014).
- **Freiwillige Abfertigungen,** soweit sie beim Empfänger nicht mit dem Steuersatz von 6% zu versteuern sind.
- **Bargeldzahlungen für Bauleistungen** von mehr als 500 € (dient der Pfuscherbekämpfung im Baugewerbe; siehe auch das Verbot, im Baugewerbe Arbeitslohn in bar auszuzahlen, § 48).

Vorauszahlungen und Anzahlungen

96 Hat der Leistungsempfänger **Vorauszahlungen** für noch nicht empfangene Leistungen gezahlt (zB vorausbezahlte Reparaturen), dann hat er in gleicher Höhe einen Aktivposten auszuweisen („Vorauszahlungen"); damit wird verhindert, dass die Vorauszahlungen und Anzahlungen bereits im Jahr der Zahlung ausgabenwirksam werden, zu dem sie wirtschaftlich nicht gehören. Der Leistungsverpflichtete (Empfänger der Vorauszahlung) hat die erhaltene Vorauszahlung durch eine Verbindlichkeit in gleicher Höhe auszugleichen („erhaltene Vorauszahlungen"); damit wird verhindert, dass er den Gewinn in einer Periode ausweist, zu der er wirtschaftlich nicht gehört.

Bei der Einnahmen-Ausgabenrechnung sind Vorauszahlungen und Anzahlungen auf Waren nach dem Zu- und Abflussprinzip sofort gewinnwirksam (Einnahmen bzw Ausgaben).

Rechnungsabgrenzungsposten

Rechnungsabgrenzungsposten dienen dazu, Ausgaben und Einnahmen aus **zeitraumbezogenen Leistungsverpflichtungen,** insbesondere aus Dauerschuldverhältnissen, der Periode zuzuordnen, zu der sie wirtschaftlich gehören (vgl § 198 Abs 5 und 6 UGB). Daher ist zB für eine mehrjährig bezahlte Versicherungsprämie oder vorausgezahlte Miete auf der Seite des Vorauszahlenden ein aktiver Rechnungsabgrenzungsposten und auf der Seite des Zahlungsempfängers (Versicherungsunternehmers bzw Vermieters) ein passiver Rechnungsabgrenzungsposten zu bilden. Weitere Beispiele für Rechnungsabgrenzungsposten sind Lizenzzahlungen udgl. **Rechnungslegungspflichtige Gewerbetreibende** müssen Rechnungsabgrenzungsposten ausweisen; bei der **Gewinnermittlung nach § 4 Abs 1** besteht ein Wahlrecht. 97

Das Wahlrecht zur Bildung von Rechnungsabgrenzungsposten bei der Gewinnermittlung nach § 4 Abs 1 ist allerdings durch die allgemeine Verteilungspflicht für bestimmte Vorauszahlungen (zB Miete, Zinsen, Beratung usw) eingeschränkt (§ 4 Abs 6, vgl auch § 19 Abs 3).

Bei der Gewinnermittlung nach § 4 Abs 3 kommen Rechnungsabgrenzungsposten mangels Vermögensaufstellung (Bilanz) nicht in Betracht.

Für die **Bildung von Rechnungsabgrenzungsposten** ergeben sich danach je nach Gewinnermittlungsart folgende Grundsätze:

- Bei der **Gewinnermittlung nach § 5** sind Rechnungsabgrenzungsposten zwingend auszuweisen.
- Bei der **Gewinnermittlung nach § 4 Abs 1** ist der Steuerpflichtige berechtigt, Rechnungsabgrenzungsposten auszuweisen; für bestimmte Vorauszahlungen, die über das laufende und das folgende Wirtschaftsjahr hinausgehen, besteht allerdings eine Verteilungspflicht (zB für voraus gezahlte Mieten, Zinsen, Beratungskosten; § 4 Abs 6).
- Bei der **Gewinnermittlung nach § 4 Abs 3** gibt es keine Rechnungsabgrenzungsposten, doch bestehen hier für Vorauszahlungen die gleichen Verteilungspflichten wie bei der Gewinnermittlung nach § 4 Abs 1. Dagegen sind erhaltene Vorauszahlungen sofort gewinnwirksam (eine Verteilungspflicht besteht nur in Form von Rechnungsabgrenzungsposten bei der Gewinnermittlung nach § 5).

9.9. Rückstellungen (§ 9)

(Doralt/Ruppe I[11], Tz 396 ff)

Allgemeines

Drohen dem Unternehmer Verbindlichkeiten, die ihre wirtschaftliche Ursache in der vergangenen Periode hatten, dann muss der Unternehmer in seiner Bilanz diese drohenden Verbindlichkeiten ausweisen. Ansonsten würde die Bilanz den Gläubigern keinen verlässlichen Einblick in die Vermögenssituation des Unternehmens geben. 98

Typische Beispiele für derartige spätere Verpflichtungen sind zB Gewährleistungsansprüche aus abgewickelten Geschäften, künftige Prozesskosten aus einem laufenden Prozess, künftige Abfertigungs- oder Pensionszahlungen. Dazu gehören aber auch Verpflichtungen auf Grund öffentlich-rechtlicher Vorschriften, wie die künftige Entsorgung von Altfahrzeugen, von Schadstoffen einer bestehenden Anlage oder Wiederaufforstungskosten. In der Bilanz wird solchen künftigen Verpflichtungen durch Rückstellungen Rechnung getragen. Daraus ergibt sich auch die Begriffsbestimmung für Rückstellungen.

Rückstellungen zeigen unsichere Verbindlichkeiten in der Zukunft, die in einem abgelaufenen Wirtschaftsjahr verursacht sind (siehe auch § 198 Abs 8 UGB). Rückstellungen sind in der Unternehmensbilanz zwingend auszuweisen; bei der Gewinnermittlung nach § 4 Abs 1 sind sie zulässig.

Rückstellungen sind in der Unternehmensbilanz Ausdruck des Vorsichtsprinzips; dadurch wird vor allem auch verhindert, dass Kapitalgesellschaften Gewinne ausschütten, für die noch künftige Belastungen zu erwarten sind.

Rückstellungen werden gebildet (sind Passivposten) für

- Verbindlichkeiten (und drohende Verluste aus schwebenden Geschäften), die am Abschlussstichtag wahrscheinlich oder sicher,
- aber hinsichtlich ihrer Höhe oder des Zeitpunkts ihres Eintritts unbestimmt sind und
- deren wirtschaftliche Ursache in einer abgelaufenen Periode liegt.

Kurz zusammengefasst lautet die Definition: Rückstellungen sind Passivposten für Verbindlichkeiten, die dem Grunde und/oder der Höhe nach ungewiss sind und ihre wirtschaftliche Ursache in einer abgelaufenen Periode haben. Rückstellungen sind daher verbindlichkeitsähnlich. Einer Rückstellung muss immer eine drohende **Verpflichtung gegenüber einem Dritten** zugrunde liegen. Besteht zwar ein drohender Aufwand, gibt es aber noch keine Verpflichtung gegenüber einem Dritten (zB eine erst bevorstehende Reparatur), kommt insoweit eine Rückstellung nicht in Betracht (allenfalls eine Aufwandsrückstellung in der Unternehmensbilanz; siehe dazu Tz 106).

Nach dem rechtlichen Entstehungsgrund lassen sich Rückstellungen folgendermaßen einteilen:

- Rückstellungen auf Grund **privatrechtlicher Verpflichtungen** (zB Gewährleistungsverpflichtungen),
- Rückstellungen auf Grund **öffentlich-rechtlicher Verpflichtungen** (zB Entsorgungspflichten; in diesem Zusammenhang ausdrücklich § 124 b Z 86 zur Entsorgung von Altfahrzeugen),
- Rückstellungen auf Grund **wirtschaftlicher Verpflichtungen** (zB Kulanzleistungen).

99 **Rücklagen** sind dagegen Vorsorgen für das Unternehmen ohne drohende Verbindlichkeit gegenüber einem Dritten. Rücklagen stärken das Eigenkapital und dienen etwa dazu, Geschäftsrisken auszugleichen und Investitionsvorhaben aus Eigenmitteln finanzieren zu können. Rücklagen werden aus dem Gewinn oder aus Kapitaleinlagen gebildet (Gewinnrücklage, Kapitalrücklage) und gehören zum **Eigenkapital.**

Unter „Rücklagen" versteht man idR die in der Bilanz offen ausgewiesenen Rücklagen (offene Rücklagen); dagegen entspricht die Bezeichnung „stille Rücklagen" den „stillen Reserven", die aus der Unterbewertung von Aktivposten und der Überbewertung von Passivposten resultieren und in der Bilanz nicht sichtbar sind (siehe dazu oben Tz 75ff).

Eventualverbindlichkeiten sind mögliche Belastungen für das Unternehmen, mit denen aber nicht gerechnet wird, zB aus der Begebung oder Übertragung von Wechseln, Bürgschaften oder Garantien (Haftungsverhältnisse nach § 199 UGB); sie werden in der UGB-Bilanz unterhalb der Bilanzsumme ausgewiesen. Ist dagegen mit der Inanspruchnahme zu rechnen, ist dafür eine Rückstellung bzw eine Verbindlichkeit auszuweisen. Eventualverbindlichkeiten sind daher nicht Gegenstand der Steuerbilanz. 100

Rückstellungen in der Steuerbilanz

In der **Steuerbilanz** sind Rückstellungen auf Grund des Maßgeblichkeitsprinzips dann zu bilden, wenn sie sich aus den Rechnungslegungsvorschriften für die UGB-Bilanz ergeben (Maßgeblichkeit der Rechnungslegungsvorschriften für die Steuerbilanz). Die Verbindlichkeit muss „ernsthaft" drohen (§ 9 Abs 3). Bei der Gewinnermittlung nach § 4 Abs 1 hat der Steuerpflichtige ein Wahlrecht, ob er Rückstellungen bildet. 101

Rückstellungen in der Steuerbilanz unterliegen gegenüber der UGB-Bilanz gewissen Einschränkungen; danach sind Rückstellungen vorgesehen für 102

1. Abfertigungen,
2. laufende Pensionen, Pensionsanwartschaften und für Jubiläumsgelder,
3. sonstige ungewisse Verbindlichkeiten,
4. drohende Verluste aus schwebenden Geschäften.

1. **Rückstellungen für Abfertigungen:**
   Für Abfertigungen aus Dienstverhältnissen und sonstigen Anstellungsverhältnissen (zB Vorstandsmitglieder) sind Rückstellungen zu bilden (§ 14 Abs 1). Für Dienstverhältnisse, die nach 2002 neu begründet worden sind, besteht jedoch kein gesetzlicher Abfertigungsanspruch; an dessen Stelle treten laufende Einzahlungen des Arbeitgebers an eine Mitarbeitervorsorgekasse,

2. **Rückstellungen für laufende Pensionen, Pensionsanwartschaften und für Jubiläumsgelder:**
   Eine **Pensionsrückstellung** ist für **rechtsverbindlich zugesicherte Pensionen** in Höhe von höchstens **80% des letzten laufenden Aktivbezuges** zulässig. Die endgültige Höhe der zu leistenden Pensionszahlungen ist jedoch ungewiss; daher sind die erwarteten Pensionszahlungen anhand von versicherungsmathematischen Methoden zu schätzen und dabei mit einem Zinssatz von 6% abzuzinsen (§ 14 Abs 7 bis 11).
   Eine **Jubiläumsgeldrückstellung** für Dienstjubiläen ist ebenfalls nach versicherungsmathematischen Methoden zu ermitteln und mit einem Zinssatz von 6% abzuzinsen. Dagegen ist eine Rückstellung für Zuwendungen anlässlich eines Firmenjubiläums nicht zulässig (§ 9 Abs 4; wohl gleichheitswidrige Differenzierung),

3. **Rückstellungen für sonstige ungewisse Verbindlichkeiten (§ 9):**
Als „Verbindlichkeitsrückstellung“ werden ua Gewährleistungsansprüche, Prozesskosten etc erfasst,

4. **Rückstellungen für drohende Verluste aus schwebenden Geschäften (§ 9):**
Solche „Drohverlustrückstellungen“ sind dann zu bilden, wenn ein Vertrag abgeschlossen wurde, aus dem ein Verlust droht (Imparitätsprinzip; dazu Tz 74).

Beispiel:

Der Unternehmer verpflichtet sich im September zur Lieferung einer Maschine. Vereinbarter Liefertermin: März des Folgejahres; vereinbarter Kaufpreis 150.000 €. Zum Bilanzstichtag ist jedoch der Einstandspreis für die Maschine von vorher 100.000 € auf 180.000 € gestiegen, daher muss der Unternehmer am Bilanzstichtag mit einem Verlust von 30.000 € rechnen.

103 **Zeitpunkt der Rückstellung:** Die Rückstellung ist erst dann auszuweisen, wenn „konkrete Umstände“ nachgewiesen werden können, dass eine Verbindlichkeit (ein Verlust) „ernsthaft“ droht (§ 9 Abs 3).

Ernsthaft droht eine Verbindlichkeit idR erst dann, wenn der Geschädigte (Anspruchsberechtigte) den Schaden (Anspruch) bereits geltend gemacht hat.

Beispiel:

Der Unternehmer wurde wegen Verletzung eines Markenrechts in Anspruch genommen. Die Schadenersatzforderung (Klage) wurde dem Unternehmer im laufenden Jahr vor der Bilanzerstellung bekannt. Die Rückstellung ist daher jedenfalls auszuweisen und zwar in der Bilanz des Vorjahres; es liegt insoweit ein werterhellender Umstand vor (dazu Tz 70; VwGH 25. 4. 2013, 2010/15/0157).

104 **Pauschale Rückstellungen** dürfen in der Steuerbilanz nicht gebildet werden (§ 9 Abs 3); zulässig sind nur Rückstellungen für den Einzelfall. In der Unternehmensbilanz entsprechen dagegen pauschale Rückstellungen dem Vorsichtsprinzip.

Pauschale Rückstellungen werden auf Grund von Erfahrungswerten gebildet; zB weiß ein Bauunternehmer, dass erfahrungsgemäß vor Ablauf der Gewährleistungsfrist Baumängel gemeldet werden. In der Unternehmensbilanz sind dafür bereits bei Übergabe des Bauwerks pauschale Rückstellungen zu bilden, bemessen nach der voraussichtlichen Höhe (zB 2% des Umsatzes aus den abgerechneten Bauwerken); in der Steuerbilanz dürfen die Rückstellungen idR erst dann gebildet werden, wenn die Baumängel gemeldet werden (Einzelrückstellung).

105 **Abzinsung:** Rückstellungen, die am Bilanzstichtag eine Laufzeit von mehr als 12 Monaten haben, sind mit 3,5% abzuzinsen. Ausgenommen davon sind die Rückstellungen für Abfertigungen und Pensionszusagen, für die eigene Regelungen bestehen (siehe oben Tz 102).

Die Abzinsung der Rückstellungen wurde mit dem AbgÄG 2014 eingeführt (vorher galt eine pauschale Abzinsung iHv 20%). Das eigentliche Bewertungsproblem der Rückstellung ist jedoch die ungewisse Laufzeit. Zur Vereinfachung wäre daher eher eine pauschale Abzinsung zweckmäßig. In der Unternehmensbilanz sind Rückstellungen mit einem „marktüblichen Zinssatz“ abzuzinsen (§ 211 Abs 2 UGB).

Steuerstundungseffekt aus Rückstellungen: Rückstellungen in der Steuerbilanz führen – je nach ihrer Laufzeit – zu uU erheblichen Steuerstundungseffekten. Die drohende Verbindlichkeit bewirkt sehr viel früher eine Reduzierung der Steuer als die Verbindlichkeit tatsächlich zu bezahlen ist; insoweit finanziert sich die Verbindlichkeit aus dem Steuerstundungseffekt. In verschiedenen Staaten, zB auch in den USA, sind daher Rückstellungen in der Steuerbilanz grundsätzlich unzulässig (siehe auch *Varro,* RdW 2010, 602; *Grünberger,* ÖStZ 2001, 259). 106

Aufwandsrückstellungen für drohende Aufwendungen ohne Verpflichtung gegenüber Dritten sind nur in der UGB-Bilanz zulässig, nicht aber in der Steuerbilanz; es fehlt ein nach außen verpflichtender Umstand (sog „Innenverpflichtung“; keine Verpflichtung gegenüber Dritten).

Beispiel:

Für einen Maschinenschaden im Dezember, der im Jänner behoben wird, kann zum 31. 12. in der Steuerbilanz keine Rückstellung gebildet werden; es liegt zwar ein drohender Aufwand vor, aber keine drohende Verbindlichkeit gegenüber einem Dritten (daher allenfalls nur „Aufwandsrückstellung“ in der UGB-Bilanz).

Auch eine Teilwertabschreibung der noch nicht reparierten Maschine kommt nicht in Betracht, weil im Hinblick auf die geplante Reparatur keine dauernde Wertminderung vorliegt.

9.10. Absetzung für Abnutzung (§§ 7, 8)

(Doralt/Ruppe I[11], Tz 419 ff)

Wird ein **abnutzbares Anlagevermögen** (zB eine in der Produktion eingesetzte Maschine) angeschafft, dann sind die Anschaffungskosten nicht etwa sofort gewinnmindernd anzusetzen, vielmehr ist die Maschine mit den Anschaffungskosten als aktives Wirtschaftsgut in der Bilanz auszuweisen und auf die Dauer der voraussichtlichen Nutzung verteilt abzuschreiben. Beträgt die Nutzungsdauer zB 10 Jahre, dann sind auch die Anschaffungskosten auf 10 Jahre zu verteilen (**Absetzung für Abnutzung,** § 7 Abs 1). Mit der Verteilung auf die Nutzungsdauer werden die Anschaffungs- und Herstellungskosten den Veranlagungsperioden zugerechnet, in denen sie wirtschaftlich verursacht und verbraucht werden. 107

Die AfA ist für alle Gewinnermittlungsarten anzuwenden; sie gilt auch für die außerbetrieblichen Einkunftsarten (§ 16 Abs 1 Z 8).

Soweit die Betriebsausgaben pauschaliert sind, kann eine AfA daneben nur geltend gemacht werden, wenn dies ausdrücklich vorgesehen ist.

Zur AfA berechtigt ist nur der (wirtschaftliche) Eigentümer.

Beginn der AfA: grundsätzlich mit der **Inbetriebnahme** des Wirtschaftsgutes, bei Gebäuden und bei im Freien abgestellten Maschinen bereits mit der Anschaffung oder Herstellung (altersbedingte Abnutzung).

Halbjahres- und Ganzjahres-AfA: Die Berechnung der AfA erfolgt nicht nach Tagen, Wochen oder Monaten, sondern wird auf eine Ganzjahres- bzw Halbjahres-AfA aufgerundet.

Wird das Wirtschaftsgut im Wirtschaftsjahr mehr als sechs Monate genutzt, dann ist der gesamte auf ein Jahr entfallende Betrag abzusetzen, sonst die Hälfte dieses Betrages (§ 7 Abs 2):

- Inbetriebnahme im ersten Halbjahr: volle Jahres-AfA,
- Inbetriebnahme im zweiten Halbjahr: halbe Jahres-AfA.

Das Umgekehrte gilt für die **Veräußerung** des Wirtschaftgutes:

- Veräußerung im ersten Halbjahr: halbe Jahres-AfA,
- Veräußerung im zweiten Halbjahr: volle Jahres-AfA.

Wird allerdings ein Wirtschaftsgut zB am 2. 1. veräußert, dann kann davon ausgegangen werden, dass das Wirtschaftsgut im angefangenen Halbjahr nicht mehr genutzt worden ist.

Die AfA-Berechnung richtet sich nach der **betriebsgewöhnlichen Nutzungsdauer;** sie muss geschätzt werden, doch gibt es für die erworbenen Wirtschaftsgüter Erfahrungssätze, die nach dem Vorsichtsprinzip tendenziell eine eher kurze Nutzungsdauer unterstellen:

- Bei **Maschinen** und **Einrichtungsgegenständen** wird die Nutzungsdauer idR zwischen 5 und 10 Jahren angenommen.
- Bei **Gebäuden** bestehen gesetzliche Regelungen (widerlegbare Vermutungen):
- allgemein 40 Jahre (2,5% AfA),
- Mietwohngebäude 66 Jahre (1,5% AfA),

Zur AfA von Gebäuden: Die allgemeine AfA von 2,5% gilt ab 2016; bei vorher angeschafftem Gebäude ist die zum Teil bisher höhere AfA auf die Restlaufzeit anzupassen (ausgenommen die Nutzungsdauer wurde nachgewiesen).
Zur AfA von Mietgebäuden: Nach der Neuregelung sind Mietwohngebäude (AfA 1,5%) gegenüber vermieteten Büro- und Geschäftsgebäuden (AfA 2,5%) erheblich benachteiligt. Bereits der rechtspolitische Ansatz ist bemerkenswert (Benachteiligung von Wohnraum); dazu kommen wohl auch verfassungsrechtliche Bedenken. Im außerbetrieblichen Bereich gilt ein einheitlicher AfA-Satz von 1,5%, unabhängig von der Art der Nutzung (§ 16 Abs 1 Z 8 lit d).

- **Mietrechte,** für die Ablösezahlungen geleistet worden sind: 10 Jahre
- **Pkw** (gesetzlich geregelt; § 8 Abs 6): 8 Jahre
- **Firmenwert** (gesetzlich geregelt; § 8 Abs 3): 15 Jahre
- **Praxiswert** (bei freien Berufen): 5 Jahre

Der **Firmenwert** oder „good will" eines Unternehmers (Ruf des Unternehmers, Kundenbeziehungen) ist nur auszuweisen, wenn er entgeltlich erworben worden ist, also im Rahmen eines Unternehmenserwerbs. Die Höhe ergibt sich aus der Differenz zwischen dem Unternehmenskaufpreis und dem zum Teilwert bewerteten Wert der einzelnen übernommenen Wirtschaftsgüter (vgl § 203 Abs 5 UGB). Der entgeltlich erworbene Firmenwert ist in der **Steuerbilanz** auf 15 Jahre verteilt abzuschreiben (§ 8 Abs 3). Bei den freien Berufen spricht man von „Praxiswert"; er ist zu aktivieren und kann idR auf fünf Jahre verteilt abgeschrieben werden (im Gesetz nicht ausdrücklich geregelt). In der **UGB-Bilanz** ist der übernommene Firmenwert idR auf zehn Jahre verteilt abzuschreiben (§ 203 Abs 5 UGB idF RÄG 2014).

Eine **Änderung der Nutzungsdauer** ist nur zulässig, wenn die Nutzungsdauer von Anfang an unrichtig geschätzt worden ist oder wenn sich die Verhältnisse geändert haben. 108

Bemessungsgrundlage für die AfA sind die Anschaffungs- oder Herstellungskosten. Bei Grundstücken kann die AfA nur vom Gebäude vorgenommen werden; der auf den Grund und Boden entfallende Wertanteil ist nicht abnutzbar. Daher sind die Anschaffungskosten für ein bebautes Grundstück auf das Gebäude und den Grund und Boden aufzuteilen.

Der auf den Grund und Boden entfallende Anteil ist allenfalls im Wege der Schätzung zu ermitteln (im außerbetrieblichen Bereich unterstellt das Gesetz einen – widerlegbaren – Anteil von 40%; § 16 Abs 1 Z 8 lit d dazu Tz 136).

Beispiel:

Die Anschaffungskosten für ein Mietwohngrundstück betragen 200.000 €. Unterstellt man für den Grund und Boden einen Anteil von 40%, ergibt sich für das Gebäude eine AfA-Bemessungsgrundlage von 120.000 €; die Jahres-AfA beträgt dann 1.800 € (1,5%).

Lineare AfA: Steuerrechtlich ist nur eine gleichmäßige Verteilung der Anschaffungs- oder Herstellungskosten auf die Nutzungsdauer zulässig („lineare AfA").

In der UGB-Bilanz ist zB auch eine degressive AfA oder eine leistungsbezogene AfA zulässig.

Außergewöhnliche technische oder wirtschaftliche Abnutzung: Ist das Wirtschaftsgut zerstört worden, dann kann eine außergewöhnliche **technische** Abnutzung geltend gemacht werden („außerplanmäßige Abschreibung"); ist das Wirtschaftsgut zB durch eine Neuerfindung in seiner Verwendbarkeit eingeschränkt, dann kann eine außergewöhnliche **wirtschaftliche** Abnutzung geltend gemacht werden. 109

Eine Preissenkung allein begründet keine außergewöhnliche Abnutzung, würde jedoch eine Teilwertabschreibung rechtfertigen.

Die außergewöhnliche Abnutzung ist für die Gewinnermittlung nach § 4 Abs 3 und für die außerbetrieblichen Einkünfte von Bedeutung, weil es dort mangels Vermögensvergleich keine Teilwertabschreibung gibt. Ihr Anwendungsbereich ist enger als die Teilwertabschreibung: Reine Wertminderungen rechtfertigen zwar eine Teilwertabschreibung, aber keine außergewöhnliche AfA.

Abbruchkosten eines Gebäudes: Wird ein Gebäude abgerissen, um ein neues errichten zu können, dann liegt hinsichtlich des abgerissenen Gebäudes eine ag technische oder ag wirtschaftliche Abnutzung vor (gemeinsam mit den Abbruchkosten sofort abzugsfähig; VwGH 27. 11. 2014, 2011/14/0088). Wird allerdings ein Grundstück mit einem bereits abbruchreifen Gebäude erworben, dann gehören die Abbruchkosten zu den Anschaffungskosten des Grund und Bodens (VwGH 18. 5. 1962, 2221/61; EStR Rz 2618).

Beim **Umlaufvermögen** gibt es keine AfA und daher auch keine Absetzung für außergewöhnliche Abnutzung. Da Umlaufvermögen allerdings bei der Gewinnermittlung nach § 4 Abs 3 bereits mit der Zahlung als Betriebsausgabe gewinnwirksam ist, besteht auch kein Bedarf, Wertverluste gesondert zu berücksichtigen. Der Wertverlust wird dadurch gewinnwirksam, dass das Wirtschaftsgut nicht mehr oder nicht mehr zum entsprechenden Preis veräußert werden kann.

110 **Geringwertige Wirtschaftsgüter** mit Anschaffungs- oder Herstellungskosten bis zu 400 € können im Jahr der Anschaffung sofort abgeschrieben werden (§ 13). Mehrere Wirtschaftsgüter sind als Einheit aufzufassen, wenn sie wirtschaftlich oder nach der Verkehrsauffassung eine Einheit bilden (Sachgesamtheit).

Werden geringwertige Wirtschaftsgüter vermietet, kommt eine Sofortabschreibung nicht in Betracht.

Beispiele:

1. Für ein Theater wird eine neue Bestuhlung angeschafft, der einzelne Theaterstuhl kostet 200 €; die Bestuhlung insgesamt stellt jedoch eine wirtschaftliche Einheit dar, daher kann der einzelne Theaterstuhl nicht sofort als geringwertiges Wirtschaftsgut abgesetzt werden.
2. Die Bretter und Leiter eines Baugerüstes sind als Teile einer Sachgesamtheit nicht einzeln als geringwertige Wirtschaftsgüter zu beurteilen (VwGH 31. 1. 2014, 2011/15/0084; zu einem Gerüstbauer).
3. Der Stpfl kauft einen Schreibtischsessel um 350 € und eine Sitzgruppe für das Besprechungszimmer, bestehend aus 4 Sitzmöbeln zu je 300 €. Der Schreibtischsessel ist sofort abzugsfähig, die Sitzgruppe gilt als wirtschaftliche Einheit mit Anschaffungskosten von insgesamt 1.200 €; daher nicht sofort abzugsfähig.
4. EDV-Geräte wie PC, Drucker und Maus gelten nicht als Einheit.
5. Gasflaschen zur Lieferung von Gas an verschiedene Kunden sind einzeln zu bewerten; bei Einzelkosten bis zu 400 € sind sie daher sofort absetzbar. Werden allerdings die Gasflaschen angeschafft, um sie dann zu vermieten, kommt eine Sofortabschreibung nicht in Betracht.

Die wirtschaftliche „Einheit“ (§ 13) ist nicht mit der Frage des einheitlichen Wirtschaftsgutes gleichzusetzen (dazu oben Tz 69).

10. Investitionsbegünstigungen

111 Zu den Investitionsbegünstigungen im betrieblichen Bereich gehören

- die Übertragung stiller Reserven (siehe unten),
- die Forschungsprämie (siehe unten Tz 113),
- der Gewinnfreibetrag (siehe unten Tz 114).

Als Ausbildungsbegünstigungen wurden bisher gewährt:

- der Bildungsfreibetrag bzw eine Bildungsprämie (ab 2016 aufgehoben),
- eine Lehrlingsausbildungsprämie (§ 108f; letztmalig 2012).

Bei den Einkünften aus Vermietung und Verpachtung können bestimmte Herstellungsaufwendungen (Verbesserungsarbeiten) beschleunigt abgeschrieben werden.

10.1. Übertragung stiller Reserven (§ 12)

(Doralt/Ruppe I[11], Tz 445 ff)

Allgemeines

Wird Anlagevermögen veräußert und werden dabei stille Reserven aufgedeckt, dann müssen die stillen Reserven grundsätzlich versteuert werden. Als Investitionsbegünstigung bietet § 12 die Möglichkeit, aufgedeckte stille Reserven auf neu erworbenes Anlagevermögen zu übertragen und damit die sofortige Versteuerung der stillen Reserven zu vermeiden. 112

Die Übertragung der stillen Reserven auf ein neu angeschafftes Wirtschaftsgut erfolgt, indem die Anschaffungskosten des neu angeschafften Wirtschaftsgutes um die stillen Reserven gekürzt werden (siehe das Beispiel unten).

Voraussetzungen

Die Übertragung stiller Reserven setzt voraus (§ 12 Abs 3):
- **Veräußerung von Anlagevermögen** (Entnahme ist keine Veräußerung),
- **Übertragung auf Anlagevermögen,** das in einer inländischen Betriebsstätte verwendet wird (europarechtlich problematisch),
- **7 Jahre Mindestzugehörigkeitsdauer zum Betriebsvermögen** vor der Veräußerung (15 Jahre bei Grundstücken oder Gebäuden, wenn auf sie bereits einmal stille Reserven übertragen worden sind).

Die Mindestzugehörigkeitsdauer gilt ua nicht, wenn Anlagevermögen durch höhere Gewalt aus dem Betriebsvermögen ausscheidet (§ 12 Abs 5).

Nach der Herkunft der stillen Reserven ist die Übertragung folgendermaßen eingeschränkt (§ 12 Abs 4):
- Übertragung auf **Grund und Boden,** wenn auch die stillen Reserven aus der Veräußerung von Grund und Boden stammen,
- Übertragung auf **Gebäude,** wenn die stillen Reserven aus der Veräußerung von Gebäuden oder Grund und Boden stammen,
- Übertragung auf **sonstige körperliche Wirtschaftsgüter,** wenn auch die stillen Reserven aus der Veräußerung von sonstigen körperlichen Wirtschaftsgütern stammen,
- Übertragung auf **unkörperliche Wirtschaftsgüter,** wenn auch die stillen Reserven aus der Veräußerung von unkörperlichen Wirtschaftsgütern stammen.

Beispiel:

Der Stpfl veräußert eine vor 10 Jahren angeschaffte Maschine mit Buchwert Null (voll abgeschrieben) um 10.000 €. Im selben Jahr erwirbt er eine Maschine um 100.000 €. Die stillen Reserven in Höhe von 10.000 € kann er auf die Anschaffungskosten der neuen Maschine übertragen, indem er sie von den Anschaffungskosten in Abzug bringt. Damit sind die stillen Reserven der alten Maschine auf die neue Maschine übergegangen (und sind daher auch nicht zu versteuern). Als

Anschaffungskosten der neuen Maschine gilt dann der um die stillen Reserven verminderte Betrag von 90.000 €.

Ausschluss der Übertragung stiller Reserven

Stille Reserven können **nicht übertragen werden** (§ 12 Abs 4)

- ***auf*** die **Anschaffungskosten eines Betriebes** oder Teilbetriebes oder Anteils an einer Personengesellschaft,
- ***auf*** **Finanzanlagen** (Gesellschaftsanteile, Forderungswertpapiere), oder wenn sie
- ***aus*** der **Veräußerung eines Betriebes** oder Teilbetriebes oder Anteils an einer Personengesellschaft stammen.

Übertragungsrücklage (§ 12 Abs 8)

Stille Reserven können statt sofort auf Anlagevermögen zunächst auf eine Übertragungsrücklage übertragen werden („Zwischenparken" der stillen Reserven); die Übertragungsrücklage muss **innerhalb von 12 Monaten** ab Ausscheiden des Wirtschaftsgutes aus dem Betriebsvermögen übertragen werden. Bei Übertragung von stillen Reserven auf die Herstellungskosten eines Gebäudes und bei Ausscheiden auf Grund höherer Gewalt (gemeint: gegen den Willen des Steuerpflichtigen) beträgt die Frist 24 Monate.

Die Übertragung stiller Reserven ist auf die ESt eingeschränkt und gilt nicht im Rahmen der Körperschaftsteuer.

10.2. Forschungsprämie (§ 108 c)

(Doralt/Ruppe I[11], Tz 459/1)

113 Für Forschungsaufwendungen steht eine **Forschungsprämie** iHv 12% der Forschungsaufwendungen zu (ab 2016; bisher 10%).

Das Gesetz unterscheidet die eigenbetriebliche Forschung und die Auftragsforschung. Als Auftragsforschung gilt eine Forschung, bei der ein anderes Unternehmen mit der Forschung beauftragt wird (zur Überprüfung, ob eine „Forschung" vorliegt, siehe § 108c Abs 7 und 8).

Die begünstigte Auftragsforschung ist auf Aufwendungen von höchstens 1 Mio € pro Wirtschaftsjahr beschränkt; sie kann von Auftraggeber und Auftragnehmer insgesamt nur einmal geltend gemacht werden (§ 108c Abs 2 Z 2).

10.3. Gewinnfreibetrag (§ 10)

(Doralt/Ruppe I[11], Tz 462/1 ff)

114 Natürliche Personen können einen **Gewinnfreibetrag** geltend machen. Der Gewinnfreibetrag bemisst sich nach der Höhe des Gewinns und beträgt 13% fallend (bis 4,5%), höchstens 45.350 €; er ist auf die betrieblichen Ein-

kunftsarten eingeschränkt und vermindert – als fiktive Betriebsausgabe – den steuerpflichtigen Gewinn.

Der Gewinnfreibetrag beträgt 13% für die ersten 175.000 €, 7% für die nächsten 175.000 € und 4,5% für die nächsten 230.000 €, insgesamt höchstens 45.350 €.

Der Gewinnfreibetrag für die betrieblichen Einkünfte soll einen Ausgleich gegenüber dem begünstigt besteuerten Jahressechstel bei den nichtselbständigen Einkünften bewirken.

Zu unterscheiden ist der **Grundfreibetrag** (allgemeiner Gewinnfreibetrag) und der **investitionsbedingte Freibetrag.**

- Der **Grundfreibetrag** steht bis zu einem Gewinn von 30.000 € ohne weitere Voraussetzung zu und wird **von Amts wegen berücksichtigt;** daraus ergibt sich ein gewinnmindernder Freibetrag bis zu 3.900 € (13% von 30.000 €).
- Soweit der Gewinn 30.000 € übersteigt, kann ein **investitionsbedingter Freibetrag** (ib Freibetrag) geltend gemacht werden.

Beispiel:

Der Steuerpflichtige erzielt einen Jahresgewinn von	130.000 €
Grundfreibetrag 13% von 30.000 €.	3.900 €
Investitionsbedingter Freibetrag 13% von 100.000 €.	13.000 €
Gewinnfreibetrag insgesamt.	16.900 €

In Höhe des investitionsbedingten Freibetrages müssen entsprechende Investitionen getätigt werden; in Betracht kommen 115

- **Wohnbauanleihen,** die mindestens 4 Jahre dem Betriebsvermögen gewidmet sind, oder
- **abnutzbare körperliche Wirtschaftsgüter** mit einer Mindestnutzungsdauer von 4 Jahren (ausgenommen ua Pkw, geringwertige Wirtschaftsgüter und gebrauchte Wirtschaftsgüter; zB für Gebäude steht der Gewinnfreibetrag zu).

Zusammenfassung: Der Gewinnfreibetrag bemisst sich nicht von der Höhe der Investitionen (wie irrtümlich oft angenommen), sondern von der Höhe des Gewinns. In Höhe des sich daraus ergebenden Gewinnfreibetrages (abzüglich des Grundfreibetrages) müssen entsprechende Investitionen getätigt worden sein.

Nachversteuerung: Scheidet ein Wirtschaftsgut, für das der ib Freibetrag geltend gemacht worden ist, vor Ablauf der Behaltedauer von 4 Jahren aus, ist der Gewinnfreibetrag gewinnerhöhend aufzulösen und damit nachzuversteuern (§ 10 Abs 5).

Der Gewinnfreibetrag steht **unabhängig von der Gewinnermittlungsart** zu. Wird allerdings eine **Pauschalierung** in Anspruch genommen, dann kann nur der Grundfreibetrag in Anspruch genommen werden (§ 10 Abs 1 Z 6; Basispauschalierung oder Pauschalierung auf Grund einer Verordnung; siehe dazu unten Tz 118f).

Bei **Personengesellschaften** (Mitunternehmerschaften) steht der Gewinnfreibetrag nur insgesamt bis zu 45.350 € zu und ist auf die Mitunternehmer entsprechend ihrer Gewinnbeteiligung aufzuteilen. 116

11. Einnahmen-Ausgabenrechnung (§ 4 Abs 3)

(Doralt/Ruppe I[11], Tz 228 ff)

117 Beim **Vermögensvergleich** (§ 4 Abs 1 oder § 5) führt die Anschaffung von Wirtschaftsgütern zu einer Aktivierung und ist daher gewinnneutral. Veräußerungen eines Wirtschaftsgutes führen zu einer Forderung, sind also idR gewinnwirksam, auch wenn die Zahlung noch nicht erfolgt ist.

Dagegen folgt die Gewinnermittlung durch **Einnahmen-Ausgabenrechnung** grundsätzlich dem Zu- und Abflussprinzip. Sie ist eine gegenüber der Gewinnermittlung nach § 4 Abs 1 vereinfachte Gewinnermittlung und führt zwar in der einzelnen Periode zu abweichenden Ergebnissen, über die Perioden hinweg ist das Ergebnis jedoch ident.

Eine Einnahmen-Ausgabenrechnung ist zulässig (§ 125 BAO):

- bei selbständiger Arbeit generell (unabhängig von Vermögen und Umsatz),
- bei gewerblichen Einkünften bis zu einem Umsatz von 700.000 € (daher keine Buchführungspflicht; zur Pauschalierung siehe unten),
- bei Land- und Forstwirtschaft bis zu einem Umsatz von 550.000 € bzw einem Einheitswert des Betriebsvermögens bis 150.000 € (zur Pauschalierung siehe unten).

Gegenüber dem Vermögensvergleich nach § 4 Abs 1 bestehen bei der Einnahmen-Ausgabenrechnung folgende Besonderheiten:

- Der **Einkauf** von **Waren** wird im Zeitpunkt der Bezahlung als gewinnmindernde **Betriebsausgabe** behandelt (Abflussprinzip; dagegen beim Vermögensvergleich durch Aktivierung gewinnneutral).
- Der **Verkauf der Ware** wird (erst) im **Zeitpunkt der Bezahlung** gewinnwirksam (Zuflussprinzip; dagegen beim Vermögensvergleich bereits im Zeitpunkt der Veräußerung mit Entstehen der Forderung gewinnwirksam).
- Für **Einnahmen** und **Ausgaben** (zB Dienstleistungen) gilt – wie im außerbetrieblichen Bereich – das **Zu-** und **Abflussprinzip** (§ 19 Abs 1 und 2).
- **Vorauszahlungen** insbesondere von **Zinsen, Mieten, Beratungskosten** sind auf den Zeitraum der Vorauszahlung zu verteilen, außer sie betreffen das laufende und das folgende Jahr (Ausnahme vom Abflussprinzip wie im außerbetrieblichen Bereich; vgl auch § 19 Abs 3).
- **Anlagevermögen** wird nur mit der **Absetzung für Abnutzung** (§ 7) gewinnwirksam, allenfalls auch mit der außergewöhnlichen Abnutzung (statt einer Teilwertabschreibung). Hier gilt also das Abflussprinzip nicht.

  Anlagevermögen wird daher bei der Einnahmen-Ausgabenrechnung im Wesentlichen gleich behandelt wie beim Vermögensvergleich. Die Anschaffung hat keine Auswirkung auf den Gewinn; ein Veräußerungsgewinn ist steuerwirksam.

  Die Einnahmen-Ausgabenrechnung beschränkt sich damit im Ergebnis auf das Umlaufvermögen.

Zum Wechsel zwischen Einnahmen-Ausgabenrechnung und Vermögensvergleich siehe Tz 118 f.

Beispiel (Gegenüberstellung Einnahmen-Ausgabenrechnung und Vermögensvergleich):

Der Stpfl erwirbt im Dezember des Jahres 01 gegen Barzahlung Waren im Wert von 10.000 € und verkauft sie im Jahr 02 um 13.000 €.

Lösung bei Einnahmen-Ausgabenrechnung:

Die Bezahlung von 10.000 € im Jahr 01 wirkt in diesem Jahr in voller Höhe gewinnmindernd als Betriebsausgabe; der Verkauf in Höhe von 13.000 € wird in voller Höhe im Jahr 02 als Gewinn wirksam.

Vermögensvergleich:

Der Wareneinkauf in Höhe von 10.000 € bleibt im Jahr 01 gewinnneutral („Aktivtausch"); im Jahr 02 wird der Gewinn von 3.000 € (Kassaeingang 13.000 €, Warenbestand-Abgang 10.000 €) realisiert.

Nachteile der Einnahmen-Ausgabenrechnung gegenüber dem Vermögensvergleich:

- Keine Teilwertabschreibung, nur außergewöhnliche technische oder wirtschaftliche Abnutzung.
- Keine Rückstellungen.

12. Wechsel der Gewinnermittlungsart (§ 4 Abs 10)

(Doralt/Ruppe I[11], Tz 251 ff)

Wird die Gewinnermittlungsart gewechselt, dann ist durch Zu- und Ab- 118
schläge sicherzustellen, dass gewinnwirksame Vorgänge erfasst bleiben (Verbot der Nicht- bzw Doppelerfassung). Am Stichtag ergibt sich ein Übergangsgewinn oder ein Übergangsverlust. Der Übergangsgewinn bzw Übergangsverlust ist der Periode zuzurechnen, in der die Gewinnermittlungsart gewechselt wird.

Beispiele:

Ein Gewerbetreibender, der bisher den Gewinn nach § 4 Abs 3 ermittelt hat, wechselt mit Jahresbeginn auf die Gewinnermittlung nach § 4 Abs 1 (bzw § 5).

1. Im Dezember wurden Waren um 100.000 € bezogen und bezahlt; zum Jahresende waren die Waren noch auf Lager.
   Die Bezahlung der Ware war nach § 4 Abs 3 als Betriebsausgabe in voller Höhe gewinnmindernd (Abflussprinzip). Bei der Gewinnermittlung nach § 4 Abs 1 sind Waren zu aktivieren. Daher sind die im Zeitpunkt des Wechsels vorhandenen Waren mit ihren Anschaffungskosten von 100.000 € gewinnerhöhend zu aktivieren (Übergangsgewinn).
2. Im Dezember hat der Gewerbetreibende Vorauszahlungen iHv 5.000 € für Waren geleistet, die erst im nächsten Jahr geliefert werden.
   Die Vorauszahlungen von 5.000 € sind bei der Gewinnermittlung nach § 4 Abs 3 bereits abgeflossen; bei der Gewinnermittlung nach § 4 Abs 1 sind geleistete Vorauszahlungen zu aktivieren. Daher sind sie beim Wechsel auf die Gewinnermittlung nach § 4 Abs 1 gewinnerhöhend zu aktivieren (Übergangsgewinn).
3. Der Gewerbetreibende hat im Dezember Vorauszahlungen über 7.000 € für Waren erhalten, die er erst im nächsten Jahr liefern wird.

Die erhaltenen Vorauszahlungen waren bei der Gewinnermittlung nach § 4 Abs 3 Betriebseinnahmen. Bei der Gewinnermittlung nach § 4 Abs 1 sind die erhaltenen Vorauszahlungen zu passivieren, um einen Gewinnausweis zu verhindern. Daher sind sie beim Wechsel auf die Gewinnermittlung nach § 4 Abs 1 gewinnmindernd zu passivieren (Übergangsverlust).
Der Wechsel der Gewinnermittlung führt insgesamt zu einem Übergangsgewinn von 98.000 € (100.000 € + 5.000 € – 7.000 €).

Gewillkürtes Betriebsvermögen bei Wechsel zwischen § 4 und § 5

119 Beim Wechsel von § 5 auf § 4 gilt gewillkürtes Betriebsvermögen als entnommen (EB zum 1. StabG 2012).

Bei Grundvermögen ergibt sich beim Wechsel der Gewinnermittlungsart keine Änderung, weil Grundvermögen seit dem 1. StabG 2012 bei den verschiedenen Gewinnermittlungsarten gleich behandelt wird.

13. Durchschnittssätze (§ 17)

(Doralt/Ruppe I[11], Tz 235 ff)

120 **Durchschnittssätze (Pauschalierungen)** sind vorgesehen
- unmittelbar **auf Grund des Gesetzes** nur für Betriebsausgaben („Basispauschalierung“),
- **auf Grund von Verordnungen** für Betriebsausgaben oder für den gesamten Gewinn.

Werden nur Betriebsausgaben pauschaliert, spricht man von einer **Teilpauschalierung;** wird dagegen der gesamte Gewinn pauschaliert, spricht man von einer **Vollpauschalierung.**

Die Pauschalierung ist zwar als Vereinfachung gedacht, wird aber von den Stpfl idR nur in Anspruch genommen, wenn sich aufgrund der Pauschalierung eine niedrigere Steuerbelastung ergibt. Die Unterschiede zwischen Normalbesteuerung und Pauschalierung sind oft gravierend. Der VwGH sieht daher in der Pauschalierung eine „bewusst in Kauf genommene Unterbesteuerung“ (28. 4. 1967, 89/67, ÖStZB 1967, 134), es sei geradezu Zweck einer Pauschalierung, dem Steuerpflichtigen die Möglichkeit zu bieten, „die jeweils steuerlich günstigere Variante zu wählen“ (VwGH 21. 9. 2006, 2006/15/0041). Mit einem solchen Gedanken führt allerdings die Pauschalierung direkt in die Verfassungswidrigkeit, wenn der pauschalierte Steuerpflichtige eine erheblich geringere Steuerlast zu tragen hat, als der Nichtpauschalierte.

Eine **Anfechtung beim VfGH** scheitert allerdings regelmäßig an der „Präjudizialität“: Die begünstigende Norm (Gesetz, Verordnung) ist auf den Nichtbegünstigten nicht anwendbar. Daher – so der VfGH – könne er eine begünstigende Ausnahmeregelung nicht als verfassungswidrig aufheben. Aufheben kann der VfGH eine Norm nur dann, wenn sie im anhängigen Verfahren unmittelbar anwendbar ist. Aufgrund dieser – formalen – Rechtfertigung lassen sich Ausnahmebestimmungen idR beim VfGH nicht bekämpfen (siehe auch VfGH 9. 10. 2012, B 539/12 zur Bekämpfung der Landwirtepauschalierung durch einen Steuerberater wegen gleichheitswidriger Besteuerung).

Allerdings stellt sich auch das **Problem des Amtsmissbrauchs** bei Erlassung einer Pauschalierungsverordnung (dazu *Schwaighofer,* ÖJZ 2014, 160). Dies gilt insbesondere auch für die Landwirtepauschalierung, die gezielt als Steuerbegünstigung eingesetzt wird. – Pauschalierungen dürfen nicht den Erfahrungen des täglichen Lebens widersprechen (VfGH 29. 9. 2008, G19/08).

Betriebsausgabenpauschalierung auf Grund des Gesetzes („Basispauschalierung“)

Das Betriebsausgabenpauschale auf Grund des Gesetzes setzt voraus (§ 17 Abs 1 bis 3): 120/1

- Einkünfte aus selbständiger Arbeit oder aus Gewerbebetrieb,
- Gewinnermittlung nach § 4 Abs 3,
- Umsatz des Vorjahres von höchstens 220.000 €.

Das Betriebsausgabenpauschale beträgt **12% vom Umsatz,** höchstens 26.400 € (6% bei kaufmännischer oder technischer Beratung und bei vermögensverwaltender, schriftstellerischer, wissenschaftlicher, vortragender, unterrichtender oder erzieherischer Tätigkeit, höchstens 13.200 €). Insbesondere bei Künstlern und Schriftstellern besteht außerdem auf Grund einer eigenen Verordnung eine Teilpauschalierung (siehe unten).

Mit dem Betriebsausgabenpauschale sind ua die AfA, Mieten, Versicherungen und Zinsen abgegolten.

Neben dem Betriebsausgabenpauschale können außerdem Wareneinkäufe, Löhne, Subhonorare und Sozialversicherungsbeiträge als Betriebsausgaben geltend gemacht werden. Unabhängig vom Pauschale steht der Gewinnfreibetrag in Höhe des Grundfreibetrags zu (§ 10 Abs 1 Z 6; siehe oben Tz 114).

Die Basispauschalierung ist aus mehreren Gründen nicht sachgerecht:

- Die Pauschalierung wird regelmäßig nur von Stpfl in Anspruch genommen, die idR keine oder nur geringe Betriebsausgaben haben.
- Der Pauschalsatz ist relativ hoch und beruht auf keinen Erfahrungssätzen.
- Durch die Abzugsfähigkeit von Subhonoraren, für die der Empfänger das Betriebsausgabenpauschale ebenfalls geltend machen kann, ergibt sich ein Multiplikatoreffekt.

Beispiel:

Ein Sachverständiger erhält für ein Gutachten ein Honorar von 100.000 €. Davon gibt er 60.000 € einem anderen Sachverständigen (Subgutachter) weiter, der ihn bei der Erstellung des Gutachtens unterstützt; es verbleiben ihm also nur 40.000 €. Trotzdem bemisst er sein Betriebsausgabenpauschale mit 12% von 100.000 €; er versteuert also 40.000 € abzüglich 12.000 €, das sind nur 28.000 €. Der Subgutachter macht von den an ihn weitergeleiteten 60.000 € das Betriebsausgabenpauschale ebenfalls geltend.

Durchschnittssätze auf Grund von Verordnungen

Auf Grund von Verordnungen bestehen Durchschnittssätze für 121

- **Vollpauschalierungen** (Gewinnpauschalierungen): Insbesondere kleine Land- und Forstwirte, nicht buchführende Lebensmittelhändler,
- **Teilpauschalierungen** (Betriebsausgabenpauschalierungen) nach Maßgabe der jeweiligen Verordnung: Insbesondere Gastgewerbe, nicht

buchführende Gewerbetreibende, Drogisten, Handelsvertreter, Künstler und Schriftsteller,

- **Werbungskostenpauschalierungen** für Einkünfte aus nichtselbständiger Arbeit. Für unterschiedliche Gruppen von Stpfl gibt es Pauschalsätze von 5% bis 15% der Bruttobezüge.

Außerdem gibt es eine Verordnung mit einer **Pauschalbesteuerung für Sportler**, die überwiegend bei Sportveranstaltungen im Ausland auftreten. Nach der Verordnung werden nur 33% des im Inland und im Ausland insgesamt als Sportler erzielten Einkommens (einschließlich Werbetätigkeit) besteuert; eine Anrechnung ausländischer Steuern unterbleibt. Die Verordnung ist allerdings im Gesetz nicht gedeckt. Da nur ein Drittel der Einkünfte besteuert wird, bedeutet die Pauschalierung im Ergebnis, dass die Einkünfte nur mit höchstens 17% besteuert werden (statt bis zu 50%). Nach den EStR erfasst die Pauschalierung auch die Werbeeinnahmen des Sportlers im Inland (Rz 4376); dies entspricht allerdings nicht der Verordnung und verschärft die gesetz- und verfassungswidrige Sportlerpauschalierung.

Auch für die Pauschalierung durch Verordnung gelten ähnliche grundsätzliche Bedenken wie gegen die Basispauschalierung: Sie führen zu gelegentlich erheblichen Abweichungen gegenüber dem im Einzelfall tatsächlichen Gewinn bzw den tatsächlichen Ausgaben (siehe oben).

14. Schätzung (§ 184 BAO)

(Doralt/Ruppe I[11], Tz 245 ff)

122 Sind Aufzeichnungen über die Ermittlung der Einkünfte nicht vorhanden oder formell oder sachlich unrichtig, dann kann die Behörde den Gewinn oder die fehlenden Besteuerungsgrundlagen schätzen (Vollschätzung oder Teilschätzung; § 184 BAO).

Als **Schätzungsmethoden** kommen in Betracht:

- äußerer Betriebsvergleich (Vergleich mit fremden Betrieben; problematisch wegen des Steuergeheimnisses),
- innerer Betriebsvergleich (Vergleich mit anderen Jahren desselben Betriebes),
- kalkulatorische Schätzung insbesondere nach dem Wareneinkauf

  Beispiel:

  Ein Kaffeehaus deklariert einen Kaffeeverkauf, der gemessen an den Kaffee-Einkäufen als zu niedrig erscheint.

- Schätzung nach dem Lebensaufwand

  Beispiel:

  Der Stpfl fährt einen Porsche, obwohl er der Abgabenbehörde gegenüber nur ein Einkommen von 2.000 € deklariert.

- Schätzung nach dem Vermögenszuwachs

  Beispiel:

  Der Stpfl hat sich eine Liegenschaft gekauft, deren Kaufpreis aus dem deklarierten Einkommen nicht finanziert worden sein konnte.

Die vorsätzliche Verletzung von Aufzeichnungspflichten begründet eine **Finanzordnungswidrigkeit** nach § 51 Abs 1 lit c FinStrG, soweit kein anderes Finanzdelikt (fahrlässige oder vorsätzliche Abgabenverkürzung) vorliegt.

15. Einkünfte von Personenvereinigungen

(Doralt/Ruppe I[11], Tz 525 ff)

Personengesellschaften unterliegen als solche nicht dem EStG (keine Steuersubjekte); der Gewinn und ebenso der Verlust wird vielmehr den Gesellschaftern direkt zugerechnet (**„Durchgriffsprinzip“**, vgl insbesondere § 23 Z 2). Deshalb unterliegt die Personengesellschaft auch nicht der Körperschaftsteuer (§ 3 KStG). 123

Darin liegt auch ein steuerlicher Vorteil der Personengesellschaft gegenüber der Kapitalgesellschaft: Bei der Personengesellschaft werden Verluste der Gesellschaft dem Gesellschafter direkt zugerechnet, der die Verluste dann mit seinem übrigen Einkommen verrechnen kann. Dagegen kann die Kapitalgesellschaft ihre Verluste idR nur mit ihren eigenen späteren Gewinnen verrechnen (anders im Rahmen der Gruppenbesteuerung).

Mitunternehmerschaft

Personenvereinigungen mit betrieblichen Einkünften sind solche, bei denen die Gesellschafter als „Mitunternehmer“ anzusehen sind.

Der Begriff „Mitunternehmerschaft“ bringt zum Ausdruck, dass die Gesellschafter wie (Einzel-)Unternehmer behandelt werden; da es sich aber um eine Gesellschaft handelt, sind die Gesellschafter nicht Einzelunternehmer, sondern „Mitunternehmer“.

Als **Mitunternehmer** nennt das Gesetz ausdrücklich die Gesellschafter einer **OG** oder **KG** (§ 23 Z 2); weiters kommen insbesondere die **atypische stille Gesellschaft,** die **Gesellschaft bürgerlichen Rechts** und die **Europäische wirtschaftliche Interessenvereinigung (EWIV)** in Betracht.

Die **Mitunternehmer** tragen **Unternehmerrisiko** und können **Unternehmerinitiative** ausüben. Das Unternehmerrisiko besteht in der **Beteiligung am Gewinn und Verlust,** an den **stillen Reserven** und am **Firmenwert,** allenfalls auch in der **Haftung** für die Schulden der Gesellschaft. Unternehmerinitiative entfaltet, wer betriebliche Abläufe mitgestalten kann, indem er an der **Geschäftsführung** teilnimmt oder **Stimm-, Kontroll-** und **Widerspruchsrechte** wahrnimmt.

Bei der **stillen Gesellschaft** sind zu unterscheiden:

Der **echte stille Gesellschafter** ist nur am laufenden Gewinn und Verlust beteiligt und bezieht daher grundsätzlich **Einkünfte aus Kapitalvermögen;** Verluste sind nicht steuerwirksam und nur mit späteren Gewinnen zu verrechnen (§ 27 Abs 2 Z 4 und Abs 8 Z 2; vgl auch § 182 UGB).

Der **unechte stille Gesellschafter** ist auch an den stillen Reserven und am Firmenwert beteiligt; er ist dem Kommanditisten ähnlich und wird daher als Mitunternehmer behandelt. Der unechte stille Gesellschafter hat daher **betriebliche Einkünfte.**

Bezieht die **Personengesellschaft ausschließlich außerbetriebliche Einkünfte** (insbesondere Vermietung und Verpachtung), dann liegt keine Mitunternehmerschaft vor; die Gesellschafter werden dann als Miteigentümer mit außerbetrieblicher Einkunftsquelle behandelt (zu Mietgebäuden im Miteigentum siehe unten Tz 141).

Bei kapitalistischen Mitunternehmerschaften (keine unbeschränkte Haftung gegenüber Dritten, insbesondere GmbH & Co KG) können Verluste nur eingeschränkt bzw nur mit künftigen Gewinnen verrechnet werden („Wartetasteregelung"; dazu § 23 a). Damit sollen steuerliche Verlustmodelle verhindert werden.

Gewinnermittlung

124 Die Personengesellschaft ist zwar nicht Steuersubjekt, sie ist aber Gewinnermittlungssubjekt (E 27. 1. 2011, 2008/15/0218; früher galt die „Bilanzbündeltheorie"; sie ist inzwischen überholt, vgl *Doralt/Ruppe* I[11] Tz 539).

Die Gewinnermittlung der Mitunternehmerschaft (Personengesellschaft) erfolgt in zwei Stufen: Zunächst wird auf der Ebene der **Gesellschaft** nach einheitlichen Grundsätzen der **Gesamtgewinn** ermittelt und auf die Gesellschafter aufgeteilt. Danach werden auf der Ebene der **Gesellschafter** die Besonderheiten der einzelnen Gesellschafter im Rahmen einer **Ergänzungs- und Sonderbilanz** berücksichtigt (EStR 5853 ff).

Sonderbetriebsvermögen der Gesellschafter ist jenes Vermögen, das im Alleineigentum eines Gesellschafters steht und das er der Gesellschaft zur Nutzung überlässt. Das Sonderbetriebsvermögen ist Betriebsvermögen des Gesellschafters und wird in einer **Sonderbilanz** des Gesellschafters ausgewiesen. Die auf das Sonderbetriebsvermögen entfallenden Betriebsausgaben werden **Sonderbetriebsausgaben** genannt.

Die Bewertung des Sonderbetriebsvermögens des Gesellschafters richtet sich nach der Gewinnermittlung, die für die Gesellschaft gilt (daher ist zB bei einer rechnungslegungspflichtigen Personengesellschaft auch das Sonderbetriebsvermögen nach § 5 zu beurteilen).

Veräußert ein Gesellschafter seinen Anteil an der Personengesellschaft, dann werden die auf die einzelnen Wirtschaftsgüter entfallenden anteiligen Anschaffungskosten des neuen Gesellschafters von den Anschaffungskosten der übrigen Gesellschafter idR abweichen. Derartige Abweichungen werden in einer **Ergänzungsbilanz** erfasst.

Sonderbilanz und Ergänzungsbilanz werden auch zusammengefasst und einheitlich als Ergänzungsbilanz bezeichnet.

Durchgriffsprinzip: Gewinne und Verluste werden den Gesellschaftern **direkt** zugerechnet (Unterschied zum Trennungsprinzip bei der Kapitalgesellschaft). Übersteigen die Verluste die Einlage des Gesellschafters, so entsteht steuerlich ein **negatives Kapitalkonto**.

Beispiel:

Die Personengesellschaft hat ein Eigenkapital von 100.000 €. Durch Verluste wird das gesamte Eigenkapital aufgebraucht. Daher betragen die Kapitalkonten der Gesellschafter in der Summe Null.

Hat die Personengesellschaft zusätzlich zum Eigenkapital auch noch Fremdkapital von 50.000 € aufgenommen und hat sie auch das Fremdkapital durch Verluste aufgebraucht, betragen die Kapitalkonten der Gesellschafter in der Summe minus 50.000 € (negatives Kapitalkonto).

Einem negativen Kapitalkonto müssen keineswegs wirtschaftliche Verluste zugrunde liegen; oft bestehen entsprechende stille Reserven.

Das negative Kapitalkonto muss der Gesellschafter im Fall des Ausscheidens aus der Gesellschaft nachversteuern, wenn er das negative Kapitalkonto nicht durch eine Einlage auffüllt.

Leistungsbeziehungen zwischen Gesellschaft und Gesellschafter

Bei Leistungsbeziehungen zwischen Gesellschaft und Gesellschafter sind drei Bereiche zu unterscheiden: 125

- **Dienstleistungen** (zB Geschäftsführung), **Darlehensgewährung**, Nutzungsüberlassung des Gesellschafters an die Gesellschaft: Die Vergütungen an die Gesellschafter sind Teil ihres Gewinnes an der Gesellschaft („Gewinnvoraus") und daher keine außerbetrieblichen Einkünfte (§ 23 Z 2; entspricht der Gleichbehandlung mit dem Einzelunternehmer).

  Beispiel:

  Ein Gesellschafter vermietet an die Gesellschaft ein Bürogebäude. Die Mieteinnahmen begründen beim Gesellschafter nicht etwa Einkünfte aus Vermietung und Verpachtung, sondern erhöhen seinen Gewinn aus der Gesellschaft.

- **Zwischenbetriebliche Leistungen** zwischen der Personengesellschaft und dem Betrieb des Gesellschafters werden wie **Fremdgeschäfte** behandelt, wenn sie zu fremdüblichen Bedingungen abgewickelt werden (ansonsten liegen Entnahmen bzw Einlagen vor; im Gesetz nicht ausdrücklich geregelt).

  Beispiel:

  Ein Lebensmittelgroßhändler ist Gesellschafter einer Hotel-OG und beliefert die OG mit Lebensmitteln zu Marktpreisen. Die Geschäftsbeziehung wird wie bei Fremdgeschäften anerkannt.

- **Andere Leistungen: Leistungsbeziehungen zwischen der Gesellschaft und dem privaten Bereich des Gesellschafters** werden anteilsmäßig wie **Einlagen** und **Entnahmen** behandelt, darüberhinaus liegt eine Anschaffung bzw Veräußerung vor (EStR Rz 5927; im Gesetz nicht ausdrücklich geregelt).

  Beispiel:

  Der Gesellschafter verkauft an die OG ein Grundstück aus seinem Privatvermögen. Der seinem Gesellschaftsanteil entsprechende Anteil des Grundstücks ist als Einlage zu behandeln; darüber hinaus liegt eine Anschaffung durch die anderen Gesellschafter vor.

Veräußerung und Realteilung

126 Die **Veräußerung von Anteilen an einer Personengesellschaft** (Mitunternehmerschaft) wird wie eine Betriebsveräußerung behandelt (§ 24; siehe unten Tz 128f).

Erwerben die übrigen Gesellschafter den Anteil eines ausscheidenden Gesellschafters, dann haben sie die Anschaffungskosten auf das erworbene Betriebsvermögen zu aktivieren. War der ausscheidende Gesellschafter ein **lästiger Gesellschafter** und wurde deshalb sein Anteil überhöht abgefunden, um ihn loszuwerden, dann kann die Abfindung im Ausmaß der Überhöhung sofort abgeschrieben werden.

Wird das **Vermögen der Gesellschaft** in **Einzelbetriebe aufgeteilt** und von den Gesellschaftern als solche weitergeführt **(Realteilung),** dann erfolgt die Teilung nach Maßgabe des UmgrStG (Art V) zu Buchwerten.

Gesonderte Feststellung der Einkünfte (§ 188 BAO)

127 Einkünfte von Mitunternehmerschaften mit betrieblichen Einkünften und von Miteigentümergemeinschaften bei Vermietung und Verpachtung werden in einem einheitlichen Verfahren für alle Beteiligte gesondert festgestellt. „Gesondert" bedeutet getrennt von der ESt-Veranlagung.

Die **gesonderte Gewinnfeststellung** (Einkünftefeststellung) wird daher in einem eigenen Verfahren durchgeführt, das mit einem Feststellungsbescheid endet. Der Feststellungsbescheid wird dann den ESt-Bescheiden der Mitunternehmer und Miteigentümer zugrunde gelegt.

Ist die gesonderte Gewinnfeststellung fehlerhaft, dann muss bereits gegen die gesonderte Gewinnfeststellung Beschwerde erhoben werden; es genügt nicht, erst gegen den ESt-Bescheid Beschwerde zu erheben (§ 252 BAO).

16. Betriebsveräußerung

(Doralt/Ruppe I[11], Tz 567 ff)

128 Bei den betrieblichen Einkunftsarten wird die Veräußerung von Betriebsvermögen und ebenso die Veräußerung des gesamten Betriebes der ESt unterworfen. Die Veräußerung des gesamten Betriebes kann jedoch begünstigt sein, daher ist der Gewinn aus der Betriebsveräußerung von den laufenden Gewinnen abzugrenzen.

Die Betriebsveräußerung (Betriebsaufgabe) ist mit der schlagartigen **Aufdeckung der stillen Reserven** verbunden, die sich in den Jahren der betrieblichen Tätigkeit gebildet haben; deshalb ist die Betriebsveräußerung (Betriebsaufgabe) unter bestimmten Voraussetzungen begünstigt.

Unter die **Betriebsveräußerung** (§ 24) fallen
- die Veräußerung oder Aufgabe des ganzen Betriebes,
- die Veräußerung oder Aufgabe eines Teilbetriebes,
- die Veräußerung eines Mitunternehmeranteils.

Veräußerung eines ganzen Betriebes liegt vor, wenn der Betrieb als Ganzes in einem einheitlichen Vorgang veräußert wird.

Veräußerung eines Teilbetriebes liegt vor, wenn ein organisatorisch in sich geschlossener mit einer gewissen Selbständigkeit ausgestatteter Teil eines Betriebes veräußert wird (zB Produktion einerseits und Handel andererseits als zwei Teilbetriebe eines einheitlichen Unternehmens).

Aufgabe eines Betriebes (Teilbetriebes) liegt vor, wenn der Betrieb eingestellt wird und das Betriebsvermögen in einem wirtschaftlich einheitlichen Vorgang entweder einzeln an mehrere Erwerber veräußert oder ins Privatvermögen übernommen wird. Die Bewertung der in das Privatvermögen übernommenen Wirtschaftsgüter erfolgt mit dem gemeinen Wert (§ 24 Abs 3; entspricht dem Teilwert im Fall der Liquidation). Zur unentgeltlichen Betriebs*übertragung* (keine Einstellung des Betriebes) siehe oben Tz 92.

Grund und Boden wird bei der Betriebsaufgabe grundsätzlich mit dem Buchwert entnommen.

Die **Verpachtung eines Betriebes** ist dann als **Betriebsaufgabe** zu beurteilen, wenn nach objektiven Kriterien mit einer Wiederaufnahme der betrieblichen Tätigkeit nicht mehr zu rechnen ist (insbesondere bei Pensionierung des Betriebsinhabers).

Die **Höhe des Veräußerungsgewinnes** ergibt sich aus dem Unterschiedsbetrag des **Betriebsvermögens zu Buchwerten** gegenüber dem **Veräußerungserlös** (zuzüglich der vom Käufer übernommenen Schulden).

Für die Betriebsveräußerung gibt es folgende **Steuerbegünstigungen:** 129

1. Verteilung des Veräußerungsgewinnes auf drei Jahre (§ 37 Abs 2),
2. Hälftesteuersatz für den Veräußerungsgewinn (§ 37 Abs 5),
3. Steuerfreibetrag von 7.300 € (§ 24 Abs 4),
4. Anrechnung der Grunderwerbsteuer (§ 24 Abs 5),
5. Hauptwohnsitzbefreiung (§ 24 Abs 6).

Soweit der Veräußerungsgewinn auf **Grundstücke** entfällt, kommt jedenfalls der besondere Steuersatz (25%) zur Anwendung.

1. **Verteilungsbegünstigung** (§ 37 Abs 2 Z 1): Der Veräußerungsgewinn kann auf Antrag auf drei Jahre verteilt werden, wenn der Betrieb seit der Eröffnung oder dem letzten entgeltlichen Erwerb mindestens sieben Jahre bestanden hat.

2. **Hälftesteuersatz** (§ 37 Abs 5; Sozialbegünstigung): Der Steuersatz für den Veräußerungsgewinn ermäßigt sich aus sozialen Erwägungen auf Antrag auf die Hälfte des Durchschnittssteuersatzes bemessen vom gesamten Einkommen, wenn der Betrieb mindestens sieben Jahre bestanden hat und deshalb veräußert wird, weil der Steuerpflichtige
   - gestorben ist,
   - erwerbsunfähig ist (den Betrieb nicht mehr fortführen kann) oder
   - das 60. Lebensjahr vollendet hat und seine Erwerbstätigkeit einstellt (Einkunftsgrenze 730 €; Umsatzgrenze 22.000 €; kritisch dazu unten Tz 131).

   Nach Auffassung des VwGH ist der Hälftesteuersatz auf Kommanditisten nicht anwendbar; der Kommanditist sei nicht „erwerbstätig“ und könne daher seine Erwerbstätigkeit nicht einstellen (VwGH 4. 6. 2008, 2003/13/0077; wohl problematisch).

3. Steuerfreibetrag von 7.300 € (§ 24 Abs 4): Der Freibetrag steht dann zu, wenn weder der Hälftesteuersatz noch die Verteilungsbegünstigung beantragt wird. Der Veräußerungsgewinn ist dann nur insoweit steuerpflichtig, als er den Freibetrag übersteigt.

4. Anrechnung der Grunderwerbsteuer (§ 24 Abs 5): Wurde der Betrieb unentgeltlich erworben und ist dabei GrESt angefallen, dann kann bei der späteren Veräußerung die auf die stillen Reserven entfallende GrESt unter bestimmten Voraussetzungen auf die ESt angerechnet werden (Vermeidung einer Doppelbelastung der stillen Reserven zuerst mit GrESt und dann mit ESt).

5. Hauptwohnsitzbefreiung (§ 24 Abs 6): Hat der Steuerpflichtige seinen Hauptwohnsitz im Betriebsgebäude, dann bleiben im Falle der Betriebsaufgabe (Entnahme) die stillen Reserven unter bestimmten Voraussetzungen steuerfrei (von Bedeutung nur für stille Reserven aus dem Gebäude; siehe Tz 63).

130 **Veräußerung gegen Rente:** Wird das Unternehmen gegen Rente veräußert, dann gibt es keine Veräußerungsbegünstigung. Die Renten werden nach dem Zufluss besteuert, sobald sie den Buchwert des veräußerten Betriebes übersteigen (siehe auch den Exkurs zur Rentenbesteuerung, Tz 156 ff). Die Besteuerung nach dem Zufluss der Rente ist idR günstiger als eine Sofortbesteuerung in Höhe des Rentenbarwerts unter Anwendung der Veräußerungsbegünstigungen.

131 Die **Einschränkungen für die Begünstigungen der Betriebsveräußerung** sind rechtspolitisch und wohl auch verfassungsrechtlich problematisch: So ist etwa nicht einsichtig, warum die Begünstigung bei Erwerbsunfähigkeit nur bei der eigenen Krankheit besteht, nicht aber zB bei Pflegebedürftigkeit eines Angehörigen. Dagegen kann der Erbe die Steuerbegünstigung in Anspruch nehmen, auch wenn bei ihm keine Sozialbedürftigkeit vorliegt. Bei der altersbedingten Betriebsveräußerung kommt die Einkunftsgrenze von 730 € einem Berufsverbot gleich („Verdummungsgebot"), dem auch die sachliche Rechtfertigung fehlt (daher verfassungsrechtlich problematisch). Nach den EStR ist es allerdings unschädlich, wenn nach einem Zeitraum von einem Jahr die Erwerbstätigkeit wieder aufgenommen wird (Rz 7322).

Schließlich können die Einschränkungen umgangen werden, indem der Stpfl den Betrieb in eine Kapitalgesellschaft einbringt und die Anteile ebenfalls zum begünstigten Steuersatz, aber ohne die geringsten Einschränkungen veräußert (§ 27 iVm § 27 a).

17. Überschuss der Einnahmen über die Werbungskosten

(Doralt/Ruppe I[11], Tz 481 ff)

132 Bei den **außerbetrieblichen Einkunftsarten** ergeben sich die Einkünfte aus dem „Überschuss der Einnahmen über die Werbungskosten" (§ 2 Abs 4 Z 2).

Verluste ergeben sich, wenn die Werbungskosten höher sind als die Einnahmen; Verluste aus außerbetrieblichen Einkunftsarten sind mit anderen Einkünften im selben Jahr idR zwar **ausgleichsfähig,** aber **auf das Folgejahr nicht vortragsfähig.**

Dagegen sind bei den betrieblichen Einkünften Verluste mit anderen Gewinnen nicht nur im Veranlagungsjahr ausgleichsfähig, sondern können (unter bestimmten Voraussetzungen) auch mit Gewinnen in den Folgejahren verrechnet werden (Verlustabzug; nach § 18 Abs 6 und 7; Tz 153; die unterschiedliche Vortragsfähigkeit von Verlusten je nach Einkunftsart ist rechtspolitisch und darüber hinaus auch verfassungsrechtlich problematisch).

Einnahmen liegen vor, wenn dem Steuerpflichtigen Geld oder geldwerte Vorteile im Rahmen der jeweiligen Einkunftsart zufließen (§ 15 Abs 1).

Geldwerte Vorteile sind zB bei nichtselbständigen Einkünften Sachbezüge. Beispiele sind Wohnung, freie Kost, Dienstfahrzeug für Privatfahrten etc; ihre Höhe ist in einer Sachbezugsverordnung pauschal festgelegt.

17.1. Werbungskosten (§ 16)

(Doralt/Ruppe I[11], Tz 489 ff)

Allgemeines

Werbungskosten sind „Aufwendungen oder Ausgaben zur Erwerbung, Sicherung oder Erhaltung der Einnahmen“ (§ 16 Abs 1). 133

Während **Werbungskosten final** definiert sind („zur Erwerbung . . . der Einnahmen“), sind **Betriebsausgaben kausal** definiert (Aufwendungen, „die durch den Betrieb veranlasst sind“; § 4 Abs 4). Auch Werbungskosten werden aber heute im Wesentlichen kausal gesehen. Werbungskosten und Betriebsausgaben werden daher grundsätzlich gleich behandelt.

Ausgaben und Aufwendungen für den Erwerb der außerbetrieblichen Einkunftsquelle oder Wertminderungen sind als Werbungskosten nicht oder nur insoweit abzugsfähig, als dies ausdrücklich vorgesehen ist (§ 16 Abs 1 zweiter Satz).

Im Gesetz aufgezählte Werbungskosten

- **Schuldzinsen, Renten** und **dauernde Lasten,** die mit der Einkunftsart im wirtschaftlichen Zusammenhang stehen (zB Schuldzinsen für ein Darlehen zum Erwerb eines Mietgebäudes, Renten in Zusammenhang mit dem Erwerb eines Mietgebäudes, soweit sie den Wert des erworbenen Gebäudes übersteigen).

  Zu Renten siehe Tz 27 und 156 ff.

- **Abgaben** (zB Grundsteuer, Kanalisationsabgabe) **und Versicherungsbeiträge** im Zusammenhang mit einer Einkunftsquelle,
- **Pflichtbeiträge** zu Interessensvertretungen,
- **Pflichtversicherungsbeiträge** zu gesetzlichen Versicherungen und Vermögenseinrichtungen der Kammern,
- **Arbeitsmittel**, Werkzeug.

  Beträgt die Nutzungsdauer mehr als ein Jahr, dann sind die Anschaffungskosten nur im Wege der AfA abzugsfähig; geringwertige Wirtschaftsgüter mit Anschaffungskosten für das einzelne Wirtschaftsgut bis 400 € können sofort abgeschrieben werden (§ 16 Abs 1 Z 7 und 8).

- **Fahrten zwischen Wohnung und Arbeitsstätte** (siehe unten Pendlerpauschale),
- **Reisekosten** bei beruflich veranlassten Reisen (dazu gehört der Verpflegungsmehraufwand in Höhe des Tagesgeldes und die Fahrtkosten in Höhe des Kilometergeldes).

  Verpflegungsmehraufwendungen (Tagesgelder) und Fahrtkosten (Kilometergelder), die der Dienstgeber ersetzt, gehören nicht zu den Einkünften (§ 26). Werden sie vom Dienstgeber nicht ersetzt, dann sind sie als Werbungskosten abzugsfähig.

  Sind Reisekosten teils beruflich, teils privat veranlasst (zB Fachkongress im Ausland mit Urlaubsverlängerung), ist der berufsbedingte Anteil abzugsfähig (VwGH 27. 1. 2011, 2010/15/0197); ansonsten ist sogenannter Mischaufwand nicht abzugsfähig.

- **Aus- und Fortbildungsmaßnahmen** sowie Umschulungsmaßnahmen.

Nicht abzugsfähig sind Ausgaben der privaten Lebensführung, auch wenn sie beruflich mitveranlasst sind (§ 20; Repräsentationsaufwendungen und ähnliche Ausgaben; siehe dazu oben Tz 95).

Werbungskosten aus nichtselbständiger Arbeit

134 **Werbungskostenpauschale:** 132 € jährlich. Wenn **höhere Werbungskosten** geltend gemacht werden, sind sie in voller Höhe nachzuweisen (zB für Arbeitsmittel wie etwa Werkzeug, Bücher, Schreibmaterial usw).

Für bestimmte Berufsgruppen gibt es auf Grund einer Verordnung zu § 17 höhere Pauschalbeträge (zB Artisten, Journalisten, Heimarbeiter, Vertreter, Gemeindepolitiker).

Pendlerpauschale für Fahrten zwischen Wohnung und Arbeitsstätte, wenn die einfache Fahrtstrecke 20 km übersteigt. Ist außerdem die Verwendung von Massenbeförderungsmitteln unzumutbar (zeitlich ungünstig), dann steht ein erhöhtes Pendlerpauschale zu (bereits ab 2 km; § 16 Abs 1 Z 6). Neben dem Pendlerpauschale kann zusätzlich ein „Pendlereuro" (abhängig von der Entfernung) als Steuerabsetzbetrag geltend gemacht werden (§ 33 Abs 5 Z 4).

Für kürzere Entfernungen steht ein **Verkehrsabsetzbetrag** zu (kürzt nicht die Bemessungsgrundlage, sondern – wie der „Pendlereuro" – den Steuerbetrag; § 33 Abs 5 Z 1).

„Jobticket": Der Arbeitgeber kann den Arbeitnehmern als steuerfreien Sachbezug für ihre Fahrten zwischen Wohnung und Arbeitsstätte eine Fahrkarte für öffentliche Verkehrsmittel zur Verfügung stellen (§ 26 Z 5 lit b).

Werbungskosten bei Einkünften aus Kapitalvermögen und Grundstücksveräußerungen

135 Zu den Werbungskosten bei Einkünften aus Kapitalvermögen gehören zB Depotkosten und Finanzierungskosten aus der Anschaffung der Wertpapiere. Allerdings sind Aufwendungen iZm Kapitalvermögen nicht abzugs-

fähig, soweit die Einkünfte dem besonderen Steuersatz unterliegen (insbesondere endbesteuertes Kapitalvermögen). Daher sind auch Aufwendungen im Zusammenhang mit der Veräußerung von Kapitalvermögen idR nicht abzugsfähig. Ebenso sind Aufwendungen im Zusammenhang mit der Veräußerung von Grundstücken idR nicht abzugsfähig (§ 20 Abs 2; siehe auch Tz 95).

17.2. Werbungskosten aus Vermietung und Verpachtung

(Doralt/Ruppe I[11], Tz 512 ff)

Zu den Werbungskosten aus Vermietung und Verpachtung gehören die 136
laufenden Aufwendungen für das Mietobjekt (Erhaltungsaufwand, Betriebskosten, Grundsteuer, Zinsen im Zusammenhang mit der Anschaffung) und die **Absetzung für Abnutzung** (§ 16 Abs 1 Z 8).

Für die Bemessungsgrundlage der AfA eines Mietgebäudes gilt Folgendes:

- Beim **entgeltlichen Erwerb** und bei der Herstellung sind die Anschaffungs- oder Herstellungskosten maßgeblich.

  Die AfA bezieht sich nur auf das Gebäude; daher ist bei einem einheitlichen Kaufpreis der auf den Grund und Boden entfallende Anteil auszuscheiden (dazu unten). Nach der **Grundanteilverordnung 2016** kann sich der nicht abnutzbare Grundanteil auf 20% oder 30% reduzieren.

- Beim **unentgeltlichen Erwerb** (Schenkung, Erwerb von Todes wegen) wird die Bemessungsgrundlage des Voreigentümers fortgeführt.

  Bei unentgeltlichen Erwerben vor dem 1. 8. 2008 konnten auf Antrag die fiktiven Anschaffungskosten angesetzt werden (abgeschafft aus Anlass des Auslaufens der Erbschafts-Schenkungssteuer).

Wurde das **Gebäude zunächst privat genutzt** und wird es später vermietet („Quasieinlage"), dann sind für die AfA die historischen Anschaffungskosten anzusetzen (bei „Altgrundstücken", die am 31. 3. 2012 nicht steuerverfangen waren, sind bei erstmaliger Vermietung die fiktiven Anschaffungskosten anzusetzen).

Die **Höhe der AfA** beträgt 1,5% vom Gebäudewert (ohne Grund und Boden), unabhängig von der Nutzung, also einheitlich für Wohngebäude und anders genutzte Mietgebäude (§ 16 Abs 1 Z 8 lit d; anders bei Gebäuden im Betriebsvermögen, Tz 109). Wurde ein bebautes Grundstück erworben, dann muss der auf den (nicht abnutzbaren) Grund und Boden entfallende Teil aus dem Gesamtkaufpreis herausgerechnet werden (gesetzliche Vermutung 40%; mit Abweichungen nach der Grundanteilverordnung 2016).

Nicht regelmäßig anfallende Aufwendungen können auf Antrag gleichmäßig auf fünfzehn Jahre verteilt werden; dies gilt insbesondere für Großreparaturen und für eine außergewöhnliche technische oder wirtschaftliche Abnutzung (§ 28 Abs 2).

Eine Aufteilung auf fünfzehn Jahre (statt Sofortabsetzung) ist dann vorteilhaft, wenn die Aufwendungen höher sind als die übrigen Einkünfte und daher steuerlich verloren wären. Verluste aus VuV können nicht mit den Einkünften nachfolgender Jahre verrechnet werden (dazu Tz 153).

Erhaltungsaufwand bei Mietwohngebäuden (Fünfzehntelabsetzung)

137 Bei vermieteten Gebäuden (Gebäudeteilen), die **Wohnzwecken** dienen, wird der **Erhaltungsaufwand** getrennt in (§ 28 Abs 2):

- **Instandhaltungsaufwand:** sofort absetzbar, kann bei nicht regelmäßig jährlich anfallenden Instandhaltungsarbeiten (zB Reparaturen) auf Antrag über fünfzehn Jahre verteilt werden (ab 2016, vorher zehn Jahre, noch offene Zehntelabsetzungen müssen nicht angepasst werden),
- **Instandsetzungsaufwand:** zwingend auf fünfzehn Jahre zu verteilen (ab 2016, vorher zehn Jahre, noch offene Zehntelabsetzungen sind anzupassen).

Instandsetzungsaufwand ist Erhaltungsaufwand, der den **Nutzwert** oder die **Nutzungsdauer** des Gebäudes **wesentlich erhöht** bzw verlängert.

Zum Instandsetzungsaufwand gehört der **Austausch wesentlicher Gebäudeteile,** zB Austausch von Türen und Fenstern, Erneuerung von Installationen, Fassadenerneuerung mit Wärmedämmung oder die **Gesamtrenovierung** abgewirtschafteter Gebäude; eine wesentliche Erhöhung des Nutzwerts liegt erst dann vor, wenn Gebäudeteile (Türen, Fenster, Neudeckung des Dachs etc) zu mehr als 25% ausgetauscht werden. Daher ist zB die Sanierung einzelner Wohnungen in einem Mietwohnhaus mit mehreren Wohnungen idR Instandhaltung und damit sofort abschreibbar (vgl VwGH 25. 5. 2015, 2012/14/0024), während die Sanierung einer einzelnen vermieteten Eigentumswohnung als Instandsetzungsaufwand auf 15 Jahre zu verteilen ist.

Bei Gebäuden, die nicht für Wohnzwecke, sondern als Geschäfts- oder Büroräume genutzt werden, ist der Instandsetzungsaufwand sofort absetzbar (gleichgültig, ob es sich um vermietete oder als Geschäftsräume selbst genutzte Räume handelt). Das gilt auch für Gebäudeteile (zB Geschäftslokal in einem Mietwohnhaus).

Die Vermietung von Wohnungen wird damit gegenüber der Vermietung von Büro- und Geschäftsräumen steuerlich benachteiligt. Eine rechtspolitische Erklärung oder sachliche Rechtfertigung dafür ist nicht erkennbar.

Instandhaltungsaufwand ist Erhaltungsaufwand, der kein Instandsetzungsaufwand ist.

Zum Instandhaltungsaufwand gehört zB die Reparatur schadhaft gewordener Gebäudeteile, das Ausmalen des Stiegenhauses oder das Streichen der Fassade.

Instandsetzungsaufwand (Fünfzehntelabsetzung) bei Übertragung und Eigennutzung des Gebäudes

138 Bei einer **Veräußerung** des Gebäudes gehen die nicht verbrauchten Fünfzehntelabsetzungen (vor 2016 Zehntelabsetzungen) verloren. Als werterhöhende Aufwendungen sind sie im Kaufpreis enthalten und werden vom Erwerber im Rahmen der Normal-AfA abgeschrieben.

Der Verlust der nicht verbrauchten Fünfzehntelabsetzungen im Fall der Veräußerung gilt auch für nicht regelmäßig anfallende Aufwendungen, die auf Antrag auf fünfzehn Jahre verteilt werden können (siehe oben). In diesen Fällen liegen allerdings keine werterhöhenden Aufwendungen vor, die der Erwerber im Rahmen der AfA geltend machen könnte.

Bei **unentgeltlicher Übertragung** (Erbschaft, Schenkung) kann der Erwerber die restlichen Fünfzehntelbeträge ab dem Folgejahr nach der Übertragung weiter geltend machen; außerdem setzt er die AfA des Voreigentümers fort.

Stellt der Vermieter die Vermietung ein und nutzt er das Gebäude selbst, dann kann er nach den EStR die noch nicht verbrauchten Fünfzehntelabsetzungen als nachträgliche Werbungskosten geltend machen (Rz 6487).

Verbesserungs- und Sanierungsaufwendungen (Fünfzehntelabsetzung)

Verbesserungs- und Sanierungsaufwendungen (insbesondere nach dem 139
MRG und WohnhaussanierungsG) können, soweit sie Herstellungsaufwand sind, auf 15 Jahre verteilt werden (§ 28 Abs 3; Fünfzehntelabsetzung; eventuell auch Zehntelabsetzung, anstelle der AfA von nur 1,5%).

Wird das Gebäude während der Fünfzehntelabsetzung unentgeltlich übertragen, kann der Erwerber die Fünfzehntelabsetzung fortsetzen.

Die entgeltliche Übertragung des Gebäudes während bzw nach der Fünfzehntelabsetzung bewirkt:

- den **Verlust der restlichen Fünfzehntelabsetzung** (§ 28 Abs 3) und
- bei „Altgrundstücken" eine **Erhöhung des Veräußerungsgewinnes** (im Detail dazu § 30 Abs 4 Z 2).

Ablösezahlungen für Wohnungsverbesserungen

Ablösezahlungen für Wohnungsverbesserungen nach § 10 MRG, die der 140
Vermieter an den Mieter bezahlt, kann der Vermieter auf zehn Jahre verteilt absetzen (§ 28 Abs 4).

Ansonsten gehören Ablösezahlungen des Vermieters an den Mieter zur Freimachung der Wohnung zu den nachträglichen Anschaffungskosten des Gebäudes und sind mit der Gebäude-AfA (1,5%) abzuschreiben.

18. Miteigentümergemeinschaften bei Vermietung und Verpachtung

Steht das Mietgebäude im Miteigentum mehrerer Miteigentümer, die 141
alle Einkünfte aus Vermietung und Verpachtung erzielen, dann werden die Einkünfte der Miteigentümergemeinschaft für alle Miteigentümer einheitlich festgestellt und den Miteigentümern quotenmäßig zugerechnet (gesonderte Einkünftefeststellung nach § 188 BAO, wie bei Personengesellschaften mit betrieblichen Einkünften; siehe dazu oben Tz 123).

Das Ergebnis der gesonderten Einkünftefeststellung (Feststellungsbescheid) wird dann der Einkommensteuerbemessung beim einzelnen Miteigentümer zugrunde gelegt (ESt-Bescheid als abgeleiteter Bescheid).

19. Ermittlung des Einkommens

(Doralt/Ruppe I[11], Tz 589 ff)

142 Der ESt ist das Einkommen eines Kalenderjahres zu Grunde zu legen.

Einkommen ist der

- Gesamtbetrag der Einkünfte aus den einzelnen Einkunftsarten,
- nach Ausgleich mit Verlusten aus den einzelnen Einkunftsarten,
- nach Abzug der Sonderausgaben (siehe unten Tz 144 ff),
- nach Abzug der außergewöhnlichen Belastung (siehe unten Tz 154 ff),
- nach Abzug verschiedener Freibeträge (§§ 104 ff, insbesondere Kinderfreibetrag nach § 106 a).

Positive Einkünfte **eines Betriebes** abzüglich negativer Einkünfte des Betriebes

↓

Positive Einkünfte aus **einer Einkunftsart** abzüglich negativer Einkünfte aus einer Einkunftsart → **Horizontaler Verlustausgleich**

↓

Positive Einkünfte aus **allen Einkunftsarten** abzüglich negativer Einkünfte aus den Einkunftsarten → **Vertikaler Verlustausgleich**

↓

= Gesamtbetrag der Einkünfte

↓

– Sonderausgaben → **insb Verlustabzug**

– Außergewöhnlichen Belastungen

– Freibeträge, insb §§ 104 ff EStG

↓

= Steuerpflichtiges Einkommen

Verlustausgleich

143 Wurden in einzelnen Einkunftsarten Verluste erwirtschaftet, dann können sie mit anderen positiven Einkünften ausgeglichen werden.

Dabei sind Verluste zunächst mit Gewinnen innerhalb derselben Einkunftsart auszugleichen *(horizontaler Verlustausgleich).* Der verbleibende

Verlust ist mit Einkünften aus den anderen Einkunftsarten zu verrechnen *(vertikaler Verlustausgleich)*.

Einschränkungen für den Verlustausgleich bestehen insbesondere in folgenden Fällen:

- Verluste aus **Leistungen** (§ 29 Z 3); sie sind nur mit positiven Leistungseinkünften ausgleichsfähig,
- Verluste aus der **privaten Grundstücksveräußerung** sind mit Gewinnen aus Grundstücksveräußerungen und allenfalls mit Überschüssen aus Vermietung und Verpachtung ausgleichsfähig (§ 30 Abs 7),
- Verluste aus der Veräußerung von **Kapitalvermögen** sind nur innerhalb der Einkunftsart und nur eingeschränkt ausgleichsfähig (vgl § 27 Abs 8 Z 1),
- Verluste aus einer echten **stillen Beteiligung** sind in den Folgejahren mit Gewinnen aus derselben Beteiligung zu verrechnen (§ 27 Abs 8 Z 2; siehe auch oben Tz 24/4).
- Verluste aus einer **kapitalistischen Mitunternehmerschaft** sind nur nach Maßgabe des § 23a verrechenbar (dazu oben Tz 123).

Außerdem bestehen Einschränkungen bei Verlusten aus Beteiligungen an Steuersparmodellen, bei denen das Erzielen von steuerlichen Vorteilen im Vordergrund steht, und ebenso bei Verlusten aus der Verwaltung unkörperlicher Wirtschaftsgüter und der Vermietung von Wirtschaftsgütern; sie sind nur mit späteren positiven Einkünften aus dieser Tätigkeit zu verrechnen (§ 2 Abs 2a).

Auslandsverluste: Verluste, die im Ausland erwirtschaftet werden, dort aber nicht berücksichtigt werden konnten, können bei der Ermittlung des Einkommens im Inland geltend gemacht werden. Werden die Verluste später im Ausland mit ausländischem Einkommen verrechnet, erhöhen sie dann insoweit das inländische Einkommen (§ 2 Abs 8).

Beispiel:

Der Stpfl gründet im Ausland eine Betriebsstätte. Im ersten Jahr ergeben sich Verluste von 100.000 €, die er im Ausland nach der dortigen Rechtslage nicht verwerten kann. Im zweiten Jahr erzielt er in der ausländischen Betriebsstätte einen Gewinn in Höhe von 150.000 €, mit denen er den Verlust aus dem ersten Jahr verrechnet; daraus ergibt sich im zweiten Jahr eine Reduzierung der im Ausland entrichteten Steuern.

Im ersten Jahr kann der Stpfl den ausländischen Verlust in Höhe von 100.000 € mit seinem inländischen Einkommen ausgleichen. Da er allerdings im zweiten Jahr die ausländischen Verluste mit den ausländischen Gewinnen verrechnet, hat er die im ersten Jahr im Inland verwerteten ausländischen Verluste in Höhe von 100.000 € im zweiten Jahr nachzuversteuern.

Vom Verlustausgleich ist der **Verlustabzug** zu unterscheiden; er ermöglicht es, die Verluste eines Jahres in das Folgejahr vorzutragen (Verlustvortrag) und im Folgejahr als Sonderausgaben abzuziehen (siehe unten Tz 153).

19.1. Sonderausgaben (§ 18)

(Doralt/Ruppe I[11], Tz 603 ff)

144 Sonderausgaben sind idR Ausgaben der privaten Lebensführung, die das Gesetz ausdrücklich einkommensmindernd zum Abzug zulässt; zum Teil folgen die Sonderausgaben dem Leistungsfähigkeitsprinzip (insbesondere Abzugsfähigkeit von Renten), zum Teil handelt es sich um Lenkungsmaßnahmen. Im Rahmen der Sonderausgaben ist auch der Verlustabzug geregelt, mit dem die betrieblichen Verluste auf das folgende Veranlagungsjahr vorgetragen werden können.

1. Renten und dauernde Lasten (§ 18 Abs 1 Z 1)

145 **Renten** (einschließlich dauernde Lasten) können als Sonderausgaben abgezogen werden, wenn sie weder zu den Betriebsausgaben noch zu den Werbungskosten gehören. Die Rente muss auf einem besonderen **Verpflichtungsgrund** beruhen (zB Unfallrente).

Unterhaltsrenten und freiwillig übernommene Rentenverpflichtungen sind nicht abzugsfähig (§ 20 Abs 3). Renten auf Grund eines Vermächtnisses gelten nicht als freiwillig übernommen und sind daher abzugsfähig (und beim Rentenempfänger nach § 29 Z 1 steuerpflichtig).

Beispiel:

Die geschiedene Ehefrau erhält aus dem Anlass der Scheidung von ihrem geschiedenen Ehegatten eine Unterhaltsrente von 20.000 € jährlich und als Witwe von ihrem verstorbenen Ehegatten ein Rentenlegat von 30.000 € jährlich.

Die Unterhaltsrente ist steuerfrei (und beim Verpflichteten nicht abzugsfähig), die Rente auf Grund des Legats ist steuerpflichtig (und beim Verpflichteten als Sonderausgabe abzugsfähig).

Private Gegenleistungsrenten (das sind Renten, die als Gegenleistung für ein privates Wirtschaftsgut gezahlt werden) sind als Sonderausgabe abzugsfähig, sobald sie den Wert des übertragenen Wirtschaftsguts übersteigen (§ 18 Abs 1 Z 1, § 29 Z 1).

Als Wert des übertragenen Wirtschaftsguts gilt der nach § 16 BewG ermittelte Rentenbarwert. Das gilt auch für die Veräußerung eines Grundstücks gegen Rente (kein Gleichklang des Sonderausgabenabzuges mit der Versteuerung der Rentenbezüge beim Verkäufer bzw Rentenempfänger). Besteht das Wirtschaftsgut in Geld, so ist die Rentenzahlung ab Übersteigen des Geldbetrages als Sonderausgabe abzugsfähig (zB Leibrente gegen einen Geldbetrag); zur Steuerpflicht von Renten siehe oben Tz 27; außerdem unten die Zusammenfassung Tz 156 ff.

2. Weiterversicherung in der gesetzlichen Pensionsversicherung

146 Als Sonderausgaben abzugsfähig sind Beiträge zu einer freiwilligen Weiterversicherung, der Nachkauf von Versicherungszeiten in der gesetzlichen Pensionsversicherung und vergleichbare Beiträge zu ähnlichen Einrichtungen (§ 18 Abs 1 Z 1 a).

3. Versicherungsbeiträge und Aufwendungen zur Wohnraumschaffung bzw Wohnraumsanierung

Als Sonderausgabe abzugsfähig sind auch
- Beiträge zu freiwilligen Personenversicherungen (Kranken-, Unfall-, Pensionsversicherung; § 18 Abs 1 Z 2) und 147
- Aufwendungen zur Wohnraumschaffung und Wohnraumsanierung (§ 18 Abs 1 Z 3). 148

Sie waren allerdings schon bisher nur mehr eingeschränkt abzugsfähig und gelten auch insoweit nur mehr für Verträge bzw Maßnahmen, die vor dem 1. 1. 2016 abgeschlossen bzw gesetzt worden sind (letztmalig für das Jahr 2020; § 124 b Z 285). 149

4. Kirchenbeiträge

Als Sonderausgaben abzugsfähig sind Beiträge an gesetzlich anerkannte Kirchen und Religionsgesellschaften bis höchstens 400 € jährlich (§ 18 Abs 1 Z 5). 150

5. Steuerberatungskosten

Als Sonderausgaben abzugsfähig sind Steuerberatungskosten, soweit nicht Betriebsausgaben bzw Werbungskosten vorliegen (§ 18 Abs 1 Z 6). 151

Abzugsfähig sind danach auch Beratungskosten für Verkehrsteuern aus Anlass von Schenkungen oder privaten Grundstücksverkäufen zB auch durch Rechtsanwälte oder Notare.

6. Spenden

Als Sonderausgabe abzugsfähig sind insbesondere Zuwendungen an Universitäten und an andere Forschungseinrichtungen, an die Nationalbibliothek und an Museen, weiters Spenden an bestimmte mildtätige Einrichtungen (§ 18 Abs 1 Z 7; betragsmäßig begrenzt). 152

Die Berücksichtigung erfolgt durch einen Datenaustausch zwischen dem Empfänger der Spenden und der Finanzverwaltung von Amts wegen (ohne Antrag, ab 2017).

7. Verlustabzug

Verluste aus einer betrieblichen Tätigkeit, die nicht mit anderen Einkünften ausgeglichen werden können (sie ergeben im Jahr des Verlustes den Verlustvortrag), können in den Folgejahren als Sonderausgaben abgezogen werden. Die Sonderausgabe, mit der der Verlustvortrag geltend gemacht werden kann, ist der „Verlustabzug" (§ 18 Abs 6 und 7). Der Verlust muss jedoch formal auf Grund einer **ordnungsmäßigen Buchführung** (Gewinnermittlung nach § 4 Abs 1 oder § 5) bzw ordnungsmäßigen Einnahmen-Ausgabenrechnung ermittelt worden sein. 153

Außerdem muss die Buchführung auch inhaltlich so weit ordnungsmäßig sein, dass der Verlust der Höhe nach errechnet werden kann und das

Ergebnis auch überprüft werden kann („ordnungsmäßig“ im doppelten Sinn, formell und materiell).

Die Einschränkung des Verlustabzuges auf betriebliche Einkünfte hat in der Vergangenheit bereits zur Aufhebung durch den VfGH geführt (E 30. 9. 2010, G 35/10). Der Anlassfall betraf Verluste aus Vermietung und Verpachtung. Der Gesetzgeber hat die Verfassungswidrigkeit damals durch eine Verteilungsmöglichkeit der Aufwendungen auf zehn Jahre beseitigt (§ 28 Abs 2). Insbesondere für die Einkünfte aus nichtselbständiger Arbeit besteht die Verfassungswidrigkeit weiter (zB ein Dienstnehmer musste Schadenersatzleistungen erbringen, die sein Jahreseinkommen überstiegen haben).

Wird der **Betrieb unentgeltlich übertragen,** dann ist hinsichtlich der Verluste zu unterscheiden (VwGH 25. 4. 2013, 2010/15/0131):

- bei der Schenkung des Betriebes verbleibt der Verlust beim bisherigen Betriebsinhaber
- beim Erwerb von Todes wegen geht der Verlust auf denjenigen über, der den Betrieb übernimmt.

19.2. Außergewöhnliche Belastung (§§ 34, 35)

(Doralt/Ruppe I[11], Tz 647 ff)

154 Die außergewöhnliche Belastung berücksichtigt Kosten der Lebensführung, denen sich der Stpfl nicht entziehen kann und die daher seine Leistungsfähigkeit beeinträchtigen, wie insbesondere Krankheitskosten.

Die Belastung muss folgende Voraussetzungen erfüllen:

1. Sie muss **außergewöhnlich** sein,
2. sie muss **zwangsläufig** erwachsen,
3. sie muss **die wirtschaftliche Leistungsfähigkeit wesentlich beeinträchtigen.**

Außergewöhnlich ist eine Belastung, soweit sie **höher** ist als jene, die der Mehrzahl der Stpfl gleicher Einkommensverhältnisse und gleicher Vermögensverhältnisse erwächst.

Zwangsläufig erwächst eine Belastung dann, wenn der Stpfl sich der Belastung aus **tatsächlichen, rechtlichen** oder **sittlichen Gründen** nicht entziehen kann.

Die **wirtschaftliche Leistungsfähigkeit** ist dann wesentlich beeinträchtigt, wenn die Belastung den im Gesetz festgelegten **Selbstbehalt** übersteigt (§ 34 Abs 4).

Der **Selbstbehalt** beträgt zB 10% des Einkommens bei einem Jahreseinkommen zwischen 14.600 € und 36.400 € und 12% des Einkommens bei einem Jahreseinkommen darüber. Zum Einkommen gehören auch endbesteuerte Kapitaleinkünfte (wird nicht administriert und ist weitgehend auch nicht kontrollierbar).

Beispiel:

Der Steuerpflichtige bezieht ein Jahreseinkommen von 55.000 €; außerdem hat er Sonderausgaben von 5.000 € und Krankheitskosten von 10.000 €.

Die außergewöhnliche Belastung errechnet sich folgendermaßen:

Jahreseinkommen	55.000 €
– Sonderausgaben	5.000 €
Einkommen	50.000 €
Selbstbehalt (12% von 50.000 €)	6.000 €
verrechenbare Belastung	4.000 €

Kein Selbstbehalt besteht bei **Behinderten** und bei **Katastrophenschäden.**

Behinderte können nach dem Ausmaß ihrer geminderten Erwerbsfähigkeit pauschalierte Freibeträge geltend machen (§ 35); alternativ können sie die tatsächlichen Kosten geltend machen (ohne Selbstbehalt).

Die außergewöhnliche Belastung muss **endgültig** sein; ein Anspruch auf Ersatz, zB durch eine Versicherung, schließt eine außergewöhnliche Belastung auch dann aus, wenn der Ersatz in einem späteren Jahr gezahlt wird.

Die außergewöhnliche Belastung muss **vermögensmindernd** sein; Aufwendungen, die nur eine **Vermögensumschichtung** bewirken, begründen keine außergewöhnliche Belastung (**„Gegenwertlehre“;** zB vorbeugender Katastrophenschutz; Lärmschutzfenster).

Typische außergewöhnliche Belastungen sind zB Krankheitskosten, im Nachlass nicht gedeckte Begräbniskosten, Katastrophenschäden.

Eine Krankenversicherung ist als vorbeugende Maßnahme keine außergewöhnliche Belastung (allerdings uU Sonderausgabe). Auch eine Schutzimpfung gilt nicht als außergewöhnliche Belastung (UFS 21. 4. 2010, RV/3125-W/09, wohl zu weit gehend; auch eine medizinische Behandlung, die einer Krankheit vorbeugt, wäre dann keine außergewöhnliche Belastung).

Die **Berufsausbildung von Kindern** außerhalb des Einzugsbereichs des Wohnortes ist mit einem Pauschbetrag von 110 € pro Monat und Kind abgegolten.

Aufwendungen für die **Betreuung von Kindern** bis zum 10. Lebensjahr (bzw bis zum 16. Lebensjahr bei Bezug von erhöhter Familienbeihilfe) sind bis höchstens 2.300 € pro Kind und Kalenderjahr zu berücksichtigen (ohne Selbstbehalt; § 34 Abs 9).

Unterhaltsleistungen an Angehörige aufgrund gesetzlicher Unterhalts- 155
pflichten sind zwar zwangsläufig, doch sind sie nur dann abzugsfähig, wenn es sich um Aufwendungen handelt, die beim Empfänger eine außergewöhnliche Belastung wären (§ 34 Abs 7 Z 4; Einschränkung der grundsätzlichen Abzugsfähigkeit zwangsläufiger Aufwendungen).

Danach sind Unterhaltsleistungen selbst dann keine außergewöhnliche Belastung, wenn der Stpfl zur Unterhaltsleistung gesetzlich verpflichtet ist; denn der Unterhalt (Essen, Wohnen usw) begründet auch beim Empfänger keine außergewöhnliche Belastung (zB Unterhaltsleistungen an die in Not geratenen Eltern). Dagegen sind Krankheitskosten für unterhaltsberechtigte nahe Angehörige zu berücksichtigen, weil Krankheitskosten auch beim Unterhaltsberechtigten abzugsfähig wären.

Außergewöhnliche Belastungen aus **Unterhaltsleistungen an Kinder** sind mit der Familienbeihilfe bzw dem Kinderabsetzbetrag oder Unterhaltsabsetzbetrag abgegolten. Unterhaltsleistungen an volljährige Kinder sind nicht als außergewöhnliche Belastung zu berücksichtigen (§ 34 Abs 7 Z 5; Verfassungsbestimmung). Daher ist auch das Heiratsgut – obwohl zwangsläufig – nicht als außergewöhnliche Belastung abzugsfähig.

Unterhaltsleistungen an die **geschiedene Ehegattin** sind **keine außergewöhnliche Belastung,** weil sie nicht zwangsläufig erwachsen, sondern aus einem freiwilligen Verhalten des geschiedenen Ehegatten entstanden sind (VwGH; möglicherweise anders, wenn ausnahmsweise der an der Ehescheidung unschuldige Ehegatte an den schuldigen Ehegatten Unterhaltszahlungen zu leisten hat).

20. Exkurs: Rentenbesteuerung

(Doralt/Ruppe I[11], Tz 672 ff)

156 Bei den Renten sind zu unterscheiden:
- Unterhaltsrenten und freigebige Renten,
- Kaufpreisrenten (Gegenleistungsrenten),
- Versorgungsrenten (nur bei Betriebsveräußerung),
- sonstige Renten aus besonderen Verpflichtungsgründen.

Unterhaltsrenten

157 **Unterhaltsrenten** und freiwillig (gemeint freigebig) übernommene Rentenverpflichtungen sind steuerlich unbeachtlich; sie sind beim Rentenverpflichteten nicht abzugsfähig und beim Rentenempfänger nicht steuerpflichtig (§ 20 Abs 1 Z 4; § 29 Z 1).

Kaufpreisrenten (unten) sind zwar freiwillig übernommen, aber nicht freigebig; sie sind daher steuerwirksam.

Kaufpreisrenten (Gegenleistungsrenten)

158 Als **Kaufpreisrenten** werden Renten bezeichnet, die aus Anlass der Übertragung eines Wirtschaftsgutes vereinbart werden (Gegenleistungsrenten).

Kaufpreisrenten können sein:
- **betriebliche** Kaufpreisrenten,
- **außerbetriebliche** Kaufpreisrenten.

Betriebliche Kaufpreisrenten (Veräußerung des Betriebes gegen Rente) sind beim **Rentenempfänger** (Verkäufer) nachträgliche Betriebseinnahmen, sobald sie den Buchwert des übertragenen Betriebes übersteigen (§ 24 iVm § 32 Abs 1 Z 2). Beim **Rentenverpflichteten** sind die Rentenzahlungen Betriebsausgaben; allerdings wird gleichzeitig der als Verbindlichkeit angesetzte Barwert der Rentenverpflichtung jedes Jahr geringer. Daher ist die Rentenzahlung zwar laufend gewinnmindernd, aber nicht in voller Höhe.

Außerbetriebliche Kaufpreisrenten (Veräußerung von vermietetem oder auch selbstgenutztem Privatvermögen) sind beim **Rentenverpflichteten** eingeschränkt Werbungskosten bzw Sonderausgaben (§ 18 Z 1, vgl Tz 27). Beim **Rentenempfänger** (Verkäufer) liegen dann wiederkehrende Bezüge vor (§ 29 Z 1). Zur Grundstücksveräußerung gegen Rente siehe Tz 27.

Versorgungsrente bei der Betriebsveräußerung

Wird ein **Betrieb** gegen eine Rente veräußert, dient aber die **Rente nur der Versorgung des Rentenempfängers** (keine angemessene Gegenleistung; daher idR nur zwischen nahen Angehörigen), dann ist die Rente beim **Empfänger** von der ersten Rente an steuerpflichtig und beim **Rentenverpflichteten** von der ersten Rente an abzugsfähig. Aufgrund ihres privaten Charakters wird eine solche Versorgungsrente dem außerbetrieblichen Bereich zugerechnet; der Rentenempfänger bezieht sonstige Einkünfte, der Rentenverpflichtete hat Sonderausgaben (vgl § 18 Abs 1 Z 1 und § 29 Z 1). 159

Die Versorgungsrente ermöglicht im Ergebnis ein **Steuersplitting zwischen nahen Angehörigen:** Die Rente lässt sich in der Höhe festlegen, die zu einer steuergünstigen Aufteilung zwischen Rentenberechtigtem (Verkäufer) und Rentenverpflichtetem (Käufer) führt; die Steuerprogression des Rentenempfängers einerseits und des Rentenverpflichteten andererseits wird steuerlich optimiert.

Ein typisches Beispiel für eine Versorgungsrente ist das **Ausgedinge in der Land- und Forstwirtschaft:** Beim „Altbauern" (Übergeber) wird das Ausgedinge wegen der geringen Höhe nicht steuerwirksam, der „Jungbauer" (Übernehmer) kann den Wert des Ausgedinges als Sonderausgabe steuermindernd geltend machen.

Sonstige Renten aus besonderen Verpflichtungsgründen

Zu den sonstigen Renten aus besonderen Verpflichtungsgründen gehören vor allem **Schadenersatzrenten, Unfallrenten** und das **Rentenlegat**. 160

Besteuerung beim **Verpflichteten:**

- Berufliche Verursachung führt beim Verpflichteten zu Betriebsausgaben oder Werbungskosten (zB Pensionen an Dienstnehmer, Unfallrenten im Zusammenhang mit einem Betrieb oder einem Mietobjekt).
- Private Verursachung führt beim Verpflichteten zu Sonderausgaben (zB Unfallrente wegen eines Unfalls auf einer Privatfahrt, Rentenlegat).

Beim **Empfänger** liegen wiederkehrende Bezüge vor, soweit keine nachträglichen Erwerbseinkünfte anzunehmen sind (§ 29 Z 1).

21. Berechnung der Einkommensteuer (§ 33)

(Doralt/Ruppe I[11], Tz 694ff)

Auf das Einkommen ist der ESt-Tarif anzuwenden. Der ESt-Tarif ist progressiv mit steigenden Grenzsteuersätzen in den jeweiligen Tarifstufen: 161

von 0–11.000 €	0%,
über 11.000 €–18.000 €	Grenzsteuersatz 25%,
über 18.000 €–31.000 €	Grenzsteuersatz 35%,
über 31.000 €–60.000 €	Grenzsteuersatz 42%,
über 60.000 €–90.000 €	Grenzsteuersatz 48%,
über 90.000 €	Grenzsteuersatz 50%,
über 1 Mio € (2016 bis 2020; befristet)	Grenzsteuersatz 55%.

Die vom Einkommen nach dem Tarif ermittelte ESt ist um bestimmte Absetzbeträge zu kürzen. In Betracht kommen insbesondere ein

- Alleinverdienerabsetzbetrag,
- Alleinerzieherabsetzbetrag,
- Unterhaltsabsetzbetrag,
- Verkehrsabsetzbetrag,
- Pensionistenabsetzbetrag.

Weiters besteht ein Kinderabsetzbetrag, der mit der Familienbeihilfe ausbezahlt wird und ein einkommensmindernder **Kinderfreibetrag** (§ 106 a).

Als Kind im Sinne des EStG gilt grundsätzlich ein Kind, für das mindestens 6 Monate im Kalenderjahr Familienbeihilfe gewährt wird (§ 106 Abs 1).

Negativsteuer: Ist die **ESt unter Null,** dann kommt es zu einer Erstattung des Alleinverdienerabsetzbetrages bzw des Alleinerzieherabsetzbetrages und außerdem von Sozialversicherungsbeiträgen bis zu 500 € jährlich (dazu § 33 Abs 8).

Absetzbeträge kürzen die **Steuerschuld.** Dagegen kürzen **Freibeträge** die **Bemessungsgrundlage** (zB Kinderfreibetrag, Gewinnfreibetrag) Werden **Freigrenzen** überschritten, dann ist der gesamte Betrag steuerlich zu erfassen.

21.1. Sanierungsgewinn (§ 36)

Steuerermäßigung für den Schuldenerlass im Insolvenzverfahren

162 Verzichtet ein Gläubiger auf seine Forderung und betrifft dieser Schulderlass eine Betriebsschuld, dann ergibt sich beim Schuldner in der Höhe des Schulderlasses ein Gewinn. Die auf diesen Gewinn entfallende ESt wird ermäßigt, wenn der Schulderlass im Rahmen eines Insolvenzverfahrens erfolgt.

Dabei wird die auf den Schulderlass entfallende ESt mit der Quote festgesetzt, die auch die übrigen Gläubiger im Rahmen des Insolvenzverfahrens trifft: Verzichten zB die Gläubiger auf 60% ihrer Forderung, dann wird auch die auf den Schulderlass entfallende ESt um 60% ermäßigt.

Hintergrund der Steuerermäßigung im Insolvenzverfahren ist Folgender: Bei einer Vollbesteuerung würde der Schulderlass durch die Gläubiger zu einem erheblichen Teil dem Fiskus zugute kommen.

Ursprünglich setzte die Begünstigung die Sanierung des Unternehmens voraus (daher auch begünstigter „*Sanierungsgewinn*“). Heute ist die Sanierung nicht mehr Voraussetzung, die Begünstigung steht auch dann zu, wenn der Betrieb eingestellt bzw aufgegeben wird. Dagegen setzt im Rahmen der Körperschaftsteuer die Begünstigung den Weiterbestand des Unternehmens voraus (§ 23 a KStG).

21.2. Ermäßigung der Progression

(Doralt/Ruppe I[11], Tz 708ff)

Zur Ermäßigung der Progression bestehen folgende Möglichkeiten: 163
- **besonderer Steuersatz** für Kapitaleinkünfte und für Grundstücksveräußerungen (§ 27a und § 30a; siehe Tz 24 und Tz 28),
- **Tarifbegünstigung:** halber Durchschnittssteuersatz („Hälftesteuersatz"),
- **Verteilungsbegünstigung:** Verteilung der Einkünfte auf drei bzw fünf Jahre,
- **Gewinn-Rücktrag:** für Künstler und Schriftsteller.

Tarifbegünstigung („Hälftesteuersatz")

Die Tarifbegünstigung (halber Durchschnittssteuersatz) besteht für 164
- die Betriebsveräußerung (§ 37 Abs 5; alternativ zur Verteilungsbegünstigung),
- besondere Waldnutzungen (§ 37 Abs 6),
- Verwertung patentrechtlich geschützter Erfindungen (§ 38).

Betriebsveräußerung: Gewinne aus der Betriebsveräußerung sind als **„außerordentliche Einkünfte"** tarifbegünstigt, wenn der Betrieb mindestens sieben Jahre bestanden hat und deshalb veräußert oder aufgegeben wird, weil der Steuerpflichtige
- gestorben ist,
- erwerbsunfähig ist (den Betrieb nicht mehr fortführen kann) oder
- das 60. Lebensjahr vollendet hat und deshalb seine Erwerbstätigkeit einstellt (ausführlich siehe oben Tz 129).

Besondere Waldnutzung: Tarifbegünstigt sind außerordentliche Waldnutzungen aus wirtschaftlichen Gründen („Überhieb") und Waldnutzungen infolge höherer Gewalt.

Verwertung von Patentrechten: Tarifbegünstigt sind Einkünfte aus der Verwertung von Patenten, wenn die Patente nicht durch den Erfinder, sondern durch Dritte genutzt werden (Hälftesteuersatz für Lizenzeinkünfte des Erfinders; § 38).

Verteilungsbegünstigungen

Betriebsveräußerung: Gewinne aus einer Betriebsveräußerung (§ 24) 165
können auf **drei Jahre verteilt** werden (ausführlich siehe Tz 128ff).

Entschädigungen, insbesondere für entgangene Einnahmen oder für die Aufgabe einer Tätigkeit, wenn der Entschädigungszeitraum mindestens sieben Jahre betragen hat, sind auf drei Jahre zu verteilen (§ 37 Abs 2 Z 2).

Gewinne aus (drohenden) **behördlichen Eingriffen,** insbesondere aus Enteignungen, sind auf fünf Jahre zu verteilen (§ 37 Abs 3; bei Grundstücken steuerfrei, § 4 Abs 3a Z 1).

Gewinn-Rücktrag für Künstler und Schriftsteller

166 **Künstler** und **Schriftsteller** können auf Antrag ihren Gewinn gleichmäßig auf drei Jahre (das laufende und die zwei vorangegangenen) verteilen (§ 37 Abs 9; Gewinn-Rücktrag).

Mit dem Gewinn-Rücktrag wird berücksichtigt, dass Künstler und Schriftsteller oft unregelmäßig anfallende Einkünfte haben, wenn sie zB längere Zeit an einem Werk arbeiten. Allerdings haben nicht nur Künstler und Schriftsteller stark schwankende Einkünfte; insoweit ist die Einschränkung der Begünstigung auf Künstler und Schriftsteller nicht gerechtfertigt (und wohl auch verfassungsrechtlich problematisch).

22. Veranlagung zur Einkommensteuer

167 **Die grundsätzliche Erhebungsform der ESt ist die Veranlagung** (§ 39). Zum Zweck der Veranlagung hat der Stpfl eine **Einkommensteuererklärung** abzugeben (§ 42).

Der unbeschränkt Stpfl hat eine ESt-Erklärung abzugeben, wenn

- das Finanzamt ihn dazu auffordert (§ 42 Abs 1 Z 1) oder
- das Einkommen ganz oder teilweise aus betrieblichen Einkünften bestanden hat und der Gewinn auf Grund eines Vermögensvergleichs zu ermitteln war oder ermittelt wurde (§ 42 Abs 1 Z 2) oder
- das Einkommen ohne lohnsteuerpflichtige Einkünfte mehr als 11.000 € betragen hat (§ 42 Abs 1 Z 3, erster Fall) oder
- das Einkommen mit lohnsteuerpflichtigen Einkünften mehr als 12.000 € betragen hat und zB andere Einkünfte von mehr als 730 € bezogen wurden (§ 42 Abs 1 Z 3, zweiter Fall) oder
- Einkünfte vorliegen, die dem besonderen Steuersatz gemäß § 27 a unterliegen und für die keine KESt abgezogen worden ist (außer eine Veranlagung nach § 27 a Abs 5 ergäbe keine Steuerpflicht; § 42 Abs 1 Z 4) oder
- Einkünfte aus privaten Grundstücksveräußerungen iS des § 30 erzielt werden, für die keine Immobilien-Ertragsteuer entrichtet wurde.

Zur Arbeitnehmerveranlagung siehe unten Tz 171.

Die **Erklärungsfrist** endet am 30. April des Folgejahres (bei elektronischer Übermittlung der Erklärung 30. Juni); generelle Fristerstreckungen gelten für Stpfl, die durch einen Steuerberater vertreten sind; außerdem ist eine Fristerstreckung auf Antrag möglich (§ 134 BAO).

Vorauszahlungen: Zum 15. Februar, 15. Mai, 15. August und 15. November sind vierteljährliche Vorauszahlungen zu entrichten (§ 45).

Die Vorauszahlungsbeträge beruhen auf der zuletzt festgesetzten Einkommensteuer; sie sind zu kürzen, wenn der Stpfl ein niedrigeres Einkommen in den Folgejahren darlegen kann (Antrag auf Herabsetzung der Vorauszahlungen).

168 **Anspruchszinsen** (Verzinsung von Nachforderungen oder Gutschriften; § 205 BAO): Da die ESt immer erst nach dem zu veranlagenden Kalenderjahr festgesetzt werden kann, wäre es bei gestiegenem Einkommen für den Stpfl

vorteilhaft, die Abgabe der Steuererklärung und damit die Festsetzung der ESt hinauszuzögern (Stundungseffekt).

Die entsprechenden Zinsenvorteile und Zinsennachteile werden durch sogenannte **Anspruchszinsen** ausgeglichen (ebenso in der KSt).

Anspruchszinsen sind für das vergangene Veranlagungsjahr für den Zeitraum ab 1. Oktober des Folgejahres bis zum Zeitpunkt der Bekanntgabe des Veranlagungsbescheids in Form von **Nachforderungszinsen** oder als **Gutschriftzinsen** festzusetzen. Maßgeblich für die Höhe der Anspruchszinsen ist der Differenzbetrag zwischen dem festgesetzten Abgabenbetrag (nach Abzug der durch Steuerabzug einbehaltenen Beträge) einerseits und der Summe der Vorauszahlungen und Anzahlungen andererseits.

Nachforderungszinsen entstehen ua, wenn die Vorauszahlungen und Anzahlungen niedriger waren als die bei der Veranlagung festgesetzte Abgabenschuld und sich daraus eine Nachforderung ergibt.

Gutschriftszinsen entstehen, wenn die Vorauszahlungen höher waren als die bei der Veranlagung festgesetzte Abgabenschuld oder bei Minderung der Abgabenschuld etwa durch eine Berufungsvorentscheidung.

Die **Höhe** der Anspruchszinsen beträgt pro Jahr 2% über dem Basiszinssatz. Anspruchszinsen sind höchstens für einen Zeitraum von 48 Monaten (4 Jahre) festzusetzen.

Zuständigkeit für die ESt-Veranlagung

Sachlich zuständig ist das Finanzamt mit allgemeinem Aufgabenkreis (§ 13 AVOG); örtlich zuständig ist das Wohnsitzfinanzamt (§ 20 AVOG; siehe dazu auch Tz 562). 169

23. Lohnsteuer (§§ 47ff)

(Doralt/Ruppe I[11], Tz 727ff)

Bei den Einkünften aus nichtselbständiger Arbeit wird die ESt grundsätzlich durch **Abzug vom Arbeitslohn** erhoben (Lohnsteuer, § 47). Der Arbeitgeber haftet für die richtige Einbehaltung und für die Abfuhr der Lohnsteuer (§ 82). Im Baugewerbe besteht auch eine zusätzliche Haftung des Auftraggebers für die lohnabhängigen Abgaben des beauftragten Unternehmens (§ 82a). 170

Der Lohnsteuerabzug kommt allerdings dann nicht zur Anwendung, wenn der Arbeitgeber zum Lohnsteuerabzug nicht verhalten werden kann (Arbeitgeber im Ausland, diplomatische Vertretungen; Entgelt von dritter Seite).

Bei Antritt des Dienstverhältnisses hat der Arbeitnehmer dem Arbeitgeber seine Identität bekannt zu geben **(„Anmeldung des Arbeitnehmers");** bekannt zu geben ist der Name, die Sozialversicherungsnummer (Geburtsdatum) und der Wohnsitz (§ 128).

Freibetragsbescheid: Auf Antrag des Arbeitnehmers oder im Rahmen einer Veranlagung hat das Finanzamt dem Arbeitnehmer über Werbungskosten, über Sonderausgaben oder über eine außergewöhnliche Belastung einen Freibetragsbescheid auszustellen. Mit dem Freibetragsbescheid erhält der

Arbeitnehmer gleichzeitig eine **„Mitteilung zur Vorlage beim Arbeitgeber“**, auf der der Freibetrag ausgewiesen ist und die der Arbeitgeber der Berechnung der Lohnsteuer des kommenden Jahres zu Grunde zu legen hat (§§ 63, 64).

Macht der Stpfl zusätzliche Werbungskosten in Höhe von mindestens 900 € glaubhaft, so hat das Finanzamt auf Antrag einen Freibetragsbescheid für das laufende Jahr zu erlassen.

Sonstige Bezüge: Sonstige Bezüge sind Bezüge, die der Arbeitnehmer tatsächlich und rechtlich **neben dem laufenden Arbeitslohn** vom selben Arbeitgeber bezieht, wie insbesondere einmalige Bezüge (zB Urlaubs- und Weihnachtsgeld).

Sonstige Bezüge sind folgendermaßen zu besteuern: Sie sind

- bis **620 €** (Freibetrag) steuerfrei,
- darüber **bis zu einem Jahressechstel** mit einem **festen Steuersatz von 6%.**

Beträgt das Jahressechstel mehr als 25.000 €, dann erhöht sich der Steuersatz auf 27% und für die nächsten 33.333 € auf 33,75%. Ab 83.333 € kommt der Normalsteuersatz zur Anwendung (§ 67 Abs 1 und 2; 1. StabG 2012, § 124b Z 219).

Abfertigungen insbesondere auf Grund gesetzlicher und kollektivvertraglicher Vorschriften sowie Abfertigungen, die von **Mitarbeitervorsorgekassen** ausbezahlt werden, werden unabhängig von ihrer Höhe idR mit 6% versteuert (§ 67 Abs 3).

Freiwillige Abfertigungen werden eingeschränkt ebenfalls mit 6% versteuert (§ 67 Abs 6).

Sonderregelungen bestehen ua für **Pensionsabfindungen** und Nachzahlungen (§ 67 Abs 8).

Schmutz-, Erschwernis-, Gefahrenzulagen und Überstundenzuschläge im Zusammenhang mit Sonntags-, Feiertags- und Nachtarbeit sind monatlich bis zu 360 € nach Maßgabe des § 68 steuerfrei.

Arbeitnehmerveranlagung (§ 41)

171 Der Arbeitnehmer wird zur ESt insbesondere dann veranlagt, wenn er

- neben den Diensteinkünften **andere Einkünfte von mehr als 730 €** bezogen hat (Freigrenze mit Einschleifregelung bis 1.460 €; darüber sind die anderen Einkünfte voll zu erfassen),
- **Einkünfte aus Kapitalvermögen** bezogen hat, die dem besonderen Steuersatz unterliegen und für die keine KESt abgezogen wurde (§ 27a Abs 1),
- Einkünfte aus **privaten Grundstücksveräußerungen** erzielt hat (§ 30), für die keine ImmoESt entrichtet wurde,
- in **mehreren Dienstverhältnissen** zumindest zeitweise gleichzeitig beschäftigt war,

– **eine Veranlagung beantragt** (insbesondere wenn das Dienstverhältnis nur während eines Teiles des Jahres bestand; bis 5 Jahre nach dem Veranlagungszeitraum möglich).

Zuständigkeit: sachlich zuständig ist das Finanzamt mit allgemeinem 172
Aufgabenkreis (§ 13 AVOG); örtlich zuständig ist teils das Wohnsitzfinanzamt des Arbeitnehmers, teils das Finanzamt des Arbeitgebers (§§ 20f AVOG).

24. Beschränkte Steuerpflicht (§§ 98ff)

(Doralt/Ruppe I[11], Tz 771ff)

Beschränkt steuerpflichtig sind natürliche Personen, die im Inland weder 173
einen Wohnsitz noch ihren gewöhnlichen Aufenthalt haben. Sie sind mit ihren **Einkünften aus dem Inland** steuerpflichtig (Territorialitätsprinzip gegenüber dem Universalitätsprinzip bei der unbeschränkten Steuerpflicht; § 98). Für die beschränkte Steuerpflicht muss daher immer ein bestimmter Inlandsbezug bestehen (zB Betriebsstätte im Inland oder KESt-Abzug im Inland).

Das Gesetz knüpft zur Definition der inländischen Einkünfte an die sieben Einkunftsarten an und erfasst:

1. Einkünfte aus einer im Inland betriebenen Land- und Forstwirtschaft,
2. Einkünfte aus selbständiger Arbeit, die im Inland ausgeübt oder verwertet wird (ohne praktische Bedeutung, weil auf Grund der Doppelbesteuerungsabkommen regelmäßig dem Ansässigkeitsort zugewiesen, es sei denn, es besteht eine feste Einrichtung im Inland),
3. Einkünfte aus Gewerbebetrieb mit einer inländischen Betriebsstätte (dazu Tz 546) bzw mit inländischem unbeweglichem Vermögen (insbesondere Vermietung einer Betriebsliegenschaft im Inland),
4. Einkünfte aus nichtselbständiger Arbeit, die im Inland ausgeübt wird, sowie Einkünfte aus einer inländischen öffentlichen Kasse (nach dem Gesetz auch die Verwertung im Inland, jedoch insoweit auf Grund der Doppelbesteuerungsabkommen ohne praktische Bedeutung),
5. Einkünfte aus Kapitalvermögen, insbesondere aus

- inländischen Kapitalgesellschaften und Stiftungen (Dividenden und Zuwendungen, soweit KESt-pflichtig),
- Zinsen inländischer Schuldner, wenn KESt-pflichtig,
- stillen Beteiligungen an einem Unternehmen im Inland,
- Beteiligungsveräußerungen (Beteiligung an einer inländischen Kapitalgesellschaft ab 1%).

Dividenden unterliegen zwar der beschränkten Steuerpflicht, doch wird nach DBA-Recht die Besteuerung idR dem Wohnsitzstaat des Empfängers zugewiesen; im Inland wird oft nur eine reduzierte Quellensteuer eingehoben (zB der Stpfl mit Wohnsitz in Deutschland bezieht aus Österreich Dividenden: Nach Art 10 des DBA Österreich – Deutschland hebt Österreich eine Quellensteuer von 15% der Dividende ein).

Zinsen aus Österreich an einen Empfänger im Ausland kommen für eine beschränkte Steuerpflicht in Österreich nur insoweit in Betracht, als sie auch

KESt-pflichtig sind (Anknüpfung der beschränkten Steuerpflicht an die KESt-Pflicht im Inland); daher unterliegen Zinsen, die ein im Ausland Ansässiger von einer natürlichen Person im Inland bezieht, im Inland nicht der beschränkten Steuerpflicht (zB ein im Ausland Ansässiger bezieht von einem Freund im Inland Zinsen aus einem Darlehen).

6. Einkünfte aus Vermietung und Verpachtung aus einem im Inland gelegenen Vermögen und aus im Inland verwerteten Rechten,
7. Einkünfte aus privaten Grundstücksveräußerungen, soweit es sich um Grundstücke im Inland handelt (§ 30).

Eine **außergewöhnliche Belastung** ist bei beschränkt Stpfl nicht zu berücksichtigen; **Sonderausgaben** sind abzugsfähig, soweit sie sich auf das Inland beziehen (§ 102 Abs 2).

Ein **Verlustabzug** (Sonderausgabe nach § 18 Abs 6 und 7) steht nur für Verluste zu, die in einer inländischen Betriebsstätte entstanden sind, und außerdem nur insoweit, als der Verlust nicht mit Auslandseinkünften verrechnet werden konnte.

174 Die **Erhebung der ESt** bei beschränkt Stpfl erfolgt
- grundsätzlich im Wege der **Veranlagung** (§ 102),
- im Wege der **Lohnsteuer** bei nichtselbständigen Einkünften (§ 70),
- im Wege der **Selbstberechnung** bei Grundstücken (ImmoESt, § 98 Abs 4),
- im Wege einer **Abzugsteuer** in besonderen Fällen (§§ 99 bis 101).

Die **Abzugsteuer** dient der Sicherung und der Vereinfachung der Steuererhebung und beträgt idR **20% von den Einnahmen;** sie kommt insbesondere zur Anwendung bei
- Einkünften aus einer im Inland ausgeübten selbständigen Tätigkeit als Schriftsteller, Vortragender, Künstler, Architekt, Sportler, Artist oder aus Unterhaltungsdarbietungen,
- Einkünften aus im Inland ausgewerteten Rechten,
- Aufsichtsratsvergütungen,
- Einkünften aus kaufmännischer oder technischer Beratung,
- Einkünften aus einer stillen Beteiligung an einem inländischen Unternehmen (hier ausnahmsweise 27,5%).

Ausnahme vom Steuerabzug innerhalb der EU: Zinsen und Lizenzzahlungen, die an verbundene Unternehmen in einem Mitgliedstaat geleistet werden, unterliegen nicht der Abzugssteuer und beim Empfänger auch nicht der beschränkten Steuerpflicht (§ 98 Abs 2 iVm § 99a).

Die Abzugsteuer berechnet sich von den Einnahmen, ohne Berücksichtigung von Betriebsausgaben. Auf Antrag des Stpfl ist jedoch eine Veranlagung durchzuführen (§ 102 Abs 1 Z 3).

Die Abzugsteuer kann insoweit unterbleiben, als nach dem anzuwendenden DBA eine Steuerpflicht im Inland nicht besteht (DBA-Entlastungsverordnung).

Beispiel:

Ein in Österreich ansässiger Lizenznehmer nutzt die Lizenz eines in Deutschland ansässigen Erfinders. Grundsätzlich wäre der österreichische Lizenznehmer verpflichtet, die Abzugsteuer einzubehalten (§ 99 Abs 1 Z 3). Da allerdings nach dem DBA Deutschland Lizenzeinkünfte nur im Ansässigkeitsstaat des Lizenzgebers besteuert werden dürfen (Art 12), unterbleibt aufgrund der DBA-Entlastungsverordnung der Steuerabzug.

Bei **Grundstücken** ist die Besteuerung im Wege der Selbstberechnung mit dem besonderen Steuersatz (30%) vorzunehmen (ImmoESt; siehe Tz 28; entsprechende Anwendung der §§ 30a bis 30c).

Die **Lohnsteuer** für beschränkt steuerpflichtige Arbeitnehmer erfolgt nach dem Lohnsteuertarif; bei nichtselbständig tätigen Schriftstellern, Vortragenden, Künstlern etc beträgt die Lohnsteuer wie die Abzugsteuer 20% vom vollen Betrag (§ 70 Abs 2 Z 2) bzw 25%, wenn die Werbungskosten abgezogen werden.

Isolationstheorie: Auch im Bereich der beschränkten Steuerpflicht gilt das Subsidiaritätsprinzip, Einkünfte sind vorrangig den Haupteinkunftsarten zuzurechnen und nur subsidiär den Nebeneinkunftsarten. Daher liegen beispielsweise Einkünfte aus **Kapitalvermögen** nur dann vor, wenn die Einkünfte nicht zu den betrieblichen Einkünften gehören. Gehören die Kapitaleinkünfte (zB aus einer stillen Beteiligung) zu einer ausländischen Betriebsstätte, würden sie daher im Inland (mangels inländischer Betriebsstätte) steuerlich nicht erfasst werden. Nach der Isolationstheorie werden allerdings inländische Einkünfte isoliert und ohne Berücksichtigung der ausländischen Betriebsstätte beurteilt. Daher liegen dann in einem solchen Fall Einkünfte aus Kapitalvermögen vor.

Ein weiteres Beispiel für die Isolationstheorie sind **Lizenzeinkünfte:** Überlässt ein ausländischer Unternehmer einem inländischen Unternehmer ein Patent zur Nutzung, dann handelt es sich dabei grundsätzlich um betriebliche Einkünfte des ausländischen Unternehmers, die jedoch im Inland mangels Betriebsstätte nicht steuerpflichtig wären. Aufgrund der Isolationstheorie bezieht der ausländische Unternehmer jedoch bei Lizenzeinkünften Einkünfte aus Vermietung und Verpachtung.

Zuständigkeit: sachlich zuständig ist für beschränkt Steuerpflichtige in Wien das Finanzamt 1/23, sonst die Finanzämter mit allgemeinem Aufgabenkreis (§ 14ff AVOG); **örtlich** zuständig ist

- für die Veranlagung jenes Finanzamt, in dessen Bereich sich das Vermögen befindet, bzw das Finanzamt, in dessen Bereich sich der letzte Wohnsitz des Stpfl befunden hat (§§ 23, 25 Z 3 AVOG), und
- für die Abzugsteuer und Lohnsteuer das Betriebsstättenfinanzamt (§ 101 Abs 1).

25. Zuzugsbegünstigung (§ 103)

Bei Personen, deren Zuzug aus dem Ausland der Förderung von Wissenschaft, Forschung, Kunst oder Sport dient und aus diesem Grund im öffentlichen Interesse gelegen ist, kann der BMF nach Maßgabe des § 103 steuerliche Erleichterungen gewähren. 175

26. Vermeidung der Doppelbesteuerung

(Doralt/Ruppe II[5], Tz 637 ff)

176 Hat ein Stpfl in mehreren Staaten einen Wohnsitz oder in einem Staat einen Wohnsitz und in einem anderen Staat eine Einkunftsquelle, dann kann es zu einer Doppelbelastung (eventuell auch Mehrfachbelastung) derselben Einkünfte kommen.

Diese Doppelbelastung wird idR durch Doppelbesteuerungsabkommen (DBA) zwischen den Staaten vermieden; fehlt ein DBA, kann das BMF für diese Fälle nach § 48 BAO im Rahmen einer Verordnung (BGBl II 2002/474) oder im Einzelfall Erleichterungen gewähren.

Die Verordnung ist auf unbeschränkt Stpfl anzuwenden, wenn sie Einkünfte aus dem Ausland beziehen; die Durchschnittsbesteuerung muss im anderen Staat allerdings mehr als 15% betragen (womit Einkünfte aus Steueroasen vom Anwendungsbereich der Verordnung ausgeschlossen sind). Im Ergebnis stellt die Verordnung eine Rechtslage her, wie sie bei einem DBA bestehen würde.

Doppelbesteuerungsabkommen vermeiden die Doppelbesteuerung, indem sie zunächst das Besteuerungsrecht an bestimmten Einkunftsarten einem der beiden Staaten zuweisen. In einem zweiten Schritt unterscheiden die DBA (orientiert am OECD-Musterabkommen) folgende Methoden zur Vermeidung der Doppelbesteuerung:

- Die dem anderen Staat zugewiesenen Einkünfte bleiben im Wohnsitzstaat („Ansässigkeitsstaat") steuerfrei, der Wohnsitzstaat nimmt jedoch den Progressionsvorbehalt in Anspruch **(Befreiungsmethode mit Progressionsvorbehalt).**
- Der Wohnsitzstaat besteuert das gesamte (aus beiden Staaten bezogene) Einkommen, der andere Staat besteuert nur die ihm zugewiesenen Einkunftsquellen, und der Ansässigkeitsstaat rechnet die im anderen Staat entrichteten Steuern an **(Anrechnungsverfahren).**

Dabei enthalten die DBA eigene Begriffsbestimmungen, die zwar den Begriffen im innerstaatlichen Recht oft ähnlich, aber nicht unbedingt mit ihnen ident sind (zB „Ansässigkeitsstaat", „Betriebsstätte"). Als „Ansässigkeitsstaat" (Wohnsitzstaat) gilt der Staat, in dem der Stpfl einen Wohnsitz hat; bei Wohnsitzen in mehreren Staaten enthalten die DBA Zusatzkriterien wie etwa den Mittelpunkt der Lebensinteressen, stärkere wirtschaftliche Beziehungen, Staatsbürgerschaft. Vom Ansässigkeitsstaat ist der „andere Staat" zu unterscheiden.

Zuteilungsregeln

Die Zuteilungsregeln bestimmen für die einzelnen Einkünfte, welchem Staat das Besteuerungsrecht an den jeweiligen Einkünften zusteht. Grundsätzlich steht dem Ansässigkeitsstaat das Besteuerungsrecht zu. Abweichende Regeln bestehen insbesondere in folgenden Fällen:

- **Einkünfte aus unbeweglichem Vermögen:** Liegt das unbewegliche Vermögen oder eine Land- und Forstwirtschaft nicht im Ansässigkeitsstaat, dann kann der andere Vertragsstaat die Einkünfte besteuern; das gilt auch für einen allfälligen Veräußerungsgewinn,
- **Unternehmensgewinne:** Gewinne aus einer im anderen Vertragsstaat gelegenen Betriebsstätte dürfen im anderen Staat besteuert werden (Betriebsstättenregel),
- **selbständige Arbeit:** Einkünfte aus selbständiger Arbeit (freie Berufe) sind im Ansässigkeitsstaat zu versteuern, es sei denn, dass im anderen Staat eine Betriebsstätte besteht,
- **verbundene Unternehmen:** Bei Leistungsbeziehungen zwischen verschiedenen Unternehmen (Konzernunternehmen) ist der Fremdvergleich zu beachten (OECD-Empfehlungen für Verrechnungspreise),
- **Dividenden und Zinsen** werden im Ansässigkeitsstaat besteuert, jedoch kann der andere Staat eine Quellensteuer einheben, die der Ansässigkeitsstaat anzurechnen hat,
- **Einkünfte aus nichtselbständiger Tätigkeit** werden in dem Staat besteuert, in dem die Tätigkeit ausgeübt wird,
- **Künstler und Sportler** können mit ihren entsprechenden Einkünften in dem Staat besteuert werden, in dem sie die Tätigkeit ausüben,
- **Öffentlicher Dienst:** Bezüge aus dem öffentlichen Dienst und Ruhebezüge aus öffentlichen Kassen eines Vertragsstaates werden in diesem Staat besteuert (zB ein Pensionist verlegt seinen Wohnsitz nach Mallorca; die Pensionszahlungen werden weiter in Österreich besteuert).

Befreiungsmethode mit Progressionsvorbehalt 177

Bei der Befreiungsmethode werden die einzelnen Einkunftsquellen einem der beiden Vertragsstaaten zur Besteuerung zugewiesen; im anderen Staat ist die Einkunftsquelle von der ESt befreit. Durch die Aufteilung der Einkünfte auf zwei oder mehrere Staaten würden in jedem Staat die Progressionsstufen ausgenützt werden; deshalb wird die Befreiungsmethode regelmäßig mit einem **Progressionsvorbehalt** verbunden: Der Ansässigkeitsstaat (ständige Wohnstätte, Mittelpunkt des Lebensinteresses) berücksichtigt die ausländischen Einkünfte bei der Ermittlung der Höhe des anzuwendenden Steuersatzes. Die Mehrzahl der von Österreich abgeschlossenen DBA folgt der Befreiungsmethode (insbesondere auch das DBA mit Deutschland).

Beispiel:

Ein Stpfl mit Wohnsitz in Österreich bezieht aus einem Gewerbebetrieb in Österreich 50.000 € Gewinn und aus einem Betrieb in Deutschland 40.000 €. Im Inland ist nur der im Inland erzielte Gewinn steuerpflichtig; doch wird der Gewinn von 50.000 € mit dem Prozentsatz besteuert, der sich bei einem Inlandseinkommen von 90.000 € ergeben würde.

178

Anrechnungsmethode

Der Ansässigkeitsstaat besteuert alle Einkünfte des Steuerpflichtigen aus beiden Staaten, doch rechnet er die im anderen Staat entrichtete Steuer an. Ist im Ansässigkeitsstaat die Steuer höher als im anderen Staat, dann kommt es im Ansässigkeitsstaat zu einer Nachholwirkung.

Problem: Wird im Ausland eine höhere Steuer erhoben als im Inland, dann müsste Österreich mehr Steuern anrechnen, als in Österreich für die Einkünfte aus dem Ausland anfallen würden. Daher rechnet Österreich nicht mehr Steuern an, als auf die ausländischen Einkünfte im Inland anfallen würden (Anrechnungshöchstbetrag). Die Anrechnungsmethode findet sich ua in den DBA mit Großbritannien, USA, Kanada, Japan und Italien.

Das Anrechnungsverfahren kommt auch bei der Befreiungsmethode zur Anwendung, wenn die Zuteilungsregeln das Besteuerungsrecht für eine bestimmte Einkunftsquelle beiden Staaten zuteilt.

179

Unterschiedliche steuerpolitische Ziele der Befreiungsmethode und der Anrechnungsmethode

Die Befreiungsmethode und die Anrechnungsmethode unterscheiden sich in ihren Wirkungen bei unterschiedlichen Steuerniveaus in den Vertragsstaaten: Unterschiedliche Steuerniveaus führen dazu, dass wirtschaftliche Aktivitäten in Länder mit niedrigen Steuern verlagert werden. Das Anrechnungsverfahren verhindert solche Tendenzen, weil im Ergebnis auch für Auslandseinkünfte das Steuerniveau im Ansässigkeitsstaat zum Tragen kommt.

Dagegen bleibt bei der Befreiungsmethode das unterschiedliche Steuerniveau im Wesentlichen wirksam; mit dem Progressionsvorbehalt wird nur verhindert, dass das Einkommen zur Progressionsminderung auf mehrere Länder aufgeteilt wird.

Österreich bevorzugt die Befreiungsmethode.

180–200 frei

III. Körperschaftsteuer

1. Allgemeines

(Doralt/Ruppe I[11], Tz 901 ff)

Die Körperschaftsteuer (KSt) ist die Ertragsteuer (Einkommensteuer) der **Körperschaften;** sie ist eine **Personensteuer** und eine **direkte Steuer.** Wie die ESt ist auch die KSt eine gemeinschaftliche Bundesabgabe (§ 8 Abs 1 FAG). 201

Unterschiedliches Besteuerungsergebnis zwischen Einkommensteuer und Körperschaftsteuer

Während der Einzelunternehmer ab einem Einkommen von etwa 90.000 € einem Spitzensteuersatz von 50% unterliegt, beträgt bei einer Kapitalgesellschaft bei Vollausschüttung der Gewinne die Steuerbelastung insgesamt 45,625% (KSt und KESt). Besonders vorteilhaft ist die Kapitalgesellschaft, soweit die Gewinne nicht ausgeschüttet, sondern in der Kapitalgesellschaft thesauriert werden; dann fällt nur die Körperschaftsteuer mit 25% an.

Gewinn der Kapitalgesellschaft:	100.000 €
– 25% KSt	25.000 €
	75.000 €
– 27,5% KESt bei voller Gewinnausschüttung	20.625 €
von 100.000 € – verbleiben daher	54.375 €
Gesamtsteuerbelastung voll ausgeschütteter Gewinne:	25.000 € KSt
	+ 20.625 € KESt
Gesamte Ertragsteuerbelastung des	
ursprünglichen Gewinns von 100.000 €	45.625 €
in Prozenten vom Gewinn.	45,625%

Nach dem Steuertarif ist danach die Kapitalgesellschaft bei entsprechenden Gewinnen gegenüber dem Einzelunternehmen bzw der Personengesellschaft die günstigere Unternehmensform. Dagegen ist im Fall von Verlusten die Kapitalgesellschaft ungünstiger: Die Verluste der Gesellschaft bleiben in der Kapitalgesellschaft „eingesperrt“ und können nur mit späteren Gewinnen der Gesellschaft verrechnet werden. Der Gesellschafter als natürliche Person kann die Verluste der Gesellschaft nicht verwerten. Dagegen werden Verluste der Personengesellschaft dem Gesellschafter direkt zugerechnet und bei ihm mit anderen Einkünften sofort verrechnet (Unterschied Trennungsprinzip und Durchgriffsprinzip).

2. Persönliche Steuerpflicht (§ 1)

(Doralt/Ruppe I[11], Tz 919 ff)

202 Der Körperschaftsteuer unterliegen

- **juristische Personen des privaten Rechts** (insbesondere AG, GmbH, Genossenschaften, Vereine, Privatstiftungen),
- **Betriebe gewerblicher Art** von Körperschaften öffentlichen Rechts (siehe unten Tz 206),
- **nichtrechtsfähige Personenvereinigungen,** weiters Anstalten, Stiftungen und andere Zweckvermögen.

Nichtrechtsfähige Personenvereinigungen unterliegen nur dann der Körperschaftsteuer, wenn ihr Einkommen nicht bei einem anderen Stpfl zu versteuern ist (§ 3 KStG). Daher unterliegen Personengesellschaften (OG, KG ua) nicht der KSt, weil ihr Einkommen den Gesellschaftern direkt zuzurechnen ist und von ihnen zu versteuern ist (vgl insbesondere § 23 Z 2 EStG); auch bei der GmbH & Co KG („kapitalistische Personengesellschaft") werden die Einkünfte direkt den Gesellschaftern zugerechnet.

Befreiungen für gemeinnützige und ähnliche Einrichtungen (§§ 5 ff)

203 Von der KSt sind insbesondere **gemeinnützige, mildtätige und kirchliche Einrichtungen** befreit (§ 5 Z 6 KStG iVm §§ 34 ff BAO). In Betracht kommen vor allem Vereine, GmbH, Stiftungen, Betriebe gewerblicher Art von Körperschaften öffentlichen Rechts (dazu unten). Zur Verwaltungspraxis gibt es ausführliche Vereinsrichtlinien.

Gemeinnützige Einrichtungen sind auch im Bereich anderer Abgaben befreit bzw begünstigt (zB UStG, StiftEG, KommStG).

Gemeinnützig sind Maßnahmen zur Förderung der Allgemeinheit auf geistigem, kulturellem, sittlichem oder materiellem Gebiet. **Mildtätig** ist die Unterstützung hilfsbedürftiger Menschen. **Kirchliche Zwecke** dienen der Förderung gesetzlich anerkannter Kirchen.

Die Einrichtung muss

- tatsächlich *und* nach der Satzung,
- ausschließlich und unmittelbar

den begünstigten Zwecken dienen (§ 42 BAO) und darf ua keinen Gewinn erstreben (§ 39 BAO).

Vereinsgesetz und Gemeinnützigkeit (nicht jeder Verein ist gemeinnützig):

Vereine müssen zwar „ideelle Zwecke" verfolgen und dürfen nicht „auf Gewinn gerichtet" sein (§ 1 VereinsG), sind aber deshalb nicht automatisch gemeinnützig. Dient zB der Verein der wirtschaftlichen Stärkung der Vereinsmitglieder, dann dient er damit zwar ideellen Zwecken, doch ist die wirtschaftliche Stärkung der Vereinsmitglieder kein gemeinnütziger Zweck (zB Berufsvereinigung). Daher ist ein solcher Verein steuerpflichtig (die üblichen Mustersatzungen für Vereine genügen zwar dem Vereinsgesetz, oft jedoch nicht der Gemeinnützigkeit iS der §§ 34 ff BAO).

Für den Fall der **Liquidation der gemeinnützigen Einrichtung** muss in der Satzung festgeschrieben sein, dass das Vermögen für gemeinnützige Zwecke verwendet wird. Eine Satzungsbestimmung, nach der im Fall der Liquidation der Vorstand über die Verwendung des Vermögens bestimmt, wäre daher gemeinnützigkeitsschädlich!

Die **gemeinnützige Einrichtung** muss der Förderung der **Allgemeinheit** dienen (gilt nicht für mildtätige Einrichtungen). Das Gesetz grenzt den Begriff der Allgemeinheit negativ ab: Ein Personenkreis ist nicht als Allgemeinheit aufzufassen, wenn er durch ein enges Band, wie Zugehörigkeit zu einer Familie, durch Anstellung an einer bestimmten Anstalt und dergleichen fest abgeschlossen ist, oder wenn die Zahl der geförderten Personen infolge einer Abgrenzung nach örtlichen, beruflichen oder sonstigen Merkmalen dauernd nur klein sein kann (§ 36 BAO).

Betreibt eine begünstigte Einrichtung einen **wirtschaftlichen Geschäftsbetrieb,** so sind drei Fälle zu unterscheiden (vgl VwGH 27. 9. 2000, 98/14/0227, ÖStZB 2001, 351):

- entbehrliche Hilfsbetriebe (§ 45 Abs 1 BAO),
- unentbehrliche Hilfsbetriebe (§ 45 Abs 2 BAO),
- sonstige wirtschaftliche (begünstigungsschädliche) Geschäftsbetriebe (§ 45 Abs 3 BAO).

Entbehrliche Hilfsbetriebe dienen den begünstigten Zwecken, ohne vom ideellen Zweck miterfasst zu sein; sie sind nicht begünstigungsschädlich, wenn die Einkünfte dem begünstigten Zweck zugeführt werden. Der Betrieb selbst ist steuerpflichtig (isolierte Steuerpflicht).

Beispiel:

Jahressportfest eines Sportvereins.

Ein **unentbehrlicher Hilfsbetrieb** liegt vor, wenn der Zweck der Einrichtung nur durch den Geschäftsbetrieb verwirklicht werden kann; er ist grundsätzlich unschädlich und außerdem auch selbst befreit („Zweckverwirklichungsbetrieb"; Unterschied zum entbehrlichen Hilfsbetrieb).

Beispiele:

Armenhaus für Bedürftige, Theateraufführungen eines Kulturvereins mit Eintrittsentgelt.

Sonstiger wirtschaftlicher (begünstigungsschädlicher) Geschäftsbetrieb: Wirtschaftliche Geschäftsbetriebe, die keine unentbehrliche oder entbehrliche Hilfsbetriebe sind, sind grundsätzlich begünstigungsschädlich (§ 44 BAO).

Beispiel:

Buffet eines Sportvereins.

Das zuständige FA kann jedoch für begünstigungsschädliche Geschäftsbetriebe eine Ausnahmegenehmigung erteilen, wenn andernfalls die Erreichung der begünstigten Zwecke vereitelt oder wesentlich gefährdet wäre (§ 44 Abs 2 BAO; gilt bis zu einem Umsatz von 40.000 € generell als erteilt; § 45a BAO). Die Einkünfte müssen dem begünstigten Zweck zugeführt werden (insoweit dem entbehrlichen Hilfsbetrieb gleichgestellt). Steuerpflichtig ist dann nur der Geschäftsbetrieb.

Befreit sind auch **gemeinnützige Bauvereinigungen** nach dem Wohnungsgemeinnützigkeitsgesetz (§ 5 Z 10 KStG).

Entgegen dem klaren Begriffsinhalt lässt jedoch das Wohnungsgemeinnützigkeitsgesetz Gewinnerzielungsabsicht zu; die Gewinne dürfen bis zu 3,5% vom Grund- oder Stammkapital ausgeschüttet werden (§ 10 Abs 1 iVm § 14 Abs 1 Z 3 WGG). Viele der gemeinnützigen Bauträger standen oder stehen unter politischem Einfluss; das erklärt wohl auch den Missbrauch durch den Gesetzgeber, wenn er einem eindeutigen Sprachbegriff im Gesetz einen gegenteiligen Inhalt gibt und damit den Adressaten über die Interessen der steuerbegünstigten Einrichtung täuscht (siehe dazu auch *Thalhammer,* Immobilien-Spekulation im Sozialbau, Die Presse, 13. 6. 2015).

Freibetrag: Gemeinnützige Einrichtungen können von ihren Einkommen einen Freibetrag bis zu 10.000 € geltend machen (dazu § 23 KStG).

3. Unbeschränkte und beschränkte Steuerpflicht (§ 1 Abs 2 und 3)

(Doralt/Ruppe I[11], Tz 934 f)

204 Als Personensteuer ist bei der KSt (wie bei der ESt) zwischen unbeschränkter und beschränkter Steuerpflicht zu unterscheiden:

- **Unbeschränkte Steuerpflicht** (§ 1 Abs 2): Körperschaften *mit* Geschäftsleitung oder Sitz im Inland (vgl § 27 BAO).
- **Beschränkte Steuerpflicht:** Körperschaften *ohne* Geschäftsleitung oder Sitz im Inland, die einer inländischen juristischen Person vergleichbar sind (§ 1 Abs 3 Z 1 iVm § 21 Abs 1).

Eine Körperschaft hat ihren **Sitz** an dem Ort, der durch Gesetz, Vertrag, Satzung, Stiftungsbrief udgl bestimmt ist (§ 27 Abs 1 BAO).

Als **Ort der Geschäftsleitung** ist der Ort anzunehmen, an dem sich der Mittelpunkt der geschäftlichen Oberleitung befindet (§ 27 Abs 2 BAO), wo also die Willensbildung für die Leitung des Unternehmens erfolgt.

Briefkastenfirmen in Steueroasen haben ihre Geschäftsleitung regelmäßig nicht in der Steueroase, sondern dort, wo der Gesellschafter den Mittelpunkt seiner Lebensinteressen hat; daher ist die Briefkastenfirma kein legales Instrument, um die Einkünfte in die Steueroase zu verlagern.

Beispiel:

Eine österreichische Kapitalgesellschaft unterhält in einer Steueroase eine Tochtergesellschaft. Handelt es sich bei der Tochtergesellschaft um eine Briefkastenfirma, die ihre Anweisungen von der Muttergesellschaft erhält, dann liegt die Geschäftsleitung nicht in der Steueroase, sondern am Ort der Geschäftsleitung der Muttergesellschaft, also in Österreich. Daher ist die in der Steueroase ansässige Tochtergesellschaft in Österreich unbeschränkt steuerpflichtig.

Besondere beschränkte Steuerpflicht auf Kapitalerträge und Grundstücksveräußerungen

205 Bei der KSt gibt es außerdem noch eine **zweite Form der beschränkten Steuerpflicht:**

Körperschaften öffentlichen Rechts und steuerbefreite Körperschaften (§§ 5 ff) sind mit bestimmten Kapitaleinkünften und mit Grundstücksveräußerungen „beschränkt“ steuerpflichtig (§ 21 Abs 2).

1. Kapitaleinkünfte:

Darunter fallen Kapitaleinkünfte, die der KESt unterliegen einschließlich der realisierten Wertsteigerungen und vergleichbare ausländische Kapitalerträge, außerdem Zinsen aus Privatdarlehen, letztere jedoch nur aus Darlehensverträgen, die nach dem 31. 3. 2012 abgeschlossen worden sind (§ 1 Abs 3 Z 2 und 3 iVm § 21 Abs 2 und 3).

Dagegen werden **Dividendeneinkünfte** von der besonderen beschränkten Steuerpflicht nicht erfasst; sie sind aufgrund der allgemeinen Befreiung für Beteiligungserträge nach § 10 steuerfrei; siehe unten Tz 211).

Beispiel:

Ein gemeinnütziger Verein hat folgende Einkünfte:
- Zinsen aus einer Bankeinlage: steuerpflichtig (KESt),
- Dividendeneinkünfte: steuerfrei (Beteiligungserträge, siehe unten Tz 211),
- Mieteinkünfte: steuerfrei (wegen Gemeinnützigkeit).

2. Grundstücksveräußerungen:

Gewinne aus Grundstücksveräußerungen sind analog zur Besteuerung im Privatvermögen natürlicher Personen auch bei Körperschaften öffentlichen Rechts und steuerbefreiten Körperschaften steuerpflichtig. Die Vorschriften aus dem EStG gelten sinngemäß (§ 21 Abs 3 Z 4).

4. Betriebe gewerblicher Art (§ 2)

(Doralt/Ruppe I[11], Tz 921 ff)

Körperschaften öffentlichen Rechts (zB Gebietskörperschaften, Kammern, Kirchen) unterliegen grundsätzlich nicht der KSt, und zwar auch dann nicht, wenn sie privatwirtschaftlich tätig sind. Um allerdings Wettbewerbsvorteile zu vermeiden sind sie dann steuerpflichtig, wenn ihre privatwirtschaftliche Tätigkeit den Umfang eines Betriebes gewerblicher Art (BgA) erfüllt. 206

Hoheitsbetriebe unterliegen keinesfalls der KSt. Als Hoheitsbetriebe gelten außerdem ua Wasserwerke, Forschungsanstalten, Müllbeseitigung und Friedhöfe (anders eine Friedhofsgärtnerei, siehe unten).

Davon abgesehen sind Körperschaften öffentlichen Rechts jedenfalls mit bestimmten Kapitaleinkünften steuerpflichtig, soweit diese der KESt unterliegen (insbesondere Zinsen aus Bankeinlagen, nicht dagegen Dividendeneinkünfte; siehe oben Tz 205 zur „Besonderen beschränkten Steuerpflicht“).

Betriebe gewerblicher Art sind Einrichtungen, die
- **wirtschaftlich selbständig** sind (sich aus der Gesamttätigkeit der Körperschaft öffentlichen Rechts herausheben; zB eigene Buchführung, eigenes Personal),
- einer zumindest überwiegend **nachhaltigen privatwirtschaftlichen Tätigkeit** nachgehen,
- von **wirtschaftlichem Gewicht** sind (im Gesetz nicht ausdrücklich bestimmt, bei einem Umsatz ab rund 3.000 € gegeben) und
- der **Erzielung von Einnahmen** oder anderen wirtschaftlichen Vorteilen dienen (vgl § 2 Abs 1 erster Satz KStG).

Beispiele:

Rathauskeller, Friedhofsgärtnerei, Schwimmbad, Verkehrsbetriebe, Versorgungsbetriebe, weiters zB der Bauhof einer Gemeinde für Reparaturen gemeindeeigener Gebäude (zwar nicht auf Einnahmen gerichtet, dient aber „wirtschaftlichen Vorteilen").

Land- und Forstwirtschaft ist ausdrücklich ausgenommen. Die neuen Vorschriften über die Besteuerung der Grundstücksveräußerung gelten allerdings auch hier (1. StabG 2012, ab 1. 4. 2012).

Als Betrieb gewerblicher Art gelten auch (§ 2 Abs 2)

- die Beteiligung einer Körperschaft öffentlichen Rechts an einer **Mitunternehmerschaft,**
- die **Verpachtung** eines Betriebes gewerblicher Art.

Vermietung (Vermögensverwaltung) begründet keinen Betrieb und daher auch keinen Betrieb gewerblicher Art. Daher unterliegt die Vermietung von Liegenschaften oder von Wohnungen durch Körperschaften öffentlichen Rechts nicht der KSt (dagegen ist ihre Veräußerung steuerpflichtig; besondere beschränkte Steuerpflicht, siehe Tz 205), sie unterliegt aber der USt.

Beispiele:

1. Vermietung von Gemeindewohnungen: kein Betrieb gewerblicher Art (aber umsatzsteuerpflichtig; siehe unten Tz 306).
2. Überlassung von öffentlichem Grund, zB für Weihnachtsmärkte: kein Betrieb gewerblicher Art (anders allenfalls, wenn die Gemeinde den Weihnachtsmarkt organisiert, zusätzliche Leistungen erbringt, um den Weihnachtsmarkt attraktiver zu machen).
3. Verpachtung des Rathauskellers: Betrieb gewerblicher Art, weil der Rathauskeller ein Betrieb gewerblicher Art wäre, wenn ihn die Gemeinde selbst führt.

Steuersubjekt ist der einzelne Betrieb gewerblicher Art und nicht die Körperschaft (daher grundsätzlich kein Ausgleich von Verlusten und Gewinnen zwischen mehreren Betrieben gewerblicher Art einer Körperschaft; Ausnahmen bestehen jedoch für bestimmte Versorgungsbetriebe, insbesondere Gas-, Wasser-, E-Werke und Verkehrsbetriebe, vgl § 2 Abs 3).

Beispiel:

Eine Gemeinde betreibt ein Schwimmbad, einen Verkehrsbetrieb und ein E-Werk. Das Schwimmbad und der Verkehrsbetrieb haben Verluste, das E-Werk hat Gewinne.

Die Verluste des Verkehrsbetriebes können unter bestimmten Voraussetzungen mit den Gewinnen des E-Werkes verrechnet werden, die Verluste des Schwimmbades nicht.

Beteiligung an einer Kapitalgesellschaft: Die Körperschaft öffentlichen Rechts kann wie eine natürliche Person ihre privatwirtschaftliche Tätigkeit statt in Form eines Betriebes gewerblicher Art zB auch im Rahmen einer Kapitalgesellschaft führen. In diesem Fall unterliegt dann nicht die Körperschaft öffentlichen Rechts mit dem Betrieb gewerblicher Art, sondern die Kapitalgesellschaft mit dieser Tätigkeit der KSt (§ 2 Abs 4 zweiter Satz).

Körperschaften öffentlichen Rechts im Vergleich zu gemeinnützigen Einrichtungen: Die Besteuerung von Körperschaften öffentlichen Rechts wird oft mit der Besteuerung gemeinnütziger Einrichtungen gleichgesetzt, unterscheidet sich aber grundsätzlich: Körperschaften öffentlichen Rechts unterliegen als solche nicht der Körperschaftsteuer; sie können sich aber beliebig wirtschaftlich betätigen und unterliegen dann insoweit mit ihren Betrieben gewerblicher Art der KSt. Dagegen können gemeinnützige Einrichtungen sich nur unter bestimmten engen Voraussetzungen wirtschaftlich betätigen; ansonsten sind sie nicht mehr gemeinnützig und auch nicht mehr von der KSt befreit (siehe dazu oben Tz 203).

Beispiele:

1. Ein unentbehrlicher Hilfsbetrieb ist bei der gemeinnützingen Einrichtung steuerfrei, bei der Körperschaft öffentlichen Rechts liegt idR ein Betrieb gewerblicher Art vor (zB: der Theaterbetrieb eines gemeinnützigen Kulturvereines ist als Hilfsbetrieb steuerfrei, dagegen als Betrieb gewerblicher Art steuerpflichtig).
2. Eine freiwillige Feuerwehr bzw ein gemeinnütziger Sportverein veranstaltet ein Sommerfest.

   Die freiwillige Feuerwehr ist eine Körperschaft öffentlichen Rechts, das Sommerfest ist ein Betrieb gewerblicher Art (jedoch steuerbefreit nach § 5 Z 12), beim gemeinnützigen Sportverein ist das Sommerfest als entbehrlicher Hilfsbetrieb steuerpflichtig.

5. Beginn und Ende der Steuerpflicht (§ 4)

(Doralt/Ruppe I[11], Tz 936)

Die Steuerpflicht **beginnt,** wenn die Satzung festgestellt ist und die **Gesellschaft nach außen in Erscheinung** tritt (kann vor der Eintragung im Firmenbuch sein, zB Eröffnung eines Bankkontos; sogenannte Vorgesellschaft) und **endet** mit Beendigung der **Verteilung des Gesellschaftsvermögens.** 207

6. Sachliche Steuerpflicht (§ 7)

(Doralt/Ruppe I[11], Tz 956 ff)

Einkommen und Einkommensermittlung

Die **Einkünfteermittlung** für Körperschaften richtet sich grundsätzlich nach dem **EStG.** 208

Das Einkommen einer Körperschaft ergibt sich danach aus dem

- Gesamtbetrag der Einkünfte iSd § 2 Abs 3 EStG,
- abzüglich Sonderausgaben (insbesondere Verlustabzug).

Die **Liebhabereigrundsätze** kommen auch im Rahmen der KSt zur Anwendung (ausgenommen bei Körperschaften öffentlichen Rechts; Liebhaberei-Verordnung § 5).

Die **Übertragung stiller Reserven** (§ 12 EStG) kommt im Bereich des KStG nicht zur Anwendung.

Trennungsprinzip in der KSt: Die KSt ist vom „Trennungsprinzip" beherrscht; dies betrifft insbesondere Kapitalgesellschaften. Danach werden die Gewinne zunächst bei der Kapitalgesellschaft besteuert (KSt); der Gesellschafter unterliegt mit seinen Gewinnen aus der Kapitalgesellschaft erst dann der ESt, wenn die Gesellschaft die Gewinne an den Gesellschafter ausschüttet (KESt). Daraus ergibt sich die Trennung der

Gesellschaftsebene von der Gesellschafterebene. Daher sind in weiterer Folge auch rechtsgeschäftliche Beziehungen zwischen dem Gesellschafter und der Gesellschaft anzuerkennen (Beispiele: Geschäftsführertätigkeit, Darlehensgewährung, Vermietung, Kauf zwischen Gesellschaft und Gesellschafter). Dagegen ist die Personengesellschaft vom Durchgriffsprinzip beherrscht, die Gewinne werden den Gesellschaftern direkt zugerechnet (siehe oben Tz 125).

Verluste bei einer Kapitalgesellschaft bzw bei einer Personengesellschaft: Aus dem Trennungsprinzip bzw Durchgriffsprinzip ergeben sich Unterschiede insbesondere auch bei Verlusten. – Eine Kapitalgesellschaft kann ihre Verluste grundsätzlich nur mit späteren Gewinnen verrechnen (keine Zurechnung der Verluste an die Gesellschafter), dagegen werden bei der Personengesellschaft die Verluste direkt den Gesellschaftern zugerechnet, die sie mit ihren anderen Einkünften sofort verrechnen können (ausgenommen kapitalistische Personengesellschaften; § 23a EStG).

Einkunftsarten

208/1 Eine Körperschaft kann zwar alle Einkunftsarten der ESt haben (§ 7 Abs 2 KStG iVm § 2 Abs 3 EStG); ist jedoch die Körperschaft auf Grund ihrer Rechtsform nach Unternehmensrecht rechnungslegungspflichtig, dann sind ihre gesamten Einkünfte den Einkünften aus Gewerbebetrieb zuzurechnen (§ 7 Abs 3 KStG, Einkünftetransformation). Daher hat eine Kapitalgesellschaft **nur Einkünfte aus Gewerbebetrieb,** weil sie nach UGB rechnungslegungspflichtig ist (§§ 6, 189ff UGB iVm § 7 Abs 3 KStG).

Dagegen kann ein steuerpflichtiger Verein wie eine natürliche Person Einkünfte aus allen sieben Einkunftsarten haben. Im Bereich der betrieblichen Einkünfte kommen daher auch alle Gewinnermittlungsarten in Betracht. Mitgliedsbeiträge unterliegen nicht der KSt (zu gemeinnützigen Einrichtungen siehe oben Tz 203).

Beispiele:

1. Ein Steuerberater bezieht – als natürliche Person – aus seiner Steuerberatung Einkünfte aus selbständiger Arbeit (§ 22 EStG). Betreibt er dagegen die Steuerberatung in Form einer GmbH, dann besteht nach UGB Rechnungslegungspflicht; daher liegen Einkünfte aus Gewerbebetrieb vor.
2. Vermietet eine GmbH ein Gebäude, liegen Einkünfte aus Gewerbebetrieb vor. Dagegen gehören bei einem Verein die Mieteinkünfte zu den Einkünften aus Vermietung und Verpachtung. Ist allerdings der Verein gemeinnützig und damit steuerbefreit, dann unterliegen die Mieteinkünfte nicht der KSt.

Ermittlung des Einkommens

Für die Ermittlung des Einkommens gelten die gleichen Grundsätze wie in der ESt. Daher sind die Einkünfte je nach Einkunftsart entweder im Rahmen einer Gewinnermittlung (betriebliche Einkünfte) oder im Rahmen der Überschussrechnung zu ermitteln.

Besonderheit bei Kapitalgesellschaften:

Da Kapitalgesellschaften auf Grund der Einkünftetransformation ausschließlich Einkünfte aus Gewerbebetrieb haben (siehe oben) und zugleich rechnungslegungspflichtig sind, ermitteln sie den Gewinn ausschließlich nach § 5. Dagegen kommen bei anderen Körperschaften mit betrieblichen Einkünften alle Gewinnermittlungsarten des EStG in Betracht (zB auch Pauschalierungen).

Beispiele:

1. Eine Steuerberatungs-GmbH ermittelt den Gewinn zwingend nach § 5 EStG; der Steuerberater dagegen als natürliche Person nach § 4 Abs 3 oder Abs 1.
2. Ein Kloster (Körperschaft öffentlichen Rechts) betreibt einen Kiosk. – Die Gewinnermittlung richtet sich nach den unternehmensrechtlichen Vorschriften zur Rechnungslegung; grundsätzlich kommen alle Gewinnermittlungsarten in Betracht.

Einkommensverwendung

Die **Gewinne** der Gesellschaft (Körperschaft) unterliegen der KSt; auch wenn sie an die Gesellschafter ausgeschüttet werden, gehören die Gewinnausschüttungen zur Einkommensverwendung und kürzen daher nicht den steuerlichen Gewinn (§ 8 Abs 2). Beim Gesellschafter führt die Gewinnausschüttung zu Einnahmen aus der Beteiligung (Einkünfte aus Kapitalvermögen; allenfalls betriebliche Einkünfte, wenn die Anteile zu einem Betriebsvermögen gehören). 209

Vom steuerlichen Gewinn ist der Gewinn nach dem UGB zu unterscheiden. Der unternehmensrechtliche Gewinn ergibt sich nach Abzug der Körperschaftsteuer und steht zur Gewinnausschüttung zur Verfügung.

Verdeckte Gewinnausschüttungen (vGA) sind **Vorteile,** die der Gesellschafter auf Grund seiner Gesellschafterstellung **außerhalb eines ordnungsgemäßen Gewinnverteilungsbeschlusses** erhält (zB Leistungen der Gesellschaft an den Gesellschafter zu unangemessen niedrigem Entgelt oder Leistungen des Gesellschafters an die Gesellschaft zu überhöhtem Entgelt). Verdeckte Gewinnausschüttungen sind grundsätzlich gleich zu behandeln wie offene Gewinnausschüttungen: Sie mindern nicht den steuerpflichtigen Gewinn der Gesellschaft; beim Gesellschafter führt die vGA zu Einnahmen aus der Beteiligung.

Für die **Angemessenheit** eines Entgelts ist der Fremdvergleich maßgeblich (wie bei Verträgen zwischen nahen Angehörigen).

Beispiele:

1. Die Gesellschaft verkauft dem Gesellschafter eine Liegenschaft mit einem Verkehrswert von 200.000 € um nur 100.000 €: Die Gesellschaft hat an den Gesellschafter um 100.000 € zu billig verkauft.
2. Die Gesellschaft kauft vom Gesellschafter eine Liegenschaft um 200.000 €, obwohl sie einen Verkehrswert von nur 100.000 € hat: Die Gesellschaft hat vom Gesellschafter zu teuer gekauft.
3. Der Gesellschafter-Geschäftsführer erhält für seine Geschäftsführung statt angemessener 4.000 € einen überhöhten Bezug von 8.000 €.

Der Begriff der „verdeckten" Gewinnausschüttung signalisiert, dass es sich um Zuwendungen an den Gesellschafter handelt, die nach außen hin nicht als Zuwendungen erkennbar sind, insbesondere auch nicht für die Abgabenbehörde. Allerdings kommt es darauf nicht an: Eine verdeckte Gewinnausschüttung liegt auch dann vor, wenn die Zuwendung zwar offengelegt wird, aber nicht im Rahmen eines ordnungsgemäßen Gewinnverteilungsbeschlusses erfolgt.

Wird die verdeckte Gewinnausschüttung gegenüber der Behörde nicht offengelegt, dann können sich daraus ua finanzstrafrechtliche Folgen ergeben.

7. Einlagen (§ 8 Abs 1)

(Doralt/Ruppe I[11], Tz 964 ff)

210 **Einlagen** der Gesellschafter bleiben bei der Ermittlung des Einkommens der Gesellschaft außer Ansatz (§ 8 Abs 1). Einlagen erhöhen daher nicht den Gewinn, sind also gewinn- und damit steuerneutral. Umgekehrt mindert auch eine **Einlagenrückzahlung** nicht den Gewinn der Gesellschaft.

Beim **Gesellschafter** ist eine Einlage und ihre Rückzahlung grundsätzlich ebenfalls steuerneutral: **Einlagen** (Gesellschafterzuschüsse) erhöhen beim Gesellschafter als nachträgliche Anschaffungskosten nur die ursprünglichen Anschaffungskosten der Beteiligung; **Einlagenrückzahlungen** vermindern die Anschaffungskosten der Beteiligung.

Bei Zahlungen an den Gesellschafter muss daher unterschieden werden, ob die Zahlungen aus dem Gewinn der Gesellschaft stammen (dann beim Gesellschafter KESt) oder ob sie rückgezahlte Einlagen sind (dann KESt-frei). Dagegen unterscheidet das Unternehmensrecht nicht, ob die Gewinnausschüttung aus dem Gewinn oder aus einer Einlage stammt. Daher muss für steuerliche Zwecke ein Evidenzkonto geführt werden, in dem der jeweilige Stand der Einlagen und Ausschüttungen ersichtlich ist (§ 4 Abs 12 EStG).

Das Gesetz bezeichnet die Einlagenrückzahlung als „Veräußerung der Beteiligung": Die Einlage wird als tauschähnlicher Vorgang gesehen (Veräußerung des eingelegten Vermögens gegen Anteile); dementsprechend ist die Rückzahlung der Einlage als „Rücktausch" und insoweit als Veräußerungstatbestand zu sehen (Einlagenrückzahlungs-Erlass des BMF).

Beispiel:

> A ist Alleingesellschafter der A-GmbH und leistet an die notleidende GmbH eine Einlage von 50.000 € (Kapitalrücklage nach § 229 UGB). Nach fünf Jahren erzielt die GmbH erstmals einen Gewinn von 10.000 € und schüttet den Gewinn im Rahmen eines Gewinnverteilungsbeschlusses an den Gesellschafter aus (unternehmensrechtlich eine Gewinnausschüttung). Erfolgt jedoch die Gewinnausschüttung gegen Kürzung der Kapitalrücklage, dann liegt – steuerlich – beim Gesellschafter nicht eine Gewinnausschüttung vor, sondern eine Einlagenrückzahlung (KESt-frei).

Verdeckte Einlagen sind Einlagen, die äußerlich nicht als Einlagen in Erscheinung treten. Es liegen Vermögenszuwendungen des Gesellschafters an die Gesellschaft vor, die alleine durch das Gesellschaftsverhältnis veranlasst sind (Spiegelbild der verdeckten Gewinnausschüttung; zB Forderungsverzicht des Gesellschafters). Auch sie erhöhen den Gewinn der Gesellschaft nicht; sie sind nachträgliche Anschaffungskosten der Beteiligung. Dagegen gelten Nutzungseinlagen nicht als Einlagen (dazu *Doralt/Ruppe* I[11], Tz 968).

Gewährt der Gesellschafter der Gesellschaft ein zinsenfreies Darlehen oder überlässt er der Gesellschaft ein Gebäude unentgeltlich zur Nutzung, dann gelten die ersparten Aufwendungen der Gesellschaft nicht als Einlage. Sie unterliegen allerdings der Gesellschaftsteuer (Tz 477 ff; ab 2016 aufgehoben).

Auch das **verdeckte Eigenkapital** (nach außen Fremdkapital) hat seine Ursache im Gesellschaftsverhältnis: Gewährt zB ein Gesellschafter persönlich der Gesellschaft ein Darlehen, weil sie nicht mehr kreditwürdig ist, aber entsprechendes Kapital benötigt, dann wird ein solches Darlehen wie Eigenkapital behandelt („eigenkapitalersetzendes Darlehen"); als Folge sind die Darlehenszinsen bei der Gesellschaft nicht Betriebsausgaben, sondern Teil des Gewinns (§ 8 Abs 2 erster Teilstrich); die ausgezahlten Zinsen stellen eine verdeckte Gewinnausschüttung dar (siehe dazu oben Tz 209; *Doralt/Ruppe* I[11], Tz 970).

Das Problem der eigenkapitalersetzenden Gesellschafterleistungen stellt sich auch im Gesellschaftsrecht und im Insolvenzrecht. Nach dem Eigenkapitalersatz-Gesetz gilt ein Kredit, den ein Gesellschafter in der Krise gewährt, als eigenkapitalersetzend.

8. Befreiung für Beteiligungserträge (§ 10)

(Doralt/Ruppe I[11], Tz 997 ff)

Vorbemerkung: 211

Würde jede Gewinnausschüttung einer Kapitalgesellschaft (Tochtergesellschaft) an eine beteiligte Kapitalgesellschaft (Muttergesellschaft) eine Steuerpflicht auslösen, dann würden Gewinnausschüttungen im Konzern zu einer Mehrfachbesteuerung führen (zuerst in der Tochtergesellschaft und dann als ausgeschütteter Gewinn nochmals bei der Muttergesellschaft). Auf diese Weise würde der Gewinn, der mehrere Kapitalgesellschaften durchläuft, zu einem großen Teil wegbesteuert werden; die Bildung von Konzernen wäre aus steuerlichen Gründen nicht möglich, selbst wenn die Ausgliederung einzelner Unternehmensteile in eigene Kapitalgesellschaften aus organisatorischen und strukturellen Überlegungen geboten wären. Aus diesem Grund wurden unter bestimmten Voraussetzungen Beteiligungserträge bei der Muttergesellschaft schon immer steuerfrei gestellt. Damit sollte erreicht werden, dass Gewinne im Konzern nur einmal mit Körperschaftsteuer belastet werden, und zwar bei der Tochtergesellschaft, die den Gewinn auch erwirtschaftet hat.

Heute sind die Gewinnanteile unabhängig von der Höhe der Beteiligung bzw der Anteile steuerfrei. Besonderheiten bestehen gegebenenfalls für Gewinnanteile aus ausländischen Gesellschaften.

Vorbemerkung zu den Begriffen:

Das Gesetz spricht von **„Beteiligungen"**, meint aber ganz allgemein Anteile an Körperschaften, insbesondere an Kapitalgesellschaften. Entgegen dem Gesetz liegt eine Beteiligung nämlich erst dann vor, wenn die Anteile an dem Unternehmen „dem eigenen Geschäftsbetrieb durch eine dauernde Verbindung zu diesem Unternehmen dienen" (§ 189 a Z 2 UGB; im Zweifel ab einer Anteilsgröße von 20%).

Als **„Schachtelbeteiligung"** bezeichnet man eine qualifizierte Beteiligung (im KStG ab 10%).

Als **„Portfolio"** (begrifflich: Sammlung von Objekten eines bestimmten Typs) wird bei Wertpapieren eine Veranlagung verstanden, die einer bestimmten Anlagestrategie folgt. Dagegen verwendet die Praxis den Begriff allgemein auch für einzelne Aktien bzw Anteile. Die Befreiung für Gewinnanteile (siehe unten) gilt unabhängig davon, ob es sich um ein Portfolio handelt.

Bei der Befreiung von Beteiligungserträgen im weiteren Sinn sind zu unterscheiden (§ 10):

- Gewinnanteile
- Veräußerungsgewinne

1. Gewinnanteile:

Die inländische Muttergesellschaft bezieht Gewinne

- aus einer **inländischen Tochtergesellschaft: steuerfrei unabhängig von der Beteiligungshöhe;** gilt auch für Gewinnanteile aus EU-Mitgliedstaaten und aus Drittstaaten mit umfassender Amtshilfe;
- aus einer **ausländischen Tochtergesellschaft** (in Drittstaaten ohne umfassende Amtshilfe): **steuerfrei erst ab einer Beteiligung von 10%** („internationale Schachtelbeteiligung", Mindestdauer ein Jahr).

Ob eine „umfassende Amtshilfe" vereinbart ist, ergibt sich aus dem jeweiligen Doppelbesteuerungsabkommen (DBA) oder sonstigen zwischenstaatlichen Abkommen, wenn die Vertragsstaaten auch Informationen austauschen, die nicht bloß der Durchführung des DBA dienen, sondern darüber hinaus auch zur Durchführung der innerstaatlichen Besteuerung erforderlich sind („große Auskunftsklausel", vgl Art 26 OECD-Musterabkommen und zB Art 26 DBA Deutschland).

Bei der internationalen Schachtelbeteiligung kommt es auf die Amtshilfe nicht an, weil ansonsten die Gründung von Tochtergesellschaften im Ausland behindert wäre.

2. Veräußerungsgewinne (Veräußerung von Anteilen):

Die Veräußerung von Anteilen an einer Körperschaft ist

- generell steuerpflichtig (unabhängig, ob die Anteile an einer inländischen oder ausländischen Körperschaft bestehen),
- steuerfrei dagegen ist die Veräußerung einer internationalen Schachtelbeteiligung.

Option auf Steuerpflicht bei internationaler Schachtelbeteiligung (§ 10 Abs 3): Die Steuerbefreiung für den Veräußerungsgewinn einer internationalen Schachtelbeteiligung ist nicht unbedingt vorteilhaft, weil dann konsequenterweise auch Wertverluste nicht geltend gemacht werden können (keine Teilwertabschreibung der Beteiligung, wenn der Veräußerungsgewinn steuerfrei ist). Aus diesem Grund kann auf die Steuerpflicht optiert werden. Die Option ist mit der Anschaffung der Beteiligung auszuüben.

Beispiel:

Die inländische Muttergesellschaft ist an folgenden Gesellschaften beteiligt:

1. an einer inländischen Gesellschaft mit 20%: Veräußerungsgewinn steuerpflichtig (unabhängig von der Beteiligungshöhe);
2. an einer Gesellschaft in einem anderen Mitgliedstaat zu 5%: Veräußerungsgewinn steuerpflichtig;

3. an einer Gesellschaft in einem anderen Mitgliedstaat zu 10%: Veräußerungsgewinn steuerfrei mit Option auf Steuerpflicht (Internationales Schachtelprivileg);
4. an einer Gesellschaft in Japan zu 10%: Veräußerungsgewinn steuerfrei, mit Option auf Steuerpflicht (Internationales Schachtelprivileg).

Methodenwechsel bei Missbrauch – Anrechnungsverfahren

Die Befreiung der Erträgnisse aus ausländischen Tochtergesellschaften begünstigt die Ausgliederung betrieblicher Aktivitäten in Niedrigsteuerländer (Steueroasen), vor allem aber auch die Gründung von Tochtergesellschaften in Niedrigsteuerländern, um dort mehr oder minder unversteuerte Kapitaleinkünfte zu lukrieren.

Beispiel:

Die Tochtergesellschaft in einem Niedrigsteuerland (Steueroase) gewährt der Muttergesellschaft im Inland ein Darlehen. Die Muttergesellschaft zahlt an die Tochtergesellschaft Zinsen; die Zinsen werden aber im Niedrigsteuerland bei der Tochtergesellschaft nicht oder nur gering besteuert. Als Gewinnausschüttung gelangen die nicht oder nur niedrig besteuerten Zinsen an die Muttergesellschaft als steuerfreie Beteiligungserträge zurück.

Das Gesetz reagiert auf solche Missbrauchsgestaltungen mit dem sogenannten **Methodenwechsel:** An die Stelle der Befreiung der Beteiligungserträge bei der Muttergesellschaft tritt das Anrechnungsverfahren. Danach werden bei der Muttergesellschaft die Beteiligungserträgnisse normal besteuert, die von der Tochtergesellschaft im Niedrigsteuerland entrichtete Körperschaftsteuer wird bei der Besteuerung der Muttergesellschaft angerechnet, also in Abzug gebracht (§ 10 Abs 6; siehe auch die Verordnung zur internationalen Schachtelbeteiligung). Bezahlt zB die Tochtergesellschaft überhaupt keine Steuer, dann werden die an die Muttergesellschaft ausgeschütteten Gewinne bei dieser voll besteuert.

Zum Methodenwechsel kann es bei allen Erträgnissen aus ausländischen Körperschaften kommen (gleichgültig ob Schachtelbeteiligung oder andere Anteile), wenn der Steuersatz im Ausland zu niedrig ist (unter 15%) bzw die ausländische Steuer mit der inländischen KSt nicht vergleichbar ist (dazu § 10 Abs 4 bis 6).

Bei Zahlungen an Konzerngesellschaften in Steueroasen droht außerdem eine Nichtabzugsfähigkeit von Zinsen- und Lizenzzahlungen (siehe unten Tz 218).

Teilwertabschreibung von Beteiligungen: Wertverluste von Beteiligungen und Anteilen, für die die Beteiligungsertragsbefreiung zusteht, sind verteilt auf 7 Jahre abzuschreiben. Dies gilt sowohl für die Teilwertabschreibung als auch im Fall der Veräußerung (§ 12 Abs 3 Z 2; ausschließlich fiskale Bedeutung).

Gewinnausschüttung und Kapitalertragsteuer: Grundsätzlich ist von Gewinnausschüttungen an die Gesellschafter Kapitalertragsteuer (KESt) einzubehalten. Ist der Gesellschafter selbst eine Körperschaft, dann unterbleibt ab einer bestimmten Beteiligungshöhe der KESt-Abzug (Tz 223).

9. Gruppenbesteuerung (§ 9)

(Doralt/Ruppe I[11], Tz 937 ff)

212 **Auf Grund des Trennungsprinzips** bei Körperschaften können **Gewinne** und **Verluste zwischen Mutter- und Tochtergesellschaften** grundsätzlich **nicht ausgeglichen werden.** Das Gesetz ermöglicht jedoch einen solchen Ausgleich zwischen **finanziell verbundenen Körperschaften** („Gruppenbesteuerung").

Nach der früheren Rechtslage (vor 2005) war ein Ausgleich von Gewinnen und Verlusten zwischen Kapitalgesellschaften nur im Rahmen einer **Organschaft** möglich; neben der finanziellen Eingliederung musste dazu auch eine wirtschaftliche und organisatorische Eingliederung bestehen. Der Organträger musste die Verluste der Tochtergesellschaft auch wirtschaftlich tragen. Nach der neuen Gruppenbesteuerung genügt es, wenn die Gesellschaften nur finanziell verbunden sind, um Gewinne und Verluste innerhalb der Unternehmensgruppe verrechnen zu können.

213 Die wesentlichen Merkmale der Gruppenbesteuerung sind:
- ein oder mehrere Gruppenträger (Muttergesellschaft),
- ein oder mehrere Gruppenmitglieder (Tochtergesellschaft),
- die finanzielle Verbindung,
- die Ergebniszurechnung,
- der Gruppenvertrag (Steuerausgleich in der Gruppe),
- der Gruppenantrag.

Gruppenträger können insbesondere sein (§ 9 Abs 3)
- unbeschränkt steuerpflichtige Kapitalgesellschaften,
- beschränkt steuerpflichtige EU-Kapitalgesellschaften.

Gruppenmitglieder können insbesondere sein (§ 9 Abs 2):
- unbeschränkt steuerpflichtige Kapitalgesellschaften,
- vergleichbare ausländische Körperschaften innerhalb der EU oder einem Drittstaat mit umfassender Amtshilfe.

Finanzielle Verbindung (§ 9 Abs 4): Zwischen Gruppenträger und Gruppenmitgliedern muss eine entsprechende finanzielle Verbindung bestehen, und zwar insbesondere durch eine
- **Einzelbeteiligung von mehr als 50%** des Gruppenträgers an einem Gruppenmitglied,
- **Beteiligungsgemeinschaft** („Mehrmüttergruppe"), wobei eine Körperschaft **mindestens zu 40%** (Kerngesellschafter) und eine zweite oder weitere Körperschaft mit **mindestens 15%** am Gruppenmitglied beteiligt sein muss.

In Betracht kommen auch mittelbare Beteiligungen über eine Personengesellschaft oder über eine andere Mitgliedskörperschaft.

Die finanzielle Verbindung muss während des gesamten Wirtschaftsjahres bestehen (§ 9 Abs 5).

214 **Ergebniszurechnung** (§ 9 Abs 6): Jedes Gruppenmitglied hat zunächst sein eigenes steuerliches Ergebnis zu ermitteln; dieses Ergebnis wird dem je-

weils nächsthöheren Gruppenmitglied in voller Höhe (!) zugerechnet, bis beim Gruppenträger alle Ergebnisse (Gewinne und Verluste) der Gruppe zusammengefasst und der Besteuerung unterworfen werden (zum Verfahren siehe unten).

Gruppenvertrag: Die Ergebniszurechnung erfolgt in voller Höhe **unabhängig vom Beteiligungsausmaß** (siehe auch oben). Auch bei einer Beteiligung von nur 51% ist daher das Gesamtergebnis der Tochtergesellschaft (also 100%) dem Gruppenträger zuzurechnen und bei ihm zu versteuern. Da danach der Gruppenträger unabhängig von der Beteiligungshöhe die gesamte Steuer auch für die Gruppenmitglieder schuldet, ist eine entsprechende Vereinbarung zwischen den Gruppenmitgliedern über den **Steuerausgleich** erforderlich **(„Gruppenvertrag“).** Das Gleiche gilt, wenn das Gruppenmitglied einen Verlust ausweist, der aber steuerlich vom Gruppenträger verwertet wird.

Beispiel: 215

Die Muttergesellschaft (Gruppenträger) ist an der Tochtergesellschaft (Gruppenmitglied) zu 70% beteiligt. Das Gruppenmitglied erzielt im laufenden Jahr einen Verlust von 100.000 €.

Obwohl die Muttergesellschaft nur zu 70% an der Tochtergesellschaft beteiligt ist, übernimmt die Muttergesellschaft den gesamten Verlust in Höhe von 100.000 € und kann diesen Verlust zur Gänze mit dem eigenen Gewinn verrechnen; daraus erzielt die Muttergesellschaft eine entsprechende Steuerreduzierung, andererseits geht der Tochtergesellschaft der Verlust für eine Verrechnung mit späteren Gewinnen verloren.

Im Gruppenvertrag muss daher vereinbart werden, in welcher Form die Muttergesellschaft ihre Tochtergesellschaft entschädigt (Steuerausgleich).

In welcher Form der Steuerausgleich erfolgt, regelt das Gesetz nicht, bleibt also dem Gruppenträger und dem Gruppenmitglied überlassen.

Gruppenantrag (§ 9 Abs 8): Als formale Voraussetzung haben die Gruppenmitglieder gemeinsam mit dem Gruppenträger einen Gruppenantrag zu unterfertigen, der an das für den Gruppenträger zuständige Finanzamt gerichtet ist. Der Gruppenantrag muss insbesondere die Regelung über den Steuerausgleich (Gruppenvertrag) enthalten.

Mindestdauer (§ 9 Abs 10): Die Unternehmensgruppe muss für mindestens drei Jahre bestehen.

Verluste von Gruppenmitgliedern (§ 9 Abs 6 Z 4): Verluste, die beim 216
Gruppenmitglied entstehen, sind steuerlich dem Gruppenträger zuzurechnen und werden daher mit seinen Gewinnen kompensiert. Dies gilt allerdings nur für Verluste, die die Tochtergesellschaft während ihrer Mitgliedschaft zur Gruppe erwirtschaftet hat. **Vorgruppenverluste,** also Verluste, die die Tochtergesellschaft vor ihrer Zugehörigkeit zur Gruppe erwirtschaftet hat, sind daher dem Gruppenträger nicht zuzurechnen. Dagegen kann allerdings der Gruppenträger seine eigenen früheren Verluste (Vorgruppenverluste) mit den Gewinnen der anderen Gruppenmitglieder verrechnen.

Verluste von ausländischen Gruppenmitgliedern sind dem Gruppenträger ebenfalls zuzurechnen, jedoch nur im Ausmaß der unmittelbaren Beteiligung an dem ausländischen Mitglied. Für Verluste ausländischer Mitglieder besteht außerdem eine **Ver-**

lustverrechnungsgrenze in Höhe von 75% von der Summe der Einkommen der unbeschränkt steuerpflichtigen Gruppenmitglieder sowie des Gruppenträgers. Das bedeutet: Mindestens 25% des im Inland steuerpflichtigen Einkommens der Gruppe muss für die Besteuerung übrig bleiben. Nicht verrechenbare Verluste sind vorzutragen (§ 9 Abs 6 Z 6).

Gewinne von (beschränkt steuerpflichtigen) ausländischen Gruppenmitgliedern sind dem Gruppenträger nicht zuzurechnen.

217 **Firmenwertabschreibung** (§ 9 Abs 7): Ein besonderer Vorteil der Gruppenbesteuerung bestand in der sogenannten „Firmenwertabschreibung". Danach konnte der Gruppenträger bei inländischen Beteiligungen eine „Firmenwertabschreibung" verteilt auf 15 Jahre vornehmen (mit Wirkung für Beteiligungserwerbe ab 1. 3. 2014 abgeschafft; begonnene Abschreibungen aus vorher erworbenen Beteiligungen können fortgesetzt werden; AbgÄG 2014).

Bei Beteiligungen an Gruppenmitgliedern kommt eine **Abschreibung auf den niedrigeren Teilwert** nicht in Betracht; ansonsten käme es zu einer Mehrfachverwertung von Verlusten, wenn der Wertverlust der Beteiligung sich aus den Verlusten in der Gesellschaft ergibt und die Verluste bereits im Rahmen der Gruppenbesteuerung erfasst werden.

Das **Besteuerungsverfahren** erfolgt in zwei Stufen (§ 24a):

- In der ersten Stufe wird für jedes Gruppenmitglied das Einkommen in einem eigenen Feststellungsverfahren ermittelt und bescheidmäßig festgestellt.
- In der zweiten Stufe werden im Rahmen der Veranlagung des Gruppenträgers die Ergebnisse aller Gruppenmitglieder zusammengerechnet und für den Gruppenträger die Steuer festgesetzt.

10. Nichtabzugsfähige Aufwendungen (§ 12)

(Doralt/Ruppe I[11], Tz 1014ff)

218 Die nichtabzugsfähigen Aufwendungen in der KSt entsprechen im Wesentlichen den nichtabzugsfähigen Aufwendungen nach § 20 EStG (insbesondere Repräsentationsaufwendungen und Managerbezüge, soweit sie 500.000 € im Jahr übersteigen. Nichtabzugsfähig sind außerdem insbesondere:

- Zuwendungen in Erfüllung des Satzungszweckes,
- Aufsichtsratsvergütungen zur Hälfte,
- Zinsen und Lizenzgebühren, die an eine Konzerngesellschaft in einer Steueroase gezahlt werden, wenn der Steuersatz dort weniger als 10% beträgt (zur Steueroase siehe auch oben Tz 211).

Schuldzinsen für ein Darlehen zum Erwerb von Kapitalanteilen (§ 10) sind abzugsfähig (im Gesetz ausdrücklich klargestellt; ansonsten wäre die Abzugsfähigkeit zweifelhaft, weil auch ein Zusammenhang mit den steuerfreien Beteiligungserträgen besteht, zu den Ausnahmen insbesondere im Konzern siehe § 11 Abs 1 Z 4).

In der ESt sind dagegen die Schuldzinsen für den Erwerb von Anteilen an einer Kapitalgesellschaft nicht abzugsfähig, weil sie mit endbesteuerten Beteiligungserträgen in Zusammenhang stehen (§ 20 Abs 2 EStG).

11. Verlustabzug, Mantelkauf

(Doralt/Ruppe I[11], Tz 1026)

Verluste aus Vorjahren sind wie in der ESt im Rahmen des **Verlustabzuges** zu berücksichtigen, jedoch nur im Ausmaß von 75% des Gesamtbetrages der Einkünfte; der insoweit nicht verbrauchte Verlust ist auf das Folgejahr vorzutragen (§ 8 Abs 4 Z 1 und 2; zur ESt siehe Tz 153). 219

Bei einem **„Mantelkauf"** steht ein Verlustabzug grundsätzlich nicht zu (§ 8 Abs 4 Z 2 lit c); ein Mantelkauf liegt dann vor, wenn eine Gesellschaft entgeltlich erworben wird, aber im Zuge des Erwerbes die organisatorische und wirtschaftliche Identität verloren geht.

Die wirtschaftliche und organisatorische Identität geht insbesondere dann verloren,

- wenn der Unternehmensgegenstand geändert wird und gleichzeitig
- das Betriebsvermögen wesentlich erweitert wird,
- ein Großteil der Gesellschafter wechselt (Änderung der Gesellschafterstruktur von mehr als 75% auf entgeltlicher Grundlage) und
- die Geschäftsführer überwiegend ausgetauscht werden.

Maßgeblich ist das Gesamtbild der Verhältnisse.

Der Mantelkauf wäre steuerlich zB dann interessant, wenn eine durch Verluste wertlos gewordene Gesellschaft nur auf Grund ihrer Verlustvorträge erworben wird, um Verlustvorträge steuerlich zu verwerten. Eine Verlustverwertung ist bei einem Mantelkauf nur ausnahmsweise zur Sanierung des Unternehmens mit dem Ziel der Arbeitsplatzsicherung zulässig.

Beispiel:

> Eine Gesellschaft hat ihr Grundkapital von 1 Mio € durch Verluste verloren. Die Gesellschaft ist also vermögenslos, hat aber infolge der angesammelten Verluste einen Verlustvortrag von 1 Mio €. Ist dieser Verlustvortrag im Fall der Veräußerung der Beteiligung für das Nachfolgeunternehmen verwertbar, ergibt sich daraus auf Grund des Steuersatzes von 25% eine Steuerersparnis von 250.000 €. – Sind daher die Verluste steuerlich verwertbar, dann hat die Gesellschaft (als „Mantel") auch einen entsprechenden Wert, obwohl sie nach ihrem Vermögensstand eigentlich wertlos ist.

12. Liquidation (§ 19)

(Doralt/Ruppe I[11], Tz 1028 ff)

Für die Liquidation besteht ein **besonderer Besteuerungszeitraum bis zu 3 Jahren,** im Insolvenzverfahren bis zu 5 Jahren (verlängerbar); damit können in der Liquidationsphase Verluste mit früheren Gewinnen ausgeglichen 220 werden (faktischer Verlustrücktrag). Eine Steuersatzbegünstigung besteht nicht (Unterschied zur ESt).

Bei den Gesellschaftern unterliegt der Unterschiedsbetrag zwischen dem ausgezahlten Liquidationserlös und den Anschaffungskosten der Beteiligung nach den Grundsätzen der Beteiligungsveräußerung der Einkommensteuer (vgl zB § 27 Abs 6 Z 2 EStG; unabhängig vom Beteiligungsausmaß).

13. Steuersatz und Erhebung der Steuern (§§ 22, 24)

(Doralt/Ruppe I[11], Tz 1042 ff)

221 Der **Steuersatz** beträgt **25%.**

Bei steuerbefreiten Körperschaften, die mit der Abzugssteuer beschränkt steuerpflichtig sind (siehe oben Tz 204 f), ist die KSt durch den Steuerabzug (insbesondere der KESt) grundsätzlich abgegolten (§ 24 Abs 2).

Bezieht eine gemeinnützige Einrichtung steuerpflichtige Einkünfte aus einem Geschäfts- oder Hilfsbetrieb, dann kürzt sich das Einkommen um einen Freibetrag von 10.000 € (§ 23; vgl auch KStR Rz 1519).

Bei Aktiengesellschaften und GmbH besteht eine **Mindestkörperschaftsteuer** in Höhe von 5% der Mindesthöhe des Grund- und Stammkapitals (§ 24 Abs 4 KStG).

Das Stammkapital bei der GmbH beträgt mindestens 35.000 € (§ 6 GmbHG); bei der Aktiengesellschaft beträgt das Grundkapital 70.000 € (§ 7 AktG). Daraus ergibt sich eine Mindestkörperschaftsteuer bei der GmbH von 1.750 € pro Jahr und bei der Aktiengesellschaft von 3.500 € pro Jahr.

Bei einer neugegründeten GmbH besteht die Möglichkeit, für die Dauer von höchstens zehn Jahren eine sogenannte „gründungsprivilegierte Stammeinlage" iHv mindestens 10.000 € zu leisten (§ 10b GmbHG). Auch die Mindest-KSt reduziert sich (dazu § 24 Abs 4 Z 3).

Im Rahmen der Gruppenbesteuerung ist für jedes Gruppenmitglied die Mindeststeuer zu entrichten, wenn das Gesamteinkommen der Unternehmensgruppe nicht ausreichend positiv ist (§ 24a Abs 4 Z 1).

Für die Entrichtung und Veranlagung der KSt sind die Vorschriften des EStG sinngemäß anzuwenden (§ 24); die Regeln für die Anspruchszinsen gelten ebenfalls wie in der ESt (Nachforderungszinsen und Gutschriftzinsen; § 205 BAO).

Ermäßigt besteuert werden **Sanierungsgewinne** im Zusammenhang mit einem Sanierungsplan (§ 23a). Die Begünstigung setzt den Fortbestand (Sanierung) des Unternehmens voraus (anders vergleichsweise die Ermäßigung für den Schulderlass nach § 36 EStG; siehe dazu Tz 162).

Verweigerung der Empfängernennung: Werden Betriebsausgaben geltend gemacht, wird aber trotz Aufforderung durch das FA der Empfänger nicht genannt, dann ist die Betriebsausgabe nicht anzuerkennen (§ 162 BAO). Zusätzlich hat die Körperschaft von dem nicht anerkannten Betrag einen Zuschlag von 25% KSt zu entrichten (§ 22 Abs 3). – Das ergibt in der Summe 50% des an den nicht genannten Empfänger gezahlten Betrages und entspricht damit der Steuer, die sich der Empfänger bei der ESt (bis zu 50%) erspart, wenn er diesen Betrag nicht versteuert (hinterzieht).

14. Zuständigkeit (§§ 3, 8 AVOG)

Sachlich zuständig sind grundsätzlich die Finanzämter mit allgemeinem Aufgabenkreis (§ 13 AVOG), bei Aktiengesellschaften und großen GmbH (§ 221 Abs 3 UGB) die Finanzämter mit erweitertem Aufgabenkreis (§ 14 ff AVOG). Örtlich zuständig ist jenes FA, in dessen Bereich sich der Ort der Geschäftsleitung befindet. Falls dieser nicht im Inland gelegen ist, richtet sich die Zuständigkeit nach dem Sitz (§ 21 AVOG). 222

„Große Kapitalgesellschaften" iSd § 221 Abs 3 UGB sind Gesellschaften, die von den folgenden drei Kriterien mindestens zwei erfüllen: Bilanzsumme von mehr als 19,25 Mio €, 38,5 Mio € Jahresumsatz oder 250 Arbeitnehmer.

15. Exkurs: Kapitalertragsteuer auf Gewinnausschüttungen (§§ 93 ff EStG)

Schüttet eine inländische Kapitalgesellschaft Gewinne an ihre Gesellschafter aus, dann hat sie von den ausgeschütteten Gewinnen Kapitalertragsteuer (KESt) einzubehalten (§ 93; Ausnahmen: §§ 94 ff): Schuldner der KESt ist zwar der Gesellschafter, doch hat die Gesellschaft die KESt einzubehalten und an das Finanzamt (Betriebstättenfinanzamt) abzuführen. Der an den Gesellschafter ausgezahlte Gewinnanteil (Dividende) ist daher um die KESt bereits gekürzt. 223

Die KESt beträgt **27,5%** (§ 93 iVm § 27a Abs 1); für **natürliche Personen** ist die Einkommensteuer damit abgegolten (§ 97 Abs 1, Endbesteuerung). Ist nach dem Einkommensteuertarif des Gesellschafters die ESt niedriger als 27,5%, dann kann der Gesellschafter beantragen, mit den Gewinnanteilen zur ESt veranlagt zu werden (§ 27a Abs 5); in diesem Fall wird die KESt auf die Einkommensteuerschuld angerechnet (§ 97 Abs 2).

Eine KESt ist grundsätzlich auch dann abzuziehen und an das FA abzuführen, wenn der Empfänger eine **Kapitalgesellschaft** ist (und bei ihr steuerfreie Beteiligungserträgnisse iSd § 10 Abs 1 KStG vorliegen). Der Abzug der KESt unterbleibt, wenn die Muttergesellschaft (Empfänger der Kapitalerträge) mindestens zu 10% an der ausschüttenden Gesellschaft beteiligt ist; liegt die Beteiligung unter 10%, so kommt es zur Anrechnung und Erstattung der KESt.

Gewinnausschüttungen einer inländischen Tochtergesellschaft an eine **ausländische Muttergesellschaft** im Gemeinschaftsgebiet sind ebenfalls von der Einbehaltung der KESt befreit, wenn die Beteiligung mindestens 10% beträgt und mindestens ein Jahr besteht (§ 94 Z 2 EStG; weitere Ausnahmen nach DBA und der DBA-Entlastungsverordnung).

224 16. Vergleich: Besteuerung von Personengesellschaften und Kapitalgesellschaften

Personengesellschaft	**Kapitalgesellschaft**
Durchgriffsprinzip Direkte Gewinnzurechnung beim Gesellschafter	Trennungsprinzip Gewinnzurechnung bei der Gesellschaft; dem Gesellschafter werden nur ausgeschüttete Gewinne zugerechnet (*Ausnahme:* Gruppenbesteuerung)
Dienstleistungen an die Gesellschaft, Darlehenshingabe an die Gesellschaft, Vermietung an die Gesellschaft = betriebliche Einkünfte des Gesellschafters aus der Gesellschaft Nur zwischenbetrieblicher Leistungsaustausch zu fremdüblichen Preisen wird anerkannt	Dienstverträge, Darlehensverträge, Mietverträge = Einkünfte aus nichtselbständiger bzw selbständiger Tätigkeit, Einkünfte aus Kapitalvermögen bzw Einkünfte aus Vermietung und Verpachtung
Vermögen des Gesellschafters im Dienste der Gesellschaft: Sonderbetriebsvermögen	Vermögen des Gesellschafters im Dienste der Gesellschaft: bleibt Privatvermögen
Verluste werden dem Gesellschafter direkt zugerechnet (steuerlich beim Gesellschafter verwertbar)	Verluste bleiben in der Gesellschaft (steuerlich beim Gesellschafter nicht verwertbar; *Ausnahme:* Gruppenbesteuerung)
Veräußerung: wie Betriebsveräußerung (§§ 24, 37 EStG)	Veräußerung: Anteilsveräußerung (§ 27 Abs 3 EStG)
Eventuell: GrESt (insb Anteilsvereinigung und Gesellschafterwechsel)	Eventuell: GrESt (Anteilsvereinigung)

17. Exkurs: Besteuerung der Privatstiftung

(Doralt/Ruppe I[11], Tz 1050 ff)

225 Eine Privatstiftung ist eine juristisch selbständige Vermögensmasse ohne Eigentümer, die vom Stifter mit Vermögen ausgestattet ist, um damit einem vom Stifter bestimmten Zweck zu dienen (§ 1 PSG).

Die Stiftungen nach dem **Privatstiftungsgesetz** sollen mit Hilfe von Steuervorteilen das Abwandern von größeren Vermögensmassen ins Ausland (insbesondere Steueroasen) verhindern und unterliegen daher einem gesonderten Besteuerungssystem.

Die Besteuerung der Stiftung erfolgt auf drei Ebenen:
- die Zuwendung an die Stiftung (Stiftungseingangssteuer, GrESt),
- die laufende Besteuerung der Stiftung (Sonderregelung in der Körperschaftsteuer),
- die Besteuerung der Zuwendungen an die Begünstigten (Kapitalertragsteuer als Ausgangssteuer).

Anmerkung: Aus Anlass der Aufhebung der Erbschafts- und Schenkungssteuer wurde die Besteuerung der Stiftung mit Wirkung ab 1. 8. 2008 zum Teil erheblich geändert: Die Stiftungseingangssteuer für Zuwendungen an die Stiftung nach dem Stiftungseingangssteuergesetz (eingeführt mit dem Schenkungsmeldegesetz 2008) tritt an die Stelle der früheren Erbschafts- und Schenkungssteuer, die auch Zuwendungen an Stiftungen erfasste; Zuwendungen der Stiftung an den Begünstigten unterliegen nur insoweit der Besteuerung, als sie aus Erträgnissen der Stiftung stammen (dazu unten).

Stiftungseingangssteuer, Grunderwerbsteuer

Widmung des Stiftungsvermögens: idR 2,5% vom Wert der Zuwendung (vgl § 2 StiftEG).

Der Wert der Zuwendung (Bemessungsgrundlage) ergibt sich im Wesentlichen aus dem BewG (förmliche Anknüpfung an das frühere Erbschafts-Schenkungssteuergesetz, § 1 Abs 5 StiftEG; siehe auch Tz 405)
- grundsätzlich aus dem gemeinen Wert,
- bei Wertpapieren aus dem Kurswert,
- bei Anteilen an Kapitalgesellschaften ebenfalls aus dem Kurswert und bei nicht börsennotierten Werten aus dem gemeinen Wert (ermittelt nach dem Wiener Verfahren).
- Zuwendungen von Grundstücken unterliegen nicht der Stiftungseingangssteuer sondern der GrESt vom Grundstückswert; eine darüber hinausgehende Gegenleistung unterliegt einem Stiftungseingangssteueräquivalent von 2,5% (dazu § 7 Abs 2 GrEStG).
- Zuwendungen von Todes wegen sind steuerfrei, soweit es sich dabei um endbesteuertes Kapitalvermögen handelt; Anteile an Kapitalgesellschaften sind dagegen immer steuerpflichtig.

Laufende Besteuerung der Stiftung

Das Einkommen einer Stiftung ergibt sich grundsätzlich wie in der ESt aus den sieben Einkunftsarten (§ 13 iVm § 7 KStG; anders zB bei Kapitalgesellschaften, die nur gewerbliche Einkünfte haben, siehe oben Tz 208).

Im Wesentlichen beschränkt sich die Steuerpflicht der Privatstiftung auf
- Einkünfte aus Land- und Forstwirtschaft,
- Einkünfte aus Kapitalvermögen (einschließlich der Veräußerung von Kapitalvermögen),
- Einkünfte aus Vermietung und Verpachtung,
- Einkünfte aus der Veräußerung von Grundstücken.

Der Steuersatz beträgt 25% (wie auch sonst in der Körperschaftsteuer).

Bei den **Einkünften aus Kapitalvermögen** gilt Folgendes:
- Beteiligungserträge (Dividenden) sind aufgrund der allgemeinen Befreiung für Beteiligungserträgnisse steuerfrei (§§ 10 und 13 Abs 2),
- Zinsen aus Darlehen, die die Stiftung gewährt, 25% KSt,
- Zinsen aus Bankeinlagen und Forderungswertpapieren unterliegen einer „Zwischenbesteuerung" von 25%,
- Gewinne aus der Veräußerung von Kapitalvermögen unterliegen im Regelfall der „Zwischenbesteuerung" (Ausnahme: Übertragung stiller Reserven bei Veräußerung einer Beteiligung; siehe unten).

Auf **Einkünfte aus privaten Grundstücksveräußerungen** gem § 30 EStG sind die einkommensteuerrechtlichen Grundsätze sinngemäß anzuwenden. Sie unterliegen ebenfalls der „Zwischenbesteuerung".

Zwischenbesteuerung:

Grundsätzlich kommt es auch bei der Stiftung wie bei der Kapitalgesellschaft zu einer Doppelbesteuerung der Einkünfte: zuerst in der Stiftung und dann bei der späteren Zuwendung an die Begünstigten (siehe unten). Erzielt die Stiftung zB Mieteinnahmen, werden diese Einnahmen zuerst in der Stiftung besteuert und anlässlich der Zuwendung an die Begünstigten mit KESt (KSt plus KESt).

Bei Kapitaleinkünften und bei Grundstücksveräußerungen ist jedoch eine solche Doppelbesteuerung unerwünscht; denn diese Einkünfte sollen wie in der ESt grundsätzlich nur einmal besteuert werden.

Dies wird mit der sogenannten Zwischenbesteuerung erreicht: Wendet die Stiftung ihre Kapitaleinkünfte dem Begünstigten zu, dann unterliegt diese Zuwendung zwar der KESt, doch wird der Stiftung die früher bezahlte KSt rückerstattet, soweit die KSt auf diese Kapitaleinkünfte enfallen ist. Zu diesem Zweck muss die Stiftung entsprechende Aufzeichnungen führen (Evidenzkonten). Das Gleiche gilt für Gewinne aus der Veräußerung von Grundvermögen.

Beispiel:

> In den Jahren 01 und 02 erzielt die Stiftung jeweils 100.000 € Dividendeneinkünfte und jeweils 100.000 € Zinsen aus Bankeinlagen (in Summe also 400.000 €). Es erfolgt keine Zuwendung an den Begünstigten. Im Jahr 03 werden die Dividenden und die Zinsen dem Begünstigten zugewendet.
> Die Dividenden sind in der Stiftung steuerfrei, die Zinsen werden in den beiden Jahren mit der Zwischenbesteuerung iHv jeweils 25.000 € (25% von 100.000 €) besteuert.
> Anlässlich der Zuwendung der insgesamt 400.000 € an den Begünstigten im dritten Jahr wird die Zwischensteuer in Höhe von insgesamt 50.000 € der Stiftung rückerstattet. Die Zuwendung an den Begünstigten unterliegt der KESt (27,5%; siehe unten).

Veräußerung von Beteiligungen – Übertragung stiller Reserven

Veräußert die Stiftung eine Beteiligung an einer Körperschaft, an der sie mindestens mit 1% beteiligt ist, kann die Besteuerung des Veräußerungsgewinns mit der Zwischensteuer vermieden werden, wenn die Stiftung die Gewinne aus der Beteiligungsveräußerung in eine neue Beteiligung von mehr als 10% reinvestiert (Übertragung der stillen Reserven auf die neue Beteiligung).

Beispiel:

> Die Stiftung erzielt aus der Veräußerung einer Beteiligung einen Gewinn von 100.000 €. Wendet sie diesen Gewinn nicht im selben Jahr dem Begünstigten zu, dann unterliegt sie mit dem Veräußerungsgewinn der Zwischensteuer (27,5%). Die Zwischensteuer kann die Stiftung vermeiden, soweit sie die stillen Reserven auf eine mindestens 10%ige Beteiligung an einer Kapitalgesellschaft überträgt.

Besteuerung der Begünstigten

Für Zuwendungen der Privatstiftungen an Begünstigte ist zu unterscheiden, ob die Zuwendung aus Erträgnissen der Stiftung stammen oder aber aus den Zuwendungen an die Stiftung: 226

- Stammen die Zuwendungen aus den Erträgnissen der Stiftung, dann unterliegen die Zuwendungen an den Begünstigten der KESt (27,5%).
- Stammen dagegen die Zuwendungen an die Begünstigten aus den Zuwendungen an die Stiftung (Zuwendungen aus der Substanz der Stiftung), dann sind die Zuwendungen beim Begünstigten steuerfrei.

Dabei gilt der Grundsatz: zuerst steuerpflichtiger Ertrag, und dann steuerfreie Substanz (ausführlich *Doralt/Ruppe* I[11] Tz 1063).

Zuwendungen an die Stiftung vor dem 1. 8. 2008: Stammen die Zuwendungen an den Begünstigten aus Stiftungsvermögen, das der Stiftung vor dem 1. 8. 2008 zugewendet worden ist, dann unterliegen auch diese Zuwendungen der KESt iHv 27,5% („Mausefalle-Effekt").

Mit dem sogenannten „Mausefalle-Effekt" umschreibt man den Nachteil von Zuwendungen an die Stiftung vor dem 1. 8. 2008: Damit das der Stiftung gewidmete Vermögen nicht ohne Weiteres aus der Stiftung wieder entnommen werden kann, ist für diesen Fall ebenfalls eine Besteuerung in Höhe der KESt vorgesehen. Der „Mausefalle-Effekt" sichert also den Zweck der Stiftung ab, Vermögen langfristig zu binden. Dieser Mausefalle-Effekt ist allerdings auf Stiftungsvermögen eingeschränkt, das der Stiftung vor dem 1. 8. 2008 zugewendet worden ist. Für Zuwendungen an Stiftungen nach diesem Stichtag besteht der Mausefalle-Effekt nicht mehr; daher gibt es für dieses Vermögen auch keine Sanktionen mehr, wenn es nur auf vergleichsweise kurze Zeit in der Stiftung gebunden wird.

Zusammenfassung der Vorteile der Privatstiftung

Die Privatstiftung genießt im Vergleich insbesondere zu Kapitalgesellschaften idR folgende Vorteile: 227

- Zinsen aus Wertpapieren und Bankeinlagen unterliegen nur einer Zwischenbesteuerung (dagegen bei Kapitalgesellschaften KSt plus KESt),
- der Gewinn aus der Veräußerung von Beteiligungen kann steuerfrei gestellt werden (Übertragung stiller Reserven) oder wird nur mit der Zwischenbesteuerung erfasst,

– die Veräußerung von Grundstücken unterliegt einer Zwischenbesteuerung.

228 Bei der **Errichtung einer Luxusvilla** besteht folgende Besonderheit: Die Stiftung errichtet aus ihren steuerfreien Dividendeneinkünften eine Villa und überlässt sie dem Begünstigten zur Nutzung. – Dem Begünstigten wird dann nur eine fiktive Miete zugerechnet (StiftR Rz 252). Richtig wäre die sofortige Besteuerung des Wertverlustes (Anschaffungs- bzw Herstellungskosten abzüglich des Marktwertes; bei Luxusimmobilien liegt der Marktwert oft weit unter den Anschaffungs- bzw Herstellungskosten).

229 Gegenüberstellung der Besteuerungssysteme:

	Stiftung	**Kapital-gesellschaft**	**natürliche Person**
1. Forderungs-wertpapiere			
Zinsen	Zwischen-besteuerung 25%	25% KSt	27,5% KESt, Endbesteuerung
Veräußerung	Zwischen-besteuerung 25%	25% KSt	27,5% KESt, Endbesteuerung
2. Beteiligung			
Erträge	steuerfrei (§ 10)	steuerfrei, § 10	27,5% KESt, Endbesteuerung
Veräußerung	Zwischenbesteuerung 25%; Übertragung stiller Reserven	steuerpflichtig, ausgenommen internat Schachtelbeteiligung	27,5% KESt, Endbesteuerung
3. Mietobjekt			
Erträge	25% KSt	25% KSt	bis zu 50% ESt
Veräußerung	Zwischenbesteuerung 25%	25% KSt	30% ImmoESt

230–250 frei

IV. Umgründungssteuergesetz

1. Allgemeines

(Doralt/Ruppe I[11], Tz 1101 ff)

Änderungen der Rechtsform eines Unternehmens (Umgründungen) würden ohne gesetzliche Sondervorschriften wie eine Unternehmensliquidation oder ein Tauschvorgang besteuert werden. Das Umgründungssteuergesetz sieht daher für bestimmte Umgründungsmaßnahmen Sonderregelungen vor, die nachteilige Steuerfolgen, insbesondere die Aufdeckung stiller Reserven, vermeiden sollen. Auch grenzüberschreitende Umgründungen sind begünstigt, doch ist das Besteuerungsrecht in Österreich sicherzustellen. 251

Im Vordergrund stehen die Übertragung der stillen Reserven und die Übertragung des Verlustabzugs auf das Nachfolgeunternehmen (objektbezogener Übergang des Verlustabzugs).

2. Übersicht über die einzelnen Tatbestände

- **Verschmelzung** (Art I): Vereinigung von zwei oder mehreren Körperschaften zu einer Körperschaft mit Buchwertfortführung. 252
- **Umwandlung** (Art II): Eine Kapitalgesellschaft wird in eine Personengesellschaft („errichtende Umwandlung") oder auf deren Hauptgesellschafter (mindestens 90%ige Beteiligung, „verschmelzende Umwandlung") umgewandelt. Zum Unterschied zu diesen Formen der „übertragenden Umwandlung" stellen bloß „formwechselnde Umwandlungen" (zB von einer AG in eine GmbH) keinen Realisationsvorgang dar und lösen daher von vornherein keine Besteuerung aus.
- **Einbringung** (Art III): Ein Betrieb, Teilbetrieb oder Mitunternehmeranteil wird in eine Kapitalgesellschaft als Sacheinlage eingebracht; Beteiligungen an Kapitalgesellschaften können ebenfalls eingebracht werden, wenn es sich um wesentliche Beteiligungen (mindestens 25%) handelt.
- **Zusammenschluss** (Art IV): Übertragung von einzelnen Betrieben, Teilbetrieben oder Mitunternehmeranteilen auf eine Personengesellschaft.
- **Realteilung** (Art V): Insbesondere Teilung des Vermögens einer Personengesellschaft in Einzelbetriebe der Gesellschafter.
- **Spaltung** (Art VI): Insbesondere Spaltung des Vermögens einer Körperschaft in mehrere Körperschaften.

3. Verschmelzung (Art I)

(Doralt/Ruppe I[11], Tz 1123 ff)

253 Sollen *zwei* oder *mehrere* Kapitalgesellschaften (Körperschaften) zu *einer* Gesellschaft (Körperschaft) verschmolzen werden, wäre es zunächst denkbar, beide Kapitalgesellschaften zu liquidieren und ihr Vermögen im Wege der Einzelrechtsnachfolge auf eine neue Kapitalgesellschaft zu übertragen. Dabei müssten die Gesellschaften die stillen Reserven aufdecken und den Gewinn aus der Liquidation versteuern (§ 19 KStG), ebenso müssten die Gesellschafter die Einkünfte – unabhängig vom Ausmaß der Beteiligung – wie eine Beteiligungsveräußerung versteuern (vgl § 27 Abs 6 Z 2 EStG).

Gesellschaftsrechtlich sehen einzelne Vorschriften, insbesondere das AktG und das GmbHG, Verschmelzungen ohne Abwicklung vor (§§ 219 ff AktG; §§ 96 ff GmbHG):

Die Verschmelzung kann erfolgen

- **durch Aufnahme:** Das Vermögen der übertragenden Gesellschaft wird im Wege der Gesamtrechtsnachfolge auf eine andere bestehende Gesellschaft (aufnehmende Gesellschaft) übertragen; die Gesellschafter der übertragenden (untergehenden) Gesellschaft erhalten dafür idR Anteile an der aufnehmenden Gesellschaft,
- **durch Neugründung:** Das Vermögen zweier (oder mehrerer) Gesellschaften (übertragenden Gesellschaften) wird im Wege der Gesamtrechtsnachfolge auf eine neu gegründete Gesellschaft (übernehmende Gesellschaft) übertragen; die Gesellschafter der übertragenden Gesellschaften erhalten Anteile an der neu gegründeten Gesellschaft.

Steuerlich müssten ohne Sondervorschriften auch in diesen Fällen die stillen Reserven aufgedeckt werden, und es müsste eine Liquidationsbesteuerung erfolgen, bei der auch allfällige Verlustvorträge verrechnet werden müssten. Damit würden wirtschaftlich sinnvolle Unternehmenszusammenschlüsse idR an den steuerlichen Folgen scheitern.

Ziel des Umgründungssteuergesetzes ist daher

- das **Unterbleiben der Liquidationsbesteuerung** sowohl auf der Ebene der Gesellschaft wie auf der Ebene der Gesellschafter
- und die **Erhaltung eines** allfälligen **Verlustabzuges.**

Das Umgründungsteuergesetz ermöglicht eine solche steuerneutrale Verschmelzung in Art I, soweit die Besteuerung der stillen Reserven aus der übertragenden Gesellschaft bei der aufnehmenden Gesellschaft nicht eingeschränkt wird, die stillen Reserven also bei der aufnehmenden Gesellschaft steuerhängig bleiben (§ 1 Abs 2 UmgrStG).

Die **übertragende Gesellschaft** bewertet dazu das Betriebsvermögen in der Schlussbilanz zu Buchwerten (§ 2 Abs 1 UmgrStG).

Die **übernehmende Gesellschaft** bewertet das übernommene Vermögen grundsätzlich ebenfalls zu Buchwerten (**Buchwertfortführung;** § 3 Abs 1 UmgrStG).

Damit unterbleibt eine Liquidationsbesteuerung; die stillen Reserven werden von der aufnehmenden Gesellschaft übernommen. Grundsätzlich geht auch ein allfälliger **Verlustabzug** der übertragenden Gesellschaft auf die aufnehmende Gesellschaft über (§ 4 UmgrStG).

Auf der **Gesellschafterebene** werden die Anteile, die der Gesellschafter an der aufnehmenden Gesellschaft erhält, mit seinen Anschaffungskosten der Anteile an der übertragenden Gesellschaft bewertet (§ 5 UmgrStG; Wertfortführung der Beteiligung). Damit unterbleibt auch eine Besteuerung auf Gesellschafterebene.

Der **Verschmelzungsstichtag** kann rückwirkend, jedoch höchstens neun Monate vor der Anmeldung der Verschmelzung zum Firmenbuch vereinbart werden (vgl § 220 Abs 3 AktG). Steuerlich hat die aufnehmende Gesellschaft die Buchwerte zum Verschmelzungsstichtag (also rückwirkend) zu übernehmen (§ 3 Abs 1 UmgrStG).

Einzelne Begriffe aus der Konzernverschmelzung:

„Up-stream-merger": Die Tochtergesellschaft wird auf die Muttergesellschaft verschmolzen. Hat die Muttergesellschaft alle Anteile an der Tochtergesellschaft gehalten, dann darf keine Abfindung mit Anteilen der Muttergesellschaft erfolgen; soweit die Anteile an der Tochtergesellschaft zum Teil auch anderen Gesellschaftern gehört haben, sind die früheren Gesellschafter mit Anteilen an der Muttergesellschaft abzufinden (vgl § 224 Abs 1 AktG).

„Down-stream-merger": Die Muttergesellschaft wird auf die Tochtergesellschaft verschmolzen. Die früheren Gesellschafter der Muttergesellschaft sind mit den Anteilen der übertragenden Muttergesellschaft an der Tochtergesellschaft abzufinden (vgl § 224 Abs 3 AktG).

„Side-stream-merger": Zwei Tochtergesellschaften (Schwestergesellschaften) werden verschmolzen; soweit sie dieselbe Muttergesellschaft gehabt haben, kann eine Abfindung unterbleiben (vgl § 224 Abs 2 AktG).

Verlustübertragung (§ 4)

Verluste der übertragenden Körperschaft gelten im Rahmen der Buchwertfortführung ab dem dem Verschmelzungsstichtag folgenden Veranlagungszeitraum als abzugsfähige Verluste der übernehmenden Körperschaft. 254

Sonstige Rechtsfolgen der Verschmelzung

USt: Verschmelzungen iSd Art I gelten als nichtsteuerbare Umsätze iSd UStG (§ 6 Abs 3 UmgrStG). 255

GrESt: Der Erwerb von Grundstücken im Rahmen der Verschmelzung unterliegt einer GrESt von 0,5% vom Grundstückswert (siehe Tz 467; geändert ab 2016).

4. Umwandlung (Art II)

(Doralt/Ruppe I[11], Tz 1150ff)

Soll der Betrieb einer Kapitalgesellschaft als Einzelunternehmen oder als Personengesellschaft weitergeführt werden, und würde es dafür keine 256

Sonderregelung geben, dann müsste die Kapitalgesellschaft den Betrieb entweder an den Gesellschafter bzw an die Personengesellschaft veräußern, oder sie müsste liquidiert werden, um den Betrieb dann als Einzelunternehmen bzw Personengesellschaft im Wege der Einzelrechtsnachfolge fortführen zu können. Damit müssten die stillen Reserven versteuert werden; auf Gesellschafterebene müssten die Gesellschafter den Erlös im Falle der Liquidation wie eine Beteiligungsveräußerung versteuern. Die Situation wäre insoweit genauso wie bei der Verschmelzung von Kapitalgesellschaften ohne Sonderregelung.

Gesellschaftsrechtlich können unter bestimmten Voraussetzungen Kapitalgesellschaften ihr Vermögen ohne Abwicklung im Wege der Gesamtrechtsnachfolge auf einen Gesellschafter oder auf eine neu gegründete Personengesellschaft übertragen. Terminologisch spricht man von einer **Umwandlung** (geregelt im Umwandlungsgesetz).

Die Umwandlung kann erfolgen durch Übertragung des Unternehmens

- auf eine **neugegründete Personengesellschaft,** insbesondere OG oder KG (errichtende Umwandlung; § 5 UmwG),
- auf den **Hauptgesellschafter;** ist der Hauptgesellschafter eine natürliche Person, entsteht ein Einzelunternehmen (verschmelzende Umwandlung; § 2 UmwG). Dem Hauptgesellschafter muss dabei mindestens ein Anteil von 90% an der Kapitalgesellschaft gehören.

Steuerrechtlich ist die Umwandlung nach Art II des UmgrStG zu beurteilen.

Erfasst werden sowohl die errichtende als auch die verschmelzende Umwandlung (§ 7 UmgrStG); das UmgrStG ist grundsätzlich nur anzuwenden,

- wenn am Umwandlungsstichtag und am Tag des Umwandlungsbeschlusses ein Betrieb vorhanden ist und
- soweit die stillen Reserven steuerhängig bleiben.

Die **übertragende Kapitalgesellschaft** (untergehende Körperschaft) hat zum Umwandlungsstichtag das Betriebsvermögen grundsätzlich mit den Buchwerten anzusetzen; damit unterbleibt bei der Kapitalgesellschaft eine Liquidationsbesteuerung (§ 8 UmgrStG).

Der **Rechtsnachfolger** (der frühere Hauptgesellschafter bzw die Gesellschafter der Personengesellschaft) hat die zum Umwandlungsstichtag maßgebenden Buchwerte grundsätzlich fortzuführen (sog **„Buchwertfortführung";** § 9 UmgrStG).

Verlustübertragung (§ 10)

257 Verluste der übertragenden Gesellschaft gehen grundsätzlich (wie bei der Verschmelzung) auf den Rechtsnachfolger über und sind von diesem als Sonderausgaben abzugsfähig.

Sonstige Rechtsfolgen der Umwandlung (§ 11)

258 Wie bei der Verschmelzung.

5. Einbringung (Art III)

(Doralt/Ruppe I[11], Tz 1170ff)

Eine Einbringung liegt vor, wenn Vermögen, zB ein Betrieb oder Teilbetrieb, als Sacheinlage auf eine übernehmende Kapitalgesellschaft (Körperschaft) übertragen wird (§ 12 Abs 1 UmgrStG). 259

Nach **allgemeinem Steuerrecht** gilt die Sacheinlage beim Gesellschafter als Tausch (§ 6 Z 14 lit b EStG): Der Einbringende überträgt der Kapitalgesellschaft zB einen Betrieb und erhält dafür Anteile an der Kapitalgesellschaft; ist er bereits Gesellschafter, dann werden seine Anteile durch die Sacheinlage höherwertig.

Da ein Tausch vorliegt, wäre dieser Vorgang wie eine Unternehmensveräußerung zu behandeln; es wären die stillen Reserven aufzulösen und zu versteuern.

Beispiel:

> Ein Einzelunternehmer hat einen Betrieb, der 4 Mio € wert ist. Die Buchwerte betragen 2,5 Mio €, die stillen Reserven daher 1,5 Mio €. Außerdem ist der Einzelunternehmer Alleingesellschafter einer GmbH im Wert von 1 Mio €. Bringt der Einzelunternehmer seinen Betrieb in seine GmbH ein, dann sind seine Anteile an der GmbH statt 1 Mio € nunmehr 5 Mio € wert. – Es liegt ein Tausch des Einzelunternehmens gegen höherwertige Gesellschaftsrechte vor. Die stillen Reserven von 1,5 Mio € im Einzelunternehmen wären aufzulösen und zu versteuern.

Ohne steuerliche Sondervorschriften würden daher solche unternehmenspolitisch oft zweckmäßige Umstrukturierungen an der Steuerbelastung scheitern oder wären zumindest erschwert.

Das **Umgründungssteuergesetz** ermöglicht daher Einbringungen
- unter Verzicht auf die **Tauschbesteuerung,**
- mit **Übergang des Verlustabzuges auf die übernehmende Gesellschaft.**

Zum **einbringungsfähigen Vermögen** gehören nur (§ 12 Abs 2 UmgrStG)
- Betriebe und Teilbetriebe,
- Mitunternehmeranteile,
- qualifizierte Kapitalanteile, nämlich Anteile an inländischen oder ausländischen Kapitalgesellschaften, wenn die Anteile mindestens ein Viertel des Nennkapitals umfassen oder die Anteile der übernehmenden Körperschaft die Mehrheit der Stimmrechte vermitteln oder erhöhen.

Als **übernehmende Körperschaften** kommen vor allem **Kapitalgesellschaften** in Betracht (unter bestimmten Voraussetzungen auch ausländische Kapitalgesellschaften; § 12 Abs 3 UmgrStG).

Als **Einbringende** kommen sowohl natürliche als auch juristische Personen in Betracht, also auch eine Kapitalgesellschaft selbst.

Einbringungsstichtag ist der Tag, zu dem das Vermögen mit steuerlicher Wirkung übergehen soll. Der Einbringungsstichtag kann höchstens neun Monate zurückbezogen werden (§ 13 UmgrStG).

Buchwertfortführung

260 Das einzubringende Vermögen ist grundsätzlich mit den Buchwerten (bzw Anschaffungskosten) zu bewerten (§§ 14ff UmgrStG). Damit werden die stillen Reserven auf die übernehmende Körperschaft übertragen (§ 18 UmgrStG).

Ein **Aufwertungszwang** besteht ausnahmsweise dann, wenn durch die Einbringung das Besteuerungsrecht der Republik Österreich an den Anteilen der übernehmenden Körperschaft im Verhältnis zu anderen Staaten eingeschränkt wird (§ 16 Abs 2 UmgrStG). Damit wird sichergestellt, dass die vor der Einbringung steuerhängigen stillen Reserven in Österreich auch versteuert werden. Ein sofortiger Aufwertungszwang besteht allerdings dann nicht, wenn das Besteuerungsrecht Österreichs zugunsten eines anderen EU-Staates eingeschränkt ist (dazu § 16 Abs 2 Z 1 UmgrStG).

Ein **Aufwertungswahlrecht** besteht dann, wenn die Buchwertfortführung für den Stpfl im Verhältnis zum Ausland nachteilig wäre (§ 16 Abs 3 UmgrStG). Das ist zB dann der Fall, wenn die Einbringung im Ausland zu einer Gewinnrealisierung führt und eine Besteuerung in Österreich eine Anrechnung der im Ausland erhobenen Steuern ermöglicht; dazu ist allerdings eine Aufwertung des Betriebsvermögens erforderlich.

Passivposten für vorbehaltene Entnahmen (§ 16 Abs 5 Z 2)

261 Anlässlich der Einbringung eine Betriebes, Teilbetriebes oder Mitunternehmeranteils kann ein „Passivposten für vorbehaltene Entnahmen" gebildet werden. Dabei handelt es sich um eine fiktive Verbindlichkeit der Gesellschaft gegenüber dem Gesellschafter. Ein derartiger Passivposten ist bis zu höchstens 50% des Unternehmenswertes (Verkehrswert) zulässig (§ 16 Abs 5 Z 2). Soweit sich daraus ein negativer Buchwert ergibt, der Passivposten also den Buchwert des eingebrachten Unternehmens übersteigt, gilt die spätere Tilgung als ausgeschütteter Betrag, der der KESt unterliegt (§ 18 Abs 2).

Beispiel:

> Der Unternehmenswert beträgt 100.000 €, der Buchwert 10.000 €. Eine vorbehaltene Entnahme ist in Höhe von 50.000 € zulässig, davon können 10.000 € an den Gesellschafter als Schuldtilgung ohne KESt gezahlt werden; die darüber hinausgehende Schuldtilgung unterliegt der KESt.

Die Möglichkeit der vorbehaltenen Entnahme ist systemwidrig, weil damit betriebliches Eigenkapital willkürlich in Fremdkapital umgewandelt werden kann. Allerdings handelt es sich um eine Einschränkung gegenüber der früheren weitaus großzügigeren „unbaren Entnahme".

Verlustübergang

262 Verluste, die dem übertragenen Vermögen zuzurechnen sind, gehen grundsätzlich auf die übernehmende Gesellschaft über (§ 21).

Sonstige Rechtsfolgen der Einbringung (§ 22)

USt: Einbringungen gelten nicht als steuerbare Umsätze iSd UStG. 263

GrESt: Eine allfällige GrESt aus Anlass der Einbringung beträgt 0,5% vom Wert des Grundstücks (Tz 467).

6. Zusammenschluss (Art IV)

(Doralt/Ruppe I[11], Tz 1200ff)

Ein Zusammenschluss iSd Art IV liegt dann vor, wenn mehrere Perso- 264
nen sich unter Übertragung von Vermögen zu einer Personengesellschaft zusammenschließen. Zumindest ein Gesellschafter muss einen Betrieb, Teilbetrieb oder Mitunternehmeranteil (zusammenschlussfähiges Vermögen) der Personengesellschaft übertragen (§ 23).

Zusammenschlüsse zu Personengesellschaften sind auch mit Kapitalgesellschaften möglich, zB wenn mehrere Kapitalgesellschaften ihre Betriebe oder Teilbetriebe in eine Personengesellschaft übertragen, oder wenn sich am Vermögen einer Kapitalgesellschaft jemand als atypisch stiller Gesellschafter beteiligt.

Buchwertfortführung

Beim Übertragenden ist das übertragene Vermögen grundsätzlich mit den **Buchwerten** anzusetzen (§ 24 Abs 1 mit weitergehenden Verweisungen auf die Vorschriften der Einbringung). Ebenso hat die **übernehmende Personengesellschaft** das übertragene Vermögen grundsätzlich mit den Buchwerten anzusetzen (§ 25 Abs 1).

Beim Ansatz mit den Buchwerten ist allerdings sicherzustellen, dass es zu keinen Verschiebungen der stillen Reserven unter den Gesellschaftern kommt, weil es damit zu einer Verschiebung von Steuerlasten kommen würde; gegebenenfalls sind die übertragenen Wirtschaftsgüter mit dem Teilwert anzusetzen (§ 24 Abs 2).

Verluste

Eine Übertragung von Verlusten auf die Personengesellschaft kommt steuerlich nicht in Betracht und ergibt auch keinen Sinn, weil die Verluste (wie die Gewinne) bei der Personengesellschaft den Gesellschaftern direkt zugerechnet werden; insoweit ergibt sich durch den Zusammenschluss keine Veränderung in der Zurechnung bestehender Verlustabzüge.

Sonstige Rechtsfolgen des Zusammenschlusses (§ 26)

Hinsichtlich der USt, der Zessionsgebühr und der GrESt gelten die gleichen Ausführungen wie zur Einbringung.

7. Realteilung (Art V)

(Doralt/Ruppe I[11], Tz 1220ff)

265 Eine **Realteilung** liegt vor, wenn eine Personengesellschaft das Gesellschaftsvermögen (Betriebe, Teilbetriebe oder Mitunternehmeranteile) auf ihre Gesellschafter aufteilt (§ 27).

Wird das Gesellschaftsvermögen auf die Gesellschafter aufgeteilt und geht die Gesellschaft unter, spricht man von einer „Aufteilung"; wird nur ein Teil des Vermögens auf einzelne Gesellschafter übertragen, spricht man von einer „Abteilung".

Buchwertfortführung

Bei der **teilenden Personengesellschaft** wird das Betriebsvermögen grundsätzlich mit den **Buchwerten** angesetzt (§ 30). Die Teilung zu Buchwerten darf zu keiner Verschiebung der stillen Reserven bzw zu keiner Verschiebung der endgültigen Steuerbelastung führen (§ 29).

Ausgleichsposten

Da die stillen Reserven nicht gleichmäßig auf das Betriebsvermögen verteilt sind, kommt es bei der Realteilung regelmäßig zu einer Verschiebung stiller Reserven. Dabei entfallen auf den einen Gesellschafter mehr stille Reserven, als seinem Gesellschaftsanteil entsprechen, auf einen anderen Gesellschafter zu wenig. Dementsprechend sind bei den einzelnen Gesellschaftern aktive oder passive **Ausgleichsposten** zu bilden, die auf 15 Jahre verteilt steuerwirksam abgeschrieben oder aufgelöst werden (§ 29 Abs 1).

Ausgleichszahlungen

Da die Vermögenswerte nach der Realteilung wertmäßig regelmäßig nicht genau den Beteiligungsverhältnissen entsprechen, sind Ausgleichszahlungen erforderlich; solche Ausgleichszahlungen dürfen ein Drittel des Wertes des vom Ausgleichszahlungsempfänger empfangenen Vermögens nicht übersteigen (§ 29 Abs 2). Die Ausgleichszahlungen sind steuerneutral (weder Betriebsausgaben noch Betriebseinnahmen).

Beispiel:

> Eine Personengesellschaft mit zwei zu je 50% beteiligten Gesellschaftern betreibt ein Produktions- und Handelsunternehmen. Die Gesellschaft wird real geteilt; ein Gesellschafter erhält den Produktionsbetrieb, der andere Gesellschafter den Handelsbetrieb. Soweit ein Betrieb mehr wert ist als der andere Betrieb, wird ein Gesellschafter dem anderen Gesellschafter eine Ausgleichszahlung leisten müssen. Außerdem werden auch die stillen Reserven nicht gleichmäßig auf das gesamte Betriebsvermögen verteilt sein, ein Gesellschafter wird anteilsmäßig mehr stille Reserven übernehmen, der andere weniger; insoweit kommt es zu Ausgleichsposten, die gewinnmindernd abgeschrieben bzw gewinnerhöhend aufgelöst werden.

Der **Nachfolgeunternehmer** hat das übertragene Vermögen mit den Werten anzusetzen, die die teilende Personengesellschaft in der Teilungsbilanz angesetzt hat (sog **„Buchwertfortführung“**).

Verluste

Da die Verluste wie die Gewinne bei der Personengesellschaft den Gesellschaftern unmittelbar zugerechnet werden, sind die Verluste der Gesellschaft bereits vor der Realteilung den Gesellschaftern zugerechnet worden (gleiche Situation wie beim Zusammenschluss; keine Übertragung von Verlusten).

Sonstige Rechtsfolgen der Realteilung

Hinsichtlich der USt und der Zessionsgebühr gelten die gleichen Ausführungen wie zur Einbringung und dem Zusammenschluss. Wird durch die Realteilung GrESt ausgelöst, beträgt die GrESt 0,5% vom Wert des Grundstücks, sofern die Gesellschaft nicht innerhalb der letzten drei Jahre bereits einmal nach dem UmgrStG begünstigt erworben worden ist.

8. Spaltung (Art VI)

(Doralt/Ruppe I[11], Tz 1235 ff)

Eine Spaltung liegt vor, wenn eine bestehende Körperschaft in mehrere Körperschaften aufgespalten wird oder sie einen Teil des Vermögens abspaltet. Die Gesellschafter der **spaltenden Körperschaft** erhalten dafür Anteile an der **übernehmenden Körperschaft.** 266

Ohne Sondervorschrift müsste dazu die spaltende Gesellschaft der Liquidations- bzw Tauschbesteuerung unterzogen werden (ebenso auf Gesellschafterebene).

Unternehmensrechtlich sind im **Spaltungsgesetz** Spaltungen nur für Kapitalgesellschaften geregelt; danach sind folgende Spaltungsvorgänge zu unterscheiden:

- Eine **„Aufspaltung“** liegt dann vor, wenn die spaltende Gesellschaft ihr gesamtes Vermögen auf zwei oder mehrere Körperschaften aufteilt und dabei selbst untergeht.
- Eine **„Abspaltung“** liegt vor, wenn die spaltende Gesellschaft nur einen Teil ihres Vermögens abspaltet und einer anderen Gesellschaft überträgt und sie selbst weiter besteht.
- Eine **„Spaltung zur Aufnahme“** liegt vor, wenn die übernehmende Gesellschaft bereits besteht.
- Eine **„Spaltung zur Neugründung“** liegt vor, wenn das gespaltene Vermögen einer neu gegründeten Gesellschaft übertragen wird.

Nach **allgemeinem Steuerrecht** ohne Sondervorschriften würden Spaltungen entweder zu einer Liquidationsbesteuerung oder zu einer Tauschbesteuerung führen. Das UmgrStG ermöglicht es, sowohl Spaltungen iSd SpaltG (sog Handelsspaltungen, §§ 32 bis 38 UmgrStG) als auch unternehmensrechtlich nicht geregelte Spaltungen (§§ 38 a ff; betrifft insbesondere Genossenschaften) steuerneutral zu behandeln. Zu unterscheiden ist die verhältniswahrende und nichtverhältniswahrende Spaltung.

Spaltungen nach dem UmgrStG liegen dann vor, wenn auf die neue oder übernehmende Körperschaft

- Betriebe, Teilbetriebe, Mitunternehmeranteile oder qualifizierte Kapitalanteile übertragen werden *und*
- soweit die stillen Reserven des übertragenen Vermögens bei der übernehmenden Gesellschaft steuerhängig bleiben.

Buchwertfortführung

Die **spaltende Körperschaft** hat das Betriebsvermögen grundsätzlich mit den **Buchwerten** anzusetzen; die neue bzw **übernehmende Körperschaft** hat die Buchwerte fortzuführen (§ 33 Abs 1 und § 34 Abs 1).

Ein **Aufwertungswahlrecht** besteht dann, wenn die Spaltung im Ausland zu einer Gewinnverwirklichung und damit zu einer Besteuerung führt, die durch Anrechnung auf die inländische Steuer vermieden werden kann (§ 33 Abs 2).

Verlustübergang

Verlustabzüge gehen wie bei Einbringungen auf die übernehmende Körperschaft grundsätzlich über (§ 35 iVm § 21 UmgrStG).

Sonstige Rechtsfolgen der Spaltung (§ 38)

267 Hinsichtlich der USt und der GrESt gelten vergleichbare Bestimmungen wie bei der Verschmelzung.

268–300 frei

V. Umsatzsteuer

1. Allgemeines

(Doralt/Ruppe II[7], Tz 200 ff)

Die USt ist eine Objektsteuer (auf persönliche Verhältnisse wird nicht Rücksicht genommen); sie ist eine **Verkehrsteuer** (Anknüpfung an den wirtschaftlichen Verkehr) und eine **Verbrauchsteuer** (sie belastet den Verbrauch). Die USt ist eine **indirekte Steuer** (Steuerträger und Steuerschuldner sind nicht ident). 301

Die USt ist finanzverfassungsrechtlich eine **gemeinschaftliche Bundesabgabe** (§ 7 Abs 1 FAG, zwischen Bund, Ländern und Gemeinden geteilt). Die USt ist auf dem Gebiet der Europäischen Union weitgehend harmonisiert, zuletzt auf Grund der Mehrwertsteuersystem-Richtlinie.

2. Das System der „Mehrwertsteuer"

(Doralt/Ruppe II[7], Tz 203 ff)

Die USt wird als „Mehrwertsteuer" erhoben: 302

Die Steuer erfasst den im Unternehmen geschaffenen Mehrwert einer Leistung.

Der Unternehmer ermittelt von seinen Umsätzen die USt und zieht davon als **„Vorsteuer"** die USt-Beträge ab, die ihm für die an ihn erbrachten Leistungen in Rechnung gestellt worden sind. Dem FA wird nur der Saldo zwischen den USt-Beträgen und den anrechenbaren Vorsteuern geschuldet.

Die tatsächliche Umsatzsteuerschuld hängt somit von der Wertschöpfung ab, die im Unternehmen erzielt wird: je höher die Wertschöpfung, desto höher die Umsatzsteuerschuld. Hat dagegen das Unternehmen mehr Leistungen erhalten als an Kunden erbracht, dann übersteigt der Betrag der Vorsteuer den Betrag der USt; in diesem Fall kommt es zu einem Vorsteuerüberhang, den das FA dem Unternehmer erstattet.

Beispiel:

Der Unternehmer A liefert Ware um 10.000 € zuzüglich USt (20%). Er selbst hat Waren a) um 5.000 € zuzüglich USt (20%), b) um 15.000 € zuzüglich USt (20%) eingekauft.

a)	USt von 10.000 €	= 2.000 €	b)	USt von 10.000 €	= 2.000 €
	– VSt (20% von 5.000 €)	= 1.000 €		– VSt (20% von 15.000 €)	= 3.000 €
	USt-Schuld (Zahllast)	1.000 €		Vorsteuerüberhang (Guthaben)	1.000 €

Erhält der Unternehmer von einem anderen Unternehmer eine Leistung, dann bezahlt er dafür einen Bruttobetrag, der die USt einschließt; die im Bruttobetrag enthaltene USt kann der Unternehmer als Vorsteuer vom FA zurückfordern (idR mit der zu entrichtenden USt verrechnen). Demzufolge ist die USt im Verkehr zwischen Unternehmen, also in der Unternehmerkette, ein **durchlaufender Posten** und damit erfolgsneutral.

Erst wenn die Ware die Unternehmerkette verlässt (an einen Nichtunternehmer verkauft wird), wird die USt wirksam, weil der Nichtunternehmer (Konsument) keinen Vorsteuerabzug geltend machen kann. Damit bleibt die USt, die ihm in Rechnung gestellt worden ist, bei ihm „hängen".

303 Beispiel:

1. Vorgang:

Der Unternehmer U_1 liefert an den Unternehmer U_2 eine Ware um 1.000 € zuzüglich 200 € USt. U_1 führt die USt an das FA ab.

2. Vorgang:

Der Unternehmer U_2 bezahlt an U_1 die ihm für die Ware in Rechnung gestellte USt von 200 € und holt sich in weiterer Folge diese USt vom FA zurück („Vorsteuerabzug").

3. Vorgang:

U_2 verkauft die Ware an K (Konsument) um 1.500 € zuzüglich 300 € USt und führt die USt (300 €) an das FA ab.

4. Vorgang:

K zahlt an U_2 den Rechnungsbetrag von 1.500 € zzgl 300 € USt. K ist als Konsument (Nichtunternehmer) vom Vorsteuerabzug ausgeschlossen; die USt von 300 € bleibt bei ihm „hängen".

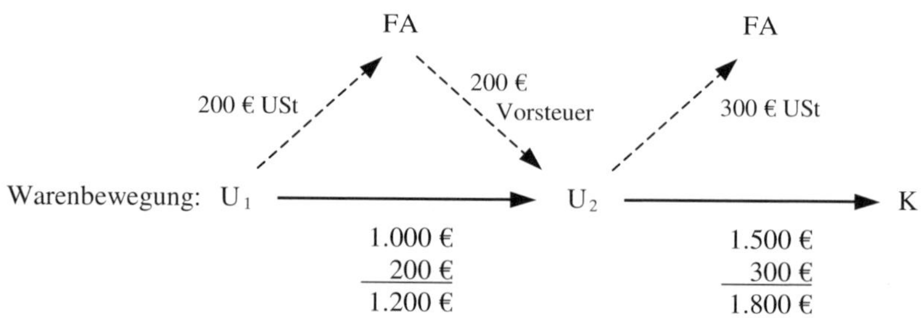

Das Ende der umsatzsteuerlichen Unternehmerkette und damit die tatsächliche Steuerbelastung liegt idR beim **Nichtunternehmer** (Konsument). Dagegen sind Leistungen an ein Unternehmen durch den Vorsteuerabzug idR von der USt entlastet, und zwar sowohl wenn der Unternehmer Waren zum Wiederverkauf anschafft und ebenso, wenn er die Leistung im Unternehmen verbraucht (zB Dienstleistungen an das Unternehmen, die nicht direkt an den Kunden weitergeleitet werden, wie etwa Miete, Energie, Beratungsleistungen, Produktionsanlagen, Betriebsgebäude, Reparaturleistungen).

3. Bestimmungslandprinzip – Ursprungslandprinzip

(Doralt/Ruppe II[7], Tz 210 ff)

304 Im internationalen Waren- und Dienstleistungsverkehr gilt für die USt – wie für alle Verbrauchsteuern – grundsätzlich das **Bestimmungslandprinzip:**

Die USt soll endgültig in dem Land anfallen, für das die Leistung bestimmt ist und in dem die Leistung vom Letztverbraucher konsumiert wird. Dagegen wird nach dem **Ursprungslandprinzip** die Steuer dort wirksam, wo der leistende Unternehmer sein Unternehmen betreibt, wo also die Ware erzeugt bzw geliefert wird.

Das Bestimmungslandprinzip erfordert bei grenzüberschreitenden Leistungen einen **„Grenzausgleich“.** Daraus ergibt sich folgendes System:

Die **Ausfuhr** ist steuerfrei, dafür erfolgt bei der **Einfuhr** im Bestimmungsland eine Belastung mit USt (Einfuhrumsatzsteuer oder Erwerbsteuer, siehe unten).

Der Grenzausgleich (USt-Befreiung bei der Ausfuhr, USt-Belastung bei der Einfuhr) funktioniert aber nur, wenn der grenzüberschreitende Warenverkehr kontrolliert werden kann, zB wenn Zollämter bestehen. – Das ist aber nur gegenüber Drittstaaten der Fall. Dagegen gibt es innerhalb der EU keine Zollämter, daher ist der Grenzausgleich innerhalb der EU (Binnenmarkt) nur zwischen Unternehmen möglich, weil sie vom Fiskus beider Länder bereits erfasst sind und bei ihnen die Kontrolle des grenzüberschreitenden Warenverkehrs auch ohne Zollämter möglich ist. Im Gemeinschaftsgebiet bleibt es daher bei Nichtunternehmen (Privatpersonen) mit wenigen Ausnahmen beim Ursprungslandprinzip.

Innerhalb **der EU** ist danach zu unterscheiden:

- **Warenverkehr zwischen Unternehmern** („B2B“): hier übernehmen die Finanzämter in den beiden Staaten die Kontrolle, ob eine Ware in das Ausland bzw in das Inland verbracht worden ist.
- **Warenverkehr von Unternehmen an Private** („B2C“, Touristenexport): hier gibt es – auch ersatzweise – keine Kontrollmöglichkeit über die Einfuhr oder Ausfuhr. Daher verzichtet man innerhalb der EU auf die Einhaltung des Bestimmungslandprinzips: besteuert wird dort, wo der Tourist die Ware kauft (Ursprungslandprinzip; besteuert wird am Unternehmerort mit der dort geltenden USt).

Gegenüber Drittstaaten:

Kein Unterschied zwischen B2B und B2C: Da hier Zollämter bestehen, die für Unternehmer und Nichtunternehmer (Touristen) gleichermaßen die Ausfuhr bzw Einfuhr kontrollieren, werden Unternehmer und Nichtunternehmer gleichbehandelt: Die Ausfuhr von Waren ist steuerfrei, die Einfuhr unterliegt der Einfuhrumsatzsteuer (EUSt).

Die **Ausfuhr** und **Einfuhr** in der Terminologie des UStG: Das UStG verwendet die Begriffe „Ausfuhr“ und „Einfuhr“ abweichend vom allgemeinen Sprachgebrauch: Nach dem allgemeinen Sprachgebrauch versteht man unter Ausfuhr bzw Einfuhr die Lieferung in das Ausland bzw die Lieferung aus dem Ausland. Dagegen verwendet das UStG den Begriff „Ausfuhr“ und „Einfuhr“ ausschließlich im Verhältnis zu Drittstaaten. Lieferungen aus dem Gemeinschaftsgebiet in das Inland bewirken einen innergemeinschaftlichen Erwerb (ig Erwerb), Lieferungen vom Inland in das Gemeinschaftsgebiet werden als innergemeinschaftliche Lieferungen (ig Lieferungen) bezeichnet.

Beim innergemeinschaftlichen Erwerb wird die „Erwerbsteuer“ erhoben (anstelle der EUSt bei der Einfuhr aus Drittstaaten).

Beispiele:

1. Ein Unternehmer aus Wien liefert Ware an Unternehmer
   a) in die Schweiz
   b) nach Deutschland:
   in beiden Fällen eine in Österreich steuerfreie Lieferung (Ausfuhr bzw steuerfreie ig Lieferung).
2. Ein Unternehmer aus Zürich liefert Ware nach Wien: EUSt des Empfängers in Österreich, gleichgültig ob Unternehmer oder Nichtunternehmer (Privater).
3. Ein Unternehmer aus München liefert Ware an einen Unternehmer in Wien: Erwerbsteuer in Österreich.
4. Ein Tourist aus Österreich kauft in Zürich eine Uhr und nimmt sie nach Österreich mit: EUSt in Österreich.
5. Ein Tourist aus Österreich kauft in München eine Uhr und nimmt sie nach Österreich mit: keine Steuer in Österreich, sondern nach Ursprungslandprinzip in Deutschland besteuert.

Synonyme Begriffe:

Bestimmungsland = Empfängerort (auch Zielland); bei B2C auch Verbraucherland

Ursprungsland = Unternehmerort

Binnenmarktregelung (Gemeinschaftsgebiet): Von der allgemeinen Regelung abweichende Sonderregelungen für den Binnenmarkt finden sich im Anhang zum UStG („Binnenmarktregelung"; BMR); sie sind in „Artikel" gegliedert und ergänzen den entsprechenden Paragraphen im Gesetz (zB Art 1 enthält Sonderregelungen zu § 1; fehlt in der Nummerierung ein Artikel, dann gibt es zu dem entsprechenden Paragraphen keine eigene Binnenmarktregelung und es gelten die allgemeinen Aussagen des Paragraphen auch im Binnenmarkt).

4. Steuertatbestand (§ 1)

(Doralt/Ruppe II[7], Tz 217)

305 Der USt unterliegen folgende **Umsätze** (§ 1 Abs 1):

- **Lieferungen** und **sonstige Leistungen,** die ein **Unternehmer** im **Inland** gegen **Entgelt** im **Rahmen seines Unternehmens** ausführt (Z 1 Haupttatbestand),
- der **Eigenverbrauch** (Z 2); betrifft ertragsteuerlich nicht abzugsfähige Aufwendungen, insbesondere Repräsentationsaufwendungen. Dagegen wird die Entnahme bzw Verwendung von Unternehmensgegenständen für unternehmensfremde Zwecke der Lieferung bzw sonstigen Leistungen gleichgestellt,
- die **Einfuhr** aus Drittstaaten (nicht EU-Staaten, Z 3),
- der **innergemeinschaftliche Erwerb** („ig Erwerb"; Art 1).

Sachverhalte, die unter den Anwendungsbereich des § 1 bzw Art 1 UStG fallen, sind **steuerbar.** Steuerbare Sachverhalte können entweder

steuerpflichtig oder auf Grund der Befreiungen des § 6 bzw Art 6 **steuerfrei** sein.

Bei der Beurteilung eines Sachverhalts ist zunächst zu prüfen, ob steuerbare Umsätze vorliegen (§ 1 UStG, Art 1 BMR); in einem zweiten Schritt wird geklärt, ob eine Steuerbefreiung, eine Steuersatzbegünstigung oder eine sonstige Sonderbestimmung besteht.

5. Der Unternehmer (§ 2)

(Doralt/Ruppe II[7], Tz 218 ff)

Unternehmer ist, wer eine gewerbliche oder berufliche Tätigkeit selbständig ausübt. Das ist „jede nachhaltige Tätigkeit zur Erzielung von Einnahmen, auch wenn die Absicht, Gewinn zu erzielen fehlt". Die Unternehmereigenschaft entsteht unabhängig von der ertragsteuerlichen Einordnung der Tätigkeit. Daher können auch Tätigkeiten im außerbetrieblichen Bereich (insbesondere Vermietung und Verpachtung) die Unternehmereigenschaft begründen. 306

Unternehmer können sein:

- natürliche Personen (unabhängig von ihrer Geschäfts- oder Handlungsfähigkeit),
- Personenvereinigungen (auch wenn sie nicht rechtsfähig sind, zB GesbR oder Miteigentümergemeinschaften),
- juristische Personen (Kapitalgesellschaften, Vereine, Körperschaften öffentlichen Rechts mit ihren Betrieben gewerblicher Art iSd § 2 Abs 3 iVm § 2 KStG).

Die Person bzw Gesellschaft ist jedoch nur dann ein Unternehmer, wenn sie **nach außen in Erscheinung** tritt. Daher ist bei der stillen Gesellschaft nicht die Gesellschaft, sondern nur allenfalls der Geschäftsherr ein Unternehmer. **Zusammenschlüsse** mehrerer Unternehmen gelten als ein Unternehmen, wenn sie als einheitliche Unternehmergruppe nach außen in Erscheinung treten (zB eine Arbeitsgemeinschaft).

Die Körperschaften öffentlichen Rechts gelten mit ihren **Betrieben gewerblicher Art** als Unternehmer. Mit den Betrieben gewerblicher Art knüpft das UStG an das KStG an, bezieht aber auch Betriebe in die USt ein, die von der KSt ausgenommen sind (zB Wasserwerke, Müllabfuhr, Land- und Forstwirtschaft).

Die **Vermietung und Verpachtung** von Grundstücken durch Körperschaften öffentlichen Rechts unterliegt (als bloße Vermögensverwaltung) zwar nicht der KSt, jedoch ausdrücklich der USt.

Der Unternehmer muss **selbständig** tätig sein; daher ist ein **Dienstnehmer** kein Unternehmer.

Bei juristischen Personen gilt im Falle einer Organschaft die **Organgesellschaft** nicht als selbständig, weil sie dem Organträger derart untergeordnet ist, dass sie „keinen eigenen Willen hat"; dies ist dann der Fall, wenn sie finanziell (idR zu mehr als 75%), wirtschaftlich (in dienender Funktion) und organisatorisch (zB gleiche Geschäftsführung) dem Organträger eingegliedert ist (§ 2 Abs 2 Z 2). Die Organschaft in der USt ist von der Unternehmensgruppe im KStG (§ 9) zu unterscheiden. Die Unternehmensgruppe im KStG ergibt sich alleine aus der finanziellen Beteiligung und ist daher mit der Organschaft in der USt nicht vergleichbar.

Die Organgesellschaft und der Organträger sind als **ein** Unternehmen anzusehen. Umsätze zwischen den Gesellschaften sind nicht steuerbare **Innenumsätze** (siehe unten Tz 309); dagegen unterliegen die Umsätze der Organgesellschaft mit Dritten der USt. Die Wirkungen der Organschaft sind auf Innenleistungen zwischen den im Inland gelegenen Unternehmensteilen beschränkt.

6. Einnahmenerzielung und Nachhaltigkeit

(Doralt/Ruppe II[7], Tz 231 ff)

307 **Die Unternehmereigenschaft wird durch eine nachhaltige Tätigkeit zur Erzielung von Einnahmen** begründet (§ 2 Abs 1).

Eine nachhaltige Tätigkeit kann auch in einem Dulden oder Unterlassen bestehen (zB Vermietung). Nachhaltig kann auch eine einmalige Tätigkeit sein, wenn nach objektiven Maßstäben mit einer Wiederholung zu rechnen ist.

Beispiele:

- Ein Antiquitätenhändler verkauft seine Waren: Nachhaltigkeit liegt vor.
- Ein Antiquitätensammler verkauft aus seiner privaten Sammlung ein einzelnes Bild: Nachhaltigkeit liegt nicht vor. Verkauft er die gesamte Sammlung an einen oder an einige wenige Käufer, liegt Nachhaltigkeit ebenfalls nicht vor.
- Die Erben des Antiquitätensammlers inserieren die Antiquitätensammlung und verkaufen die einzelnen Stücke in kurzer Zeit an verschiedene Käufer: Die Erben verhalten sich wie ein Antiquitätenhändler, Nachhaltigkeit liegt vor.

Liegt Unternehmereigenschaft vor, sind alle Geschäfte im Rahmen des Unternehmens steuerbar. Auch **Hilfs-** und **Nebengeschäfte** sind erfasst (zB der Verkauf des Anlagevermögens, etwa die Büroeinrichtung).

Die **Unternehmereigenschaft beginnt** nicht erst mit der Erzielung von Einnahmen (Umsätzen), sondern schon mit der Aufnahme der Tätigkeit. Daher steht auch für Vorbereitungshandlungen der Vorsteuerabzug zu.

Mit dem letzten Tätigwerden für das Unternehmen **endet** die Unternehmereigenschaft; auch die **Geschäftsveräußerung und die Betriebsbeendigung** unterliegen der USt.

Aus der Tätigkeit müssen zwar **Einnahmen** erzielt werden; jedoch ist Gewinnerzielungsabsicht nicht erforderlich (§ 2 Abs 1; im Gegensatz zur betrieblichen Tätigkeit im EStG). Dies entspricht dem Charakter einer Verbrauchsteuer, für deren Besteuerungszweck die Ertragslage unbeachtlich ist (zur Liebhaberei siehe unten).

Bei **Verlusten** ist es daher möglich, dass die abzugsfähigen Vorsteuern höher sind als die auf die Leistungen entfallende USt.

Liebhaberei

Bei Tätigkeiten, die nachhaltig mit Verlusten verbunden sind, würde es 308
uU laufend zu einer Vorsteuerrückerstattung, also zu Gutschriften, kommen. Damit wären Personen begünstigt, die mit ihrem privaten Hobby auch nur geringfügige Einnahmen erzielen.

Beispiel:

Ein Jagdpächter bezahlt für die Jagdpacht 12.000 € (darin enthalten 2.000 € USt). Aus dem erlegten Wild erzielt der Jagdpächter Einnahmen von nur 1.000 € netto, die USt davon beträgt 10%, also 100 €. Würde die Jagdpacht als unternehmerische Tätigkeit anerkannt werden, dann könnte der Jagdpächter den Vorsteuerabzug von 2.000 € vermindert um die USt von den Verkäufen (100 €) geltend machen. Der Jagdpächter wäre damit mit Hilfe des Vorsteuerabzuges von der Umsatzsteuer praktisch entlastet.

Liebhaberei – Unterschied zwischen USt und ESt:

Während in der ESt jeder nachhaltige Verlust Liebhaberei begründen kann (mit der Wirkung, dass die Tätigkeit nicht als Einkunftsquelle anerkannt wird, und daher auch die Verluste steuerlich nicht geltend gemacht werden können), gelten in der USt nur solche verlustträchtigen Tätigkeiten als Liebhaberei, die einen starken Bezug zur privaten Lebensführung haben (§ 2 Abs 1 UStG; § 1 Abs 2 und § 6 Liebhabereiverordnung).

Dazu gehören

- Hobbytätigkeiten (wie bei der Liebhaberei in der ESt) und
- Vermietung von Eigenheimen und einzelnen Eigentumswohnungen („kleine Vermietung").

Der Liebhabereibegriff in der USt ist daher gegenüber der ESt enger zu sehen und beschränkt sich auf Tätigkeiten, die der privaten Lebensführung zuzuordnen sind. Daher kann auch die „große Vermietung" (Mietwohnhäuser mit mehreren Wohnungen; siehe Tz 38) in der USt keine Liebhaberei sein; auch eine Gastwirtschaft, die wegen nachhaltiger Verluste in der ESt als Liebhaberei eingestuft wird, ist umsatzsteuerlich keine Liebhaberei (VwGH 26. 11. 2014, 2010/13/0159).

Folgen der Liebhaberei in der USt: In der Regel ist vom Vorliegen einer nichtunternehmerischen Tätigkeit auszugehen (§ 2 Abs 5 Z 2). Wird hingegen eine „kleine Vermietung" in der USt der Liebhaberei zugeordnet, dann unterliegen einerseits die Einnahmen nicht der USt, andererseits ist auch der Vorsteuerabzug ausgeschlossen (VwGH 16. 2. 2006, 2004/14/082, Liebhaberei-Richtlinien Tz 168; Behandlung als unecht befreite Tätigkeit).

7. Grundsatz der Unternehmenseinheit

(Doralt/Ruppe II[7], Tz 252 ff)

309 „Das Unternehmen erfasst die gesamte gewerbliche oder berufliche Tätigkeit des Unternehmers“ (§ 2 Abs 1 zweiter Satz). Demnach kann der Unternehmer zwar **mehrere Betriebe,** aber immer nur **ein Unternehmen** haben. Die Betriebe können auch im Ausland liegen.

Zwischen den Betrieben desselben Unternehmers gibt es umsatzsteuerlich keinen Leistungsaustausch und daher keine steuerbaren Umsätze; das gilt auch innerhalb einer Organschaft. Es liegen nicht steuerbare **Innenumsätze** vor.

Beispiel:

Frau W betreibt eine eigene Werbeagentur und vermietet Liegenschaften. Außerdem betreibt sie mit ihrer Tochter gemeinsam eine Trafik. Die Werbeagentur und die Vermietung sind das Unternehmen der Frau W. Dagegen ist die Trafik ein getrenntes Unternehmen; Unternehmer ist nicht Frau W, sondern die Personengesellschaft zwischen W und ihrer Tochter. Umsätze zwischen der Trafik und der Werbeagentur sind daher steuerbar; Umsätze zwischen der Werbeagentur und der Liegenschaftsvermietung sind nicht steuerbare Innenumsätze.

8. Lieferungen und sonstige Leistungen (§§ 3, 3 a)

(Doralt/Ruppe II[7], Tz 258 ff)

310 **Der USt unterliegen Leistungen,** die der Unternehmer im Inland gegen Entgelt im Rahmen seines Unternehmens ausführt (§ 1 Abs 1 Z 1).

Leistungen können sein

- **Lieferungen** von Gegenständen oder
- **sonstige Leistungen** (Dienstleistungen).

Eine **Lieferung** besteht aus der **Verschaffung der Verfügungsmacht über einen Gegenstand;** sie liegt vor, wenn der Unternehmer den Abnehmer befähigt, über den Gegenstand im eigenen Namen zu verfügen, ihn zu veräußern und zu belasten (§ 3 Abs 1). Der Gegenstand muss dem Abnehmer endgültig zugewendet werden; kommt es dennoch zur Rückgängigmachung der Lieferung, sind USt und ggf Vorsteuer zu berichtigen.

Die Verschaffung der Verfügungsmacht ist nicht immer ident mit der Verschaffung des zivilrechtlichen Eigentums. Ein Verkauf unter Eigentumsvorbehalt gilt als steuerbare Lieferung, weil dem Käufer zwar nicht das zivilrechtliche Eigentum, wohl aber die wirtschaftliche Verfügungsmacht übertragen wird; dagegen ist die Sicherungsübereignung (Übergang nur des zivilrechtlichen Eigentums) keine Lieferung, weil das wirtschaftliche Eigentum beim Schuldner bleibt.

Sonstige Leistungen sind „Leistungen, die nicht in einer Lieferung bestehen“ (§ 3 a), das sind insbesondere aktive Dienstleistungen, Duldungsleistungen (zB Vermietung), die Einräumung von Rechten, der Verzicht auf die Ausübung einer beruflichen Tätigkeit etc.

Der Verkauf von Software ist eine **Lieferung,** wenn es sich um Standardsoftware auf physischen Datenträgern handelt; die Anfertigung von Individualsoftware oder der Download von einer Website sind sonstige Leistungen. Entspricht ein **Leasingvertrag** wirtschaftlich einem Verkauf (Finanzierungsleasing), dann liegt eine Lieferung vor. Entspricht das Leasing einer Miete (Operatingleasing), liegt eine sonstige Leistung vor. **Theaterkarten** oder **Fahrscheine** sind keine Lieferung, sondern berechtigen zu einer sonstigen Leistung.

Schadenersatzzahlungen sind dahingehend zu prüfen, ob ein Leistungsaustausch vorliegt: Der Schadenersatz wegen Nichterfüllung eines Vertrages ist „echter Schadenersatz" und unterliegt nicht der USt, ebenso wenig eine Stornogebühr Dagegen unterliegt eine Entschädigung für die Einräumung einer (Leitungs)dienstbarkeit der USt („unechter Schadenersatz", siehe auch *Doralt/Ruppe* II[7] Tz 294 ff). 311

Mitgliedsbeiträge an einen Verein begründen keinen Leistungsaustausch, wenn damit der Vereinszweck erfüllt wird und das Mitglied daraus keinen individuellen Nutzen zieht (zB Naturschutzverein).

Ein **Tausch** liegt vor, wenn das Entgelt für eine Lieferung in einer anderen Lieferung besteht. Der Tausch ist daher eine steuerbare Lieferung (zwischen zwei Unternehmern sind es zwei Lieferungen).

Ein **tauschähnlicher Umsatz** liegt vor, wenn das Entgelt für eine sonstige Leistung in einer anderen Leistung (Lieferung oder sonstigen Leistung) besteht. Der tauschähnliche Umsatz ist eine steuerbare sonstige Leistung.

9. Leistungsentnahme und Eigenverbrauch

Entnimmt oder verwendet der Unternehmer Gegenstände des Unternehmens für Zwecke außerhalb des Unternehmens **(private Zwecke)** oder werden andere sonstige Leistungen für unternehmensfremde Zwecke erbracht (Leistungsentnahme), so wird dies einer Lieferung bzw sonstigen Leistung gegen Entgelt gleichgestellt (§ 3 Abs 2 und § 3a Abs 1a). 312

Bemessungsgrundlage für die Leistungsentnahme sind die Kosten bzw der Normalpreis (dazu unten Tz 328).

Im Einzelnen erfasst das Gesetz folgende Fälle:

- die **Entnahme** und **Verwendung** von Gegenständen des Unternehmers für Zwecke außerhalb des Unternehmens (soweit der Unternehmer zum Vorsteuerabzug berechtigt war; § 3 Abs 2 und § 3a Abs 1a),
- andere **sonstige Leistungen** für Zwecke außerhalb des Unternehmens (unabhängig von einem Vorsteuerabzug; § 3a Abs 1a; zB der Fahrer eines Transportunternehmers befördert die Möbel des Unternehmers anlässlich dessen Umzugs),
- **Leistungen an das Personal,** die über Aufmerksamkeiten hinausgehen (§ 3 Abs 2 und § 3a Abs 1a),
- **andere unentgeltliche Zuwendungen** von Gegenständen, auch wenn sie für unternehmerische Zwecke erfolgen (zB im Zusammenhang mit Werbeaktionen, Preisausschreiben), ausgenommen bei geringem Wert (§ 3 Abs 2).

Gesetzeszweck ist in diesen Fällen im Wesentlichen die Gleichstellung des Unternehmers mit dem Verbraucher, idR durch Rückgängigmachung des Vorsteuerabzugs (insbesondere bei der Entnahme). Die Besteuerung greift allerdings uU auch dann ein, wenn ein Vorsteuerabzug nicht besteht (zB Dienstleistungen von Arbeitskräften für den privaten Bereich des Unternehmers). Der Unternehmer soll nicht durch den Vorsteuerabzug einen steuerlichen Vorteil für seinen privaten Verbrauch genießen.

Leistungen an das Personal und unentgeltliche Zuwendungen zB im Rahmen einer Werbung erfolgen zwar nicht aus privaten Gründen, sondern sind unternehmerisch motiviert, doch ergibt sich ihre Besteuerung aus dem Verbrauchsteuercharakter der USt.

Bei **Grundstücken** ist die **Entnahme** – wie grundsätzlich auch die Veräußerung – steuerfrei (uU mit Verlust oder Korrektur des Vorsteuerabzuges, siehe Tz 342f).

Ursprünglich wurde die Leistungsentnahme als „Eigenverbrauch" bezeichnet (Verwendung für „eigene", also private Zwecke), doch ist der Begriff heute überholt und wird auch vom Gesetz nicht mehr für die Leistungsentnahme verwendet (allerdings weiter verwendet vom BMF in den USt-Richtlinien und in der Literatur; richtig sollte man sich an die Terminologie des Gesetzes halten).

Als **Eigenverbrauch** bezeichnet das Gesetz heute nur mehr jene Fälle, in denen **ertragsteuerlich nicht abzugsfähige Aufwendungen,** also insbesondere **Repräsentationsaufwendungen** der USt unterliegen (§ 1 Abs 1 Z 2). Auch hier geht es darum, den Vorsteuerabzug rückgängig zu machen.

10. Grundsatz der Einheitlichkeit der Leistung

(Doralt/Ruppe II[7], Tz 262ff)

313 **Nach dem Grundsatz der Einheitlichkeit der Leistung** kann eine Leistung nicht in ihre Teile zerlegt werden.

Eine einheitliche Leistung liegt nur dann vor, wenn mehrere Leistungen erbracht werden, die so eng miteinander verbunden sind, dass sie in wirtschaftlicher Hinsicht objektiv ein Ganzes bilden, dessen Aufspaltung wirklichkeitsfremd wäre. Um festzustellen, ob der Unternehmer dem Verbraucher mehrere selbständige Hauptleistungen oder eine einheitliche Leistung erbringt, ist das Wesen des fraglichen Umsatzes zu ermitteln, wobei auf die Sicht des Durchschnittsverbrauchers abzustellen ist (UStR Rz 346).

Daraus ergibt sich:
- Eine Leistung kann nur entweder eine **Lieferung** oder eine **sonstige Leistung** sein.
- **unselbständige Nebenleistungen** teilen das Schicksal der Hauptleistung: Ist die Hauptleistung steuerfrei (begünstigt), dann ist auch die Nebenleistung steuerfrei (begünstigt); ist die Hauptleistung steuerpflichtig, dann ist auch die Nebenleistung steuerpflichtig. Nebenleistungen sind zB die Beförderung oder die Verpackung einer Ware durch den Lieferanten oder die Montage. Das gilt auch dann, wenn die Nebenleistung (zB Beförderung) mehr kostet als der gelieferte Gegenstand.

Eine unselbständige Nebenleistung zu einer Hauptleistung ist anzunehmen, wenn die eine Leistung nach dem Willen der Parteien so eng mit der anderen verbunden ist, dass die eine nicht ohne die andere erbracht werden kann bzw die Leistung keinen eigenen Zweck, sondern das Mittel zum Zweck darstellt, um die Hauptleistung unter optimalen Bedingungen in Anspruch nehmen zu können (VwGH 21. 12. 2005, 2001/14/0123, ÖStZB 2006, 187; *Ruppe/Achatz,* UStG[4] § 1 Tz 31). Eine Leistung gilt dann als nebensächlich, wenn sie die Hauptleistung erst ermöglicht, sie abrundet oder ergänzt (VwGH 28. 11. 2000, 97/14/0007). – Die Abgrenzung ist schwammig; zB rundet auch das Bier das Gulasch ab, trotzdem liegen hier zwei Hauptleistungen vor.

Gemischte Leistungen beinhalten Elemente einer Lieferung und einer sonstigen Leistung. Es kommt darauf an, ob die Leistung nach ihrer überwiegenden wirtschaftlichen Bedeutung als Erwerb eines Gegenstandes oder als ein Tun, Dulden oder Unterlassen anzusehen ist. Dieses Überwiegen ist anhand der Verkehrsauffassung und nach der Absicht der Parteien zu ermitteln. Auf das Wertverhältnis der einzelnen Leistungselemente kommt es dabei nicht an. Auch getrennte Rechnungen machen aus einer einheitlichen Leistung nicht zwei getrennte Leistungen. 314

Beispiele:

1. Der Automechaniker kontrolliert nur den Zustand des Fahrzeuges: sonstige Leistung.
2. Der Arzt verabreicht im Rahmen der Behandlung eine Injektion: sonstige Leistung, auch wenn der Wert der Injektion überwiegt.
3. Das zum Unterricht beigestellte Skriptum ist Nebenleistung zum Unterricht (VwGH 17. 12. 1996, 96/14/0016 zur Fahrschule). Werden dagegen die Skripten (Bücher) auch im Buchhandel und an Personen verkauft, die nicht am Unterricht teilnehmen, dann ist der Verkauf auch an die Kursteilnehmer eine Hauptleistung (VwGH 21. 12. 2005, 2001/14/0123 ebenfalls zu einer Fahrschule).
4. Befördert der Unternehmer die bei ihm gekaufte Ware zum Abnehmer, dann ist die Beförderung eine Nebenleistung; ebenso ist die Verpackung der Ware eine Nebenleistung zur Lieferung.
5. Der vom Werbeveranstalter organisierte Bustransfer zur Werbeveranstaltung ist Nebenleistung zur Werbeveranstaltung.
6. Erhält der Abonnent einer Zeitung als Zugabe eine Gratis-Autobahnvignette, so liegen zwei Hauptleistungen vor. Das Entgelt ist daher aufzuteilen (BFG 8. 3. 2016, RV/6100408/2011).

Werklieferung und Werkleistung

Hat der Unternehmer die Bearbeitung oder die Verarbeitung eines vom Auftraggeber beigestellten Gegenstandes übernommen, so kommt es für die Abgrenzung zwischen Lieferung und sonstiger Leistung darauf an, ob der Unternehmer selbst einen Hauptstoff (Werklieferung) oder bloße Nebensachen (Werkleistung) beisteuert. 315

Eine **Werklieferung** liegt dann vor, wenn der Unternehmer bei der Be- oder Verarbeitung einen Hauptstoff beistellt; eine **Werkleistung** liegt vor, wenn der Unternehmer lediglich Zutaten oder Nebensachen beistellt (§ 3 Abs 4 zur Werklieferung).

Bei der Unterscheidung, was unter einem Hauptstoff, einer Zutat oder sonstigen Nebensache zu verstehen ist, kommt es in erster Linie auf die Natur des Stoffes und in

Zweifelsfällen auf die Verkehrsauffassung sowie auf den Vergleich der wirtschaftlichen Bedeutung der verwendeten Stoffe an.

Beispiele:

1. Der Automechaniker repariert ein Scharnier und verwendet dabei ein Schmiermittel: Werkleistung; das Schmiermittel ist ein bloßer Nebenstoff.
2. Der Automechaniker baut einen neuen Motor ein: Werklieferung, es wird ein Hauptstoff beigestellt.
3. Ein Bauunternehmer errichtet ein Gebäude: Werklieferung (der Bauunternehmer stellt den Hauptstoff, nämlich das Baumaterial, bei).
4. Der Schneider repariert einen Anzug und stellt dabei bloß seinen Zwirn bei: Werkleistung.

11. Ort der Leistung

(Doralt/Ruppe II[7], Tz 321 ff)

Allgemeines

316 Lieferungen und sonstige Leistungen unterliegen im Inland nur dann USt, wenn sie im Inland ausgeführt werden (§ 1 Abs 1 Z 1). Dabei bestehen für den Ort der Leistung für Lieferungen einerseits und sonstige Leistungen andererseits unterschiedliche Regelungen.

Da innerhalb der EU ein einheitliches Mehrwertsteuersystem besteht, aber auch im Verhältnis zu Drittstaaten oft vergleichbare Regelungen gelten, sind die Regeln auch umgekehrt in jenen Fällen anzuwenden, in denen eine grenzüberschreitende Leistung in einem anderen Mitgliedstaat oder in einem Drittstaat ihren Ausgang genommen hat und im Inland endet oder das Inland berührt. Nur im Verhältnis zu Drittstaaten kann es auch zur Nicht- oder Doppelbesteuerung kommen.

Für **grenzüberschreitende Lieferungen** bestehen folgende Grundregeln:

Gemeinschaftsgebiet:

B2B: steuerfreie Lieferung im Inland, Erwerbsteuer im anderen Mitgliedstaat

B2C: Lieferort und damit auch Steuerpflicht im Inland

Drittland:

B2B: steuerfreie Lieferung im Inland, Einfuhrumsatzsteuer im Drittland

B2C = B2B: steuerfreie Lieferung im Inland, Einfuhrumsatzsteuer im Drittland

Für **grenzüberschreitende sonstige Leistungen** bestehen folgende Grundregeln:

Gemeinschaftsgebiet und Drittland:

B2B: Leistungsort ist der Empfängerort im anderen Mitgliedstaat bzw im Drittland

B2C: Leistungsort ist der Unternehmerort (Steuerpflicht im Inland)

Bei den sonstigen Leistungen gibt es (vor allem B2C) zahlreiche Ausnahmen von der Grundregel.

Ort der Lieferung

Ort der Übergabe 317

Grundsätzlich wird eine Lieferung dort ausgeführt, wo sich der Gegenstand zur Zeit der Verschaffung der Verfügungsmacht befindet (idR Ort der Übergabe; § 3 Abs 7).

Das gilt auch bei mittelbarer Übergabe zB durch Lagerschein: Wird der Lagerschein im Inland übergeben, befindet sich die Ware aber im Ausland, dann ist der Lieferort im Ausland (im Inland nicht steuerbar).

Beginn der Beförderung oder Versendung

Wird der Gegenstand der Lieferung durch den Lieferer oder den Abnehmer befördert oder versendet, so gilt die Lieferung dort als ausgeführt, wo die Beförderung oder Versendung an den Abnehmer oder in dessen Auftrag an einen Dritten beginnt **(Lieferort = Beginn der Beförderung** bzw der Versendung; § 3 Abs 8).

Ruhende und bewegte Lieferung: Wird ein Gegenstand bei der Lieferung nicht befördert und nicht versendet, dann spricht man von einer „ruhenden" Lieferung (Lieferort ist der Ort der Übergabe), ansonsten von einer „bewegten" Lieferung (Lieferort ist am Beginn der Beförderung).

Versenden liegt vor, wenn der Gegenstand durch einen Frachtführer oder Verfrachter befördert oder eine solche Beförderung durch einen Spediteur besorgt wird. Die Versendung beginnt mit der Übergabe des Gegenstandes an den Spediteur, Frachtführer oder Verfrachter.

Bei B2B ist die Lieferung in das Ausland (EU oder Drittstaat) steuerfrei (§ 3 Abs 8 iVm § 6 Abs 1 Z 1); die Besteuerung erfolgt im anderen Mitgliedstaat (Erwerbsteuer) bzw im Drittland (Einfuhrumsatzsteuer).

Bei B2C gilt im Gemeinschaftsgebiet grundsätzlich das Ursprungslandprinzip (Besteuerung am Ort des leistenden Unternehmers).

Im Verhältnis zu Drittstaaten gilt jedoch auch bei B2C (Lieferung an Touristen) – wie bei B2B – idR das Bestimmungslandprinzip.

Beispiele:

1. Ein österreichischer Unternehmer liefert eine Ware an einen Unternehmer nach Deutschland. Lieferort: Österreich (grundsätzlich steuerbare, aber steuerfreie ig Lieferung); in Deutschland fällt für den Empfänger Erwerbsteuer an.
2. Ein deutscher Unternehmer liefert eine Ware an einen österreichischen Unternehmer: Lieferort Deutschland (der österreichische Empfänger verwirklicht einen idR steuerpflichtigen ig Erwerb).
3. Ein Linzer Sportwarenverkäufer verkauft ein Fahrrad an einen privaten Käufer nach Deutschland. Lieferort: Österreich (grundsätzlich in Österreich steuerbar und steuerpflichtig). Wäre dagegen der Abnehmer aus der Schweiz (Drittland), und nimmt er das Fahrrad in die Schweiz mit, dann würde in

Österreich eine steuerfreie Ausfuhr vorliegen (§ 6 Abs 1 Z 1 iVm § 7 Abs 1 Z 3). In der Schweiz würde Einfuhrumsatzsteuer anfallen.

Sonderfall der Montagelieferung (Werklieferung): Wird ein Gegenstand zwar in das Ausland versendet, kommt aber der Montage eine besondere wirtschaftliche Bedeutung zu, dann ist der Lieferort nicht der Beginn der Beförderung, sondern dort, wo das fertige Werk übergeben wird (Montagelieferung, als Sonderfall der Werklieferung).

Beispiel:

Die Tiroler Wasserkraftwerke bestellen bei Siemens München eine Turbine einschließlich Montage für ein Kraftwerk in Tirol. Da die Montage bei einer Turbine ein wesentlicher Teil der Bestellung ist, ist der Lieferort nicht dort wo die Beförderung beginnt, sondern dort, wo das fertige Werk (montierte Turbine) übergeben wird.

Reihengeschäft

Ein Reihengeschäft liegt dann vor, wenn mehrere Unternehmer Umsatzgeschäfte über denselben Gegenstand abschließen und der Gegenstand vom ersten Unternehmer direkt zum letzten Abnehmer transportiert wird.

Beispiel:

Der Nichtunternehmer A (Wien) bestellt bei B (Händler in Wien) eine Ware. B bestellt die Ware bei C (Großhändler in München) und lässt sie von C direkt an A versenden.
Mit der Versendung der Ware von C (München) an A (Wien) werden zwei Umsätze realisiert: C liefert an B (ig Erwerb von B), und B liefert an A (im Inland, daher steuerpflichtig).

Ort der sonstigen Leistung

318 Für den Ort der sonstigen Leistung stellt das UStG insbesondere darauf ab, ob der **Leistungsempfänger** Unternehmer ist.

Grundregel:

B2B: Leistungsort (Steuerpflicht) am Ort des Empfängers (§ 3a Abs 6; Empfängerort, Bestimmungsland)

B2C: Leistungsort (Steuerpflicht) am Unternehmerort (§ 3a Abs 7; Ursprungslandprinzip)

Übergang der Steuerschuld bei B2B (Reverse Charge System, § 19 Abs 1): Da bei sonstigen Leistungen der Leistungsort am Empfängerort liegt, wäre jeder inländische Unternehmer, der an einen Unternehmer im Ausland eine sonstige Leistung erbringt, dort auch umsatzsteuerpflichtig. Das wäre weder kontrollierbar noch administrierbar. Die Lösung des Problems in der EU: Bei sonstigen Leistungen im B2B Bereich geht die Steuerschuld auf den Empfänger über; an Stelle des leistenden Unternehmers schuldet der Empfänger die USt für die erhaltene Leistung. Das gilt aber nur, wenn der Empfänger Unternehmer ist. Der leistende Unternehmer haftet allerdings für die Steuer.

Beispiel:

Der Unternehmer in Wien erbringt eine sonstige Leistung an einen Unternehmer in München. Leistungsort ist München (Empfängerort); daher fällt die USt nicht in Österreich, sondern in Deutschland an; Steuerschuldner ist der Empfänger, also der Unternehmer in München.

Das Reverse Charge System gilt in Österreich auch bei der grenzüberschreitenden Werklieferung (zB Montagelieferung); auch hier geht die Steuerschuld – sinnvollerweise – auf den Empfänger über (siehe das Beispiel oben: Siemens München liefert an die TIWAG eine Turbine).

Erweiterter Unternehmerbegriff: Um zu vermeiden, dass das Ursprungslandprinzip über den typischen B2C Bereich (Touristenexport) hinaus Anwendung findet, dehnt das Gesetz den Unternehmerbegriff auf juristische Personen aus, auch wenn sie nicht unternehmerisch tätig sind, wie insbesondere KöR oder gemeinnützige Einrichtungen, sie aber eine Umsatzsteueridentifikationsnummer (UID-Nummer) haben (§ 3a Abs 5 Z 2).

Beispiel:

Ein ausländischer Verlag räumt der Universität Wien die Nutzung seiner Rechtsdatenbank ein. Ohne Sonderregelung würde ein B2C Geschäft vorliegen, doch gilt in diesem Fall die Universität Wien als Unternehmer; daher liegt ein B2B Umsatz vor. An Stelle des leistenden Unternehmers schuldet die Universität die USt für die an sie erbrachte Leistung.

Die B2B-Regelungen des Leistungsorts kommen auch dann zur Anwendung, wenn eine Leistung nur teilweise für das Unternehmen bezogen wird (zB ein gemieteter Kleinbus wird für unternehmerische und private Fahrten genutzt).

Unternehmer an Unternehmer (B2B): Empfängerort – Bestimmungslandprinzip (§ 3a Abs 6)

Eine sonstige Leistung, die **an einen Unternehmer** (siehe Tz 318) ausgeführt wird, wird nach der Grundregel an dem Ort ausgeführt, an dem der Empfänger sein Unternehmen betreibt (Empfängerort). 319

Beispiele:

1. Ein österreichischer Anwalt vertritt einen deutschen Unternehmer in einem Rechtsstreit vor einem Gericht in Wien. Auch wenn der Rechtsstreit ausschließlich in Österreich geführt wird, kommt die Grundregel B2B zur Anwendung, der Leistungsort ist daher Deutschland. Es kommt zum Übergang der Steuerschuld vom Rechtsanwalt auf den Unternehmer in Deutschland (siehe unten).
2. Ein österreichischer Agent vermittelt im Auftrag eines ungarischen Unternehmers den Auftritt eines Sängers in Mailand. Es liegen zwei verschiedene B2B Umsätze vor:
   - Die Leistung des österreichischen Agenten an den Unternehmer in Ungarn: Leistungsort des österreichischen Agenten ist der Empfängerort, also Ungarn.
   - Die Leistung des Sängers an den ungarischen Unternehmer: Leistungsort des Sängers ist wieder der Empfängerort, hier also Ungarn. Obwohl der Sänger in Mailand auftritt, ist Mailand nicht der Leistungsort.

Ausnahmen vom Empfängerort bei B2B

320 Abweichend von der Grundregel gibt es bei B2B eine Reihe von Sonderregelungen, die für bestimmte sonstige Leistungen einen besonderen Leistungsort vorsehen. Dazu gehören insbesondere

- Leistungen im Zusammenhang mit einem Grundstück (§ 3a Abs 9; siehe unten),
- Personenbeförderung (§ 3a Abs 10; siehe unten),
- Restaurant- und Verpflegungsdienstleistungen (§ 3a Abs 11 lit d; siehe unten),
- Eintrittsberechtigungen zu kulturellen und ähnlichen Veranstaltungen (§ 3a Abs 11a; Veranstaltungsort),
- kurzfristige Vermietung von Beförderungsmitteln (§ 3a Abs 12; siehe unten).

Eine sonstige Leistung **im Zusammenhang mit einem Grundstück** wird dort ausgeführt, wo das Grundstück gelegen ist (§ 3a Abs 9).

Sonstige Leistungen im Zusammenhang mit einem Grundstück sind ua die Tätigkeiten der Grundstücksmakler und Grundstückssachverständigen, die Vermietung und Verpachtung sowie die Beherbergung in der Hotelbranche oder in Branchen mit ähnlicher Funktion (zB in Ferienlagern oder auf Campingplätzen), die Einräumung von Rechten zur Nutzung von Grundstücken und die Leistungen von Architekten.

Eine **Personenbeförderungsleistung** wird dort ausgeführt, wo die Beförderung bewirkt wird (Beförderungsstrecke, § 3a Abs 10).

Erstreckt sich eine Beförderungsleistung sowohl auf das Inland als auch auf das Ausland, unterliegt nur der inländische Teil der USt.

Restaurant- und Verpflegungsdienstleistungen werden dort erbracht, wo der Unternehmer ausschließlich oder zum wesentlichen Teil die Leistung erbringt.

Beispiel:

A (Wien) bestellt bei B (Gastronom in Wien) ein Catering für eine Produktpräsentation in Bratislava. B wird bei der Leistungserbringung zum wesentlichen Teil in Bratislava tätig. Die Leistung unterliegt daher in Österreich nicht der USt, Leistungsort ist Bratislava.

Die **kurzfristige Vermietung eines Beförderungsmittels** wird an dem Ort ausgeführt, an dem dieses Beförderungsmittel dem Leistungsempfänger tatsächlich zur Verfügung gestellt wird (Übergabeort, § 3a Abs 12).

Als kurzfristig gilt bei Kfz eine Vermietung während eines ununterbrochenen Zeitraumes von nicht mehr als 30 Tagen.

Beispiel:

Ein Unternehmer aus München kommt auf Geschäftsreise drei Tage nach Wien und mietet sich hier ein Leasingfahrzeug (Leistungsort Wien, Ausnahmeregelung wegen kurzfristiger Vermietung); kein Übergang der Steuerschuld auf den Empfänger, weil die Besteuerung im Inland erfolgt.

Würde der deutsche Unternehmer das Fahrzeug länger als 30 Tage mieten, dann wäre Leistungsort München (Empfängerort).

Unternehmer an Nichtunternehmer (B2C):
Ursprungsort – Ursprungslandprinzip (§ 3 a Abs 7)

Eine sonstige Leistung an einen Nichtunternehmer (§ 3 a Abs 5 Z 3) wird nach der Grundregel an dem Ort ausgeführt, von dem aus der Unternehmer sein Unternehmen betreibt: Leistungsort ist der Unternehmerort (Ursprungsort wie beim Touristenexport). 321

Beispiel:

Ein österreichischer Rechtsanwalt berät einen deutschen Unternehmer in Ehesachen. Da der deutsche Unternehmer die Leistung für rein private Zwecke bezieht, kommt es zur Anwendung der Grundregel B2C. Leistungsort ist Österreich; die Leistung ist in Österreich steuerbar und steuerpflichtig.

Ausnahmen vom Unternehmerort (Ursprungslandprinzip) bei B2C

Grundsätzlich gelten alle Sondervorschriften für den Leistungsort aus dem B2B-Bereich auch im B2C-Bereich, ergänzt um weitere Sonderfälle. Daraus ergeben sich ua folgende Ausnahmen vom Ursprungslandprinzip (Gesetzeszweck ist die Einhaltung des Bestimmungslandprinzips in besonders wichtigen Fällen): 322

- **Grundstücksort:** Leistungen im Zusammenhang mit einem Grundstück (§ 3 a Abs 9, wie bei B2B; siehe oben),
- **Umsatzort** bei Vermittlungsleistungen: wo der vermittelte Umsatz aufgeführt wird (§ 3 a Abs 8),
- **Personenbeförderung** (wie bei B2B; siehe oben), Güterbeförderung grundsätzlich wie Personenbeförderung mit Ausnahmen bei ig Güterbeförderung (Art 3 a Abs 10),
- **Übergabeort** bei kurzfristiger Vermietung von Beförderungsmitteln, zB PKW (§ 3 a Abs 12 Z 1, wie bei B2B; siehe oben),
- **Empfängerort** bei nicht kurzfristiger Vermietung von Beförderungsmitteln § 3 a Abs 12 Z 2),
- **Tätigkeitsort,** wo der Unternehmer für die einzelne Leistung tätig wird (siehe unten),
- **Elektronisch erbrachte sonstige Leistungen** udgl an einen Nichtunternehmer werden am Empfängerort (Verbraucherort) besteuert (§ 3 a Abs 13; siehe unten),
- **Katalogleistungen** (für diese in § 3 a Abs 14 aufgelisteten Leistungen gilt B2C bei Drittlandsempfängern der Empfängerort).

Tätigkeitsort: Kulturelle, künstlerische, wissenschaftliche, unterrichtende, sportliche, unterhaltende oder ähnliche Leistungen, wie Leistungen im

Zusammenhang mit Messen und Ausstellungen einschließlich der Leistungen der jeweiligen Veranstalter (§ 3a Abs 11 lit a), sowie **Arbeiten an beweglichen körperlichen Gegenständen** (§ 3a Abs 11 lit c) werden dort ausgeführt, wo der Unternehmer (bezogen auf die einzelne Leistung) „ausschließlich oder zum wesentlichen Teil tätig wird". Dies gilt auch für **Restaurant- und Verpflegungsdienstleistungen.**

Bei diesen Leistungen bestimmt grundsätzlich die Tätigkeit selbst den Leistungsort (zB Auftritt eines Sängers).

Elektronisch erbrachte sonstige Leistungen udgl an einen **Nichtunternehmer** werden am Empfängerort (Verbraucherort) erbracht (§ 3a Abs 13). Bietet der Unternehmer derartige Leistungen in verschiedenen Mitgliedstaaten an, besteht eine Sonderregelung, nach der er die auf die anderen Mitgliedstaaten entfallende Steuer zentral erklären und entrichten kann (§ 25a, Art 25a, nicht zu verwechseln mit der „zusammenfassenden Meldung" dazu unten).

Beispiel:

Ein österreichischer Jugendlicher lädt sich von der Website eines US-amerikanischen Unternehmers eine Spielesoftware herunter. Es handelt sich um eine auf elektronischem Weg erbrachte sonstige Leistung. Es kommt daher die Sonderbestimmung des § 3a Abs 13 zur Anwendung; die Leistung ist am Empfängerort (Österreich) steuerbar und steuerpflichtig.

Zusammenfassende Meldung

Unternehmer, die sonstige Leistungen an andere Unternehmer erbringen, deren Leistungsort nach § 3a Abs 6 im übrigen Gemeinschaftsgebiet liegt und für die die Steuerschuld auf den Empfänger übergeht, haben über diese Umsätze an ihr FA eine „Zusammenfassende Meldung" zu übermitteln (Art 21 Abs 3). Damit wird die USt-Kontrolle innerhalb des Gemeinschaftsgebietes sichergestellt.

323 **Übersicht**

(siehe auch *Berger/Toifl/Hinterleitner*, UStG[8])

	B2B	B2C
Vermittlungsleistungen	Grundregel (§ 3a Abs 6)	Ort, an dem der vermittelte Umsatz erbracht wird (§ 3a Abs 8)
Grundstücksleistungen	Grundstücksort (§ 3a Abs 9)	Grundstücksort (§ 3a Abs 9)
Personenbeförderung	Dort, wo sie jeweils stattfindet (§ 3a Abs 10)	Dort, wo sie jeweils stattfindet (§ 3a Abs 10)
Güterbeförderung (außer ig)	Grundregel (§ 3a Abs 6)	Dort, wo sie jeweils stattfindet (§ 3a Abs 10)

	B2B	**B2C**
ig Güterbeförderung	Grundregel (§ 3a Abs 6)	Abgangsort (Art 3a Abs 1)
Kulturbereich, Reparaturen, Nebenleistungen zur Güterbeförderung	Grundregel (§ 3a Abs 6) (Eintrittsberechtigung zu Veranstaltungen = Veranstaltungsort)	Tätigkeitsort (§ 3a Abs 11 lit a bis c)
Restaurant- und Verpflegungsdienstleistungen bei ig Personenbeförderungen	Abgangsort (Art 3a Abs 3)	Abgangsort (Art 3a Abs 3)
Kurzfristige (langfristige) Vermietung von Beförderungsmitteln (max 30 Tage)	Dort, wo es zur Verfügung gestellt wird (§ 3a Abs 12) (langfristig Empfängerort)	Dort, wo es zur Verfügung gestellt wird (§ 3a Abs 12) (langfristig Empfängerort)
Elektronisch erbrachte Dienstleistungen, Telekom-, Rundfunk- und Fernsehdienstleistungen	Grundregel (§ 3a Abs 6)	Dort, wo der Nichtunternehmer ansässig ist (§ 3a Abs 13
Restaurant- und Verpflegungsdienstleistungen	Verabreichungsort (§ 3a Abs 11 lit d)	Verabreichungsort (§ 3a Abs 11 lit d)
„Katalogdienstleistungen" an Nichtunternehmer in Drittländern	–	Empfängerort (§ 3a Abs 14)

12. Bemessungsgrundlage (§ 4)

(Doralt/Ruppe II[7], Tz 394 ff)

Bei Lieferungen und sonstigen Leistungen ist das **Entgelt** Bemessungsgrundlage für die USt (§ 4 Abs 1). Die Umsatzsteuer selbst gehört nicht zur Bemessungsgrundlage (§ 4 Abs 10). 324

Durchlaufende Posten, die im Namen und auf Rechnung eines anderen vereinnahmt und verausgabt wurden, gehören nicht zum Entgelt (§ 4 Abs 3; zB Gerichtsgebühren des Anwalts für seinen Klienten).

Zum Entgelt gehört alles, was der Empfänger aufwendet, um die Leistung zu erhalten; dazu gehören auch freiwillige Zahlungen (Beispiel: Ein Klient bezahlt aus Freude über den gewonnenen Prozess dem RA ein höheres Honorar als vereinbart). Zum Entgelt gehört auch, was ein Dritter dem Unternehmen leistet. Zuschüsse von dritter Seite (Subventionen) zählen dann zum Entgelt, wenn sie mit dem konkreten Leistungsaustausch in Zusammenhang stehen (zB: ein Verlag erhält für die Drucklegung eines konkreten Buches einen Druckkostenzuschuss).

Freiwillige Leistungen ohne unmittelbare Gegenleistung unterliegen nicht der USt (EuGH 3. 3. 1994, C-16/93, *Tolsma,* zum Drehorgelspieler).

Bei Leistungen kommt es nicht auf die **Angemessenheit** des Entgelts an, bei nicht fremdüblichem Entgelt kann es jedoch zur Anwendung des „Normalwerts" kommen (dazu unten Tz 328).

Vom Entgelt ist der **zivilrechtliche Preis** zu unterscheiden. Wurde im Vertrag nichts anderes vereinbart, so versteht sich der Preis stets einschließlich der USt. Dies gilt auch für Kaufleute; es gibt keinen abweichenden Handelsbrauch.

325 Die **Geschäftsveräußerung** im Ganzen unterliegt ebenfalls der USt. Bemessungsgrundlage ist das auf die Gegenstände und Rechte entfallende Entgelt des Erwerbers. Schulden sind ebenfalls ein Bestandteil des Entgelts und können daher nicht abgezogen werden.

Beispiel:

Ein Unternehmen wird um 1 Mio € verkauft; der Käufer hat außerdem die Schulden iHv 0,5 Mio € zu übernehmen. Bemessungsgrundlage für die USt sind 1,5 Mio € (Kaufpreis und übernommene Schulden).

Die **unentgeltliche Unternehmensübertragung unter Lebenden** (Schenkung) wird als eine Entnahme für unternehmensfremde Zwecke angesehen, für die jedoch ein Vorsteuerabzug bestehen kann („Steuerweiterleitung"; § 12 Abs 15; dazu *Ruppe/Achatz,* UStG[4], § 3 Tz 229ff und § 12 Tz 330ff). Bei **Übergang von Todes wegen** liegt kein umsatzsteuerbarer Vorgang vor (*Ruppe/Achatz,* UStG[4], Tz 228).

326 Beim **Tausch** und beim **tauschähnlichen Umsatz** besteht das Entgelt im Wert der Gegenleistung, dh im Wert der anderen Leistung (vgl § 4 Abs 6). Als „Wert" ist beim Privatvermögen der gemeine Wert, bei Betriebsvermögen der Teilwert anzusetzen (ergibt sich aus dem BewG; *Ruppe/Achatz,* UStG[4], § 4 Tz 137).

Beispiel:

Der Unternehmer tauscht beim Autohändler seinen gebrauchten Lkw gegen einen neuen Pkw. Das heißt: Der Unternehmer liefert einen Lkw und erhält als Gegenleistung den neuen Pkw; Bemessungsgrundlage für seine USt ist daher der Wert des Pkw (Gegenleistung für die Lieferung des Lkw). Für den Autohändler ist die Gegenleistung für die Lieferung des neuen Pkw der gebrauchte Lkw.

327 Bei der **Einfuhr** aus Drittländern bemisst sich die EUSt vom Zollwert (idR abhängig vom Kaufpreis; § 5).

328 *Bemessungsgrundlage bei der Entnahme und bei nicht fremdüblichem Entgelt: Ansatz der Kosten (§ 4 Abs 8) bzw des Normalwerts (§ 4 Abs 9)*

Kosten bei der Entnahme: Entnimmt der Unternehmer aus privaten Gründen („Zwecke außerhalb des Unternehmens") einen Gegenstand oder eine sonstige Leistung, dann werden als Bemessungsgrundlage für die USt die **Kosten** angesetzt (idR der Einkaufspreis). Damit wird im Ergebnis der Vorsteuerabzug rückgängig gemacht.

Normalwert bei nicht fremdüblichem Entgelt: Anderes gilt, wenn der Unternehmer aus privaten Motiven ein nicht angemessenes Entgelt verlangt: In diesem Fall kommt der **„Normalwert"** zur Anwendung (im Wesentlichen der fremdübliche Betrag; dazu § 4 Abs 9).

Insoweit besteht ein Widerspruch gegenüber der Entnahme; denn obwohl in beiden Fällen private Motive der Auslöser sind, gelten einmal nur die (niedrigen) Kosten als Bemessungsgrundlage, das andere Mal der fremdübliche Preis für Dritte. – Die Erklärung dafür: liegt überhaupt ein Entgelt vor, dann soll immer der Normalpreis gelten (befriedigend ist diese Erklärung freilich nicht).

Ein weiterer Anwendungsfall für den Normalwert ist die **verbilligte Leistung an das Personal** (zwar keine privaten Motive, entspricht aber dem Verbrauchsteuercharakter der USt).

Der Normalwert kommt ua dann nicht zur Anwendung, wenn Leistender und Empfänger zum vollen Vorsteuerabzug berechtigte Unternehmer sind (die USt ist dann sowieso nur durchlaufender Posten).

Beispiele:

1. Ein Fahrradhändler verkauft seiner Tochter ein Fahrrad um 300 €. Der Listenpreis wäre 600 €, der Händlereinkaufspreis beträgt 400 €. Bemessungsgrundlage sind 600 € (Normalwert).

   Würde der Händler seiner Tochter das Fahrrad schenken, dann wäre eine Entnahme anzunehmen; Bemessungsgrundlage wäre dann der Einkaufspreis von 400 €.
2. Der Gesellschafter einer Autohandels-GmbH kauft von der Gesellschaft einen Pkw mit Listenpreis 60.000 € um nur 30.000 €. Bemessungsgrundlage sind 60.000 € (Normalwert).
3. Der Unternehmer gewährt seinen Mitarbeitern einen Personalrabatt. Es kommt der Normalwert zur Anwendung.
4. Ein Juwelier verkauft anlässlich der Eröffnung die ersten 100 Uhren mit einem Rabatt von 50%. Da der Rabatt zur Werbung und nicht aus unternehmensfremden Motiven gewährt wird, kommt der Normalwert hier nicht zur Anwendung.
5. Ein Sportartikelhändler gewährt den Mitgliedern eines Sportvereins einen Sonderrabatt von 20%. Da der Sportartikelhändler sich daraus ein besseres Geschäft erhofft, kommt der Normalwert nicht zur Anwendung (anders allerdings die Gesetzesmaterialien und die UStR Rz 682, die den Normalwert auch bei Begünstigungen aufgrund von Mitgliedschaften annehmen).

Differenzbesteuerung

Beim **Handel mit Gebrauchtgegenständen** (insbesondere Kfz, Kunst- 329
gegenstände, Antiquitäten, Schmuck) gilt grundsätzlich eine **Differenzbesteuerung:** Grundlage für die Berechnung der USt ist der Unterschiedsbetrag zwischen dem Verkaufspreis und dem Einkaufspreis; aus dem Unterschiedsbetrag wird die USt herausgerechnet (§ 24).

Das Gesetz verwendet nicht den Begriff „Gebrauchtgegenstand", sondern spricht von Lieferungen, für die „USt nicht geschuldet wurde". Damit sind vor allem jene Fälle gemeint, in denen ein Privater (Nichtunternehmer) an den Händler geliefert hat (idR Gebrauchtwarenhandel).

Der Händler muss mit diesen Gegenständen gewerbsmäßig handeln. Die USt darf auf der Verkaufsrechnung des Händlers nicht ausgewiesen werden; auf die Differenzbesteuerung ist in der Rechnung hinzuweisen.

Hintergrund der Differenzbesteuerung ist folgender: Gebrauchtgegenstände werden idR vom Nichtunternehmer an den Gebrauchtwarenhändler verkauft und von diesem auch wieder an Nichtunternehmer weiterverkauft (zB Kfz). Müsste der Gebrauchtwarenhändler den vollen Verkaufspreis besteuern, käme es zu einer erneuten Besteuerung der im Einkaufspreis vom Nichtunternehmer noch enthaltenen Restmehrwertsteuer (Vermeidung eines „Kaskadeneffekts", vgl auch *Ruppe/Achatz,* UStG[4], § 24 Tz 2).

Beispiel:

Ein Kfz-Händler erwirbt einen Gebrauchtwagen um 30.000 € und verkauft ihn um 36.000 €.

Ohne die Sonderbestimmung für die Differenzbesteuerung wäre die USt aus dem Verkaufspreis von 36.000 € herauszurechnen; Bemessungsgrundlage wären 30.000 €, die USt würde 6.000 € betragen; damit wäre der gesamte Gewinn aufgezehrt.

Anders die Berechnung mit der Sonderbestimmung: Grundlage für die Berechnung der USt ist die Differenz zwischen dem Verkaufspreis von 36.000 € und dem Einkaufspreis von 30.000 €. Die Differenz beträgt 6.000 €. Aus dem Differenzbetrag ist die USt herauszurechnen, ergibt demnach als Bemessungsgrundlage 5.000 € und damit eine USt von 1.000 € (5.000 € plus 1.000 € USt sind 6.000 €).

Verkauft der Händler an einen vorsteuerabzugsberechtigten Unternehmer, kann die Differenzbesteuerung nachteilig sein. Der Unternehmer kann daher für jeden einzelnen Umsatz zur Normalbesteuerung optieren (§ 24 Abs 12).

Der **Steuersatz** bei der Differenzbesteuerung beträgt immer 20%, unabhängig davon, welchem Steuersatz der gelieferte Gegenstand sonst unterliegt. Daher beträgt zB auch bei Büchern im Fall einer Differenzbesteuerung der Steuersatz 20%, obwohl grundsätzlich der Steuersatz für die Lieferung von Druckwerken 10% beträgt. Der Steuersatz von 20% erklärt sich daraus, dass der Verkauf derartiger Gegenstände wirtschaftlich einer Vermittlung ähnlich ist, die mit 20% zu versteuern ist. Bei Option zur Normalbesteuerung richtet sich der Steuersatz nach allgemeinen Vorschriften.

13. Änderung der Bemessungsgrundlage

(Doralt/Ruppe II[7], Tz 410f)

330 Ändert sich die Bemessungsgrundlage (das Entgelt), dann hat der Unternehmer die USt zu berichtigen (§ 16). Änderungen ergeben sich zB aus geltend gemachter Gewährleistung, aus Rabatten oder auf Grund der Zahlungsunfähigkeit eines Kunden. In diesen Fällen berichtigt (reduziert) der leistende Unternehmer gegenüber dem FA seine USt und der Leistungsempfänger seinen Vorsteuerabzug. Eine Berichtigung der Rechnung ist grundsätzlich nicht erforderlich (§ 11 Abs 13). Erhöht sich allerdings die Bemessungsgrundlage, dann ist eine Rechnungsberichtigung erforderlich, damit der Empfänger den Vorsteuerabzug geltend machen kann.

331 **USt in der Insolvenz des Leistungsempfängers:** Wird der Leistungsempfänger insolvent, dann berichtigt der leistende Unternehmer seine USt, er erhält also seine USt vom Fiskus zurück. Gleichzeitig müsste der Leistungsempfänger seine Vorsteuer, die er bereits geltend gemacht hat, berichtigen, das

heißt an das FA zurückzahlen; dazu ist er aber nicht mehr in der Lage. Die Insolvenz geht daher aus der Sicht der USt zu Lasten des Fiskus.

Beispiel:

> Eine Brauerei beliefert einen Getränkehändler, stundet aber den Kaufpreis mit drei Monaten Zahlungsziel. Der Getränkehändler macht den Vorsteuerabzug geltend und wird danach insolvent. Da die Brauerei mit der Bezahlung nicht mehr rechnen kann, korrigiert sie die Bemessungsgrundlage auf Null und holt sich die bereits entrichtete USt vom FA zurück. Ebenso müsste der Getränkehändler seinen Vorsteuerabzug korrigieren (dem FA rückerstatten), doch hat der Fiskus nur eine Insolvenzforderung (keine bevorzugte Masseforderung).

14. Steuerbefreiungen

(Doralt/Ruppe II[7], Tz 350ff)

Das UStG unterscheidet zwei Arten von Steuerbefreiungen, nämlich 332
- die **echten Steuerbefreiungen** mit dem Recht auf Vorsteuerabzug; sie stehen regelmäßig mit Leistungen an das Ausland oder im Ausland im Zusammenhang und dienen der Entlastung von der USt im Inland (dazu unten);
- die **unechten Steuerbefreiungen,** die mit dem Verlust des Vorsteuerabzuges verbunden sind; sie beziehen sich auf Umsätze im Inland (zB Banken, Schulen, Ärzte usw, dazu unten).

Im Hinblick auf den Verlust des Vorsteuerabzugs bedeutet eine unechte Steuerbefreiung nicht immer einen Vorteil. Denn soweit in der Unternehmerkette der Vorsteuerabzug besteht, ist die USt kein Kostenfaktor. Ist dagegen in der Unternehmerkette ein Unternehmer von der USt befreit und damit vom Vorsteuerabzug ausgeschlossen, dann bleibt bei ihm die USt hängen; er muss sie als Kostenfaktor einkalkulieren („Verschmutzungseffekt"). Um dies zu vermeiden kann der Unternehmer bei einigen unecht steuerfreien Umsätzen zur Steuerpflicht bzw zur Regelbesteuerung optieren.

Eine solche Optionsmöglichkeit gibt es ua bei:
- Kleinunternehmern (Option zur Besteuerung nach den allgemeinen Vorschriften),
- Verkauf von Grundstücken,
- Vermietung und Verpachtung von Grundstücken, insbesondere von Geschäftsräumen und vermieteten Grundstücken (keine Option zur Steuerpflicht bei Wohnungen).

Vorteilhaft wirkt sich die unechte Befreiung idR nur in jenen Fällen aus, in denen der Unternehmer an einen Konsumenten bzw an einen nicht zum Vorsteuerabzug berechtigten Empfänger leistet. Danach entscheidet sich auch die Frage, ob es vorteilhaft ist, auf die Befreiung zu verzichten und auf die Steuerpflicht (Regelbesteuerung) zu optieren (zu Kleinunternehmer siehe Tz 337, zu Grundstücken und zur Vermietung siehe Tz 335 und Tz 336).

Echte Steuerbefreiungen

333 Die **echte Steuerbefreiung** bewirkt eine vollständige Entlastung der Leistung von der USt im Inland; die Besteuerung wird idR ins Ausland verlagert. Denn nach dem Bestimmungslandprinzip müssen Gegenstände bei der Ausfuhr von der inländischen USt entlastet werden; dafür werden sie im Bestimmungsland mit der EUSt oder der Erwerbsteuer belastet. Der Vorsteuerabzug für ausgeführte Waren bleibt erhalten.

Echt steuerbefreit sind insbesondere:

- **Ausfuhrlieferungen ins Drittland** (§ 7)

  Über die erfolgte Ausfuhr ist ein **Ausfuhrnachweis** zu erbringen (Versendungsbelege, Ausfuhrbescheinigung); die Ausfuhr muss auch buchmäßig nachgewiesen werden (§ 18 Abs 8; **Buchnachweis**).

  Der **Touristenexport** (Transport „im Reisegepäck“) in ein Drittland ist ebenfalls eine steuerfreie Ausfuhrlieferung (§ 7 Abs 1 Z 3). Eine steuerfreie Ausfuhr ist hier allerdings erst ab einem Rechnungsgesamtbetrag inkl USt von 75 € zulässig. Der Tourist darf keinen Wohnsitz im Gemeinschaftsgebiet haben (Eintragung im Reisepass), muss die Ware innerhalb von drei Monaten ausführen und dem Verkäufer den Ausfuhrnachweis übermitteln, den er beim Grenzübertritt vom Zollamt erhält. IdR wird der Tourist in seinem Heimatstaat (Verbraucherland) eine Einfuhrumsatzsteuer zu entrichten haben.

- **Lieferungen in das Gemeinschaftsgebiet** (Art 7)

  Steuerbefreit sind innerhalb des Gemeinschaftsgebietes grundsätzlich nur Lieferungen an andere Unternehmer. Für den Touristenexport gilt das Ursprungslandprinzip (siehe dazu unten Tz 356 ff).

- grenzüberschreitende **Beförderung von Gegenständen zur Ausfuhr bzw Einfuhr iZm dem Drittland** (§ 6 Abs 1 Z 3 lit a bis c)

  Ohne die Befreiung wäre die Beförderungsleistung, je nach Leistungsempfänger, uU im Inland (teilweise) steuerpflichtig.

- grenzüberschreitende **Beförderung von Personen** mit Schiffen und Flugzeugen (§ 6 Abs 1 Z 3 lit d)

  Beförderungen von Personen mit der Bahn oder dem Bus unterliegen mit der Inlandsstrecke der USt (§ 3 a Abs 10).

Unechte Steuerbefreiungen

334 Unecht steuerbefreit nennt man Umsätze, die zwar von der USt befreit sind, aber gleichzeitig vom Vorsteuerabzug ausgeschlossen sind (dem Vorteil der Steuerbefreiung steht der Nachteil des fehlenden Vorsteuerabzuges gegenüber; anders die „echten“ Steuerbefreiungen, siehe oben). Darunter fallen insbesondere:

- Geld- und Bankgeschäfte, Umsätze mit Wertpapieren, Aktien und anderen Gesellschaftsanteilen (§ 6 Abs 1 Z 8),
- Versicherungsgeschäfte (§ 6 Abs 1 Z 9 lit c, sie unterliegen der Versicherungssteuer), weiters die Umsätze aus dem Mitarbeitervorsorgekassengeschäft iSd BMSVG,

- Grundstückslieferungen (§ 6 Abs 1 Z 9 lit a, sie unterliegen der GrESt; siehe unten, Tz 461 ff),
- Versicherungsvertreter, Bausparkassenvertreter (§ 6 Abs 1 Z 13),
- Vermietung und Verpachtung von Grundstücken (§ 6 Abs 1 Z 16, mit Ausnahmen dazu unten),
- private Schulen (§ 6 Abs 1 Z 11 lit a),
- Kranken- und Pflegeanstalten von KöR oder gemeinnützigen Einrichtungen (§ 6 Abs 1 Z 18, 25),
- Ärzte, Dentisten, Psychotherapeuten (§ 6 Abs 1 Z 19),
- gemeinnützige Sportvereine (§ 6 Abs 1 Z 14).

Danach sind gemeinnützige Sportvereine zB mit Einnahmen aus Zuschauereintritten steuerfrei; dagegen sind sie mit ihren gewerblichen Umsätzen steuerpflichtig (zB Kantine, Werbeanzeigen in der Vereinszeitschrift).

Steuerfrei sind in diesen Fällen auch die Lieferungen von Gegenständen, die aufgrund ihrer Verwendung für steuerbefreite Leistungen vom Vorsteuerabzug ausgeschlossen waren (zB Veräußerung von Anlagevermögen; § 6 Abs 1 Z 26); dies gilt allerdings nicht für sonstige Leistungen, zB die Übertragung des Kundenstocks (BFG 31. 3. 2016, RV/5100368/2016).

Beispiel:

Der Arzt veräußert einen Einrichtungsgegenstand seiner Ordination; es liegt zwar keine steuerfreie „Tätigkeit als Arzt" vor (§ 6 Abs 1 Z 19), doch ist auch dieser Vorgang steuerfrei, weil der Arzt für den Einrichtungsgegenstand keinen Vorsteuerabzug in Anspruch nehmen konnte (§ 6 Abs 1 Z 26; anders zB bei Veräußerung der ganzen Ordination betreffend den Patientenstock).

Wird ein Wirtschaftsgut zur Erbringung steuerfreier Umsätze angeschafft (eine Bank schafft zur Kreditverwaltung einen Großrechner an), aber später zur Erbringung steuerpflichtiger Umsätze eingesetzt (die Bank verwendet den Großrechner später in der Immobilienverwaltung), dann kommt es zu einer Änderung der Verhältnisse, die für den Vorsteuerabzug maßgebend waren. Damit kommt es auch zu einer Berichtigung des Vorsteuerabzugs (gilt genauso umgekehrt beim Wechsel von steuerpflichtigen Umsätzen auf steuerfreie Umsätze; siehe unten Tz 343).

Die Einfuhr **von Reisegepäck** (mit Grenzen für Tabak und Alkohol), von **Übersiedlungsgut,** Postsendungen mit geringem Wert oder Kleinsendungen von Privatsachen ist in Anlehnung an Zollbefreiungen von der USt befreit (§ 6 Abs 4 Z 4).

Veräußerung von Grundstücken (Option zur Regelbesteuerung)

Der Umsatz von Grundstücken ist grundsätzlich von der USt befreit (§ 6 335
Abs 1 Z 9 lit a). Der Unternehmer kann jedoch auf die Befreiung verzichten und die Veräußerung des Grundstückes freiwillig der USt (20%) unterwerfen (§ 6 Abs 2).

Das Optionsrecht bei Grundstücksumsätzen hat folgenden Hintergrund:

Errichtet der Unternehmer auf seinem Grundstück ein Gebäude, dann kann er aus den Errichtungskosten den Vorsteuerabzug in Anspruch nehmen, wenn er das Gebäude – wie im Regelfall – für steuerpflichtige Umsätze verwendet. Veräußert er allerdings das Gebäude innerhalb der folgenden neunzehn Jahre, dann stellt die Veräußerung grundsätzlich einen steuerfreien Umsatz dar (steuerfreier Grundstücksumsatz). Die steuerfreie Veräußerung führt zugleich zu einer Änderung der für den Vorsteuerabzug maßgeblichen Verhältnisse; daher muss der Unternehmer den Vorsteuerabzug anteilsmäßig rückgängig machen (Änderung der Verhältnisse innerhalb der Neunzehnjahresfrist; § 12 Abs 10, siehe Tz 343). Die steuerfreie Veräußerung des Grundstücks hat daher für den Unternehmer den Nachteil, die bereits geltend gemachte Vorsteuer berichtigen zu müssen. Die Vorsteuerberichtigung kann jedoch vermieden werden, wenn die Veräußerung des Grundstücks der USt unterworfen wird (Optionsrecht). Ist der Käufer zum Vorsteuerabzug berechtigt, dann kann die Steuerpflicht günstiger sein als die Befreiung mit Vorsteuerberichtigung.

Beispiel:

Das Gebäude wurde im Jahr 1 errichtet und in Verwendung genommen und wird drei Jahre später im Jahr 4 veräußert. Entweder ist der Vorsteuerabzug mit $^{17}/_{20}$ rückgängig zu machen, oder der Unternehmer optiert zur Steuerpflicht.

Bei Ausübung der Option und damit der Steuerpflicht des Grundstücksumsatzes bemisst sich die GrESt vom Bruttoentgelt (inkl USt); daher ergibt sich bei Ausübung der Option eine höhere GrESt. Im Einzelfall ist daher der Vorteil des Verkäufers, die Vorsteuer nicht berichtigen zu müssen, dem Nachteil der höheren GrESt beim Käufer gegenüberzustellen.

Vermietung und Verpachtung von Grundstücken (Option zur Regelbesteuerung)

336 Bei der Vermietung und Verpachtung (entgeltliche Nutzungsüberlassung) von Grundstücken ist zu unterscheiden, ob die Vermietung zu Wohnzwecken oder zu anderen Zwecken (insbesondere Geschäftsmiete) erfolgt:

Wohnungen: Die Vermietung zu Wohnzwecken unterliegt dem ermäßigten Steuersatz von 10% (§ 10 Abs 2 Z 3 lit a; keine Option auf Steuerpflicht).

Sonstige Nutzung (insbesondere Geschäftsraum- und Büromiete): Die Vermietung und Verpachtung für andere Zwecke als für Wohnzwecke ist von der USt grundsätzlich befreit, doch kann auf die Befreiung verzichtet werden, wenn der Mieter (Leistungsempfänger) zum Vorsteuerabzug berechtigt ist (§ 6 Abs 1 Z 16 iVm § 6 Abs 2). Als Steuersatz gilt dann der Normalsteuersatz.

Da die Befreiung von der USt mit dem Verlust des Vorsteuerabzuges verbunden ist, wird der Vermieter auf die Befreiung dann verzichten, wenn der Mieter (Leistungsempfänger) zum Vorsteuerabzug berechtigt ist. Damit wird erreicht, dass in der Unternehmerkette der Vorsteuerabzug gesichert bleibt, es also zu keiner USt-Belastung in der Unternehmerkette kommt. Ist allerdings der Mieter zum Vorsteuerabzug nicht berechtigt (zB Gemeinden, Banken, Ärzte), dann ist auch die Vermietung an ihn steuerfrei; daher ist auch der Vermieter vom Vorsteuerabzug ausgeschlossen (1. StabG 2012; siehe unten).

Beispiele:

1. Der Mieter ist ein Handelsunternehmer, also zum Vorsteuerabzug berechtigt. Der Vermieter kann auf die Befreiung verzichten (idR vorteilhaft).
2. Der Mieter ist Arzt, also selbst von der USt befreit, und damit vom Vorsteuerabzug ausgeschlossen. Damit ist auch der Vermieter von der USt zwingend befreit und verliert den auf die vermietete Ordination entfallenden Vorsteuerabzug. Insoweit ist die Vermietung einer Ordination an einen Arzt tatsächlich auch in der Praxis ein Problem: der Arzt müsste dafür eine höhere Miete in Kauf nehmen, um den Vermieter für den Verlust des Vorsteuerabzuges schadlos zu halten.
3. Der Mieter ist eine Gemeinde, die ein Gebäude für Gemeindezwecke mietet. Da die Gemeinde vom Vorsteuerabzug ausgeschlossen ist, kann der Vermieter auch hier nicht auf die Befreiung verzichten.

Geänderte Rechtslage für Geschäftsraummiete: Das 1. Stabilitätsgesetz 2012 hat die Rechtslage insoweit geändert, als vorher eine Option auf die Steuerpflicht auch dann möglich war, wenn der Mieter nicht zum Vorsteuerabzug berechtigt war. Aufgrund dieser Rechtslage konnten insbesondere unecht befreite Unternehmer (zB Banken) und Körperschaften öffentlichen Rechts (zB Gemeinden) den Vorsteuerabzug lukrieren, indem sie eine Vermietungsgesellschaft gründeten, die das Gebäude errichtet und an sie vermietet hat (zB eine Bank oder eine Gemeinde benötigten ein Bürogebäude; da sie zum Vorsteuerabzug nicht berechtigt sind, gründeten sie eine GmbH, die das Gebäude errichtete und dann an die Bank bzw an die Gemeinde vermietete. Derartige „Altfälle“ sollen von den Änderungen nicht betroffen sein; daher gilt die Neuregelung (zwingende steuerfreie Vermietung, wenn der Mieter von der USt befreit ist) grundsätzlich erst für Mietverhältnisse, die nach dem 31. 8. 2012 begonnen haben. Zur Übergangsvorschrift siehe § 28 Abs 38).

15. Kleinunternehmer

Kleinunternehmer mit Wohnsitz oder Sitz im Inland sind von der USt 337
unecht befreit (§ 6 Abs 1 Z 27). Kleinunternehmer ist ein Unternehmer mit **Umsätzen bis höchstens 30.000 €** im Veranlagungszeitraum. Maßgeblich für die Umsatzgrenze sind die Umsätze für Lieferungen und sonstige Leistungen und aus dem Eigenverbrauch (ohne USt).

Der Kleinunternehmer hat **keinen Vorsteuerabzug** (§ 12 Abs 3, unechte Steuerbefreiung); er kann jedoch auf die Befreiung verzichten (**Option auf Regelbesteuerung** mit Vorsteuerabzug). Die Verzichtserklärung ist bis zur Rechtskraft des USt-Bescheides möglich (§ 6 Abs 3).

Der Verzicht auf die Kleinunternehmerbefreiung ist dann zweckmäßig, wenn

- der Kleinunternehmer hauptsächlich an vorsteuerabzugberechtigte Unternehmer leistet, oder
- seine Vorsteuern höher sind als die USt von den Umsätzen (Vorsteuerüberhang; zB bei Unternehmensgründung).

Der Verzicht bindet den Unternehmer **auf fünf Jahre** (§ 6 Abs 3).

Beispiele:

1. Ein Souvenirhändler hat einen Jahresumsatz von weniger als 30.000 €. IdR wird es für ihn günstiger sein, die Befreiung in Anspruch zu nehmen, weil er nur an Nichtunternehmer liefert.
2. Der Konsulent eines vorsteuerabzugsberechtigten Unternehmens hat einen Jahresumsatz von weniger als 30.000 €; zur Beratung benötigt er eine aufwendige Software. Der Verzicht auf die Befreiung wird hier zweckmäßig sein, um den Vorsteuerabzug zu sichern. Da sein Abnehmer vorsteuerabzugsberechtigt ist, belastet den Abnehmer die USt nicht.
3. Der Bau einer Hotelanlage wird im August 01 begonnen und im Jänner des Folgejahres 02 beendet. Umsätze fallen erst im Folgejahr an. Um sich den Vorsteuerabzug für die Leistungen zu sichern, die der Unternehmer im Jahr 01 erhalten hat, in dem er noch keine Umsätze ausgeführt hat (insbesondere aus der Errichtung des Hotels), wird er auf die Befreiung verzichten. Würde er auf die Befreiung nicht verzichten, dann würde er den Vorsteuerabzug aus den Errichtungskosten im Jahr 01 verlieren.

16. Steuersätze

338 Der **Normalsteuersatz** beträgt **20%** (§ 10 Abs 1). Für bestimmte Lieferungen und sonstige Leistungen sieht das Gesetz **ermäßigte Steuersätze** von **10%** und **13%** vor (§ 10 Abs 2 und Abs 3).

Der Steuersatz bezieht sich auf das Nettoentgelt; der Bruttobetrag versteht sich als 120% bzw 110% oder 113%. Aus einem Bruttobetrag muss daher der Nettobetrag als Bemessungsgrundlage herausgerechnet werden (bei 20% USt ist der Bruttobetrag durch 1,2 und bei 10% USt durch 1,1 und bei 13% durch 1,13 zu dividieren). Bei einem Verkaufspreis zB von 24 € (inkl 20% USt) beträgt die USt nicht 20% von 24 € (also nicht 4,8 €) sondern 20% von 20 €, das sind 4 €.

In den früheren Zollausschlussgebieten Jungholz und Mittelberg beträgt der Normalsteuersatz 19% (§ 10 Abs 4).

Mit 10% begünstigte Lieferungen und sonstige Leistungen (§ 10 Abs 2)

Der USt von 10% unterliegen folgende Umsätze:

- die Lieferung und die Einfuhr der in der Anlage 1 zum UStG aufgezählten Gegenstände; dazu gehören insbesondere:
  - Lebensmittel,
  - Druckerzeugnisse, wie Bücher (nicht dagegen Tonträger),
  - Arzneimittel.
- Vermietung von Grundstücken für Wohnzwecke (ausgenommen als Nebenleistung erbrachte Lieferung von Wärme).
- Erhaltungs- und Verwaltungsleistungen von Wohnungseigentümergemeinschaften iZm Wohnraum.
- Leistungen von gemeinnützigen Einrichtungen, soweit es sich nicht um steuerfreie Leistungen von Sportvereinen handelt.
- Personenbeförderung.
- Müllbeseitigung.

Mit 13% begünstigte Lieferungen und sonstige Leistungen (§ 10 Abs 3)

Der USt von 13% unterliegen insbesondere folgende Umsätze:
- die Lieferung und die Einfuhr der in der Anlage 2 zum UStG Z 1 bis 9 genannten Gegenstände; dazu gehören ua:
  - bestimmte lebende (landwirtschaftliche Nutz)Tiere,
  - lebende Pflanzen und frische Schnittblumen.
- Leistungen von Beherbergungsbetrieben samt Nebenleistungen.
- Umsätze von Künstlern.
- Theater, Musikaufführungen und Sportveranstaltungen.
- Lieferung von eigenem Wein („Abhofverkauf").

17. Rechnungen (§ 11)

Erbringt ein Unternehmer an einen anderen Unternehmer für dessen Unternehmen eine Leistung, dann ist er verpflichtet, über die Leistung eine Rechnung auszustellen. Denn der Leistungsempfänger kann einen Vorsteuerabzug nur dann geltend machen, wenn er über die erhaltene Leistung eine Rechnung erhalten hat (§ 12 Abs 1 Z 1). Als Voraussetzung für den Vorsteuerabzug muss die Rechnung bestimmte Formerfordernisse erfüllen. Zur Rechnungsausstellung ist der Unternehmer außerdem auch dann verpflichtet, wenn er an eine juristische Person leistet, die nicht Unternehmer ist (insb Körperschaften öffentlichen Rechts; zur Rechnungsausstellung an einen Unternehmer bei Leistung im Ausland siehe § 11 Abs 1 Z 2). 339

Der Anspruch auf eine formrichtige Rechnung ist zivilrechtlich durchsetzbar (§ 31 Abs 2). Geht eine Rechnung verloren, genügt der Nachweis, dass sie vorhanden war (zB Kopie, Durchschrift). Für den Vorsteuerabzug muss sie aber ursprünglich vorhanden gewesen sein. Als Rechnung gelten alle Dokumente, die die nötigen Angaben enthalten (zB ein Mietvertrag). Eine Unterschrift oder die Bezeichnung „Rechnung" ist nicht erforderlich.

Als Rechnung kommt auch eine elektronische Rechnung in Betracht (dazu § 11 Abs 2 und E-Rechnung-UStV).

Ausnahmsweise ist eine Rechnung iS des § 11 verpflichtend auch an einen Nichtunternehmer auszustellen, wenn Werklieferungen oder Werkleistungen in Zusammenhang mit einem Grundstück ausgeführt werden (zur Bekämpfung der Schwarzarbeit im Bau- und Baunebengewerbe; § 11 Abs 1).

Die **Rechnung muss folgende Angaben** enthalten (§ 11 Abs 1 Z 3):
- Name und Anschrift des leistenden Unternehmens,
- Name und Anschrift des Leistungsempfängers (allenfalls auch die UID-Nummer; siehe unten),
- Bezeichnung der Leistung einschließlich Menge bzw Umfang,
- Tag bzw Zeitraum der Leistung,
- das Entgelt (= Bemessungsgrundlage) mit dem anzuwendenden Steuersatz bzw einem Hinweis auf eine Steuerbefreiung,

- den USt-Betrag,
- das Ausstellungsdatum,
- eine fortlaufende Nummer zur Identifizierbarkeit der Rechnung,
- die UID-Nummer (Umsatzsteuer-Identifikationsnummer) des leistenden Unternehmers, soweit dieser Leistungen erbringt, für die das Recht auf Vorsteuerabzug besteht,

sowie die UID-Nummer des Leistungsempfängers, wenn der Gesamtbetrag der Rechnung 10.000 € übersteigt oder wenn der Leistungsempfänger die USt schuldet (Reverse Charge System; dann entfällt gleichzeitig der Steuerausweis).

Bei **Kleinbetragsrechnungen** (Gesamtbetrag bis 400 € inkl USt; § 11 Abs 6) genügen neben dem Ausstellungsdatum folgende Angaben:
- Name und Anschrift des leistenden Unternehmers,
- Bezeichnung der Ware,
- Tag der Lieferung,
- Entgelt und Steuerbetrag in einer Summe,
- Steuersatz.

Insbesondere Name und Anschrift des Leistungsempfängers können bei Kleinbetragsrechnungen entfallen.

Wird mit **Gutschrift** (= durch den Leistungsempfänger) abgerechnet (zB oft bei Abrechnungen von Lizenzgebühren, Autorenhonoraren), dann muss die Gutschrift den Formerfordernissen einer Rechnung entsprechen und ausdrücklich als Gutschrift bezeichnet sein (zu den weiteren Voraussetzungen siehe § 11 Abs 7 f).

Anzahlungen und Vorauszahlungen unterliegen der Steuerpflicht (§ 19 Abs 2 Z 1 lit a); daher ist eine formgültige Rechnung über die erfolgte Zahlung mit Hinweis auf die Anzahlung auszustellen. Bei der Endabrechnung sind Anzahlungen und darauf entfallende Steuern abzuziehen (siehe unten Tz 348).

Von der Rechnungslegungspflicht ist die Belegerteilungspflicht bei Bargeschäften zu unterscheiden (§ 132 a BAO; siehe Tz 67).

18. Unrichtiger und unberechtigter Steuerausweis

(Doralt/Ruppe II[7], Tz 446 ff)

340 **Unrichtiger Steuerausweis** (die USt ist auf der Rechnung zu hoch oder zu niedrig ausgewiesen): Hat der Unternehmer die USt zu hoch ausgewiesen (zB es wurden 20% verrechnet statt 10%), dann schuldet er den zu hoch ausgewiesenen Betrag aufgrund der Rechnung; der Rechnungsempfänger darf trotzdem nur die USt in richtiger Höhe als Vorsteuer geltend machen. Ist dagegen die USt zu niedrig berechnet (10% statt 20%), dann schuldet der Unternehmer die USt in richtiger Höhe, der Rechnungsempfänger kann aber nur die in der Rechnung ausgewiesene, zu niedrige USt als Vorsteuer geltend

machen. Allerdings kann der Unternehmer die Rechnung berichtigen (§ 11 Abs 12).

Unberechtigter Steuerausweis (es liegt keine Leistung vor oder der Rechnungsaussteller ist nicht Unternehmer – „Scheinrechnung“): Der Rechnungsaussteller (Unternehmer oder Nichtunternehmer) hat die ausgewiesene USt ebenfalls zu entrichten (§ 11 Abs 14). Die Rechnung kann berichtigt werden, wenn der Rechnungsaussteller „die Gefährdung des Steueraufkommens rechtzeitig und vollständig beseitigt hat“ (*Ruppe/Achatz,* UStG[4], § 11 Tz 142); dazu muss insbesondere der Rechnungsempfänger die abgezogene Vorsteuer an den Fiskus tatsächlich zurückzahlen.

Von der Frage eines unrichtigen bzw unberechtigten Steuerausweises ist die Änderung der Bemessungsgrundlage zu unterscheiden, zB wenn nachträglich Preisnachlässe gewährt werden. In diesen Fällen kommt es zwar zu einer Berichtigung der USt bzw der Vorsteuer, doch ist eine Berichtigung der Rechnung grundsätzlich nicht vorgesehen.

19. Vorsteuerabzug (§§ 12ff)

(Doralt/Ruppe II[7], Tz 453ff)

Der Vorsteuerabzug ist ein Wesenselement der USt: Der Unternehmer als Leistungsempfänger kann die ihm in Rechnung gestellten Umsatzsteuerbeträge als Vorsteuer abziehen. Damit sind alle Gegenstände des Unternehmens und alle Leistungen an das Unternehmen von der USt entlastet; in der Unternehmerkette wirkt die USt wie ein durchlaufender Posten und stellt daher keinen Kostenfaktor dar. 341

Der Vorsteuerabzug steht unter folgenden Voraussetzungen zu (§ 12 Abs 1 Z 1 lit a):

- Der Leistungsempfänger muss Unternehmer sein,
- die Leistung muss für das Unternehmen des Leistungsempfängers erbracht worden sein,
- eine den Formvorschriften entsprechende Rechnung muss vorliegen,
- die Leistung muss im Inland ausgeführt worden sein und steuerpflichtig sein.

Die Rechnung allein berechtigt noch nicht zum Vorsteuerabzug; es muss auch die Leistung bereits erbracht worden sein. Die Bezahlung der Leistung ist für die Geltendmachung des Vorsteuerabzuges nicht erforderlich (Soll-Besteuerung); anders bei der Ist-Besteuerung nach vereinnahmten Entgelten (dazu Tz 349).

Vorsteuerabzug aus entrichteten An- und Vorauszahlungen: Vorauszahlungen lösen beim Zahlungsempfänger USt aus, obwohl die Leistung noch nicht erbracht wurde (§ 19 Abs 2 Z 1 lit a). Dafür kann allerdings der Unternehmer, der die Vorauszahlung geleistet hat, den Vorsteuerabzug bereits aus der Vorauszahlung geltend machen, wenn er eine entsprechende Anzahlungsrechnung besitzt (§ 12 Abs 1 Z 1 lit b).

Erwerbsteuer und **Einfuhrumsatzsteuer** können ebenfalls als Vorsteuer abgezogen werden.

Ein **ausländischer Unternehmer** kann den Vorsteuerabzug auch dann geltend machen, wenn er im Inland keine Betriebsstätte hat und keine Leistungen erbringt, also mit eigenen Umsätzen nicht in Erscheinung tritt (zB ein ausländischer Unternehmer hat im Inland Reiseaufwendungen oder Aufwendungen für eine Messepräsentation). Zuständig ist für solche Fälle das **Finanzamt Graz-Stadt** (§ 17 AVOG).

Verlust des Vorsteuerabzugs wegen Steuerhinterziehung

Wusste der Unternehmer oder musste er wissen, dass der betreffende Umsatz im Zusammenhang mit Umsatzsteuerhinterziehungen oder sonstigen, die Umsatzsteuer betreffenden Finanzvergehen steht, entfällt das Recht auf Vorsteuerabzug (§ 12 Abs 14).

Leistungen für das Unternehmen

342 Der Vorsteuerabzug steht dem Leistungsempfänger nur zu, wenn **Leistungen für Zwecke seines Unternehmens** erbracht worden sind (§ 12 Abs 1 Z 1). Leistungen an den privaten Bereich rechtfertigen keinen Vorsteuerabzug.

Sonderregelungen mit Ausschluss des Vorsteuerabzuges bestehen in folgenden Fällen:

- **Pkw, Motorräder und Kombis** gelten nicht als für das Unternehmen geliefert; die Aufwendungen für einen Pkw einschließlich Miete und Betriebskosten erlauben daher keinen Vorsteuerabzug; Ausnahmen bestehen ua für Fahrzeuge zur Weiterveräußerung, für Fahrschulen und für Taxis (§ 12 Abs 2 Z 2 lit b, ausgenommen CO_2-freie Fahrzeuge, Z 2 a),
- überwiegend ertragsteuerlich **nicht abzugsfähige Aufwendungen** (§ 20 EStG, § 8 Abs 2 und § 12 KStG), insbesondere **Repräsentationsaufwendungen,** berechtigen nicht zum Vorsteuerabzug.

Aufwendungen für ein **Geschäftsessen** sind in der ESt zu 50% abzugsfähig (§ 20 Abs 1 Z 3 EStG). Dennoch kann die gesamte USt als Vorsteuer geltend gemacht werden (ergibt sich aus der Mehrwertsteuer-RL; VwGH 31. 3. 2004, 2001/13/0255).

Bei **gemischt genutzten Wirtschaftsgütern bzw Leistungen** (private Mitbenutzung) steht ein Vorsteuerabzug nur dann zu, wenn sie mindestens zu 10% unternehmerischen Zwecken dienen (§ 12 Abs 2 Z 1). Der privat genutzte Anteil wird dann als Nutzungsentnahme erfasst (§ 3 a Abs 1 a; UStRl Rz 1902).

Wird dagegen ein **Gebäude gemischt genutzt** (teils unternehmerisch, teils privat), dann entfällt für den privat genutzten Teil der Vorsteuerabzug; dafür unterliegt die private Nutzung auch nicht der USt (§ 3 a Abs 1 a letzter Satz; § 12 Abs 3 Z 4).

Unecht steuerbefreite Umsätze – Verlust des Vorsteuerabzugs

Für Leistungen **im Zusammenhang mit unecht steuerbefreiten Umsätzen,** also Leistungen, die der Ausführung steuerfreier Umsätze dienen, besteht **kein Vorsteuerabzug** (§ 12 Abs 3).

Beispiel:

Umsätze von Banken aus der Kreditvermittlung und anderen typischen Bankgeschäften oder Umsätze aus der Tätigkeit als Arzt sind von der USt befreit (siehe oben Tz 334); daher steht ein Vorsteuerabzug für das Bankgebäude, für den Bankcomputer oder – bei Ärzten – für die Aufwendungen in der Ordination des Arztes nicht zu.

Berichtigung des Vorsteuerabzugs

Ändern sich die für den Vorsteuerabzug maßgeblichen Verhältnisse, indem der Unternehmer das Wirtschaftsgut zunächst für umsatzsteuerpflichtige und zB zwei Jahre später für umsatzsteuerfreie Umsätze verwendet (oder umgekehrt), dann ist der Vorsteuerabzug zu berichtigen (§ 12 Abs 10ff): 343

Die Frist (Berichtigungszeitraum) beträgt bei beweglichem Anlagevermögen **4 Jahre** nach dem Jahr der erstmaligen Verwendung, bei Grundstücken und Gebäuden **19 Jahre** nach dem Jahr der erstmaligen Verwendung; für jedes Jahr der Änderung wird ein Fünftel bzw ein Zwanzigstel berichtigt (§ 12 Abs 10).

Bei Grundstücken löst auch die **Veräußerung oder die Entnahme des Grundstücks** die Berichtigung des Vorsteuerabzuges aus (steuerfreier Umsatz; ausführlich dazu Tz 335).

Veräußert oder entnimmt der Unternehmer das **Grundstück später als neunzehn Jahre nach dem Jahr der erstmaligen Verwendung** im Unternehmen, kommt es zu **keiner Berichtigung** des Vorsteuerabzuges mehr.

Bis zum 31. 3. 2012 (1. StabG 2012) betrug der Berichtigungszeitraum bei Grundstücken bzw Gebäuden neun Jahre nach der erstmaligen Verwendung (gilt für vorher angeschaffte Grundstücke weiter).

Bagatellgrenze bei Anlagevermögen: Eine Berichtigung braucht nicht zu erfolgen, wenn die auf den Gegenstand entfallende Vorsteuer 220 € nicht übersteigt (§ 12 Abs 13).

Beim Umlaufvermögen sowie bei noch nicht in Verwendung genommenen Gegenständen des Anlagevermögens und bei sonstigen Leistungen (§ 3a) erfolgt die Vorsteuerberichtigung wegen Änderung der Verhältnisse zeitlich unbefristet und in voller Höhe (§ 12 Abs 11).

Beispiele:

1. Der unecht befreite **Kleinunternehmer** K kauft im Jahr 01 einen Computer für sein Unternehmen; die Vorsteuer von 500 € kann er nicht geltend machen. Im Jahr 03 verzichtet K auf die Befreiung für Kleinunternehmer, seine Umsätze sind ab dem Jahr 03 steuerpflichtig. Der Computer wird bis zum Jahr 07 verwendet.

   Der Berichtigungszeitraum von 4 Jahren beginnt mit 1. 1. 02 zu laufen und endet am 31. 12. 05; daher hat eine Vorsteuerkorrektur zu erfolgen. Der Computer wird zwei Jahre für steuerfreie Umsätze verwendet (01 und 02) und drei Jahre innerhalb der Frist für steuerpflichtige Umsätze. Daher kann K in den Jahren 03, 04, 05 jeweils ein Fünftel (100 €) zu seinen Gunsten berichtigen.

2. Der praktische **Arzt** betreibt neben seiner Ordination eine sogenannte „Hausapotheke" (in Gemeinden ohne Apotheke zugelassen); er verwendet ein Medikament aus seiner Hausapotheke, das er im Vorjahr mit einem Vorsteuerabzug von 50 € angeschafft hatte, und behandelt damit einen Patienten.
Bei Medikamenten handelt es sich um Umlaufvermögen, daher ist die Vorsteuer **in voller Höhe im Jahr der Änderung** zurückzuzahlen.

Steuerweiterleitung bei unentgeltlichen Leistungen an andere Unternehmer

344 Schenkungen von Gegenständen des Unternehmens aus privaten Motiven sind als Entnahme steuerpflichtig (§ 3 Abs 2). Die Entnahme erfolgt nicht gegen Entgelt, und es wird keine Rechnung ausgestellt. Bei Schenkungen aus dem Unternehmen für den Betrieb eines anderen Unternehmens würde danach in der Unternehmerkette USt anfallen; der Geschenkgeber würde mit der Leistung der USt unterliegen, der Empfänger wäre vom Vorsteuerabzug ausgeschlossen, obwohl der Gegenstand in der Unternehmerkette verbleibt.

Um dieses systemwidrige Ergebnis zu vermeiden, kann der Geschenkgeber die auf die Entnahme entfallende USt dem Empfänger in Rechnung stellen (§ 12 Abs 15); dieser kann sie als Vorsteuer abziehen (Nullbesteuerung).

Das Gleiche gilt für unentgeltliche sonstige Leistungen nach § 3 a Abs 1 a.

Pauschalierter Vorsteuerabzug (Durchschnittssätze)

345 Ein pauschalierter Vorsteuerabzug besteht auf Antrag für Stpfl, die unter die gesetzliche Betriebsausgabenpauschalierung nach § 17 Abs 1 EStG fallen, in Höhe von 1,8% des Gesamtumsatzes (§ 14 Abs 1 Z 1 iVm § 17 Abs 5; höchstens 3.960 €).

Neben der Vorsteuerpauschale können ua Vorsteuern für die angeschafften Waren geltend gemacht werden und außerdem Vorsteuern für abnutzbares Anlagevermögen, wenn die Anschaffungskosten 1.100 € übersteigen.

Außerdem bestehen Vorsteuerpauschalierungen auf Grund von Verordnungen für einzelne Berufsgruppen (zB Lebensmittelhandel, Schriftsteller).

20. Steuerschuldner (§ 19)

(Doralt/Ruppe II[7], Tz 449 ff)

346 **Steuerschuldner** ist idR der Unternehmer, der die Leistung erbringt.

Abweichendes gilt vor allem im **grenzüberschreitenden Bereich:**

Würde bei grenzüberschreitenden Leistungen der ausländische Unternehmer im Inland steuerpflichtig werden (oder der inländische Unternehmer im Ausland), wäre das weder administrierbar noch kontrollierbar. Das Gesetz löst dieses Problem, indem es den Empfänger (Unternehmer im Inland bzw den Unternehmer im Ausland) zum Steuerschuldner macht, wobei es bei Lieferungen einerseits und sonstigen Leistungen andererseits unterschiedliche Wege geht.

Bei **Lieferungen über die Grenze** nach Österreich (Leistungsort ist idR im Ausland, Beginn der Beförderung) schuldet

- die **Erwerbsteuer** im innergemeinschaftlichen Erwerb der „Erwerber" (idR Unternehmer; Art 1)
- die **Einfuhrumsatzsteuer** bei Lieferungen aus Drittstaaten, der der die Ware einführt (kann hier insbesondere bei Touristen auch ein Nichtunternehmer sein, siehe § 26).

Bei **grenzüberschreitenden sonstigen Leistungen und Werklieferungen** im Inland zwischen Unternehmen (B2B) geht die Steuerschuld vom ausländischen Unternehmer auf den **Unternehmer** über („Übergang der Steuerschuld" bzw „Reverse Charge System"), anders wenn der Erwerber nicht Unternehmer sondern Privater ist (B2C); dann gilt idR das Ursprungslandprinzip (siehe dazu auch Tz 319).

Inländisches Reverse Charge System: Bei **Bauleistungen** gilt das Reverse Charge System auch dann, wenn alle Beteiligten inländische Unternehmer sind und der Leistungsempfänger selbst Bauleistungen erbringt oder als Generalunternehmer Subunternehmer beschäftigt (§ 19 Abs 1 a).

Damit soll im Baugewerbe der Steuerbetrug bekämpft werden, der zB darin besteht, dass der Generalunternehmer den Vorsteuerabzug in Anspruch nimmt, der Subunternehmer aber die Steuer nicht abliefert, in Insolvenz geht oder sonst für den Fiskus nicht greifbar ist.

Weitere Anwendungsfälle des Reverse Charge Systems unter inländischer Beteiligung gibt es zB nach der Umsatzsteuer-Betrugsbekämpfungsverordnung.

Vom Reverse Charge System (Übergang der Steuerschuld) ist die Haftung für die Abfuhr der USt zu unterscheiden (§ 27 Abs 4; Tz 351).

Rechnungsausweis: Schuldet der Leistungsempfänger die Steuer, dann hat der leistende Unternehmer darauf in der Rechnung hinzuweisen (dazu § 11 Abs 1 a); er darf die USt nicht in der Rechnung ausweisen, ansonsten schuldet er die Steuer auf Grund der Rechnung.

21. Sollbesteuerung und Istbesteuerung (§§ 17, 19)

(Doralt/Ruppe II[7], Tz 547 ff)

Bei der Sollbesteuerung (Regelfall) orientiert sich die Entstehung der Steuerschuld an der erfolgten Leistung, unabhängig von der Bezahlung. Dagegen richtet sich bei der Istbesteuerung die Besteuerung nach dem Zeitpunkt der Bezahlung. 347

Sollbesteuerung (§ 19 Abs 2 bis 5; Regelfall)

Grundsätzlich ist für den Zeitpunkt der Besteuerung der **Zeitpunkt der Leistung** maßgeblich; Bemessungsgrundlage ist das **vereinbarte Entgelt.** Wann die Bezahlung erfolgt, hat idR für die Besteuerung keine Bedeutung. 348

Die Steuerschuld entsteht mit Ablauf des Kalendermonats, in dem die Leistung ausgeführt worden ist; wird die **Rechnung für die erbrachte Leistung**

erst später ausgestellt, dann verschiebt sich der Zeitpunkt der Steuerschuld höchstens um **einen Monat** (§ 19 Abs 2 Z 1 lit a; mit Ausnahmen).

Vom **Entstehen** der Steuerschuld ist die **Fälligkeit** der Steuerschuld zu unterscheiden; siehe dazu unten Tz 350.

Beispiel:

Die Leistung wird am 5. Juni erbracht; die Rechnungsausstellung erfolgt erst am 12. September. Die Steuerschuld entsteht Ende Juli, die USt ist somit am 15. September fällig (15. des zweitfolgenden Monats – siehe Tz 350). Der Leistungsempfänger kann die Vorsteuer aber erst mit Erhalt der Rechnung im September geltend machen.

Der Unternehmer kann den **Vorsteuerabzug** bereits dann in Anspruch nehmen, wenn er die Leistung empfangen hat (die Rechnung erhalten hat), auch wenn er die Rechnung noch nicht bezahlt hat (anders bei Anzahlungen, siehe unten, und der Ist-Besteuerung, siehe Tz 349).

Sonderfall: Erhält ein Unternehmer **Anzahlungen oder Vorauszahlungen,** dann entsteht die Steuerschuld mit Ablauf jenes Voranmeldungszeitraums, in dem die **Zahlung vereinnahmt** wurde (**„Mindest-Istbesteuerung“** § 19 Abs 2 Z 1 lit a). Über Anzahlungen und Vorauszahlungen ist eine Rechnung auszustellen; nach Maßgabe der Zahlung ist der Leistungsempfänger zum Vorsteuerabzug berechtigt, obwohl die Leistung noch nicht erbracht worden ist.

Die Steuerschuld bei Anzahlungen und Vorauszahlungen entsteht auch dann mit Ablauf des Monats der Vereinnahmung, wenn die Rechnung später ausgestellt wird.

Istbesteuerung (§ 17; Ausnahme)

349 Bei der Istbesteuerung ist der **Zeitpunkt der Vereinnahmung** für das Entstehen der Steuerschuld maßgeblich: Die Besteuerung ist nicht vom Zeitpunkt der Leistung abhängig, sondern richtet sich nach der Vereinnahmung des Entgelts (mit Ablauf des Kalendermonates, in dem das Entgelt vereinnahmt worden ist; § 19 Abs 2).

Die Steuerschuld entsteht auch dann nach Maßgabe der Bezahlung, wenn die Rechnung in einem späteren Monat gelegt wird.

Ist der Leistungsempfänger Steuerschuldner (Reverse Charge System), dann kommt die Istbesteuerung nicht zur Anwendung; maßgeblich ist, wann die Leistung erbracht worden ist (§ 19 Abs 2 Z 1 lit b).

Die Istbesteuerung ist insbesondere in folgenden Fällen anzuwenden:
- bei **nichtbuchführungspflichtigen Land- und Forstwirten,**
- bei **nichtbuchführungspflichtigen Gewerbetreibenden,**
- bei den **freien Berufen** (unabhängig vom Umsatz)
- bei der **Vermietung** (bis höchstens 110.000 € Jahresumsatz).

Die Istbesteuerung erfolgt damit idR in jenen Fällen, in denen in der ESt die Einkünfte nach der **Einnahmen-Ausgabenrechnung** bzw der Überschussrechnung ermittelt werden; in diesen Fällen ist der Zahlungszeitpunkt auch für die ESt maßgeblich (Zufluss-Abflussprinzip; § 19 EStG). Über Antrag ist auch die Sollbesteuerung möglich (mit Ausnahmen).

Vorsteuerabzug bei der Istbesteuerung: Bei der Istbesteuerung kann der Unternehmer den Vorsteuerabzug erst dann geltend machen, wenn er die Leistung (die Rechnung) bereits bezahlt hat (mit Ausnahmen; dazu § 12 Abs 1 Z 1).

Die **Istbesteuerung** ist für Unternehmer idR günstiger als die Sollbesteuerung, weil die Entrichtung der USt nicht bereits mit der Leistung, sondern erst mit der Zahlung verknüpft ist (insbesondere bei lang ausstehenden Forderungen von Vorteil).

Bei der Istbesteuerung erübrigt sich im Fall eines Forderungsausfalles eine Umsatzsteuerberichtigung, weil nur das tatsächlich vereinnahmte Entgelt besteuert wird.

22. Durchführung der Besteuerung (§§ 20ff)

(Doralt/Ruppe II[7], Tz 556ff)

Veranlagung zur USt: Der Unternehmer wird für die im Laufe eines Ka- 350
lenderjahres entstandene Steuerschuld veranlagt. Wird die ESt nach einem abweichenden Wirtschaftsjahr ermittelt, ist ein abweichender Veranlagungszeitraum auch in der USt möglich (§ 20).

Der Unternehmer hat **bis zum 30. April** des Folgejahres eine **Umsatzsteuererklärung** abzugeben, bei elektronischer Übermittlung **bis Ende Juni** (Fristverlängerung möglich). Dies gilt analog auch bei einem abweichenden Wirtschaftsjahr (§ 134 BAO).

Voranmeldungen und Vorauszahlungen:

Der Unternehmer hat dem FA regelmäßig USt-Voranmeldungen zu legen und USt-Vorauszahlungen für den entsprechenden Voranmeldungszeitraum selbst zu berechnen und an das FA abzuführen. Grundsätzlich gilt der **Kalendermonat** als Voranmeldungszeitraum.

Anstelle des Kalendermonats gilt das Kalendervierteljahr als Voranmeldungszeitraum, wenn der Vorjahresumsatz 100.000 € nicht überstiegen hat (mit Option zur monatlichen Voranmeldung, § 21 Abs 2).

Die im Voranmeldungszeitraum entstandene Steuerschuld ist bis zum **fünfzehnten Tag des zweitfolgenden Monats** selbst zu berechnen und an das FA abzuführen (**Fälligkeit der USt-Vorauszahlung;** § 21). Die Voranmeldung hat grundsätzlich auf elektronischem Weg zu erfolgen.

Beispiel:

Für den Voranmeldungszeitraum Jänner ist die USt am 15. März fällig. Ist der Voranmeldungszeitraum das erste Quartal, so ist die USt am 15. Mai fällig.

Die Vorauszahlungen werden mit der veranlagten USt verrechnet. Allfällige Differenzen sind an das FA abzuführen bzw werden erstattet.

Die Steuer für **elektronische Dienstleistungen,** die an Nichtunternehmer in verschiedenen Mitgliedstaaten erbracht werden, können zentral in einem

Mitgliedstaat erklärt und entrichtet werden („One-Stop-Shop", Art 25a, § 25a).

Voranmeldung bei steuerfreien Umsätzen und bei Kleinunternehmer: Unternehmer, die ausschließlich unecht **steuerfreie Umsätze** tätigen (zB Ärzte), müssen keine Voranmeldung abgeben (UStRL Rz 2751). Das gilt auch für **Kleinunternehmer,** die die Befreiung in Anspruch nehmen. Haben sie dagegen auf die Steuerpflicht optiert, dann müssen sie zwar eine Voranmeldung erstellen, brauchen sie aber beim FA nicht einreichen, wenn die Steuer rechtzeitig entrichtet wird („interne Voranmeldung"; VO BGBl II 2010/171).

Bei **pauschalierten Land- und Forstwirten** fingiert das Gesetz (mit Ausnahmen), dass die Vorsteuer im Prinzip gleich hoch ist wie die von den Umsätzen berechnete USt (land- und forstwirtschaftliche USt-Pauschalierung). Daher ergibt sich bei nichtbuchführungspflichtigen Land- und Forstwirten grundsätzlich eine Umsatzsteuerschuld von Null (§ 22; die Umsatzgrenze für die Pauschalierung in der USt beträgt 400.000 €; anders in der ESt).

Haftung des Empfängers und des Fiskalvertreters

Haftung und Einbehaltung der USt des Unternehmers im Inland bei Leistungen von einem ausländischen Unternehmer:

351 Erbringt ein ausländischer Unternehmer (ohne Sitz bzw Betriebsstätte im Inland) im Inland eine steuerpflichtige Leistung, und ist der Leistungsempfänger ein Unternehmer oder eine Körperschaft öffentlichen Rechts, dann ist der Leistungsempfänger verpflichtet, die Steuer einzubehalten und im Namen und für Rechnung des ausländischen Lieferers an das für diesen zuständige FA (idR Graz-Stadt) abzuführen (§ 27 Abs 4; siehe Tz 355). Steuerschuldner bleibt jedoch der ausländische Unternehmer (§ 27 Abs 4). Kommt allerdings das Reverse Charge System zur Anwendung (zB bei sonstigen Leistungen und bei Werklieferungen), dann schuldet der Leistungsempfänger die USt und der leistende Unternehmer haftet für sie (§ 19 Abs 1, siehe oben Tz 346).

352 Beispiel:

> Ein ausländischer Maschinenhändler nimmt im Inland an einer Messe teil und verkauft zum Ende der Messe die ausgestellten Maschinen an inländische Unternehmer. – Der Verkäufer bleibt zwar Steuerschuldner; die Abnehmer sind jedoch verpflichtet, die USt einzubehalten und an das FA abzuführen (anders, wenn die Abnehmer keine Unternehmer sind; siehe nächste Tz 353).

353 **Fiskalvertreter:** Tätigt ein Unternehmer aus einem Drittland im Inland steuerpflichtige Umsätze, dann muss er dem FA einen steuerlichen Vertreter namhaft machen; dies gilt nicht, wenn der Empfänger die USt schuldet oder für die USt haftet oder ein Amtshilfeabkommen besteht (§ 27 Abs 7 und 8).

354 Beispiel (ähnlich wie oben):

> Ein ausländischer Maschinenhändler (Drittstaat oder EU), der sich im Inland an einer Messe beteiligt, verkauft die ausgestellte Ware an Private (Nichtunterneh-

mer). In diesem Fall haften die Abnehmer nicht für die Abfuhr der USt (anders im Beispiel oben). Der ausländische Unternehmer hat die USt in Rechnung zu stellen und durch seinen steuerlichen Vertreter an das FA abzuführen.

23. Zuständigkeit

Sachlich zuständig ist grundsätzlich das FA mit allgemeinem Aufgabenkreis; für Aktiengesellschaften und große Gesellschaften mit beschränkter Haftung (§ 221 Abs 3 UGB) das FA mit erweitertem Aufgabenkreis (§ 14ff AVOG). **Örtlich** zuständig ist jenes Finanzamt, das auch für die ESt bzw KSt zuständig ist (§§ 20ff AVOG). 355

Für **ausländische Unternehmer** ohne Betriebsstätte in Österreich ist das Finanzamt Graz-Stadt zuständig (§ 17 AVOG).

24. USt im Binnenmarkt

(Doralt/Ruppe II[7], Tz 577ff)

Zur Gesetzestechnik: Die Binnenmarktregelung (BMR) ist in einem Anhang zum UStG geregelt. Soweit die Binnenmarktregelungen die allgemeinen Vorschriften ändern oder ergänzen, sind sie in **Artikeln** zu den betreffenden allgemeinen Paragraphen geregelt; wo kein spezieller Regelungsbedarf besteht, fehlt ein entsprechender Artikel. 356

Die USt ist eine Verbrauchsteuer, damit gilt für sie das **Bestimmungslandprinzip:**

Der Letztverbrauch einer Ware soll nicht im Ursprungsland, sondern in dem Land besteuert werden, in dem der Letztverbrauch stattfindet. Gegenüber Drittstaaten (außerhalb des Gemeinschaftsgebietes) wird das Bestimmungslandprinzip mit Hilfe der Zollämter sichergestellt (Ausfuhrnachweis, Einfuhrumsatzsteuer). Im Binnenmarkt fehlen jedoch Zollämter, daher ist das Bestimmungslandprinzip steuertechnisch nur bei Unternehmen durchführbar, die vom Fiskus steuerlich bereits erfasst sind und vom Fiskus auch kontrolliert werden können. Dagegen ist die Ein- und Ausfuhr durch Private (Touristen) nicht kontrollierbar.

Daher gilt im Binnenmarkt grundsätzlich

- für **Leistungen B2B** das **Bestimmungslandprinzip,**
- für **Leistungen B2C** das **Ursprungslandprinzip.**

Nach dem **Ursprungslandprinzip** fällt im **privaten Reiseverkehr** (Lieferung an Private) die USt in dem Land an, in dem die Ware gekauft wird (§ 3 Abs 8), auch wenn sie in einen anderen Mitgliedstaat ausgeführt wird.

Das **Bestimmungslandprinzip** wird **zwischen Unternehmern** im Ergebnis wie gegenüber Drittstaaten durchgeführt, unterscheidet sich aber in der technischen Durchführung: Die **Lieferung** ist **steuerfrei** (innergemeinschaftliche Lieferung; Art 7). Der Abnehmer tätigt gleichzeitig einen steuerbaren innergemeinschaftlichen Erwerb (Art 1); der für die Erwerbsteuer maßgebliche Ort des ig Erwerbs ist der Ort, an dem sich der Gegenstand am Ende der Beförderung befindet (Art 3 Abs 8; zum Unterschied vom Lieferort des leistenden Unternehmers nach § 3 Abs 8). Steuerschuldner ist der Erwerber (Art 19 Abs 1); er hat im Bestimmungsland **Erwerbsteuer** zu entrichten, die er gegebenenfalls als Vorsteuer abziehen kann.

Jeder Unternehmer im Gemeinschaftsgebiet kann für sich eine Umsatzsteueridentifikationsnummer (UID-Nummer) beantragen, österreichische Unternehmer erhalten sie idR von Amts wegen (Art 28). Gibt der ausländische Abnehmer dem Lieferanten seine UID-Nummer bekannt, dann kann dieser von einem – im Bestimmungsland steuerpflichtigen – innergemeinschaftlichen Erwerb ausgehen; im Ursprungsland ist die Lieferung dann steuerfrei. **Rechnungen** über ig Lieferungen müssen sowohl die UID-Nummer des Lieferanten als auch die UID-Nummer des Empfängers enthalten. Eine österreichische UID-Nummer enthält folgende Angaben: „ATU 12345678" (AT ist der Ländercode für Österreich, U steht für Umsatzsteuer). Die Gültigkeit von in- und ausländischen UID-Nummern kann zB über FinanzOnline kostenlos abgefragt werden.

Das bloße **Verbringen** eines Gegenstandes des Unternehmens in einen anderen Mitgliedstaat zu seiner eigenen Verfügung gilt als entgeltliche Lieferung (Art 1 Abs 3 bzw Art 3). Im Ursprungsland liegt eine steuerfreie ig Lieferung vor, im Bestimmungsland ein steuerpflichtiger ig Erwerb. Die Erwerbsteuer kann auch beim Verbringen als Vorsteuer geltend gemacht werden.

Beispiel:

Eine Handelsfirma verbringt Waren aus ihrem Lager in Deutschland in ein Lager in Österreich. Das Verbringen unterliegt in Österreich der Erwerbsteuer (bei Drittstaaten der EUSt, § 1 Abs 1 Z 3).

Eine bloß vorübergehende Verwendung löst jedoch keine Erwerbsteuer aus (zB wenn ein Gegenstand nur zu Erbringung einer Dienstleistung in den anderen Mitgliedstaat gebracht wird).

Beispiel:

Ein Bauunternehmer aus Deutschland hebt mit einem Bagger eine Baugrube in Österreich aus und bringt das Gerät anschließend wieder nach Deutschland. Es kommt zwar zu einem ig Erwerb hinsichtlich des Baggers in Österreich wegen Verbringen, weil eine vorübergehende Verwendung vorliegt, doch unterliegt der Vorgang nicht der Erwerbsteuer.

Ausnahmen vom Ursprungslandprinzip

357 Das Ursprungslandprinzip, das primär nur für Lieferungen an Private gilt (Touristenexport), kann zu Wettbewerbsverzerrungen führen, wenn andere Personen, für die ebenfalls das Ursprungslandprinzip gilt, die einzelnen unterschiedlichen Steuersätze zwischen den Mitgliedstaaten gezielt für sich ausnützen. Aus diesem Grund sieht das Gesetz bestimmte Ausnahmen vom Ursprungslandprinzip vor.

Erwerbsschwelle – Schwellenerwerber (Art 1 Abs 4ff)

358 Vorbemerkung: Das Ursprungslandprinzip gilt nicht nur für den Nichtunternehmer (insbesondere Touristen), sondern insbesondere auch für den steuerbefreiten Un-

ternehmer. Übersteigen allerdings seine Einkäufe aus dem Gemeinschaftsgebiet eine bestimmte Grenze (sog „Erwerbsschwelle"), dann hat er als „Schwellenerwerber" mit seinem ig Erwerb im Inland die Erwerbsteuer zu entrichten (Besteuerung nach dem Bestimmungslandprinzip).

Schwellenerwerber sind Unternehmer bzw Körperschaften, denen entweder kein Vorsteuerabzug oder nur ein pauschaler Vorsteuerabzug zusteht. Als Schwellenerwerber gelten:

- steuerbefreite Unternehmer,
- pauschalierte Land- und Forstwirte und
- juristische Personen, die nicht Unternehmer sind bzw die außerhalb ihres unternehmerischen Bereiches einen Erwerb tätigen (insbesondere die öffentliche Hand).

Beziehen Schwellenerwerber Gegenstände aus dem Gemeinschaftsgebiet, dann fällt für diese Erwerbe die USt im Ursprungsland an. Überschreiten jedoch ihre gesamten ig Erwerbe im laufenden oder im vorangegangenen Kalenderjahr die **Erwerbsschwelle von 11.000 €**, dann unterliegen sie im Inland der Erwerbsteuer; im anderen Mitgliedstaat ist dann die (ig) Lieferung von der USt befreit.

Einrichtungen, die nicht zum Vorsteuerabzug berechtigt sind, würden ohne die Erwerbsschwelle vor allem höherwertige Gegenstände aus Ländern mit einem niedrigen USt-Satz beziehen. Aus diesem Grund wird auch die öffentliche Hand in die Regelung miteinbezogen. Die eigentliche Bedeutung der Erwerbsschwelle liegt daher weniger darin, den Abnehmer im Inland steuerpflichtig zu machen; vielmehr nimmt die Erwerbsschwelle dem Einkauf im Ausland den steuerlichen Vorteil, wirkt also prohibitiv.

Der Schwellenerwerber kann auf die Anwendung der Erwerbschwelle verzichten; er unterliegt dann unabhängig von der Erwerbschwelle der Erwerbsteuer (allenfalls dann günstig, wenn der Steuersatz im Ausland höher ist).

Beispiele:

1. Ein österreichischer Arzt importiert ein Laborgerät aus Deutschland um 10.000 € zzgl 1.900 € dt USt und Verbandsmaterial aus Italien um 1.000 € zzgl 200 € ital USt.

   Der Arzt ist Schwellenerwerber, seine ig Erwerbe betragen in Summe 11.000 €; die Erwerbschwelle (11.000 €) wird daher nicht überschritten, und die Lieferungen unterliegen in Deutschland bzw Italien der USt.

2. Die Universität Wien kauft Bücher bei verschiedenen Verlagen in anderen Mitgliedstaaten im Wert von mehr als 11.000 € jährlich.

   Die Universität Wien ist Schwellenerwerber und hat daher für die angeschafften Bücher in Österreich Erwerbsteuer zu entrichten (daher ist es für die Universität Wien einfacher, die Bücher bei einem Buchhändler in Wien anzuschaffen).

Lieferschwelle – Versandhandel (Art 3 Abs 3 ff)

Das Ursprungslandprinzip für Lieferungen an Private gilt grundsätzlich 359
unabhängig davon, ob sich Private die Ware selbst abholen oder ob sie der Unternehmer in einen anderen Mitgliedstaat versendet.

Überschreitet allerdings ein Unternehmer mit seinen **Versendungen** an private Abnehmer und Schwellenerwerber unterhalb der Erwerbsschwelle die **Lieferschwelle** für einen bestimmten Mitgliedstaat im laufenden oder vorangegangenen Jahr, dann wird der liefernde Unternehmer in diesem Mitgliedstaat mit seinen Umsätzen steuerpflichtig. Die Lieferschwelle nach Österreich beträgt **35.000 €.**

Mit der Versandhandelsregelung wird vermieden, dass Unternehmer je nach dem Steuersatz des Ursprungslandes auf fremden Märkten Wettbewerbsvorteile oder Wettbewerbsnachteile haben (zB ein deutsches Versandhaus könnte sonst nach Österreich mit 19% deutscher USt liefern, während österreichische Unternehmer 20% USt verrechnen müssen).

Unterschied zwischen der Lieferschwelle des Lieferanten und der Erwerbsschwelle des Erwerbers: Die Lieferschwelle richtet sich nach den Umsätzen des Lieferanten an bestimmte Abnehmer im Bestimmungsland; die Erwerbsschwelle richtet sich nach den gesamten Erwerben des Empfängers aus allen anderen Mitgliedstaaten.

Beispiel:

Ein deutscher Computerhersteller versendet an Unternehmer in Österreich Computer um 300.000 € und an Private in Österreich um 30.000 €. Da für die Lieferschwelle nur die Versendungen an Private (und Schwellenerwerber unterhalb der Erwerbsschwelle) maßgeblich sind, wurde die Lieferschwelle von 35.000 € nicht überschritten.

Erwerb neuer Kraftfahrzeuge (Art 1 Abs 7)

360 Bei der Lieferung neuer Fahrzeuge an private Abnehmer aus einem anderen Mitgliedstaat, würde nach der allgemeinen Regel die USt im Ursprungsland erhoben werden (vgl § 3 Abs 8). Daher könnte durch Selbstabholung des Fahrzeuges aus einem Land mit niedriger USt die USt im eigenen Land umgangen werden.

Um die Besteuerung im Ursprungsland bei Kfz zu verhindern, unterliegt der Erwerb **neuer Fahrzeuge** auch dann der **Erwerbsteuer** im Bestimmungsland, wenn der Erwerber Nichtunternehmer ist (Art 1 Abs 7). Der private Erwerber hat die Bezahlung der Erwerbsteuer bei der Anmeldung des Fahrzeuges nachzuweisen. Der Lieferer ist von der USt befreit. Bei neuen Fahrzeugen kommt daher – unabhängig vom Abnehmer – immer das Bestimmungslandprinzip zur Anwendung.

Als Fahrzeuge gelten Landfahrzeuge (insbesondere Pkw, Lkw, Motorräder), Wasserfahrzeuge und Luftfahrzeuge.

Ein **neues Landfahrzeug** liegt vor, wenn die erste Inbetriebnahme im Zeitpunkt des Erwerbs nicht mehr als sechs Monate zurückliegt oder es nicht mehr als 6.000 Kilometer zurückgelegt hat (Art 1 Abs 9).

Beispiel:

Wurde das Fahrzeug 10 Monate nach Inbetriebnahme ins Inland gebracht, aber wurden nur 5.000 km zurückgelegt, gilt das Fahrzeug noch als neu und unterliegt daher der Erwerbsteuer. Ebenso gilt das Fahrzeug noch als neu, wenn es im Ausland zwar 20.000 km zurückgelegt hat, aber innerhalb von 6 Monaten nach Inbetriebnahme in das Inland geholt wird.

Verbrauchssteuerpflichtige Waren (Art 3 Abs 7 iVm Art 1 Abs 6)

Die Lieferung von Alkohol, Tabakwaren und Mineralölen an private Abnehmer wird im Ursprungsland besteuert, wenn die Ware abgeholt wird (§ 3 Abs 8). 361

Wird sie jedoch an einen privaten Abnehmer **versendet,** dann unterliegt diese Lieferung unabhängig von der Lieferschwelle im Bestimmungsland der Besteuerung (Art 3 Abs 7). Lässt ein privater Abnehmer sich daher zB aus Frankreich eine Kiste Champagner oder Rotwein liefern, unterliegt der liefernde Unternehmer im Inland der USt. Auch der Erwerb verbrauchsteuerpflichtiger Waren durch Schwellenerwerber unterliegt stets im Bestimmungsland der Besteuerung (ig Erwerb, Art 1 Abs 6). Daher sind diese Lieferungen weder in die Erwerbs- noch in die Lieferschwelle einzubeziehen.

frei 362

25. Exkurs: Zivilrechtlicher Schadenersatz und Umsatzsteuer

Der Vorsteuerabzug berührt den Schadenersatzanspruch des Geschädigten nicht. Der Geschädigte kann daher den Bruttobetrag (Entgelt zusätzlich der ihm in Rechnung gestellten USt) als Schadenersatz geltend machen, auch wenn er zum Vorsteuerabzug berechtigt ist. Allerdings erwächst dem Ersatzpflichtigen (Schädiger) ein Rückersatzanspruch in Höhe der USt, sobald und soweit der Ersatzberechtigte (Geschädigte) die USt als Vorsteuer abziehen könnte (Art XII Einführungsgesetz zum UStG 1972). 363

Das bedeutet: Der zum Vorsteuerabzug berechtigte Geschädigte kann zu Recht den vollen Schadenersatz inkl der im Rechnungsbetrag enthaltenen USt geltend machen und darauf warten, ob der Ersatzpflichtige (Schädiger) zivilrechtlich den Rückersatzanspruch in Höhe der Vorsteuer geltend macht. 364

Beispiel:

Ein Hotelgast beschädigt die Hoteleinrichtung. Die Reparatur kostet 1.200 € inkl USt.

Der Hotelier kann vom Hotelgast den vollen Betrag (also 1.200 €) als Schadenersatz geltend machen (obwohl er den Vorsteuerabzug geltend macht und der Schaden sich daher auf 1.000 € beschränkt). In weiterer Folge kann er darauf warten, ob der Hotelgast die Reduzierung um den Vorsteuerabzug geltend macht.

Prozesskosten und Umsatzsteuer (Vorsteuerabzug) 365

Ein Sonderfall des Schadenersatzes betrifft den Ersatz von Prozesskosten im Zivilprozess: Die unterlegene Partei wird auch zum Ersatz der Prozesskosten der obsiegenden Partei verurteilt. In den Prozesskosten sind ua auch die Anwaltskosten der obsiegenden Partei enthalten. Auch wenn die obsiegende Partei Unternehmer ist und daher zum Vorsteuerabzug berechtigt ist, lautet das Urteil auf Ersatz der Kosten inkl USt (siehe oben).

Die unterlegene Partei kann jedoch vom Gegner den Rückersatz der USt bzw die Reduzierung um die USt (Vorsteuerabzug) verlangen. Vor allem, wenn die unterlegene Partei eine private Person (Nichtunternehmer) ist, wird auf diesen Umstand – zu Lasten der unterlegenen Partei – oft nicht gedacht, woraus ihr ein entsprechender Nachteil entsteht.

Der Anspruch der unterlegenen Partei gegenüber der obsiegenden Partei auf Rückersatz der USt aus den Prozesskosten besteht auch dann, wenn die obsiegende Partei den Vorsteuerabzug nicht geltend gemacht hat (OGH 1. 7. 2009, 7 Ob 21/09b).

366 **Reformbedarf:** Die derzeitige Rechtslage, nach der der Schadenersatz auch dann die USt miteinschließt, wenn der Forderungsberechtigte den Vorsteuerabzug geltend machen kann, ist eine gesetzliche Legitimierung, den Verpflichteten zu übervorteilen. Vergleichsweise darf in Deutschland der vorsteuerabzugsberechtigte Unternehmer nur den Nettobetrag nach Abzug der USt als Schadenersatz geltend machen (§ 249 Abs 2 BGB). Die bestehende Rechtslage in Österreich wäre daher im Sinne des Konsumentenschutzes zu überdenken.

366–390 frei

VI. Kommunalsteuer

(Doralt/Ruppe II[7], Tz 1151 ff)

Die Kommunalsteuer nach dem Kommunalsteuergesetz ist eine **Gemeindesteuer;** sie wird auch von den Gemeinden erhoben, ist aber bundesgesetzlich geregelt. 391

Der **Kommunalsteuer** unterliegen die **Unternehmer** mit den von ihnen an die **Dienstnehmer** in einem Kalendermonat ausbezahlten **Arbeitslöhnen.**

Dienstnehmer iSd KommStG sind insbesondere

- Personen in einem **steuerlichen Dienstverhältnis** (§ 47 Abs 2 EStG),
- **freie Dienstnehmer** iSd § 4 Abs 4 ASVG (dienstnehmerähnliche Arbeitsverhältnisse) und
- **Gesellschafter-Geschäftsführer,** und zwar auch dann, wenn sie zu mehr als 25% beteiligt sind (dagegen gelten sie in der ESt als selbständig tätig; § 22 Z 2 EStG); im Werkvertrag tätige (Gesellschafter-) Geschäftsführer sind keine Dienstnehmer.

Nur **Unternehmer** unterliegen der Kommunalsteuer (Unterschied zum Dienstgeberbeitrag nach dem FLAG!); zum Unternehmen gehört die gesamte gewerbliche oder berufliche Tätigkeit des Unternehmers, einschließlich Liebhabereibetriebe (§ 3 KommStG; vgl § 2 Abs 1 UStG). Dienstnehmer im privaten Bereich eines Dienstgebers (Haushalt) werden von der Kommunalsteuer daher nicht erfasst.

Bemessungsgrundlage ist im Wesentlichen die Summe der Arbeitslöhne; dazu gehören zB auch sonstige Bezüge iSd § 67 EStG (ohne Abfertigungen); nicht dazu gehören ua Ruhe- und Versorgungsgenüsse.

Die Kommunalsteuer beträgt **3%** der Bemessungsgrundlage; sie ist vom Unternehmer für jeden Kalendermonat selbst zu berechnen und bis zum 15. des darauf folgenden Monats an die Gemeinde zu entrichten (§ 11 Abs 2 KommStG). Für das abgelaufene Kalenderjahr ist bis zum 31. 3. des Folgejahres an die Gemeinde eine Steuererklärung abzugeben.

Steuerschuldner ist der Unternehmer, in dessen Unternehmen die Dienstnehmer beschäftigt sind.

Bei der **Arbeitskräfteüberlassung** ist der überlassende Unternehmer Steuerschuldner (§ 6 KommStG).

Erstreckt sich eine Betriebsstätte über **mehrere Gemeinden** (mehrgemeindliche Betriebsstätten), kommt es zu einer Zerlegung der Bemessungsgrundlage (§ 10 KommStG).

Gemeinnützige und **mildtätige Einrichtungen** (§ 34 BAO) sind, soweit sie bestimmten sozialen Zwecken dienen, von der Kommunalsteuer befreit (§ 8 Z 2 KommStG).

VII. Dienstgeberbeitrag nach dem FLAG

(Doralt/Ruppe II[7], Tz 1143 f)

392 Zur Finanzierung des Familienlastenausgleichs, insbesondere der Familienbeihilfe, wird ein **Dienstgeberbeitrag** eingehoben (§§ 39 ff FLAG).

Den Dienstgeberbeitrag haben **alle Dienstgeber** zu leisten, die im Bundesgebiet **Dienstnehmer beschäftigen** (§ 41 FLAG). Daher ist der Dienstgeberbeitrag auch für Dienstnehmer zu entrichten, die von Nichtunternehmern im privaten Bereich beschäftigt werden. Dagegen werden von der KommSt nur Unternehmer erfasst.

Beispiel:

Die Haushaltshilfe unterliegt dem Dienstgeberbeitrag, nicht aber der KommSt.

Dienstnehmer sind

- Personen in einem **steuerlichen Dienstverhältnis** (§ 47 Abs 2 EStG),
- **freie Dienstnehmer** iSd § 4 Abs 4 ASVG (dienstnehmerähnliche Arbeitsverhältnisse) und
- **Gesellschafter-Geschäftsführer,** und zwar auch dann, wenn sie zu mehr als 25% beteiligt sind und in der ESt als selbständig tätig gelten (§ 22 Z 2 EStG). Im Werkvertrag tätige (Gesellschafter-)Geschäftsführer werden vom Dienstgeberbeitrag nicht erfasst.

Beitragsgrundlage ist im Wesentlichen die Summe der Arbeitslöhne (ähnlich der Kommunalsteuer).

Der Dienstgeberbeitrag beträgt **4,5%** der Beitragsgrundlage (§ 41 Abs 5 FLAG); übersteigt die Beitragsgrundlage im Kalendermonat nicht den Betrag von 1.460 €, dann kürzt sie sich um 1.095 € (§ 41 Abs 4 FLAG). Der Dienstgeberbeitrag ist für jeden Monat bis zum 15. des nachfolgenden Monats selbst zu berechnen und an das für die Lohnsteuer zuständige FA zu entrichten (keine Jahreserklärung).

Zuständigkeit: sachlich zuständig ist das Finanzamt mit allgemeinem Aufgabenkreis (§ 13 AVOG); örtlich zuständig ist das Wohnsitz- bzw Betriebsfinanzamt (§§ 20, 21 AVOG).

VIII. Neugründungs-Förderungsgesetz

(Doralt/Ruppe II[7], Tz 1131 f)

Zur Förderung der **Neugründung** von Betrieben werden bestimmte Abgaben nicht erhoben oder ermäßigt, soweit sie anlässlich der Neugründung anfallen (§ 1 NeuFöG). 393

Dazu gehören insbesondere:

- Gebühren für Schriften und Amtshandlungen nach dem GebG,
- Grunderwerbsteuer für die Einbringung von Grundstücken auf gesellschaftsvertraglicher Grundlage,
- Dienstgeberbeiträge zum Familienlastenausgleichsfonds und bestimmte andere Lohnnebenkosten (für eine befristete Zeit nach der Neugründung).

Eine **Neugründung** eines Betriebes liegt nur vor, wenn die wesentlichen Betriebsgrundlagen neu geschaffen werden („Schaffung einer bisher nicht vorhandenen betrieblichen Struktur"; § 2 NeuFöG).

Auf **Betriebsübertragungen** (entgeltliche oder unentgeltliche Übertragung des Betriebes) gelten die Begünstigungen nur zum Teil (§ 5 a NeuFöG).

frei 394–400

IX. Bewertungsgesetz

(Doralt/Ruppe II[7], Tz 801 ff)

401 Das Bewertungsgesetz hat folgenden Anwendungsbereich:

1. Die **allgemeinen Bewertungsvorschriften** (Erster Teil) gelten **subsidiär** für alle Bundesabgaben, soweit die einzelnen Abgabengesetze die Bewertung nicht selbst regeln (subsidiäre Bedeutung des BewG).
2. Die **Einheitsbewertung** (Zweiter Teil, erster Abschnitt) ist außerdem für die Grundsteuer und die GrESt maßgeblich.

Hauptanwendungsgebiete des Bewertungsgesetzes waren ursprünglich die Vermögensteuer (seit 1994 aufgehoben) und das Erbschafts-Schenkungssteuergesetz (aufgehoben seit 1. 8. 2008). Weiterhin Bedeutung hat das Bewertungsgesetz vor allem für die Grundsteuer und zum Teil für die Grunderwerbsteuer, gelegentlich auch im Gebührengesetz. Das BewG bleibt jedoch weiterhin subsidiär anwendbar, bzw verweisen einzelne Gesetze gelegentlich ausdrücklich auf das Bewertungsgesetz (zB § 29 EStG bei Veräußerung von Privatvermögen gegen Rente). In der Land- und Forstwirtschaft orientieren sich die Buchführungsgrenzen und die Pauschalierungsverordnungen an den Einheitswerten.

1. Allgemeine Bewertungsvorschriften

(Doralt/Ruppe II[7], Tz 808 ff)

402 **Wirtschaftliche Einheit:** Jede wirtschaftliche Einheit ist für sich zu bewerten; ob eine wirtschaftliche Einheit vorliegt, richtet sich nach der Verkehrsauffassung. ZB können mehrere Betriebe einen einheitlichen Betrieb darstellen, wenn sie organisatorisch miteinander verbunden sind (§ 2).

Bedingte Rechtsgeschäfte: Bedingungen bleiben nach dem BewG vor Eintritt der Bedingung für die Zurechnung von Wirtschaftsgütern und Lasten grundsätzlich unberücksichtigt.

Ein **aufschiebend bedingter Erwerb** führt erst nach Eintritt der Bedingung zur Zurechnung beim Erwerber (§ 4).

Aufschiebend bedingte Lasten werden vor Eintritt der Bedingung nicht berücksichtigt (§ 6). Daher haben zB Rückstellungen für Abfertigungen und Pensionsverpflichtungen nicht die Bemessungsgrundlage der bisherigen Erbschaftssteuer gekürzt. Tritt allerdings die Bedingung ein, dann ist bei nicht laufend veranlagten Steuern der Wert auf Antrag zu berichtigen (§ 6 Abs 2).

Ein **auflösend bedingter Erwerb** lässt bis zum Eintritt der Bedingung die Zurechnung beim Eigentümer unberührt.

Auflösend bedingte Lasten werden bis zum Eintritt der Bedingung dem Belasteten zugerechnet.

Gemeiner Wert

Der Bewertung von **Vermögensgegenständen** ist grundsätzlich der gemeine Wert zu Grunde zu legen (§ 10). 403

Der **gemeine Wert** wird durch den Preis bestimmt, der im gewöhnlichen Geschäftsverkehr nach der Beschaffenheit des Wirtschaftsgutes bei einer Veräußerung zu erzielen wäre. Ungewöhnliche oder persönliche Verhältnisse, ebenso ua letztwillige Verfügungsbeschränkungen, sind nicht zu berücksichtigen (§ 10).

Der gemeine Wert wird auch als **„Verkehrswert"**, **„Einzelveräußerungswert"** oder **„Liquidationswert"** bezeichnet.

Nach der Rechtsprechung des VwGH entspricht der gemeine Wert dem Händlerverkaufspreis (zB E 11. 7. 2000, 97/16/0222). Der Hauptanwendungsfall des gemeinen Wertes war die frühere Vermögenssteuer; demgemäß kann der gemeine Wert – entgegen dem VwGH – nur der Wert sein, den auch ein Privater erzielen kann. Mit „gewöhnlichem Geschäftsverkehr" meint daher das Gesetz nicht den Geschäftsverkehr des Unternehmers, sondern der Markt, der dem Privaten (Nichtunternehmer) zur Verfügung steht. Daher ist der gemeine Wert idR nicht der Preis, den der Händler erzielen kann, sondern der Preis, den der Private erzielen kann (ausführlich dazu Tz 75 ff).

Teilwert

Wirtschaftsgüter, die einem **Betrieb** dienen, sind in der Regel mit dem **Teilwert** zu bewerten. 404

Teilwert ist der Betrag, „den ein Erwerber des ganzen Betriebes im Rahmen des Gesamtkaufpreises für das einzelne Wirtschaftsgut ansetzen würde. Dabei ist davon auszugehen, dass der Erwerber den Betrieb fortführt" (§ 12 BewG, § 6 Z 1 EStG). Vereinfacht ist der Teilwert der Wert, der dem einzelnen Wirtschaftsgut **im Rahmen des Gesamtbetriebes** bei **Fortführung des Betriebes** zukommt (vgl das „Going-Concern-Prinzip" in der UGB-Bilanz; siehe dazu oben Tz 75 ff).

Kurz gefasst ist
- der Teilwert der Fortführungswert,
- der gemeine Wert der Einzelveräußerungswert (Liquidationswert).

Wertpapiere, Anteile

Wertpapiere, insbesondere **börsennotierte Aktien,** sind mit dem **Kurswert** anzusetzen (§ 13 Abs 1). 405

GmbH-Anteile und **nicht börsennotierte Aktien** sind mit dem gemeinen Wert zu bewerten. Lässt sich der gemeine Wert aus Verkäufen nicht ableiten, dann ist der Wert unter Berücksichtigung des **Gesamtvermögens** und der **Ertragsaussichten** zu schätzen (§ 13 Abs 2).

Die Bewertung nach dem Gesamtvermögen und den Ertragsaussichten ist erlassmäßig durch das **Wiener Verfahren** geregelt. Danach ergibt sich der Wert der Anteile aus dem arithmetischen Mittel von Vermögenswert und durchschnittlichem Ertragswert. Dieses Verfahren wird – unabhängig von anderen betriebswirtschaftlichen Methoden – auch bei der **Unternehmensbewertung** herangezogen.

Wirtschaftliche Entwicklungen, die am Bewertungsstichtag zwar noch nicht eingetreten, aber absehbar sind, sind bei der Bewertung zu berücksichtigen (VwGH 24. 4. 2002, 2001/16/0615 zur Entwertung einer Beteiligung an einer Mühlen-GmbH durch den Eintritt in die EU).

Kapitalforderungen

406 **Kapitalforderungen** und **Schulden** sind mit dem **Nennwert** anzusetzen; sind sie unverzinst, ist der Betrag mit **5,5%** zum Fälligkeitsstichtag abzuzinsen (§ 14).

Lebensversicherungen, Kapital- oder Rentenversicherungen, die noch nicht fällig sind, sind mit zwei Drittel der eingezahlten Prämien oder mit dem niedrigeren **Rückkaufswert** zu bewerten (§ 14 Abs 4).

Wiederkehrende Nutzungen und Leistungen (§ 15)

407 **Befristete Nutzungen** und Leistungen sind mit 5,5% abzuzinsen.

Immer währende Nutzungen und Leistungen sind mit dem **Achtzehnfachen** des Jahreswertes zu bewerten.

Bei **unbefristeter** Dauer sind Nutzungen und Leistungen mit dem **Neunfachen** des Jahreswertes anzusetzen.

Daher wird zB die Gebühr für Dienstbarkeiten (§ 33 TP 9 GebG) bei unbestimmter Dauer vom Neunfachen des Jahreswertes bemessen, während zB Bestandverträge auf unbestimmte Dauer auf Grund der Sondervorschrift des § 33 TP 5 Abs 3 GebG nur mit dem Dreifachen des Jahreswertes angesetzt werden.

Patente, Urheberrechte und ähnliche Rechte, die zur Nutzung überlassen werden, werden mit dem **Dreifachen** des Jahreswertes angesetzt (§ 15 Abs 3).

Lebenslängliche Nutzungen und Leistungen (§ 16)

408 Der Wert von Renten, wiederkehrenden Nutzungen oder Leistungen sowie dauernden Lasten, die vom Ableben einer oder mehrerer Personen abhängen, ergibt sich aus dem **Rentenbarwert** (Beispiele siehe Tz 27).

Der **Rentenbarwert** (Barwert der Rente zu einem bestimmten Stichtag) ergibt sich

1. aus der Lebenserwartung und
2. aus dem Zinssatz, mit dem die Rentenzahlungen auf den Stichtag abgezinst werden.

Die Lebenserwartung ist nach versicherungsmathematischen Methoden in einer Verordnung festgelegt (Erlebenswahrscheinlichkeitsverordnung).

Hat eine Rente tatsächlich weniger als die Hälfte des ermittelten Wertes betragen und beruht der Wegfall auf dem Tod des Berechtigten oder Verpflichteten, sind nicht laufend veranlagte Steuern auf Antrag nach der wirklichen Höhe der Nutzung zu berichtigen (§ 16 Abs 3; betraf insbesondere die ErbSt).

Bewertung von Renten in der **Einkommensteuer:** Das EStG verweist im außerbetrieblichen Bereich zur Bewertung von Renten auf § 16 BewG (§ 18 Abs 1 Z 1 und § 29 Z 1 EStG). Dagegen fehlt im betrieblichen Bereich ein ausdrücklicher Bewertungshinweis; daher ist dort der Teilwert maßgeblich. Eine Abweichung gegenüber dem Rentenbarwert nach § 16 BewG kann sich aus der Berücksichtigung der individuellen Lebenserwartung und aus der Anwendung des Marktzinsfußes ergeben.

2. Besondere Bewertungsvorschriften

(Doralt/Ruppe II[7], Tz 841 ff)

Das Bewertungsgesetz unterscheidet folgende vier **Vermögensarten:** 409
1. land- und forstwirtschaftliches Vermögen,
2. Grundvermögen,
3. Betriebsvermögen,
4. sonstiges Vermögen.

Einheitswerte werden insbesondere für folgende Vermögen gesondert festgestellt: 410
- land- und forstwirtschaftliche Betriebe,
- Grundstücke.

Land- und forstwirtschaftliches Vermögen wird nach einem **Ertragswertverfahren** bewertet; der so ermittelte Wert ist meist geringer als der Verkehrswert (gemeiner Wert).

Eine Besteuerung nach dem Verkehrswert des Grund und Bodens würde den Bestand der Landwirtschaft gefährden. Allerdings entspricht der Einheitswert des land- und forstwirtschaftlichen Vermögens auch nicht annähernd dem tatsächlichen Ertrag, ist aber gleichzeitig maßgeblich für die Pauschalierung der Land- und Forstwirtschaft in der ESt. Da nahezu die gesamte Land- und Forstwirtschaft pauschaliert ist, erschöpft sich ihre Besteuerung in einer Bagatellbesteuerung.

Der niedrige landwirtschaftliche Ertragswert gilt selbst dann, wenn am landwirtschaftlich genutzten Boden Dienstbarkeiten, zB für Schiabfahrten oder Stromleitungen, eingeräumt worden sind und daraus erhebliche Einnahmen erzielt werden (VwGH 31. 1. 2000, 98/15/0032). Dies führt zu weiteren Steuervorteilen ua im Bereich der Grundsteuer und in der GrESt.

Grundvermögen besteht aus Grund und Boden einschließlich der Bestandteile (insbesondere Gebäude) und des Zubehörs. Nicht zum Grundvermögen gehören jedoch Maschinen und Betriebsanlagen. Für die Bewertung werden **bebaute** und **unbebaute Grundstücke** unterschieden.

Bei **bebauten Grundstücken** ist vom Bodenwert und vom Gebäudewert auszugehen.

Unbebaute Grundstücke sind mit dem gemeinen Wert zu bewerten.

Der Einheitswert von Grundvermögen liegt regelmäßig erheblich unter dem tatsächlichen Wert; dies liegt an der sehr schematisierten Bewertung des Bodenwertes nach Lage, Größe, Form, Erschließungszustand etc des Grund und Bodens und ebenso des Gebäudes nach Bauweise, Ausgestaltung, Nutzungsart, Alter etc.

Die letzte Einheitswertfeststellung für das Grundvermögen erfolgte 1973; seither erfolgten nur pauschale Erhöhungen (zuletzt ab 1983).

Im Hinblick auf die gestiegenen Grundstückspreise und Baukosten einerseits und die regional unterschiedliche Entwicklung der Grundstückspreise andererseits, ist die Anknüpfung an die Einheitswerte verfassungswidrig (VfGH 27. 11. 2012, G 77/12 zur GrESt); nur bei geringem Gewicht der Steuerfolgen kann die Anknüpfung an den Einheitswert noch als unbedenklich gelten (VfGH 6. 10. 2010, B 298/10 zur Grundsteuer). Zur Neuregelung der GrESt siehe Tz 466.

Zu einer sogenannten **Fortschreibung** des Einheitswertes kommt es, wenn sich wesentliche Umstände geändert haben, die eine Neubewertung erforderlich machen (zB Wertfortschreibung, wenn sich der Wert erheblich geändert hat; Artfortschreibung, wenn ein unbebautes Grundstück bebaut wird; Zurechnungsfortschreibung, wenn das Grundstück entgeltlich oder unentgeltlich übergeben worden ist; § 21).

411–412 frei

X. Grundsteuer

(Doralt/Ruppe II[7], Tz 902ff)

Die Grundsteuer ist eine **Objektsteuer.** Sie ist zwar eine ausschließliche **Gemeindesteuer,** doch liegt die Gesetzgebung grundsätzlich beim Bund. Die Länder können landesgesetzlich Grundsteuer-Befreiungen vorsehen. Die Einhebung erfolgt durch die Gemeinden. 413

Der Grundsteuer unterliegt der inländische **Grundbesitz;** dazu gehören das land- und forstwirtschaftliche Vermögen, das Grundvermögen und die Betriebsgrundstücke (§ 18 Abs 2 BewG).

Bemessungsgrundlage ist der Einheitswert; auf den Einheitswert wird eine Steuermesszahl angewendet. Daraus ergibt sich ein Grundsteuer-Messbetrag. Die Steuermesszahlen sind bundeseinheitlich festgelegt (grundsätzlich 2‰; niedrigere Promillesätze bestehen zB für Einfamilienhäuser und Mietwohngrundstücke). Auf den Messbetrag wird der Hebesatz angewendet (höchstens 500%). Daraus ergibt sich eine Grundsteuer von etwa 1% des Einheitswertes (das Fünffache von 2‰ des Einheitswertes). Zur Frage der Verfassungswidrigkeit siehe Tz 410.

Neben der Grundsteuer gibt es eine **Abgabe von land- und forstwirtschaftlichen Betrieben** und für unbebaute Grundstücke eine **Bodenwertabgabe.**

frei 414–460

XI. Grunderwerbsteuer

1. Allgemeines

(Doralt/Ruppe II[7], Tz 991 ff)

461 Die GrESt (GrEStG 1987) gehört zu den **Rechtsverkehrsteuern;** sie erfasst den **Erwerb von Grundstücken** im Inland.

Die GrESt ist eine **gemeinschaftliche Bundesabgabe,** die allerdings fast zur Gänze den Gemeinden (nach einem eigenen Verteilungsschlüssel) zufließt; dem Bund verbleibt nur ein geringer Teil als Kostenersatz für die Einhebung.

Seit der Aufhebung der Erbschafts-Schenkungssteuer unterliegen auch unentgeltliche Erwerbe von Grundstücken der GrESt (ab 1. 8. 2008; vorher von der GrESt befreit). Mit der Steuerreform 2015/16 erfuhr das GrEStG wesentliche Änderungen (Personengesellschaften, Bemessungsgrundlage, Tarif; siehe unten).

2. Steuergegenstand (§ 1)

462 Die GrESt knüpft grundsätzlich bereits an das **Verpflichtungsgeschäft** an.

Würde die GrESt an den zivilrechtlichen Eigentumserwerb, idR also erst an die Eintragung in das Grundbuch anknüpfen, könnte die GrESt durch Nichteintragung des Eigentums ins Grundbuch umgangen werden.

Der GrESt unterliegen folgende Erwerbsvorgänge:

1. **Kaufverträge** und andere Rechtsgeschäfte, die den Anspruch auf Übereignung eines Grundstücks begründen. Darunter fallen insbesondere auch **Schenkungen.**

   Auch mündliche Verträge unterliegen der GrESt; das Anbot oder eine Option unterliegen noch nicht der GrESt (erst im Fall der Annahme bzw Optionsausübung).

   Ein Tausch von Grundstücken löst für beide Grundstücke, also zweimal, GrESt aus.

2. **Eigentumserwerb** an einem Grundstück ohne vorangegangenes Verpflichtungsgeschäft. Darunter fallen auch **Erwerbe von Todes wegen.**

   Weiters gehören dazu zB der Erwerb des überlebenden (Ehe-)Partners am Wohnungseigentum (§ 14 WEG), der Erwerb in der Zwangsversteigerung, die Anwachsung bei einer Personengesellschaft nach Ausscheiden des vorletzten Gesellschafters und die Ersitzung.

3. **Abtretungs- oder Kettengeschäfte,** durch die Übereignungsansprüche oder Rechte aus einem Kaufanbot weiter übertragen werden.

4. **Erwerb der Verwertungsbefugnis,** wenn die Möglichkeit eingeräumt wird, das Grundstück auf eigene Rechnung zu verwerten (wirtschaftliche Anknüpfung).

   Beispiel:

   A beauftragt B mit der Veräußerung seines Grundstücks zu einem Preis von 100.000 €. B ist berechtigt, einen allfälligen Mehrerlös für sich zu behalten. In der Folge verkauft B das Grundstück an C um 150.000 €.
   Es liegen 2 Erwerbsvorgänge vor:
   1. Übertragung der Verfügungsbefugnis von A auf B (Bemessungsgrundlage 100.000 €)
   2. Übereignung des Grundstücks von B an C (Bemessungsgrundlage 150.000 €).
5. **Gesellschafterwechsel** bei Personengesellschaften und **Anteilsvereinigung** bei Personen- und Kapitalgesellschaften (dazu unten).

   Vorerwerbe, Treuhandschaft: Ein Erwerbsvorgang unterliegt auch dann der GrESt, wenn zwischen denselben Personen ein anderer Erwerbsvorgang vorausgegangen ist (zB Übertragung einer Liegenschaft an den Treuhänder mit nachfolgendem Verkauf an den Treuhänder). Beim späteren Erwerbsvorgang wird die Steuer des vorangegangenen Erwerbsvorganges angerechnet (§ 1 Abs 4 und 5).

Anteilsvereinigung und Anteilsübertragung bei Personen- und Kapitalgesellschaften Gesellschafterwechsel bei Personengesellschaften

Gehört zum Vermögen einer Gesellschaft (Personen- oder Kapitalgesellschaft) Grundvermögen, dann steht das Grundvermögen zwar nicht im (unmittelbaren) Eigentum der Gesellschafter, doch können die Gesellschafter, je nach Höhe ihrer Beteiligung indirekt über das Grundvermögen verfügen. Daher löst unter bestimmten Voraussetzungen auch der Wechsel der Gesellschafter für das im Eigentum der Gesellschaft stehende Grundvermögen GrESt aus, und zwar unterschiedlich bei Personengesellschaften und bei Kapitalgesellschaften (§ 1 Abs 2a und Abs 3). 463

Die **Anteilsvereinigung** bei einer **Personen- oder Kapitalgesellschaft** löst GrESt dann aus, wenn mindestens 95% des Gesellschaftsvermögens bzw der Anteile

- in der Hand eines Gesellschafters oder
- in der Hand einer Unternehmensgruppe iS des § 9 KStG vereinigt werden.

Anteilsübertragung: Eine Anteilsvereinigung liegt auch dann vor, wenn die Anteile (mindestens 95%) auf einen neuen Gesellschafter bzw auf eine neue Unternehmensgruppe übertragen werden. Die Anteilsübertragung löst daher genauso GrESt aus wie die Anteilsvereinigung.

Beispiele:

1. A hält 60% der Anteile an einer GmbH und erwirbt weitere 35% hinzu. Damit liegt eine Anteilsvereinigung vor und löst GrESt für die Grundstücke im Ge-

sellschaftsvermögen aus (unabhängig davon, wie lange A seinen ursprünglichen Anteil vorher erworben hatte). Veräußert A in weiterer Folge seine 95% an einen neuen Gesellschafter weiter, dann führt die Übertragung der Anteile beim übernehmenden Gesellschafter nochmals zu einer Anteilsvereinigung, die eine GrESt auslöst.

2. Die A-GmbH ist mit 94% und die B-GmbH mit 6% an der X-GmbH beteiligt. Eine Anteilsvereinigung liegt nicht vor. Gehören allerdings A und B zu einer Gruppe iS des § 9 KStG, wird damit eine Anteilsvereinigung ausgelöst. Die X-GmbH muss nicht Gruppenmitglied sein.

Die GrESt kann daher legal vermieden werden, wenn weniger als 95% der Anteile in einer Hand vereinigt werden.

Der **Gesellschafterwechsel** bei **Personengesellschaften** löst GrESt dann aus, wenn (fast) alle Gesellschaftsanteile (95% der Anteile am Gesellschaftsvermögen) innerhalb kurzer Zeit (fünf Jahre) wechseln, dh also, wenn innerhalb kurzer Zeit die Gesellschafterstruktur sich nahezu vollständig ändert (§ 1 Abs 2a; neu seit 2016).

Beispiel:

An einer OG sind vier Gesellschafter zu je einem Viertel beteiligt. Drei Gesellschafter übertragen ihre Anteile an neu eintretende Gesellschafter. – Dieser Vorgang alleine löst keine GrESt aus. Überträgt allerdings auch der vierte Gesellschafter seinen Anteil an einen neu eintretenden Gesellschafter, dann löst diese Übertragung GrESt aus, wenn alle Übertragungen der Gesellschaftsanteile innerhalb von fünf Jahren erfolgt sind.

Bei der Personengesellschaft löst sowohl der Gesellschafterwechsel als auch die Anteilsvereinigung GrESt aus, dagegen bei der Kapitalgesellschaft nur die Anteilsvereinigung. Ein Grund für die unterschiedliche Besteuerung ist allerdings nicht ersichtlich.

Treuhändig gehaltene Gesellschaftsanteile sind dem Treugeber zuzurechnen.

Anwachsung bei der Personengesellschaft: Überträgt der vorletzte Gesellschafter einer Personengesellschaft seine Anteile an den verbleibenden Gesellschafter, dann geht damit die Personengesellschaft unter; das Gesellschaftsvermögen geht ex lege auf den verbleibenden Gesellschafter über („Anwachsung"). Betreffend das Grundvermögen in der Gesellschaft liegt dann ein Eigentumserwerb ohne vorangegangenem Verpflichtungsgeschäft vor (siehe oben Punkt 2). Davon zu unterscheiden ist die Anteilsvereinigung (siehe oben); für sie genügt es, wenn 95% des Gesellschaftsvermögens in der Hand eines Gesellschafters vereinigt wird, die Gesellschaft also weiter besteht.

Bemessung der GrESt bei Anteilsvereinigung und Gesellschafterwechsel: Da es bei der Anteilsvereinigung und beim Gesellschafterwechsel keine Gegenleistung für ein konkretes Grundstück gibt, bemisst sich die GrESt in diesen Fällen vom Wert der Grundstücke, die sich im Gesellschaftsvermögen befinden (siehe dazu unten Tz 468).

3. Begriff des Grundstücks (§ 2)

Unter „Grundstück" iSd GrEStG ist ein Grundstück iSd Zivilrechts zu verstehen. Zum Grundstück gehören 464

- der Grund und Boden,
- das Gebäude,
- der Zuwachs (Pflanzen, Tiere) und
- das Zugehör (zB Hotelinventar).

Maschinen und sonstige Vorrichtungen, die zu einer Betriebsanlage gehören, zählen jedoch nicht zum Grundstück.

Betriebsanlagen erfüllen gegenüber dem Grundstück einen selbständigen wirtschaftlichen Zweck, zB Kesselanlagen, Tanks, Kräne.

Dem Grundstück stehen außerdem gleich

- Baurechte,
- Gebäude auf fremdem Grund (Superädifikate; zB Gartenhaus auf Pachtgrund).

4. Ausnahmen von der Besteuerung (§ 3)

Von der GrESt sind insbesondere ausgenommen: 465

- Der **Erwerb eines Grundstückes aus Anlass eines unentgeltlichen oder teilentgeltlichen Betriebserwerbes** bis zu einem Wert des Grundstückes von **900.000 €** (Freibetrag). Die Übertragung muss altersbedingt (Vollendung des 55. Lebensjahres) oder wegen Erwerbsunfähigkeit erfolgen (siehe § 3 Abs 1 Z 2 und Z 2a).
- Der **unentgeltliche Erwerb einer gemeinsamen Wohnstätte durch (Ehe-)Partner** (sowohl unter Lebenden als auch von Todes wegen, siehe § 3 Abs 1 Z 7 und Z 7a.
- Erwerbe zur **Flurbereinigung.**
- Der Erwerb eines Grundstücks im Zusammenhang mit einem (drohenden) **behördlichen Eingriff** (zB Anschaffung eines Ersatzgrundstückes wegen einer Enteignung).

Die **Realteilung** eines im Miteigentum stehenden Grundstücks ist befreit, soweit das erworbene Alleineigentum dem früheren Quoteneigentum entspricht. Nicht befreit ist dagegen der Übergang eines Grundstücks von einer Personengesellschaft auf einen Gesellschafter (auch nicht in Höhe seines Anteils an der Personengesellschaft).

Bei **Neugründung einer Gesellschaft** ist die Einbringung von Grundstücken auf gesellschaftsvertraglicher Grundlage von der GrESt ausgenommen, soweit Gesellschaftsrechte an der neu gegründeten Gesellschaft als Gegenleistung gewählt werden (§ 1 Neugründungs-Förderungsgesetz).

5. Bemessungsgrundlage (§§ 4 bis 6)

466 Als Bemessungsgrundlage für die GrESt kommen in Betracht der
- Wert der Gegenleistung
- Grundstückswert
- Einheitswert

Wert der Gegenleistung

467 Grundsätzlich bemisst sich die GrESt vom **Wert der Gegenleistung** (Kaufpreis) zuzüglich den mitübernommenen Verpflichtungen (zB Schulden, Fruchtgenussbelastung), mindestens vom Grundstückswert.

Beispiele:

1. A bezahlt B als Kaufpreis für ein Grundstück 1 Mio €. Außerdem übernimmt B eine Hypothek von 300.000 € und ein Fruchtgenussrecht in Höhe von 200.000 €, das sich A vorbehalten hat.
   Bemessungsgrundlage: 1 Mio € plus 200.000 € plus 300.000 €, Summe 1,5 Mio €
2. A schenkt B ein Grundstück im Wert von 1 Mio € („Grundstückswert", siehe dazu unten), A behält sich ein Fruchtgenussrecht in Höhe von 200.000 € vor und B übernimmt eine Hypothek von 300.000 €.
   Bemessungsgrundlage: 1 Mio €
   Erklärung für das (scheinbar) unterschiedliche Ergebnis:
   Wenn B im ersten Beispiel 1 Mio € als Kaufpreis leistet, außerdem eine Hypothek von 300.000 € übernimmt und zusätzlich dem Verkäufer ein Fruchtgenussrecht von 200.000 € einräumt, dann hätte er für dasselbe unbelastete Grundstück 1,5 Mio € bezahlen müssen (Kaufpreis plus übernommene Lasten).
   Im zweiten Beispiel bemisst sich die GrESt nicht von der Gegenleistung, sondern vom Grundstückswert (§ 4). Der Grundstückswert schließt aber die übernommenen Lasten bereits mit ein.

Wird der **Kaufpreis gestundet,** erfolgt keine Abzinsung des Kaufpreises.

USt als Teil der Gegenleistung: Veräußert ein Unternehmer ein Grundstück aus dem Betriebsvermögen, dann ist die Veräußerung von der USt grundsätzlich befreit (§ 6 Abs 1 Z 9a UStG). Optiert allerdings der Unternehmer in der USt zur Steuerpflicht, um den Vorsteuerabzug nicht rückgängig machen zu müssen, unterliegt also die Veräußerung des Grundstücks der USt, dann gehört auch die USt zur Bemessungsgrundlage für die GrESt (siehe dazu Tz 335, § 6 Abs 2 UStG).

Bauherrenproblem: Wird nur der Grund und Boden gekauft und später ein Gebäude darauf errichtet, so unterliegt nur der Grund und Boden der GrESt. Ein Problem (das sogenannte Bauherrenproblem) stellt sich allerdings dann, wenn der Verkäufer (der zB zugleich Bauunternehmer ist) den Grund und Boden mit einem von ihm noch zu errichtenden Gebäude verkauft. Verkauft er das noch zu errichtende Gebäude zu einem Fixpreis (er trägt das Risiko der Bauführung), dann wird der Fall genauso behandelt wie der Verkauf eines bebauten Grundstücks; der Kaufpreis für das noch zu errichtende Gebäude unterliegt dann ebenfalls der GrESt. Trägt dagegen der Käufer das Risiko der Bauführung, ist also der Käufer Bauherr, dann unterliegen die Kosten der Bauführung nicht der GrESt.

Grundstückswert iS des § 4

Fehlt eine Gegenleistung (Entgelt; insbesondere bei einer Schenkung oder Erbschaft), dann muss als Bemessungsgrundlage der **Grundstückswert** ermittelt werden, von dem dann die GrESt berechnet werden kann. Der Grundstückswert ist aber auch dann Bemessungsgrundlage, wenn zB bei einer Personengesellschaft oder bei einer Kapitalgesellschaft die Gesellschafter wechseln und deshalb GrESt ausgelöst wird. Denn aus dem Kaufpreis zB für die Anteile an einer Kapitalgesellschaft lässt sich idR nicht eine Gegenleistung für die im Gesellschaftsvermögen vorhandenen Grundstücke ableiten. 468

Nach der eigentlichen Zielsetzung des Gesetzes sollte der Grundstückswert iSd § 4 dem Verkehrswert, also in etwa dem Wert der Gegenleistung entsprechen; in der Praxis weicht aber der idR nach formalen Kriterien ermittelte Grundstückswert vom Verkehrswert erheblich ab.

Daher ist die Bemessungsgrundlage für die Grunderwerbsteuer bei der Anteilsvereinigung oder beim Gesellschafterwechsel idR deutlich niedriger als bei einem Erwerb des Grundstücks gegen Entgelt. Dazu kommt ein erheblich niedrigerer Steuersatz (siehe unten). Insoweit ist es daher idR günstiger, die Anteile an einer Immobilien-GmbH zu erwerben und nicht das Grundstück unmittelbar.

Zur Ermittlung des „Grundstückswerts" sieht das Gesetz bzw die Grundstückswertverordnung folgende Möglichkeiten vor:

- **Pauschalbewertung nach der Grundstückswertverordnung** (idR der niedrigste Wert); ermittelt wird die Summe aus dem Wert des Grund und Bodens und des Gebäudes;
- durchschnittlicher Verkehrswert, abgeleitet aus einem **Immobilienpreisspiegel;**
- individuell ermittelter Verkehrswert auf Grund eines **Schätzungsgutachtens.**

Auch wenn der Grundstückswert nach der Grundstückswertverordnung (GrWV) regelmäßig der niedrigste Wert sein wird und damit die günstigste Bemessungsgrundlage für die GrESt ergibt, besteht sein wesentlicher Nachteil darin, dass das Verfahren nach der Verordnung kompliziert und damit auch kostenaufwendig ist. Bei einem Grundstück von nur geringem Wert und damit auch einer nur geringen GrESt kann die Berechnung des Grundstückswertes durch den Notar oder Rechtsanwalt dann unverhältnismäßig teuer sein. – Damit stellt sich allerdings das System der Bemessung nach dem Grundstückswert selbst in Frage.

Von der Grundstückswertverordnung zur GrESt ist die Grundanteilsverordnung zur ESt zu unterscheiden (dazu Tz 136).

Einheitswert

Der **Einheitswert** nach dem Bewertungsgesetz ist beim Erwerb von land- und forstwirtschaftlichen Grundstücken vorgesehen (idR sehr niedrige Werte, weit unter dem Verkehrswert oder auch unter dem Wert nach der Grundstückswertverordnung). 469

6. Tarif (§ 7)

470 Für den **Steuertarif** sind zu unterscheiden
- entgeltliche Erwerbe (idR von der Gegenleistung zu bemessen);
- unentgeltliche Erwerbe (vom Grundstückswert zu bemessen), wobei unter Familienangehörigen auch entgeltliche Erwerbe als unentgeltliche Erwerbe gelten;
- Sonderfälle.

1. Entgeltliche Erwerbe

471 Bei **entgeltlichen Erwerben** beträgt die GrESt
im Allgemeinen .... 3,5% der Gegenleistung.

Entgeltliche Erwerbe von Familienangehörigen unterliegen nicht dem allgemeinen Tarif, sondern werden wie unentgeltliche Erwerbe behandelt (siehe unten).

Der **Tausch von zwei Grundstücken** ist auf beiden Seiten ein entgeltlicher Erwerb. Die GrESt bemisst sich dann vom Verkehrswert des jeweils anderen Grundstücks (und nicht vom „Grundstückswert" iS des § 4).

2. Unentgeltlicher Erwerb und entgeltliche Erwerbe in der Familie

472 **Unentgeltliche Erwerbe** (Schenkungen, Erwerbe von Todes wegen) bemessen sich nach dem **Grundstückswert iSd § 4** und unterliegen einem **begünstigten Stufentarif.**

Mit unentgeltlichen Erwerben werden gleichbehandelt

entgeltliche Erwerbe in der Familie: Der Kreis der Familie ist hier weit gefasst (Ehegatten, Lebensgefährten, Verwandte und Verschwägerte in gerader Linie, Geschwister, Neffen, Nichten, Pflegekinder ua; Verweis auf § 26a Gerichtsgebührengesetz).

Die Gleichstellung entgeltlicher Erwerbe in der Familie mit unentgeltlichen Erwerben ist nicht nur wegen des begünstigten Stufentarifs vorteilhaft. Ein idR noch größerer Vorteil besteht in der Bemessungsgrundlage, weil der Grundstückswert iS des § 4 idR erheblich niedriger ist als das gezahlte Entgelt (Gegenleistung).

Nach dem Stufentarif beträgt für unentgeltliche Erwerbe die Steuer:
- für die ersten 250.000 € 0,5%
- für die nächsten 150.000 € 2%
- darüber hinaus 3,5%

Zusammenrechnung mehrerer Erwerbe: Im Hinblick auf den Stufentarif sind mehrere Erwerbe von denselben Personen zusammenzurechnen, wenn sie innerhalb von fünf Jahren erfolgen.

Bei **teilentgeltlichen Erwerben** ist zu unterscheiden:
- der unentgeltliche Teil unterliegt dem begünstigten Steuertarif,
- der auf die Gegenleistung entfallende Anteil unterliegt dem Normalsteuersatz von 3,5%.

Teilentgeltliche Erwerbe sind solche, bei denen die Gegenleistung mehr als 30 bis 70% des Grundstückswertes beträgt. Bis zu 30% gilt der Erwerb als unentgeltlich, über 70% als entgeltlich (§ 7 Abs 1 Z 1 lit a).

Liegt eine Gegenleistung vor, lässt sich aber ihr Wert (ihre Höhe) nicht ermitteln, dann werden 50% des Grundstückswertes als Gegenleistung angenommen (gilt somit als teilentgeltlich, § 7 Abs 1 Z 1 lit d). Beispiel: Vorbehalt, die Wohnung weiter mitbenützen zu können (anders beim alleinigen Nutzungsrecht).

Da auch teilentgeltliche Erwerbe innerhalb der Familie wie unentgeltliche Erwerbe besteuert werden, reduziert sich der Anwendungsbereich für teilentgeltliche Erwerbe auf Erwerbe von Nichtfamilienangehörigen. Daher wird die Bedeutung teilentgeltlicher Erwerbe in der Praxis gering sein.

Beispiele:

1. A schenkt B ein Grundstück im Wert von 200.000 €. B hat eine Hypothek in Höhe von 80.000 € zu übernehmen.

   Sind A und B untereinander keine Familienangehörige, dann unterliegen 120.000 € dem Steuersatz von 0,5% und 80.000 € dem Normalsteuersatz von 3,5%.

   Sind dagegen A und B Familienangehörige, dann gilt der gesamte Erwerb als unentgeltlich; die Steuer beträgt 0,5% von 200.000 €.

2. Die Mutter schenkt der Tochter ihre Eigentumswohnung; die Tochter verpflichtet sich zur Pflege der Mutter im Fall der Bedürftigkeit. Unabhängig davon, dass der Wert der Auflage (Pflegeverpflichtung) sich nicht ermitteln lässt, gilt der Erwerb auf Grund des Familienverhältnisses jedenfalls als unentgeltlich. Die Pauschalregelung (50% des Grundstückswertes) kommt daher nicht zur Anwendung. Dagegen würde bei Nichtfamilienangehörigen ein teilentgeltlicher Erwerb vorliegen; die Auflage wäre in Höhe des halben Grundstückswertes mit dem Normalsteuertarif zu versteuern (wohl unbefriedigend, wenn eine übernommene Pflege mit GrESt belastet wird).

Ratenzahlungen: Bei unentgeltlichen und teilentgeltlichen Erwerben kann die Entrichtung der Steuer auf fünf Jahre verteilt werden (mit Zuschlägen).

Die praktische Bedeutung von Ratenzahlungen wird wohl nur gering sein, weil die Eintragung in das Grundbuch idR von der vollständigen Entrichtung der GrESt abhängig ist (Unbedenklichkeitsbescheinigung; § 160 BAO).

3. Sonderfälle

Abweichend vom allgemeinen Steuersatz (3,5%) beträgt die GrESt 473

- bei **Unternehmensübertragungen** vom Grundstückswert (soweit nicht die Befreiung eingreift; siehe oben) 0,5%
- bei **Gesellschafterwechsel, Anteilsvereinigung, Umgründungen** vom Grundstückswert 0,5%
- bei **land- und forstwirtschaftlichem Vermögen** soweit vom Einheitswert zu bemessen 2%

– bei **Stiftungen** erhöht sich die Steuer, soweit die Gegenleistung den Grundstückswert übersteigt, um ein Stiftungseingangssteueräquivalent iHv 2,5% (§ 7 Abs 2).

Für die **Anwachsung bei der Personengesellschaft** (Ausscheiden des vorletzten Gesellschafters aus der Personengesellschaft; siehe oben Tz 463) besteht keine besondere Tarifvorschrift; daher kommt der allgemeine Tarif von 3,5% zur Anwendung (nach der Gesetzessystematik wäre eher der gleiche Steuersatz wie bei der Anteilsvereinigung und den Umgründungen zu erwarten, das wären 0,5%).

7. Steuerschuld, Steuerschuldner (§§ 8, 9)

(Doralt/Ruppe II[7], Tz 1018)

474 Die **Steuerschuld** entsteht, sobald der **Erwerbsvorgang** (siehe oben Tz 462) verwirklicht ist.

Ist der Erwerb aufschiebend bedingt oder von der Genehmigung einer Behörde abhängig (zB Pflegschaftsbehörde), so entsteht die Steuerschuld erst mit Eintritt der Bedingung bzw mit der Genehmigung (§ 8 Abs 2 GrEStG).

Steuerschuldner (Gesamtschuldner) sind die am **Erwerbsvorgang beteiligten Personen;** das sind idR der **Käufer** und der **Verkäufer,** bei Schenkungen der Geschenkgeber und der Beschenkte. Bei Erwerb von Todes wegen ist der Erwerber Steuerschuldner.

Wer die GrESt tatsächlich trägt, wird regelmäßig im Vertrag festgelegt; üblicherweise übernimmt der Erwerber die Vertragserrichtungskosten und damit auch die GrESt (ihm wird dann idR auch die GrESt vorgeschrieben); der Verkäufer bzw Geschenkgeber haftet allerdings gegenüber dem FA als Gesamtschuldner.

8. Erklärungspflicht, Selbstberechnung (§§ 10 bis 16)

(Doralt/Ruppe II[7], Tz 1019f)

475 Über den Erwerbsvorgang ist grundsätzlich eine **Steuererklärung** abzugeben, und zwar spätestens **bis zum 15. des zweitfolgenden Monats** nach Entstehen der Steuerschuld (zB Kaufvertrag im Jänner, Erklärungsfrist bis 15. März).

Die Abgabenerklärung hat zwingend durch einen Parteienvertreter (Rechtsanwalt, Notar) zu erfolgen. Nicht zwingend ist dagegen die Selbstberechnung durch den Parteienvertreter (siehe unten).

Auf Grund der Steuererklärung ergeht ein **GrESt-Bescheid,** die **Fälligkeit** tritt grundsätzlich **einen Monat** nach Zustellung ein.

Selbstberechnung durch den Parteienvertreter:

Rechtsanwälte und Notare können als Bevollmächtigte eines Steuerschuldners die GrESt innerhalb der Erklärungsfrist **selbst berechnen** und an das FA abführen (§§ 11 bis 13); in diesem Fall wird die Steuererklärung durch eine Erklärung zur Selbstberechnung ersetzt.

Erfolgt die Selbstberechnung der GrESt durch den Parteienvertreter, dann hat er neben der GrESt auch die Immobilienertragsteuer an das für den Stpfl zuständige FA abzuführen (§ 30c EStG).

Unbedenklichkeitsbescheinigung (§ 160 BAO):

Für die Eintragung ins Grundbuch über den Erwerb von Grundstücken ist eine Unbedenklichkeitsbescheinigung des zuständigen FA notwendig („UB"); damit bescheinigt das FA, dass keine Bedenken hinsichtlich der Grunderwerbsteuer bestehen; die UB wird idR erst nach Bezahlung der GrESt ausgestellt. Im Fall der Selbstberechnung genügt die Selbstberechnungserklärung.

9. Steuererstattung wegen Rückgängigmachung des Erwerbsvorganges (§ 17)

(Doralt/Ruppe II[7], Tz 1021)

Wird **der Erwerbsvorgang rückgängig gemacht,** dann wird die GrESt auf Antrag erstattet bzw nicht festgesetzt, und zwar 476

- **innerhalb von drei Jahren,** wenn der Vertrag einvernehmlich oder auf Grund eines vorbehaltenen Rücktrittsrechtes oder Wiederkaufrechtes rückgängig gemacht wird oder
- **zeitlich unbefristet,** wenn der Vertrag ungültig war oder die Vertragsbedingungen nicht eingehalten worden sind und der Vertrag deshalb rückgängig gemacht wird. Das Gleiche gilt bei einem unentgeltlichen Erwerb, wenn das Grundstück nachträglich herausgegeben werden musste (zB Ungültigkeit des Testaments oder grober Undank bei Schenkungen).

Anders als andere Steuern kann daher die GrESt rückgängig gemacht werden.

Eine **Rückgängigmachung des Erwerbsvorganges** liegt nur dann vor, wenn der Verkäufer jene Verfügungsmacht über das Grundstück wiedererlangt, die er vor Abschluss des Vertrags hatte. Erfolgt dagegen die Rückgängigmachung nur dazu, um das Grundstück gleichzeitig an eine vom Käufer genannte andere Person zu übertragen, liegt keine begünstigte Rückgängigmachung vor.

Beispiel:

A verkauft an B ein Grundstück. C erfährt vom Verkauf und will B das Grundstück abkaufen. Um GrESt zu sparen, einigen sich A, B und C, dass der Kaufvertrag zwischen A und B rückgängig gemacht und gleichzeitig ein neuer Kaufvertrag zwischen A und C abgeschlossen wird. Die Rückgängigmachung verfehlt hier das angestrebte Ziel (keine Steuererstattung).

Wird zwischen Konzerngesellschaften ein Kaufvertrag rückgängig gemacht und erwirbt kurz danach eine andere Konzerngesellschaft das Grundstück, wird in freier Beweiswürdigung eine Rückgängigmachung des Erwerbsvorgangs mit grunderwerbsteuerlicher Wirkung zu verneinen sein.

10. Zuständigkeit

Zuständig für die Einhebung der GrESt ist das FA für Gebühren, Verkehrsteuern und Glückspiel in Wien (§ 19 AVOG). 477

Exkurs: Grundbuchsgebühr

478 Die Eintragung des Eigentums an Grundstücken ins Grundbuch unterliegt einer Gerichtsgebühr in Höhe von 1,1% (TP 9 GGG), bemessen vom gemeinen Wert.

Bei Kaufverträgen bemisst sich daher die Grundbuchsgebühr idR vom **Kaufpreis.**

Bei unentgeltlichen Erwerben wird idR der **Grundstückswert** iS des § 4 GrEStG herangezogen werden (siehe oben Tz 468).

Begünstigt sind Erwerbe im **Familienkreis** (entgeltlich oder unentgeltlich): Hier bemisst sich die Gerichtsgebühr vom **dreifachen Einheitswert** (höchstens ein Drittel des Verkehrswertes); zum begünstigten Familienkreis siehe oben Tz 472 bzw § 26 a GGG.

Zum begünstigten Familienkreis gehören insbesondere Ehegatten, Lebensgefährte, Verwandte und Verschwägerte in gerader Linie, Geschwister, Nichten, Neffen, Stief-, Wahl-, Pflege- und Schwiegerkinder.

479–500 frei

XII. Gebührengesetz

1. Allgemeines

(Doralt/Ruppe II[7], Tz 1061 ff)

Nach dem Gebührengesetz (GebG) unterliegen der Gebühr 501
- bestimmte **Schriften** und Amtshandlungen und
- bestimmte schriftlich beurkundete **Rechtsgeschäfte.**

Die Gebühren nach dem Gebührengesetz sind keine Gebühren im finanzwissenschaftlichen Sinn für die Inanspruchnahme öffentlicher Einrichtungen (vgl zB die Kanalgebühren), sondern Steuern (ohne Gegenleistung); auch die Gebühren für Eingaben (§ 14 TP 6; siehe unten Tz 505) sind von einer Gegenleistung unabhängig. Neben den Gebühren nach dem Gebührengesetz gibt es insbesondere auch Gebühren nach dem Gerichtsgebührengesetz, Gebühren nach dem KonsulargebührenG und Verwaltungsabgaben auf Grund einer Verordnung nach § 78 AVG.

Die Gebühren nach dem GebG sind ausschließliche Bundesabgaben.

Urkundenprinzip: Nur schriftliche Urkunden lösen die Gebühr aus (zu mechanisch hergestellten Unterschriften und zu Urkunden im E-Mail-Verkehr siehe Tz 520).

Werden über ein gebührenpflichtiges Rechtsgeschäft mehrere Urkunden ausgestellt, fällt die Gebühr nur einmal an (Aufhebung des § 25 GebG durch den VfGH).

Gebührenbefreiungen: Von der Gebühr sind **persönlich befreit** (§ 2)
- der Bund uneingeschränkt,
- die Länder und Gemeinden eingeschränkt auf ihren öffentlich rechtlichen Wirkungsbereich,
- Körperschaften öffentlichen Rechts und bestimmte gemeinnützige Einrichtungen mit ihrem Schriftverkehr mit den Behörden.

Die persönlichen Befreiungen verhindern die Gebührenpflicht nur dann, wenn auch die anderen Vertragspartner persönlich befreit sind.

Beispiele:

1. Der Bund mietet von einer Privatperson ein Grundstück. – Der Bund ist zwar persönlich befreit; da jedoch der Vermieter nicht befreit ist, fällt die Gebühr für den Bestandsvertrag an.
2. Eine Gemeinde mietet vom Bund ein Gebäude, um es als Schule zu mieten. – Beide Vertragspartner sind persönlich befreit (die Gemeinde, weil sie das Gebäude im öffentlich rechtlichen Wirkungsbereich nützt).
3. Die Gemeinde mietet vom Bund ein Gebäude, um es als Kongresshaus zu nützen. Die Nutzung des Gebäudes fällt nicht in den öffentlich rechtlichen Wirkungsbereich der Gemeinde, daher ist der Mietvertrag gebührenpflichtig.

Sachliche Befreiungen finden sich in den Tatbeständen des GebG, oft aber auch in anderen nicht steuerlichen Gesetzen (zB Eingaben im Gesundheitswesen).

Vorgänge, die unter das GrEStG, das VersicherungssteuerG oder das StiftEG fallen, sind von einer Rechtsgeschäftsgebühr ausgenommen (§ 15 Abs 3).

Außerdem bestehen Ausnahmen für **Unternehmensneugründungen** (§ 1 NeuFöG).

Zum Gebührengesetz gibt es ausführliche „Gebührenrichtlinien" des BMF.

2. Feste Gebühren und Hundertsatzgebühren (§ 3)

(Doralt/Ruppe II[7], Tz 1065 ff)

502 Die Gebühren nach dem GebG sind entweder feste Gebühren oder Hundertsatzgebühren.

Feste Gebühren sind für Schriften und Amtshandlungen vorgesehen und in den Tarifposten betragsmäßig ausgewiesen; sie sind durch Barzahlung oder mit Erlagschein, allenfalls mittels Bankomatkarte oder Kreditkarte zu entrichten (§ 3 Abs 2).

Hundertsatzgebühren sind für Rechtsgeschäfte vorgesehen und in den Tarifposten in Prozentsätzen der dort vorgesehenen Bemessungsgrundlage ausgewiesen; sie sind auf Grund amtlicher Bemessung oder Selbstbemessung einzuzahlen.

3. Bogengebühren (§§ 5 und 6)

(Doralt/Ruppe II[7], Tz 1067 f)

503 Bei den festen Gebühren tritt gegebenenfalls eine **Bogengebühr** hinzu (ein Bogen besteht aus 4 Seiten à DIN A4; es gelten nur die beschriebenen Seiten). Dabei sind folgende Fälle zu unterscheiden:

- „feste Gebühren": einheitliche Gebühr für die gesamte Urkunde unabhängig von der Bogenzahl (zB 14,30 € für Eingaben nach TP 6),
- „für jeden Bogen feste Gebühren": Bogengebühr für jeden Bogen (zB 3,90 € pro Bogen für Beilagen nach TP 5),
- „vom ersten Bogen feste Gebühr": in der Tarifpost ist die Gebühr für den ersten Bogen festgelegt; hinzu kommt jedoch eine Gebühr von je 13 € für die Folgebögen (§ 6; zB Protokolle über Versammlungen von Gesellschaftern 142,90 € für den ersten Bogen und je 13 € für die weiteren Bögen).

Bei den **Hundertsatzgebühren für Rechtsgeschäfte** gibt es keine Bogengebühr.

4. Nicht ordnungsgemäße Gebührenentrichtung (§ 9)

(Doralt/Ruppe II[7], Tz 1069)

504 Werden Gebühren nicht ordnungsgemäß entrichtet, so ergeben sich folgende Zuschläge:

- Werden **feste Gebühren nicht ordnungsgemäß entrichtet,** dann erfolgt eine *verschuldensunabhängige* Erhöhung um 50% und eine weitere *verschuldensabhängige* Erhöhung um nochmals bis zu 50% (höchstens also insgesamt 100%),

- bei den **anderen Gebühren** (Rechtsgeschäftsgebühren) erfolgt eine verschuldensabhängige Erhöhung bis zu 100%, wobei die Entschuldbarkeit der mangelnden Kenntnis der Gebührenpflicht zu berücksichtigen ist.

Das **Finanzstrafgesetz** ist auf Gebührenverkürzungen nicht anzuwenden (§ 2 Abs 2 FinStrG). Soweit allerdings die Gebührenerhöhung verschuldensabhängig ist (Rechtsgeschäftsgebühren), hat sie wohl Strafcharakter; daher muss auch hier eine strafbefreiende Selbstanzeige möglich sein (strittig; siehe auch Tz 596/3).

5. Gebühren für Schriften und Amtshandlungen (§ 14)

(Doralt/Ruppe II[7], Tz 1070 ff)

Insbesondere unterliegen folgende Schriften und Amtshandlungen der Gebühr: 505

- **amtliche Abschriften** (TP 1; idR 14,30 € von jedem Bogen),
- **Eingaben** von Privatpersonen an Gebietskörperschaften in Angelegenheiten ihres öffentlich-rechtlichen Wirkungsbereichs, die die Privatinteressen des Einschreiters betreffen (TP 6). Der Anwendungsbereich ist außerordentlich weit; dazu gehören zB alle Anträge an Verwaltungsbehörden, Berufungen im Verwaltungsverfahren (nicht Strafverfahren), aber auch etwa Aufsichtsbeschwerden. Die Eingabengebühr beträgt in der Regel als feste Gebühr 14,30 € (keine Bogengebühr!); es gibt jedoch zahlreiche Befreiungen, so etwa im Universitätsbereich und im Abgabenverfahren.

  Mehrere Ansuchen in einer Eingabe lösen die Gebühr für jedes Ansuchen aus (§ 12).

  Beispiele:

  Anfrage an das Meldeamt, wo das Ehepaar Maria und Josef Huber wohnt: zweifache Eingabengebühr.
  Ansuchen um das Aufstellen von Plakatständern an 10 verschiedenen Plätzen: zehnfache Eingabengebühr.

- **Beilagen,** das sind Schriften und Druckwerke jeder Art, wenn sie einer gebührenpflichtigen Eingabe beigelegt werden (TP 5); die Gebühr beträgt von jedem Bogen idR 3,90 €, insgesamt jedoch höchstens idR 21,80 € je Beilage. Die Wiederverwendung einer Schrift als Beilage löst keine neue Gebühr aus,
- **Protokolle** zB über Gesellschafterversammlungen einer GmbH oder AG (TP 7; vom ersten Bogen 142,90 € bzw 285,90 € und für die weiteren Bögen je 13 € nach § 6), jedoch keine Gebühr bei einem Umlaufbeschluss,
- **Unterschriftsbeglaubigungen** (TP 13) durch Notare oder andere zur Beurkundung befugten Personen von jedem Bogen 14,30 €,

- **amtliche Zeugnisse:** von jedem Bogen 14,30 € (TP 14); amtliche Zeugnisse sind Schriften, durch die persönliche Eigenschaften oder Fähigkeiten oder tatsächliche Umstände bekundet werden, wenn diese Schriften insbesondere von Organen der Gebietskörperschaften (ausgenommen Gerichten) ausgestellt werden (mit zahlreichen Ausnahmen zB im Unterrichtswesen, Fürsorgewesen, Meldewesen).

Gebührenschuldner ist derjenige, in dessen Interesse die Schrift eingereicht bzw angefertigt worden ist (§ 13). Die Gebührenschuld entsteht insbesondere mit Zustellung der Erledigung einer Eingabe oder im Zeitpunkt der Unterfertigung (bei Zeugnissen, Protokollen; siehe § 11).

6. Gebühren für Rechtsgeschäfte (§ 33)

(Doralt/Ruppe II[7], Tz 1080ff)

506 Urkunden über folgende Rechtsgeschäfte unterliegen der Gebühr (§ 33; nicht angeführte Tarifposten sind aufgehoben):

TP 1 – Annahme an Kindes statt,
TP 4 – Anweisungen (siehe unten),
TP 5 – Bestandverträge (siehe unten),
TP 7 – Bürgschaftserklärung und Schuldbeitritt (siehe unten),
TP 9 – Dienstbarkeiten; 2% (siehe unten),
TP 11 – Ehepakte; 1% vom Wert,
TP 17 – Glücksverträge (zwischen 2% und 25%); darunter fallen auch Leibrentenverträge über bewegliche Sachen (siehe unten),
TP 18 – Hypothekarverschreibungen; 1% von der Verbindlichkeit (als Sicherungsgeschäft allenfalls gebührenfrei, siehe unten),
TP 20 – außergerichtliche Vergleiche; Hundertsatzgebühr von 1% oder 2% (siehe unten),
TP 21 – Zessionen (siehe unten),
TP 22 – Wechsel ($^1/_8$% von der Wechselsumme).

Anweisungen (TP 4)

507 Anweisungen, wodurch der Anweisende einem Dritten eine Leistung an eine andere Person aufträgt, unterliegen einer Gebühr von 2% vom Wert der Leistung. Anweisungen von Unternehmern oder an Unternehmer unterliegen nicht der Gebühr, womit die meisten Fälle einer Anweisung von der Gebühr ausgenommen sind. Anweisungen in Form eines Wechsels unterliegen nach TP 22 der Gebühr.

Bestandverträge (§ 33 TP 5)

508 Miet- und Pachtverträge über bewegliche (zB Pkw, Maschinen, Lizenzen, Markenrechte) oder unbewegliche Sachen (Liegenschaften): Die Ge-

bühr beträgt bei Verträgen auf bestimmte Dauer 1% vom auf die Vertragsdauer entfallenden Entgelt, höchstens jedoch vom 18fachen Jahresentgelt, bei unbestimmter Dauer 1% vom dreifachen Jahresentgelt.

Zur **Bemessungsgrundlage** gehören auch beurkundete Nebenleistungen, die der Mieter übernimmt (zB Übernahme der USt; Verpflichtung des Mieters, das Mietobjekt zu versichern; Übernahme der Betriebskosten; einmalige Ablösezahlung).

Bei **Mietverträgen** über Wohnräume zu **Wohnzwecken** beträgt die Gebühr 1% vom gesamten Entgelt über die Vertragslaufzeit, höchstens jedoch vom dreifachen Jahresentgelt; Mietverträge bis zu 3 Monaten über Wohnräume oder eine Bemessungsgrundlage bis zu 150 € sind gebührenfrei.

Daraus ergibt sich eine **Höchstbemessungsgrundlage**
- vom **3fachen** Jahresentgelt für Wohnmietverträge,
- vom **18fachen** Jahresentgelt für andere Mietverträge.

Verträge auf zunächst bestimmte und anschließend unbestimmte Dauer sind zusammenzurechnen.

Beispiel:

Ein Mietvertrag wird auf ein Jahr abgeschlossen; danach kann er zu jedem Monatsletzten mit einer Kündigungsfrist von einem Monat aufgekündigt werden. – Handelt es sich um ein Büro, dann beträgt die Bemessungsgrundlage der Gebühr das Vierfache des Jahresentgeltes (Mietdauer auf ein Jahr bestimmt, danach auf unbestimmte Dauer, ergibt eine Einjahresmiete zuzüglich einer Dreijahresmiete als Bemessungsgrundlage). Handelt es sich dagegen um eine Wohnung zu Wohnzwecken, dann greift die Dreijahresgrenze. Eine **unüblich lange Kündigungsfrist** wirkt wie ein Vertrag auf bestimmte Dauer.

Für einen Vertrag auf unbestimmte Dauer genügt es, wenn der Vertrag nur von einer Partei aufgekündigt werden kann.

Beispiel:

Ein Pachtvertrag enthält folgende Klausel: Der Pachtvertrag wird auf 10 Jahre abgeschlossen; der Pächter kann den Vertrag jederzeit kündigen.
Der Vertrag gilt auf unbestimmte Dauer abgeschlossen (dreifache Jahresgebühr), und zwar auch dann, wenn nach der wirtschaftlichen Interessenslage der Pächter nicht kündigen wird.

Leasingverträge unterliegen auch dann der Gebühr, wenn sie durch Zusatzvereinbarungen zwar wirtschaftliches Eigentum des Mieters begründen (wirtschaftlich ein Kauf), zivilrechtlich aber ein Mietvertrag vorliegt (VwGH 15. 11. 1984, 83/15/0181, ÖStZB 1985, 244).

Bei Mietverträgen besteht **eine Verpflichtung zur Selbstbemessung** durch den Bestandgeber (TP 5 Abs 5).

Bürgschaftserklärung und Schuldbeitritt (§ 33 TP 7)

Die Tarifpost spricht zwar von einer „Bürgschaftserklärung", gemeint ist 509
jedoch der Bürgschaftsvertrag. Ebenso gebührenpflichtig ist der Schuldbeitritt, nicht jedoch die Schuldübernahme.

Während die Bürgschaft vom Bestehen der Hauptschuld abhängig (akzessorisch) ist, ist eine Garantieerklärung vom Bestehen einer Schuld unabhängig; sie unterliegt nicht der Gebühr (*Arnold/Arnold,* Rechtsgebühren[9], § 33 TP 7 Tz 5).

Die Gebühr beträgt 1% vom Wert der verbürgten Schuld.

Bürgschaften für Darlehen und Kredite sind – als Sicherungsgeschäfte – von der Gebühr befreit (§ 20 Z 5; siehe Tz 518).

Dienstbarkeiten (§ 33 TP 9)

510 Dienstbarkeiten verpflichten den Eigentümer, *„zum Vorteil eines anderen in Rücksicht seiner Sachen etwas zu dulden oder zu unterlassen“* (§ 472 ABGB). Dienstbarkeiten (Servitute) sind insbesondere Wegerechte (zB Schiabfahrten) oder Fruchtgenussrechte an Grundstücken (Gebrauchsrecht, Wohnrecht).

Der Gebühr unterliegt nur die entgeltliche Einräumung einer Dienstbarkeit; übernommene oder vorbehaltene Dienstbarkeiten (zB Vorbehaltsfruchtgenuss bei der Übertragung einer Liegenschaft) unterliegen nicht der Gebühr (§ 15 Abs 3 GebG), jedoch der GrESt (§ 5 Abs 1 Z 1 GrEStG).

Beispiel:

A verkauft an B einen Teil seines Grundstückes und behält sich ein Wegeservitut vor: Das Wegeservitut löst keine Gebühr aus (jedoch, als vorbehaltene Nutzung, GrESt).

Die Gebühr beträgt 2% vom Entgelt; bei unbestimmter Dauer bemisst sich die Gebühr vom 9fachen des Jahresentgeltes, bei immerwährender Dauer vom 18fachen (siehe § 15 Abs 2 BewG).

Für Dienstbarkeiten ergeben sich daraus gegenüber Bestandverträgen erhebliche Unterschiede bei den Bemessungsgrundlagen.

Glücksverträge, Leibrentenverträge (§ 33 TP 17)

511 Glücksverträge, dazu gehören auch Leibrentenverträge, unterliegen der Gebühr (§ 33 TP 17 Abs 1 Z 4). Leibrenten werden nur dann von der Gebühr erfasst, wenn die Gegenleistung in **beweglichen Sachen** besteht.

Insbesondere **Unternehmensveräußerungen gegen Leibrente** unterliegen danach der Gebühr, allerdings nur, soweit sich die Rente auf bewegliche Gegenstände bezieht. Grundstücke sind aus der Bemessungsgrundlage auszuscheiden.

Die Gebühr beträgt 2% vom Wert der Rente, mindestens aber 2% vom Wert der überlassenen Gegenstände.

Beispiel:

Der Unternehmer betreibt sein Unternehmen in einem Mietlokal. Mit 65 Jahren verkauft er seinen Betrieb gegen Leibrente von 10.000 € jährlich; mit der Leibrente wird der Unternehmenswert abgegolten.
Der Wert der Rente ermittelt sich nach § 16 BewG.

Gebührenpflichtig sind auch Wetten, soweit sie nicht dem Glücksspielgesetz unterliegen.

Außergerichtliche Vergleiche (§ 33 TP 20)

Ein Vergleich ist ein Neuerungsvertrag, *„durch welchen streitige oder zweifelhafte Rechte dergestalt bestimmt werden, dass jede Partei sich wechselseitig etwas zu geben, zu tun oder zu unterlassen verbindet"* (§ 1380 ABGB). Mit dem Vergleich wird streitbereinigend eine neue Rechtsgrundlage geschaffen. 512

Für einen Vergleich genügt allerdings bereits die Beseitigung einer Ungewissheit über „zweifelhafte Rechte" (zB Unterhaltsvereinbarungen). Auch das „Außerstreitstellen" kann ein Vergleich sein. Damit geht der Vergleichsbegriff sehr weit und wohl auch weiter als im Sprachgebrauch. Ein Anerkenntnis ist kein Vergleich, weil es kein zweiseitig verbindliches Rechtsgeschäft ist (*Arnold/Arnold,* Rechtsgebühren[9], § 33 TP 20 Tz 4).

Die Gebührenpflicht für Vergleiche wird oft übersehen, weil sich die Beteiligten nicht bewusst sind, einen gebührenpflichtigen Vergleich abgeschlossen zu haben. Die Rechtsprechung des VwGH zeigt, dass auch Rechtsanwälte die Gebührenpflicht oft übersehen!

Gegen die Vergleichsgebühr bestehen daher auch verfassungsrechtliche Bedenken: Einerseits besteht eine hohe Dunkelziffer nicht vergebührter Vergleiche, andererseits lässt sich die Einhaltung der Gebührenpflicht nicht einmal theoretisch kontrollieren; dazu müsste man zB den gesamten Schriftverkehr sowohl von Unternehmen als auch von Privaten zumindest stichprobenweise kontrollieren. Ein Abgabengesetz, dessen Einhaltung aber nicht einmal stichprobenweise kontrolliert werden kann, führt zu einer Ungleichbehandlung in jenen wenigen Fällen, in denen die Abgabenpflicht ausnahmsweise festgestellt werden kann (allerdings keine verfassungsrechtlichen Bedenken des VfGH).

Die Vergleichsgebühr beträgt grundsätzlich 2%. Bei Vergleichen über anhängige Rechtsstreitigkeiten reduziert sich die Gebühr auf 1%. Wird ein gerichtlicher Vergleich geschlossen, fällt keine Gebühr nach dem GebG an, sondern nur eine Gerichtsgebühr (dazu unten).

Zu den Vergleichen iSd TP 20 gehören ua auch **Scheidungsfolgenvereinbarungen** und **Unterhaltsvergleiche** (ausgenommen über Unterhaltsansprüche Minderjähriger).

Seit Aufhebung der Erbschaftssteuer können auch Vereinbarungen über **Erbaufteilungen** eine Vergleichsgebühr auslösen (*Wagner,* RdW 2009, 553; vgl auch *Fellner,* GebG § 15 Rz 76).

Bemessungsgrundlage ist der verglichene Betrag, jedoch nur, soweit er strittig war; doch muss der unstrittige Teil sich aus der Urkunde ergeben, ansonsten unterliegt der gesamte Betrag der Gebühr. Das „Außerstreitstellen" kann allerdings selbst wieder ein Vergleich sein (siehe oben und das Beispiel 1 unten über den Abfindungsvertrag). Ein Verzicht ist kein Vergleich; daher gehört auch nicht zur Bemessungsgrundlage, worauf verzichtet worden ist (*Arnold/Arnold,* Rechtsgebühren[9], § 33 TP 20 Tz 16). Die Abgrenzung kann im Einzelfall schwierig sein.

Betrifft der Vergleich lebenslange Unterhaltszahlungen, dann ist der Kapitalwert zu ermitteln („Rentenbarwert", § 16 BewG).

Beispiele:

1. Im Rahmen eines Abfindungsvertrages wurde der Gesellschafter einer KG für sein Ausscheiden mit rund 3,5 Mio € abgefunden. Der VwGH sah darin einen gebührenpflichtigen Vergleich (VwGH 9. 11. 2000, 2000/16/0348, ÖStZB 2002, 144). Gebührenpflichtig war der gesamte Abfindungsbetrag, obwohl ein Teil unstrittig war; wäre der unstrittige Betrag im Vertrag festgehalten worden, dann wäre nach derselben Entscheidung nur der Differenzbetrag gebührenpflichtig gewesen (problematisch, weil auch das „Außerstreitstellen" ein Vergleich sein kann). Wird dagegen der Vergleich als Gerichtsvergleich geschlossen, dann fällt keine Gebühr nach dem GebG an, sondern nur eine Gerichtsgebühr (siehe auch *Arnold/Arnold,* Rechtsgebühren[9], § 33 TP 20 Tz 5).

2. Im Rahmen einer Erbauseinandersetzung einigen sich die Erben über die Aufteilung des Erbes. Es fällt gegebenenfalls Vergleichsgebühr an.

3. Im Rahmen einer Scheidung verpflichtete sich der Ehegatte außergerichtlich gegenüber seiner Ehegattin zu Unterhaltszahlungen von rund 6.000 € monatlich und zu einer einmaligen Unterhaltszahlung von rund 350.000 €. – Die Vergleichsgebühr betrug im Beispielsfall rund 25.000 €, wobei die monatlichen Unterhaltszahlungen nach § 16 BewG kapitalisiert und die Einmalzahlung von rund 350.000 € miteinbezogen wurde (VwGH 28. 9. 2000, 2000/16/0332, ÖStZB 2001, 342).

   Wird dagegen die Scheidungsfolgenvereinbarung im Rahmen eines anhängigen Gerichtsverfahrens geschlossen, dann beträgt die Gebühr 1%. Wird die Scheidungsfolgenvereinbarung als Gerichtsvergleich abgeschlossen (auch im Verfahren außer Streitsachen), fällt keine Gebühr nach TP 20, sondern nur eine Gerichtsgebühr an.

4. Die Brautleute regeln vor der Eheschließung den Unterhalt für den Fall einer Ehescheidung. Auch eine derartige Unterhaltsvereinbarung unterliegt der Vergleichsgebühr (VwGH 29. 7. 2004, 2003/16/0117). Die aufschiebende Bedingung (Eheschließung) hindert das Entstehen der Gebührenpflicht nicht (siehe unten Tz 519).

   Vergleichsweise unterliegen **Ehepakte** der Gebühr nach TP 11 (1%); gebührenpflichtig sind jedoch nur Vereinbarungen über das Heiratsgut und über eine Gütergemeinschaft. Unterhaltsvereinbarungen fallen nicht unter Ehepakte, sondern unter die Vergleichsgebühr (2%).

513 Ein **Gerichtsvergleich** unterliegt der idR wesentlich günstigeren Pauschalgebühr nach dem Gerichtsgebührengesetz (GGG), die sich im Fall eines prätorischen Vergleiches (Gerichtsvergleich vor Einbringen der Klage nach § 433 ZPO) halbiert (Anm 2 zu TP 1 GGG); bei Unterhaltsvergleichen berechnet sich die Gerichtsgebühr außerdem nur vom Einfachen des Jahresertrages (§ 15 Abs 5, § 23 Abs 1 GGG), während nach dem GebG der vom Lebensalter abhängige Barwert der Rente anzuwenden ist (§ 16 BewG).

Zessionen (§ 33 TP 21)

514 Zessionen (Abtretungen von Schuldforderungen) unterliegen einer Gebühr von 0,8%.

Beim Verkauf einer Forderung bemisst sich die Gebühr vom Entgelt (idR niedriger als der Nominalwert); wird die Forderung zahlungshalber abgetreten, entspricht die Bemessungsgrundlage idR dem Nominalwert der Forderung.

Die Verpfändung einer Forderung ist keine Abtretung einer Forderung und unterliegt nicht der Gebühr.

Befreit sind ua die Abtretung von Anteilen an einer GmbH und an einer Personengesellschaft.

Eine Abtretung von Forderungen im Rahmen einer Vertragsübernahme (zB Unternehmensveräußerung, Veräußerung von Rechten) unterliegt nicht der Zessionsgebühr, weil es sich bei der Vertragsübernahme um ein eigenes Rechtsinstitut handelt (VwGH 11. 9. 2014, 2012/16/0023).

Wechsel (§ 33 TP 22)

Wechsel unterliegen idR einer Gebühr von $^1/_8$% der Wechselsumme. 515

Gebührenfreie Sicherungsgeschäfte (§ 19 Abs 2)

Unterliegt ein Rechtsgeschäft an sich der Gebühr, wird es aber als „Nebengeschäft“ zur Sicherung oder Erfüllung eines anderen Hauptgeschäftes abgeschlossen, so bleibt dieses Nebengeschäft gebührenfrei, wenn 516

- das **Hauptgeschäft gebühren- oder verkehrsteuerpflichtig** ist. Außerdem muss
- das **Nebengeschäft zwischen denselben Vertragspartnern**
- in der **Urkunde über das Hauptgeschäft** abgeschlossen werden.

Beispiele:

1. A schließt mit seiner Frau einen (gebührenpflichtigen) Unterhaltsvergleich. Der Unterhaltsvergleich wird auf einem Grundstück des Ehegatten sichergestellt. – Der Hypothekarvertrag ist als Sicherungsgeschäft gebührenfrei. Würde allerdings ein fremdes Grundstück als Sicherheit dienen, dann wäre der Hypothekarvertrag gebührenpflichtig (nicht zwischen denselben Vertragspartnern wie beim Hauptgeschäft).
2. Ein Grundstück wird gegen Rente verkauft; die Rente wird mit einer Hypothek sichergestellt. Da die Rentenvereinbarung über ein Grundstück gebührenfrei ist (§ 33 TP 17), ist die Hypothekarverschreibung kein gebührenfreies Sicherungsgeschäft (daher gebührenpflichtig).

Die Bürgschaft kommt als gebührenfreies Sicherungsgeschäft iSd § 19 Abs 2 von vornherein nicht in Betracht (nie zwischen denselben Vertragspartnern wie beim Hauptgeschäft). 517

Sicherungsgeschäfte zu Darlehens- und Kreditverträgen sind von der Gebühr generell befreit (§ 20 Z 5). Damit sind insbesondere Hypothekarverschreibungen und Bürgschaften zur Sicherung von Darlehen und Krediten gebührenfrei (Ausnahme von der Gebührenpflicht von Bürgschaften). 518

Beispiel:

Die Eltern übernehmen die Bürgschaft für die Miete und für ein Darlehen des Sohnes.

Die Bürgschaft für die Miete ist gebührenpflichtig, für das Darlehen ist sie gebührenfrei.

Genehmigungsbedürftige und aufschiebend bedingte Rechtsgeschäfte

519 **Genehmigungsbedürftige Rechtsgeschäfte,** die der **Genehmigung einer Behörde** oder eines **Dritten** bedürfen, sind vor der Genehmigung noch nicht rechtsgültig zustande gekommen und daher nicht gebührenpflichtig: sie lösen die Gebühr erst mit der Genehmigung aus (§ 16 Abs 6).

Aufschiebend bedingte Rechtsgeschäfte, deren Wirksamkeit von einer Bedingung oder von einer Genehmigung **eines Beteiligten** abhängt, sind sofort **gebührenpflichtig,** auch wenn die Bedingung nicht eintritt oder das Rechtsgeschäft nicht ausgeführt wird (§ 17 Abs 4 und 5; auch keine Rückerstattung der Gebühr, nicht verfassungswidrig, VwGH 18. 12. 1995, 95/16/0135 mit Hinweis auf die Ablehnung durch den VfGH).

Genehmigungsbedürftige und aufschiebend bedingte Rechtsgeschäfte sind zu unterscheiden: Die von der Genehmigung einer Behörde abhängigen Rechtsgeschäfte sind vor der Genehmigung zivilrechtlich noch nicht zustande gekommen, sondern „schwebend unwirksam" (zB Adoptionsvertrag). Dagegen ist das bedingt oder unter der Genehmigung eines Beteiligten abgeschlossene Rechtsgeschäft gültig; die Bedingung oder Genehmigung betrifft lediglich die Rechtswirkungen des Vertrages. – Bei aufschiebend bedingten Rechtsgeschäften, die von einer Genehmigung abhängig sind, sollte daher die Genehmigung vor Abschluss des Rechtsgeschäftes eingeholt werden, um die Gebühr zu vermeiden, wenn die Genehmigung nicht erteilt wird und das Rechtsgeschäft nicht wirksam wird.

Beispiele für aufschiebend bedingte Rechtsgeschäfte:

1. Wird die Wirksamkeit eines Mietvertrages zB von der Zustimmung der Baubehörde zum Umbau des Mietobjektes abhängig gemacht, so ist der Vertrag zustande gekommen und zu vergebühren, auch wenn die Zustimmung („Genehmigung") der Baubehörde zum Umbau unterbleibt und der Mietvertrag aufgrund der nicht eingetretenen Bedingung bloß nicht wirksam wird.
2. Schließt der Vorstand zB einen Vergleich ab, aufschiebend bedingt mit der Zustimmung des Aufsichtsrates, ist der Vertrag zu vergebühren; es liegt auch keine Genehmigung eines „Dritten" vor, wenn der Vorstand die Zustimmung des Aufsichtsrats einholt, denn auch der Aufsichtsrat ist ein Organ der Aktiengesellschaft.
3. Scheidungsfolgenvereinbarungen sind unabhängig davon gebührenpflichtig, ob es tatsächlich zu einer Scheidung kommt (Vergleichsgebühr).

Beispiele für genehmigungsbedürftige Rechtsgeschäfte:

Adoptionsverträge, Genehmigung der OeNB nach dem Devisengesetz für bestimmte Auslandsgeschäfte, Verträge mit Minderjährigen.

Aufhebung des Rechtsgeschäfts, Anfechtung wegen Irrtums

Eine **einvernehmliche Aufhebung** eines Rechtsgeschäfts hat auf die bereits entstandene Gebührenpflicht keine Auswirkung; auch die **Anfechtung wegen Irrtums** lässt die bereits entstandene Gebührenschuld unberührt (selbst bei einer Aufhebung ex tunc, *Arnold/Arnold,* Rechtsgebühren[9], § 17 Tz 26; weniger klar Bundessteuertagung des BMF 2004, ecolex 2007, 696). Kommt allerdings das Rechtsgeschäft wegen Dissens nicht zustande, entsteht auch keine Gebührenschuld (*Arnold/Arnold,* Rechtsgebühren[9], § 17 Tz 26).

Die Rückgängigmachung eies Mietvertrages nach dem Konsumentenschutzgesetz hat keine Auswirkung auf die bereits entstandene Gebührenschuld.

7. Entstehen der Gebührenschuld (§§ 15, 16)

(Doralt/Ruppe II[7], Tz 1090ff)

Die Gebührenschuld für Rechtsgeschäftsgebühren entsteht grundsätzlich mit der **Unterzeichnung durch die Vertragspartner.** 520

Wurde die Vertragsurkunde nur von einem Vertragspartner unterzeichnet, entsteht die Gebührenschuld im Zeitpunkt der Aushändigung der Urkunde an den anderen Vertragspartner oder an einen Dritten; bei einseitig verbindlichen Rechtsgeschäften entsteht die Gebührenpflicht bei Aushändigung an den Berechtigten (zB Bürgschaft).

Die Unterzeichnung einer Urkunde über einen (allenfalls auch nur mündlich) abgeschlossenen Vertrag wirkt rechtsbezeugend und löst damit die Gebührenpflicht aus.

Mechanisch hergestellte Unterschriften: Als Unterschrift gilt auch eine Unterschrift, die „mechanisch oder in jeder anderen technisch möglichen Weise oder mit Namenszeichnung vollzogen wird" (§ 18); danach genügt auch zB die am Vertrag bereits vorgedruckte Unterschrift eines Vertragspartners oder ein Unterschriftenstempel. Der Briefkopf mit dem Namen des Verfassers eines Schriftstückes ist allerdings keine Unterschrift; ohne Unterschrift löst ein solches Schriftstück daher keine Gebühr aus.

Ein im **E-Mail-Verkehr** zustande gekommener Vertrag ist nach Auffassung der Finanzverwaltung gebührenpflichtig (gleichgültig, ob ausgedruckt oder nicht), nach Auffassung des VwGH tritt die Gebührenpflicht jedenfalls dann ein, wenn der Vertrag eine Unterschrift iSd Signaturgesetzes trägt (E 16. 12. 2010, 2009/16/0271); auf den Ausdruck des E-Mails kommt es nicht an. Ob jeder im E-Mail-Verkehr abgeschlossene Vertrag gebührenpflichtig ist (Auffassung der Finanzverwaltung), hat der VwGH in dieser Entscheidung nicht beurteilt.

Ein schriftliches Offert mit **mündlicher Annahme** löst keine Gebühr aus.

Ein mündliches Offert mit **schriftlicher Annahme** löst die Gebühr aus.

Mit einer nur mündlichen Annahme eines schriftlichen Offerts lässt sich daher die Gebührenpflicht vermeiden (soweit nicht aus anderen Gründen die Schriftlichkeit erforderlich ist, wie zB für Befristungen im MRG).

Auch bei einem mündlich abgeschlossenen Vertrag entsteht allerdings die Gebührenpflicht, wenn in einer späteren Urkunde auf das Rechtsgeschäft in einer Weise verwiesen wird, die geeignet ist, Beweis über das Rechtsgeschäft zu machen (VwGH 25. 1. 2007, 2006/16/0163, ÖStZB 2007, 356).

Gedenkprotokolle: Wird über ein gebührenpflichtiges Rechtsgeschäft keine Urkunde errichtet, dann löst auch eine Niederschrift die Gebühr aus, in der eine oder mehrere Personen bekunden, dass andere Personen in ihrer Gegenwart ein Rechtsgeschäft abgeschlossen haben (§ 18 Abs 3).

Wird die Urkunde im **Ausland** errichtet, dann entsteht eine Gebührenpflicht nur, wenn bestimmte persönliche oder sachliche Inlandsbeziehungen bestehen, insbesondere wenn die Vertragspartner im Inland ansässig sind und das Rechtsgeschäft eine im Inland gelegene Sache oder eine im Inland zu erbringende Leistung betrifft. Ebenso entsteht die Gebührenpflicht, wenn die Urkunde in das Inland gebracht wird und ein entsprechender inhaltlicher Inlandsbezug besteht (dazu § 16 Abs 2).

Gebührenschuldner sind die Vertragspartner, die die Urkunde unterzeichnet haben (§ 28).

Die **Haftung** trifft auch die übrigen am Rechtsgeschäft beteiligten Personen (§ 30).

Anzeigepflicht, Entrichtung der Gebühr (§ 31)

521 Anzeigepflichtig sind alle Rechtsgeschäfte, für die die Gebühr mit Bescheid festzusetzen ist; die Anzeige hat bis zum 15. Tag des zweitfolgenden Monats nach dem Monat, in dem die Gebührenschuld entsteht, zu erfolgen.

Selbstberechnung der Gebühr:

Bei Bestandverträgen ist der Bestandgeber zu Selbstbemessung und Entrichtung an das FA verpflichtet (§ 33 TP 5 Abs 5).

Allgemein können Gebührenschuldner mit einer Vielzahl gleichartiger Rechtsgeschäfte die Gebühr selbst berechnen und an das FA abführen (§ 3 Abs 4).

Rechtsanwälte, Notare und Wirtschaftstreuhänder können als Bevollmächtigte eines Gebührenschuldners oder eines Haftenden die Gebühren selbst bemessen und an das FA abführen (§ 3 Abs 4a).

Notare und andere Urkundspersonen haben ua die Gebühr für Unterschriftbeglaubigungen an das FA abzuführen (§ 3 Abs 5).

8. Zuständigkeit

522 Zuständig ist das FA für Gebühren, Verkehrsteuern und Glückspiel in Wien (§ 19 AVOG).

522/1 Exkurs: Notariatsgebühren im Verlassenschaftsverfahren

Vorbemerkung: Seit 1. 8. 2008 gibt es zwar keine Erbschaftsteuer mehr (Aufhebung durch den VfGH), doch sind im Verlassenschaftsverfahren auch die Notariatsgebühren zu beachten. Eine Verschärfung ergab sich seit der Beseitigung der Anonymität von Sparbüchern und Wertpapierkonten (im Wesentlichen ab 2002). Bis dahin wurde derartiges Finanzvermögen in der Verlassenschaft zumeist nicht angegeben, um damit Notariatsgebühren zu sparen.

Mit der Beseitigung der Anonymität von Finanzanlagen stiegen daher die Notariatsgebühren im Verlassenschaftsverfahren ganz erheblich, ohne dass damals der Notariatstarif geändert (ermäßigt) worden ist. Vergleichsweise sind die Gebühren im Verlassenschaftsverfahren in Deutschland deutlich niedriger.

Der Notariatstarif für das Verlassenschaftsverfahren ist im Gerichtskommissionstarifgesetz (GKTG) geregelt.

Danach bemisst sich der Tarif grundsätzlich nach dem Wert des Gegenstandes, dies allerdings ohne Abzug von Schulden (§ 3 Abs 1 GKTG). Daraus kann sich, gemessen am Nachlassvermögen, eine ganz beträchtliche Höhe der Notariatsgebühren ergeben, auch wenn der Wert des Nachlasses gering ist. Bei einer Bemessungsgrundlage, die sich grundsätzlich am Wert des Nachlasses orientiert, erscheint daher die Nichtberücksichtigung von Verbindlichkeiten als problematisch.

Beispiel:

Der Erblasser hat ein Darlehen in Höhe von 100.000 €, das jedoch mit einem Sparbuch in gleicher Höhe besichert ist. – Bemessungsgrundlage für die Notariatsgebühr ist der Wert des Sparbuchs in Höhe von 100.000 €, auch wenn ein Vermögen tatsächlich nicht vorhanden ist. Die Notariatsgebühr beträgt dann rund 2.000 € (siehe unten).

Die Bewertung erfolgt nach der Verwaltungspraxis nach den Regeln des Außerstreitgesetzes für das Inventar (§ 167 AußerstreitG). Danach ist bei beweglichen Gegenständen der Verkehrswert maßgeblich, bei Grundstücken idR der dreifache Einheitswert (nicht verfassungswidrig, VfGH 7. 10. 2014 G 27/2014; dazu *Fellner,* SWK 2015, 448).

Der Tarif ist ein Staffeltarif (§ 1 GKTG) und beträgt zB bei einer Bemessungsgrundlage von

100.000 € .... rund 2.000 € (also rund 2%)
500.000 € .... rund 4.500 € (also rund 0,9%)
1,000.000 € .... rund 7.500 € (also rund 0,75%),

immer unter Berücksichtigung, dass Schulden nicht abzugsfähig sind.

Bei besonders aufwendigen Verfahren kann der Tarif höher sein, unter bestimmten Voraussetzungen auch niedriger.

Wird das Verlassenschaftsverfahren armutshalber abgetan, fällt keine Gebühr an.

Dafür erhält der Notar bei werthaltigen Verlassenschaften eine entsprechend höhere Gebühr. – Damit bekommen allerdings die Notariatsgebühren im Verlassenschaftsverfahren einen steuerähnlichen Charakter (der Erbe eines werthältigen Nachlasses bezahlt den Notar für den wertlosen Nachlass).

Vergleich mit Deutschland: In Deutschland sind die Gebühren im Verlassenschaftsverfahren deutlich niedriger als in Österreich, die Schulden mindern auch die Höhe der Bemessungsgrundlage.

XIII. Sonstige Verkehrsteuern

(Doralt/Ruppe II[7], Tz 1111 ff)

523 **VersicherungssteuerG:** Der Versicherungssteuer unterliegt die Zahlung des Versicherungsentgeltes auf Grund eines Versicherungsvertrages. In Betracht kommen

- Lebensversicherungen, Krankenversicherungen, Pensionsversicherungen: die Steuer beträgt zwischen 1% und 11% vom Versicherungsentgelt;
- Schadensversicherungen (zB Gebäudeversicherung, Haushaltsversicherung, Haftpflichtversicherung): die Steuer beträgt 11% vom Versicherungsentgelt.

Eine **motorbezogene Versicherungssteuer** wird für im Inland zugelassene Krafträder, Pkw und Kombinationskraftfahrzeuge eingehoben (früher in der Kfz-Steuer geregelt); sie bemisst sich vom Hubraum bzw von der Motorleistung und wird neben der Haftpflichtversicherung eingehoben.

Versicherungsentgelte aus einer **Feuerversicherung** unterliegen dem **Feuerschutzsteuergesetz** (8% vom Versicherungsentgelt).

Kfz-SteuerG: Der Kfz-Steuer unterliegen alle Kraftfahrzeuge, die nicht der motorbezogenen Versicherungssteuer unterliegen, also Lkw, Omnibusse und die im Ausland zugelassenen, aber im Inland verwendeten Kfz. Die Kfz-Steuer bemisst sich nach der Motorleistung oder nach dem Gesamtgewicht.

NormverbrauchsabgabeG: Der NoVA unterliegen insbesondere

- die **Erstanschaffung** von bisher im Inland nicht zugelassenen Krafträdern oder Pkw,
- der **Eigenimport** (Erstzulassung) von Krafträdern und Pkw im Inland.

Bemessungsgrundlage ist das Entgelt (beim Eigenimport der gemeine Wert); der Tarif richtet sich nach dem Hubraum (Motorräder), bei anderen Kfz nach dem CO_2 Emissionswert (früher nach dem Durchschnittsverbrauch; insoweit ist die Bezeichnung „Normverbrauchsabgabe“ nicht mehr richtig.

WerbeabgabeG: Der Werbeabgabe unterliegen Werbeleistungen, soweit sie im Inland gegen Entgelt erbracht werden (5% vom Entgelt).

Energieabgaben: ElektrizitätsabgabeG, ErdgasabgabeG, KohleabgabeG.

XIV. Landes- und Gemeindeabgaben

(Doralt/Ruppe II^7, Tz 1191 ff)

Zu den Landes- bzw Gemeindeabgaben zählen insbesondere (§§ 15 ff FAG): 524

- Grundsteuer (siehe oben Tz 413),
- Kommunalsteuer (siehe oben Tz 391),
- Zweitwohnsitzabgaben,
- Feuerschutzsteuer,
- Fremdenverkehrsabgaben,
- Jagd- und Fischereiabgaben,
- Lustbarkeitsabgaben (Vergnügungssteuer),
- Abgaben für das Halten von Tieren („Hundesteuer“),
- Abgaben von freiwilligen Feilbietungen,
- Abgaben für den Gebrauch von öffentlichem Grund in der Gemeinde und dem darüber befindlichen Luftraum („Luftsteuer“; zB für überhängende Geschäftsportale oder Steckschilder, aber auch für das Abstellen von zum Verkehr nicht zugelassenen Kfz ohne Nummerntafeln),
- Interessentenbeiträge von Grundstückseigentümern und Anrainern (zB zur Straßenerrichtung),
- Gebühren für die Benützung von Gemeindeeinrichtungen (Kanalisationsabgaben),
- Dienstgeberabgabe (Wien; zur Finanzierung der U-Bahn eingeführt, daher auch als „U-Bahn Abgabe“ bezeichnet).

frei 525–527

XV. Europäisches Steuerrecht

(Doralt/Ruppe II[7], Tz 73 ff)

528 Europarechtliche Vorgaben (insbesondere Harmonisierungsgebote und Diskriminierungsverbote) im Bereich des Steuerrechts gibt es vor allem im Bereich der indirekten Steuern (Mehrwertsteuern), Verbrauchssteuern und der Verkehrssteuern (Kapitalansammlungsrichtlinie; betrifft Gesellschaftsteuer). Im Bereich der direkten Steuern gibt es ua die Zinsenrichtlinie (Grundlage des EU-Quellensteuergesetzes, siehe Tz 24) und die Mutter-Tochter-Richtlinie (KSt; Vermeidung einer Mehrfachbesteuerung grenzüberschreitend gezahlter Dividenden).

529 Davon abgesehen gelten die im AEUV (Vertrag über die Arbeitsweise der EU) garantierten Grundfreiheiten auch generell für das Steuerrecht (steuerliche Diskriminierungsverbote auf Grund der Grundfreiheiten). Dazu gehören:

- Die Freiheit des Warenverkehrs (Art 28 ff AEUV),
- die Freiheit des Personenverkehrs (Freizügigkeit der Arbeitnehmer gem Art 45 ff AEUV und Niederlassungsfreiheit gem Art 49 ff AEUV),
- die Freiheit des Dienstleistungsverkehrs (Art 56 ff AEUV) und
- die Freiheit des Kapital- und Zahlungsverkehrs (Art 63 ff AEUV).

530 Beispiele:

1. Ist ein EU-Bürger in einem bestimmten Mitgliedstaat zwar nicht ansässig, erzielt er dort aber nahezu sein gesamtes Einkommen, dann darf er in diesem Mitgliedstaat steuerlich nicht schlechter gestellt werden als andere in diesem Staat Ansässige (Freizügigkeit der Arbeitnehmer, und Niederlassungsfreiheit für selbständig Tätige und Unternehmer; EuGH 14. 2. 1995, Rs C-297/93, *Schumacker*). Auf Grund dieses Urteils wurde für beschränkt Steuerpflichtige § 1 Abs 4 EStG eingeführt, wonach sie auf Antrag wie unbeschränkt Steuerpflichtige zu behandeln sind (siehe Tz 10).

2. Die ertragsteuerliche Benachteiligung von ausländischen Kapitalerträgen (voller Steuersatz statt Hälftesteuersatz) verstößt gegen die Grundfreiheit des Kapitalverkehrs. Jede Differenzierung, die zu einer ungünstigeren Behandlung von ausländischen Kapitalanlagen oder ausländischen Kapitalanlegern führt, ist gemeinschaftswidrig (EuGH 15. 7. 2004, Rs C-315/02, *Lenz*). Als Folge wurde der begünstigte Steuersatz von 25% auf ausländische Kapitalerträge ausgedehnt.

3. Eine Wegzugsbesteuerung bei Beteiligungen ist gemeinschaftswidrig (Verstoß gegen die Niederlassungsfreiheit; EuGH 11. 3. 2004, Rs C-9/02, *Hughes de Lasteyrie du Saillant*). Auf Antrag werden daher die stillen Reserven aus Beteiligungen anlässlich des Wegzugs in das EU-/EWR-Ausland nicht im Zeitpunkt des Wegzugs besteuert, sondern erst im Zeitpunkt der tatsächlichen Veräußerung (§ 27 Abs 6 Z 1 lit b EStG). Das Gleiche gilt, wenn Betriebsvermögen aus einer inländischen Betriebsstätte in eine Betriebsstätte im EU-/EWR-Ausland desselben Steuerpflichtigen verlegt wird (§ 6 Z 6 EStG).

XVI. Steuerrecht und Verfassungsrecht

(Doralt/Ruppe II^7, Tz 25 ff)

Auf verfassungsrechtlicher Ebene regelt das **Finanz-Verfassungsgesetz (F-VG)** die Zuständigkeit des Bundes und der Länder auf dem Gebiet des Abgabenwesens (vgl Art 13 B-VG); auf der Grundlage des F-VG werden die (befristeten) **Finanzausgleichsgesetze** beschlossen. 531

Der **Grundsatz der Gesetzmäßigkeit** der Verwaltung (Art 18 B-VG), bedeutet nicht nur vordergründig, dass Abgaben nur auf Grund der Gesetze vorgeschrieben werden dürfen; darüber hinaus müssen die Gesetze inhaltlich so ausreichend bestimmt sein, dass sie auch vollziehbar sind (*Doralt/Ruppe* II^7, Tz 26 ff).

Von den Grundrechten sind im Steuerrecht von besonderer Bedeutung

- der **Gleichheitssatz** (Art 7 B-VG, Art 2 StGG; *Doralt/Ruppe* II^7, Tz 53 ff),
- der **Eigentumsschutz** (Art 5 StGG; *Doralt/Ruppe* II^7, Tz 66 ff).

Gegen den Gleichheitssatz kann ein Bescheid, eine Verordnung oder ein Gesetz verstoßen. Dagegen wird das Eigentumsrecht verletzt, wenn ein Bescheid ohne Gesetz oder auf Grund eines verfassungswidrigen Gesetzes ergangen ist („Gesetzesvorbehalt"). Dem gesetzlosen Eingriff in das Eigentumsrecht wird die denkunmögliche Auslegung eines Gesetzes gleichgesetzt; das ist auch ein wichtiger Anwendungsfall der Verletzung des Eigentumsrechtes.

Beispiel:

Ein Verlustabzug ist nur zulässig, wenn der Verlust durch „ordnungsmäßige Buchführung" ermittelt worden ist (§ 18 Abs 6 EStG).

Während der VwGH bei Kassaführungsmängeln die Ordnungsmäßigkeit der Buchführung verneint hat (VwGH 19. 4. 1988, 88/14/0001, ÖStZB 1989, 39), hat der VfGH diese Auffassung wegen Verletzung des Eigentumsrechts (denkunmögliche Auslegung) abgelehnt und bejaht den Verlustabzug, wenn sich der Verlust auf andere Weise ermitteln lässt (VfGH 10. 12. 1992, B 227/91, ÖStZB 1993, 659).

Die **Rückwirkung von Steuergesetzen** vor den Zeitpunkt der Verlautbarung ist nicht generell verboten; doch besteht nach der Rechtsprechung des VfGH ein **Vertrauensschutz** in die bestehende Rechtslage, dessen Verletzung zu einer Gleichheitswidrigkeit führen kann.

Eine Bindung der Behörde nach **Treu und Glauben** kann sich aus dem Gleichheitssatz ergeben (*Doralt/Ruppe* II^7, Tz 38 ff), doch wird dies auf Ausnahmefälle eingeschränkt sein (zB im Verhältnis des Betriebsstättenfinanzamtes zum Wohnsitzfinanzamt bei der gesonderten Gewinnfeststellung); insbesondere besteht keine Bindung an eine bisherige als gesetzwidrig erkannte Verwaltungspraxis).

Eine **Bindung einer Behörde an die Auskunft einer anderen Behörde** besteht nur dann, wenn die Auskunft von der zuständigen Behörde stammt (daher insbesondere keine Bindung des FA an Auskünfte des BMF).

XVII. Allgemeine Bestimmungen

532 1. Die Bundesabgabenordnung (BAO) enthält im ersten Abschnitt allgemeine Bestimmungen, die weitgehend dem materiellen Steuerrecht zuzuordnen sind (§§ 1–48b BAO). Erst die nachfolgenden Abschnitte regeln das Abgabenverfahren (zweiter bis neunter Abschnitt; siehe dazu unten).

533 2. Der **Abgabenanspruch entsteht**, sobald der Tatbestand verwirklicht ist, an den das Gesetz die Abgabepflicht knüpft (§ 4 Abs 1 BAO; teils in der BAO, teils in den einzelnen Abgabengesetzen geregelt).

Vom Entstehen der Steuerschuld ist die Fälligkeit zu unterscheiden.

534 3. **Steuerschuldner** ist derjenige, der den Steuertatbestand, an den sich eine Steuerschuld knüpft, erfüllt. Schulden mehrere Personen dieselbe abgabenrechtliche Leistung, sind sie **Gesamtschuldner** (§ 6 BAO). Es liegt dann im Ermessen der Abgabenbehörde, welchen der Gesamtschuldner sie zur Leistung heranzieht.

535 4. Eine **Haftung** für fremde Abgabenschulden ist insbesondere in folgenden Fällen vorgesehen (*Doralt/Ruppe* II[7], Tz 142ff):

- **Vertretungsorgane juristischer Personen** haften, wenn die Abgaben der von ihnen vertretenen juristischen Personen aus ihrem Verschulden nicht eingebracht werden können (**„Geschäftsführerhaftung“;** §§ 9 und 9a BAO).
- Bei mehreren Gläubigern hat der Geschäftsführer die Schulden im gleichen Verhältnis zu befriedigen (Gleichbehandlungsgrundsatz; vgl *Ritz,* BAO[5], § 9 Tz 11).
- **Andere Vertreter,** zB Parteienvertreter, gesetzliche Vertreter haften ebenfalls, wenn die Abgaben der von ihnen Vertretenen aus ihrem Verschulden nicht eingebracht werden können (§ 9 Abs 1 BAO).

  Rechtsanwälte, Notare, Wirtschaftstreuhänder haften nur bei Verletzung von Berufspflichten (§ 9 Abs 2 BAO; siehe dazu unten, Exkurs: Haftung des berufsmäßigen Parteienvertreters).

- **Beteiligte an einem vorsätzlichen Finanzvergehen** haften für den verkürzten Betrag (§ 11 BAO).
- **Gesellschafter einer Personengesellschaft** haften für die Abgabenschulden der Personengesellschaft (§ 12 BAO).
- **Die Organgesellschaft** haftet für die auf sie entfallenden Steuern des Organträgers; betrifft insbesondere die USt (§ 13 BAO).
- **Der Erwerber eines Unternehmens haftet** für die Abgabenschulden des erworbenen Unternehmens nach Maßgabe des § 14 BAO.

– **Der wesentlich beteiligte Gesellschafter** haftet mit dem Wert der an die Gesellschaft vermieteten Wirtschaftsgüter für die Steuerschulden der Gesellschaft nach Maßgabe des § 16 BAO.

Die Haftung wird durch einen Haftungsbescheid geltend gemacht (§ 224 BAO); mit der Geltendmachung der Haftung wird der Haftende Gesamtschuldner der Abgabenschuld.

5. **Ermessensentscheidungen** hat die Behörde insbesondere nach Billigkeit und Zweckmäßigkeit zu treffen (§ 20 BAO). 536

6. Nach der **wirtschaftlichen Betrachtungsweise** ist – soweit die Abgabengesetze nichts anderes vorsehen – für die Beurteilung abgabenrechtlicher Fragen „der wahre wirtschaftliche Gehalt und nicht die äußere Erscheinungsform des Sachverhalts maßgebend" (§ 21 BAO; Unterschied zur formalen Betrachtungsweise insbesondere im Gebührenrecht und bei den Verkehrsteuern; *Doralt/Ruppe* II[7], Tz 102 ff). 537

Beispiele:

Vermietung und Verpachtung im § 28 EStG: wirtschaftliche Anknüpfung. Rechtsgeschäftsgebühren nach § 33 GebG: formale Anknüpfung.

7. Durch **Missbrauch** von Formen und Gestaltungsmöglichkeiten des bürgerlichen Rechts kann die Abgabepflicht nicht umgangen werden (§ 22 BAO, *Doralt/Ruppe* II[7], Tz 108 ff); dies ergibt sich bereits aus einer teleologischen Auslegung **(„Innentheorie")**. 538

Nach der **„Außentheorie"** werden Umgehungsgeschäfte nicht auf Grund der (teleologischen) Auslegung des Gesetzes beurteilt, vielmehr gibt erst die **zusätzliche** (außerhalb der Gesetzesauslegung eingreifende) Missbrauchsbestimmung des § 22 BAO die Grundlage dafür, die steuerlichen Folgen auch auf Sachverhalte anzuwenden, auf die das Gesetz nicht anwendbar wäre. Die Außentheorie wird in der Lehre überwiegend abgelehnt, weil sie zur Besteuerung fiktiv angenommener Sachverhalte führt; sie wird allerdings vom VwGH vertreten.

Als Missbrauch ist eine rechtliche Gestaltung anzusehen, die in Hinblick auf den wirtschaftlichen Erfolg ungewöhnlich und unangemessen ist und ihre Erklärung nur in der Absicht der Steuervermeidung findet (VwGH 30. 4. 2015, 2012/15/0162).

Danach liegt Missbrauch im Wesentlichen dann vor, wenn die gewählte Konstruktion ungewöhnlich ist und bei Wegdenken der steuerlichen Effekte nicht gewählt worden wäre.

Beispiel:

Werden Provisionszahlungen statt direkt an den Einzelunternehmer an dessen GmbH gezahlt, liegt eine missbräuchliche Gestaltung vor; die Provisionszahlungen sind daher dem Einzelunternehmer unmittelbar zuzurechnen. – Allerdings benötigt man idR nicht den Missbrauchstatbestand; dasselbe Ergebnis ergibt sich in dem angeführten Beispiel auch aus den allgemeinen Grundsätzen der Einkünftezurechnung.

8. **Scheingeschäfte** und andere Scheinhandlungen sind für die Erhebung von Abgaben ohne Bedeutung. Wird durch ein Scheingeschäft ein anderes Rechtsgeschäft verdeckt oder gewollt, so ist das ver- 539

deckte bzw gewollte Rechtsgeschäft für die Abgabenerhebung maßgebend (§ 23 Abs 1 BAO, *Doralt/Ruppe* II[7], Tz 116).

Beispiele:

Zum Schein abgeschlossene Dienstverträge; Kauf, wenn in Wahrheit eine Schenkung vorliegt.

540 9. **Verbotene und sittenwidrige Rechtsgeschäfte** hindern die Steuerpflicht nicht (§ 23 Abs 2).

Beispiel:

Auch die Hehlerei führt zu gewerblichen Einkünften iSd EStG.

541 10. **Einrichtungen für gemeinnützige, mildtätige, kirchliche Zwecke** (§§ 34ff BAO, *Doralt/Ruppe* II[7], Tz 150ff) sind nach einzelnen Steuergesetzen begünstigt (zB KStG, KommStG). Siehe dazu die Ausführungen in der Körperschaftsteuer, Tz 203.

542 11. Die **Zurechnung** von Wirtschaftsgütern erfolgt idR nach den Grundsätzen des **wirtschaftlichen Eigentums** (§ 24 BAO; siehe Tz 60).

543 12. Wer **Angehöriger** iSd Abgabenvorschriften ist, richtet sich nach § 25 BAO (insbesondere Ehegatten, Kinder, Verschwägerte, Wahl- und Pflegeeltern, Wahl- und Pflegekinder und Lebensgefährten); abweichend davon zB der Bereich der Begünstigten in § 7 GrEStG.

544 13. Einen **Wohnsitz** iSd Abgabenvorschriften hat jemand dort, „wo er eine Wohnung innehat unter Umständen, die darauf schließen lassen, dass er die Wohnung beibehalten und benutzen wird"; den **gewöhnlichen Aufenthalt** hat jemand dort, „wo er sich unter Umständen aufhält, die erkennen lassen, dass er an diesem Ort oder in diesem Land nicht nur vorübergehend verweilt" (§ 26 BAO; siehe auch Tz 10ff).

545 14. **Gewerbebetrieb** iSd Abgabenvorschriften ist eine „selbständige nachhaltige Betätigung, die mit Gewinnabsicht unternommen wird und sich als Beteiligung am allgemeinen wirtschaftlichen Verkehr darstellt", wenn die Betätigung weder als Ausübung der Land- und Forstwirtschaft noch als Ausübung eines freien Berufs noch als eine andere selbständige Arbeit iSd EStG anzusehen ist (§ 28 BAO; siehe auch § 23 EStG).

546 15. **Betriebsstätte** iSd Abgabenvorschriften ist **jede feste örtliche Anlage** oder Einrichtung, die der Ausübung eines Betriebes oder wirtschaftlichen Geschäftsbetriebes dient (§ 29 BAO).

Als Betriebsstätte gelten insbesondere (§ 29 Abs 2 BAO)
- die Stätte, an der sich die Geschäftsleitung befindet;
- Zweigniederlassungen, Fabrikationsstätten, Warenlager, Ein- und Verkaufsstellen, Geschäftsstellen und sonstige Geschäftseinrichtungen, die dem Unternehmer oder seinem ständigen Vertreter zur Ausübung des Betriebes dienen;
- Bauausführungen, deren Dauer sechs Monate überstiegen hat oder voraussichtlich übersteigen wird.

Die Betriebsstätte hat vor allem für die beschränkte Steuerpflicht Bedeutung.

16. **Vermögensverwaltung** liegt insbesondere vor, wenn eigenes Vermögen genutzt wird, also Kapitalvermögen verzinslich angelegt oder unbewegliches Vermögen vermietet oder verpachtet wird (§ 32 BAO). 547
17. Die **abgabenrechtliche Geheimhaltungspflicht** der Behörde (Amtsverschwiegenheit) ergibt sich aus Art 20 Abs 3 B-VG und ergänzend aus § 48a BAO. Die Verletzung dieser Bestimmung ist nach den §§ 251f FinStrG strafbar (zur Verschwiegenheitspflicht im abgabenrechtlichen Verwaltungsstrafverfahren der Länder siehe § 48c BAO). 548
18. **Mitteilungspflichten** der Abgabenbehörden bestehen insbesondere gegenüber den Gebietskrankenkassen über Personen, die unter die Sozialversicherungspflicht fallen können; außerdem sind die Abgabenbehörden „berechtigt", die zuständigen Behörden über einen begründeten Verdacht einer Übertretung arbeitsrechtlicher, sozialversicherungsrechtlicher, gewerberechtlicher oder berufsrechtlicher Vorschriften zu verständigen (§ 48b BAO). Eine Verpflichtung zu einer allgemeinen **Amtshilfe** ergibt sich aus Art 22 B-VG. 549

Von der Mitteilungspflicht der Abgabenbehörde ist die **Auskunftspflicht gegenüber der Abgabenbehörde** zu unterscheiden; die Auskunftspflicht trifft jedermann, auch wenn es sich nicht um seine persönliche Abgabepflicht handelt (§ 143 Abs 1 BAO).

Eine allgemeine **Anzeigepflicht bei Verdacht einer Straftat** kann sich für die Behörde aus § 78 StPO ergeben (zB im Rahmen einer Betriebsprüfung ergibt sich der Verdacht einer strafbaren Handlung des Stpfl).

Exkurs: Haftung des berufsmäßigen Parteienvertreters

Haftung nach der BAO bei Verletzung von Berufspflichten

Hat ein Notar, Rechtsanwalt oder Wirtschaftstreuhänder (Steuerberater bzw Wirtschaftsprüfer) seine Berufspflichten verletzt und können deshalb Abgaben bei dem von ihm vertretenen Stpfl nicht eingebracht werden, dann haftet der Notar, Rechtsanwalt bzw Wirtschaftstreuhänder neben dem Stpfl. Die Haftung besteht nur, wenn die Abgabe beim Stpfl (Mandanten) nicht einbringlich ist (Ausfallshaftung); Uneinbringlichkeit liegt vor, wenn Vollstreckungsmaßnahmen erfolglos waren oder voraussichtlich erfolglos wären (§ 9 Abs 2 BAO). 550

Ob eine Verletzung von Berufspflichten vorliegt, hat die Disziplinarbehörde des Parteienvertreters zu entscheiden.

Haftung nach dem FinStrG

Hat ein berufsmäßiger Parteienvertreter im Rahmen seiner Tätigkeit ein Finanzvergehen begangen, dann macht er sich bei Vorsatz oder grober Fahrlässigkeit als Beteiligter strafbar (§ 11 FinStRG). 551

Haftung nach dem Gebührengesetz

552 Gebühren für Schriften und Amtshandlungen:

Wer im Namen eines anderen eine Eingabe oder Beilage überreicht, oder eine gebührenpflichtige amtliche Ausfertigung oder ein Protokoll oder eine Amtshandlung veranlasst, ist zur Entrichtung der Gebühren zur ungeteilten Hand verpflichtet (§ 13 Abs 3 GebG).

Rechtsgeschäftsgebühren:

Für die Rechtsgeschäftsgebühr haftet neben den Gebührenschuldnern bei nicht ordnungsgemäßer Gebührenanzeige auch der Urkundenverfasser (§ 30 GebG).

Haftung nach dem GrEStG

553 Notare, Rechtsanwälte und sonstige Bevollmächtigte, die bei der Errichtung der Vertragsurkunde mitgewirkt haben, sind gemeinsam mit den Steuerschuldnern zur ungeteilten Hand zur Abgabe der Abgabenerklärung verpflichtet (§ 10 Abs 2 GrEStG). Unter den Voraussetzungen des § 9 BAO haften sie daher auch für die Entrichtung der Abgabe.

Haftung im Fall der Selbstberechnung

554 Für die Immobilienertragsteuer, die Grunderwerbsteuer und die Hundertsatzgebühren iSd GebG kann der Parteienvertreter eine Selbstberechnung der Abgaben vornehmen. Der Parteienvertreter haftet dann für die Entrichtung der von ihm selbst berechneten Abgaben (§ 30c Abs 3 EStG; § 13 Abs 4 GrEStG; § 3 Abs 4a GebG).

Bei unrichtiger Berechnung haftet der Parteienvertreter im Rahmen des § 9 BAO.

555–560 frei

XVIII. Das Abgabenverfahren

Die **Bundesabgabenordnung** (BAO) regelt das Abgabenverfahren in Angelegenheiten der öffentlichen Abgaben des Bundes, der Länder und Gemeinden (mit Ausnahme der Verwaltungsabgaben). 561

– Die folgenden Ausführungen beschränken sich auf das Verfahren über Bundesabgaben.

Der **Aufbau der Abgabenbehörden** ergibt sich aus dem **Abgabenverwaltungsorganisationsgesetz** (AVOG): Die Einhebung der Abgaben erfolgt durch die **Finanzämter** und **Zollämter;** sie sind gegenüber dem BMF weisungsgebunden.

Rechtsmittelinstanz ist das **Bundesfinanzgericht** (BFG; seit 2014; vorher unabhängiger Finanzsenat).

Gegen Entscheidungen des BFG kann unter bestimmten Voraussetzungen Revision beim VwGH oder Beschwerde beim VfGH erhoben werden (Art 133 und Art 140 B-VG).

1. Zuständigkeit

(Doralt/Ruppe II[7], Tz 1259 ff)

Die Zuständigkeit eines Finanzamtes ergibt sich aus dem Abgabenverwaltungsorganisationsgesetz (AVOG). 562

Zu unterscheiden ist die

- **sachliche Zuständigkeit**, die sich nach der Steuerart richtet, und die
- **örtliche Zuständigkeit.**

Die **sachliche Zuständigkeit** unterscheidet

- **Finanzämter mit allgemeinem Aufgabenkreis** (§ 13 AVOG) insbesondere für die ESt, ImmoESt, KSt (von kleinen und mittelgroßen GmbH; § 221 Abs 1 und 2 UGB), USt, KESt (Hauptsteuern bzw Unternehmenssteuern),
- **Finanzämter mit erweitertem Aufgabenkreis** (§§ 14 ff AVOG) insbesondere für die KSt und USt von Aktiengesellschaften und großen GmbH iSd § 221 Abs 3 UGB,
- **Finanzamt mit besonderem Aufgabenkreis** (§ 19 AVOG) für Gebühren, Verkehrsteuern und Glücksspiel in Wien (bundesweit zuständig).

Anzeigen für Schenkungen (§ 121 a BAO) sind bei jedem FA mit allgemeinem Aufgabenkreis möglich.

Für beschränkt Steuerpflichtige ist in Wien das FA 1/23 sachlich zuständig, ansonsten die FÄ mit allgemeinem Aufgabenkreis (dazu § 15 Abs 3 AVOG).

Die **örtliche Zuständigkeit** unterscheidet (§§ 20ff AVOG):

- das **Wohnsitzfinanzamt** (§ 20 AVOG) insbesondere für die ESt und USt unbeschränkt Steuerpflichtiger,
- das **Betriebsfinanzamt** (§ 21 AVOG), in dessen Bereich sich die Geschäftsleitung oder der Sitz befindet, insbesondere für die KSt und USt von Körperschaften sowie für die Feststellung der Einkünfte von Personengesellschaften,
- das **Lagefinanzamt** (§ 22 AVOG), in dessen Bereich die wirtschaftliche Einheit gelegen ist, für die gesonderte Feststellung von Einkünften aus Vermietung und Verpachtung von Miteigentumsgemeinschaften sowie die Erhebung der damit zusammenhängenden USt und die Feststellung von Einheitswerten.

Abweichend vom Wohnsitzfinanzamt kann auf Antrag das FA der Betriebsstätte für zuständig erklärt werden (Delegierung nach § 3 iVm § 20 Abs 4 AVOG).

Für die **Umsatzsteuer** ist das FA zuständig, das auch für die ESt/KSt bzw für die gesonderte Einkünftefeststellung bei Personengesellschaften zuständig ist (§§ 20ff AVOG). Das FA Graz-Stadt ist für die USt von Unternehmern zuständig, die ihr Unternehmen vom Ausland aus betreiben und im Inland auch keine Betriebsstätte haben (insoweit ein FA mit erweitertem Aufgabenkreis, § 17 AVOG).

Finanzpolizei (§ 12 AVOG): Aufgabe der Finanzpolizei ist insbesondere die Bekämpfung der Schwarzarbeit (Sozial- und Abgabenbetrug), illegale Ausländerbeschäftigung und die Einhaltung des Glücksspielgesetzes.

Eingabe bei einem unzuständigen Finanzamt: Wird eine Eingabe (insbesondere Abgabenerklärung, Rechtsmittel) bei einem unzuständigen Finanzamt eingereicht, dann wird die Eingabe zwar von Amts wegen an das zuständige Finanzamt weitergeleitet, doch erfolgt dies auf Gefahr des Einschreiters (§ 50 BAO). Die Einreichung beim unzuständigen FA schließt damit insbesondere die Gefahr der Fristversäumnis ein. Allerdings ist die Weiterleitung vom unzuständigen an das zuständige FA in jenen Fällen fristwahrend, wenn in der Eingabe das für das Anbringen zuständige FA bezeichnet ist (§ 13 Abs 2 AVOG).

2. Die Parteien und ihre Vertretung

(Doralt/Ruppe II[7], Tz 1263ff)

563 Im Abgabenverfahren ist Partei der **Abgabepflichtige,** im Beschwerdeverfahren jeder, der eine Beschwerde einbringt oder einen Vorlageantrag stellt. Die Parteien und ihre gesetzlichen Vertreter können sich im Abgabenverfahren grundsätzlich vertreten lassen.

Abgabenrechtliche Pflichten einer **Personengesellschaft** (Personenvereinigung ohne eigene Rechtspersönlichkeit) sind von den zur Geschäftsführung bestellten Personen bzw von den Mitgliedern zu erfüllen (§ 81 Abs 1 BAO). Kommen dafür mehrere Personen in Betracht, dann haben sie der Abgabenbehörde einen **gemeinsamen Bevollmächtigten** namhaft zu machen; ersatzweise kann die Behörde einen Gesellschafter als Vertreter mit Wirkung für die Gesamtheit bestellen (§ 81 Abs 2 BAO).

3. Obliegenheiten des Abgabepflichtigen

Offenlegungspflicht: Der Abgabepflichtige hat die für die Abgabepflicht 564
maßgebenden Umstände der Abgabenbehörde gegenüber vollständig und wahrheitsgemäß offen zu legen (§ 119 BAO).

Anzeigepflicht: Der Abgabepflichtige hat Umstände anzuzeigen, die insbesondere seine ESt- und USt-Pflicht begründen, ändern oder beenden (§ 120 BAO).

Die Anzeige ist innerhalb eines Monats nach Eintritt des anmeldepflichtigen Ereignisses zu erstatten. Danach hat jeder Stpfl insbesondere den Beginn einer abgabepflichtigen Tätigkeit, zB auch eine Nebentätigkeit, dem FA zu melden (bleibt insbesondere bei Nebentätigkeiten regelmäßig unbeachtet).

Führung von Büchern und Aufzeichnungen: Wer nach Unternehmensrecht oder anderen gesetzlichen Vorschriften zur Führung oder Aufbewahrung von Büchern oder Aufzeichnungen verpflichtet ist, hat diese Verpflichtung auch im Interesse der Abgabenerhebung zu erfüllen (§ 124 BAO).

Registrierkassenpflicht: Betriebe mit Bareinnahmen haben ihre Losungen unter Verwendung eines elektronischen Aufzeichnungssystems (Registrierkassen) zu ermitteln (dazu § 131 b BAO).

Aufbewahrungspflichten: Bücher und Aufzeichnungen und die dazugehörenden Belege sind mindestens 7 Jahre aufzubewahren, bei anhängigen Verfahren entsprechend länger (§ 132 BAO).

Abgabenerklärungen: In welchen Fällen Abgabenerklärungen vorgesehen sind, ergibt sich aus den einzelnen Abgabengesetzen. Abgabenerklärungen für die ESt, KSt und USt sind bis jeweils Ende April des Folgejahres (bzw Ende Juni bei elektronischer Eingabe) einzureichen; die Frist kann vom BMF allgemein und vom FA im Einzelfall erstreckt werden (§ 134 BAO).

Allgemeine Fristerstreckungen des BMF hinsichtlich der ESt und der USt bestehen für Stpfl, die von einem Steuerberater oder Rechtsanwalt vertreten werden.

Wird die Erklärungspflicht verletzt, kann die Behörde einen **Verspätungszuschlag** bis zu 10% der festgesetzten Abgaben auferlegen, wenn die Verspätung nicht entschuldbar ist (§ 135 BAO).

Wird die Erklärungspflicht *vorsätzlich* verletzt, liegt außerdem eine **Finanzordnungswidrigkeit** vor (§ 51 Abs 1 FinStrG).

Mängelbehebung: Bei Mängel von Eingaben (Formgebrechen, inhaltliche Mängel, Fehlen einer Unterschrift) hat die Behörde die Behebung der

Mängel aufzutragen mit dem Hinweis, dass die Eingabe nach Ablauf der Behebungsfrist als zurückgenommen gilt (§ 85 Abs 2 BAO).

Anzeigepflicht für Schenkungen

564/1 Vorbemerkung: An die Stelle der ab 1. 8. 2008 nicht mehr erhobenen Erbschafts-Schenkungssteuer sind Anzeigepflichten getreten; damit soll verhindert werden, dass zum Zweck der Steuerumgehung entgeltliche Rechtsgeschäfte als Schenkungen getarnt werden (siehe dazu § 121 a BAO, eingeführt mit dem Schenkungsmeldegesetz 2008).

Anzeigepflichtig sind insbesondere Schenkungen von folgenden Vermögensgegenständen:

- Bargeld, Kapitalforderungen, Anteile an Kapitalgesellschaften, stille Beteiligungen,
- Betriebe, Teilbetriebe und Mitunternehmeranteile,
- bewegliche körperliche und immaterielle Vermögensgegenstände.

Ausgenommen von der Anzeigepflicht sind insbesondere Schenkungen

- bis zu 50.000 € innerhalb eines Jahres zwischen Angehörigen (§ 25 BAO),
- bis zu 15.000 € innerhalb von 5 Jahren zwischen anderen Personen.

Schenkungen von Liegenschaften sind nicht anzeigepflichtig; sie werden bereits im Zusammenhang mit der Erhebung der GrESt steuerlich erfasst.

Die Anzeigepflicht trifft sowohl den Erwerber als auch den Geschenkgeber, außerdem auch den Rechtsanwalt bzw Notar, der an der Errichtung der Vertragsurkunden mitgewirkt hat.

Die Anzeige ist innerhalb von 3 Monaten ab dem Erwerb zu erstatten; bei mehreren zusammenzurechnenden Erwerben ist der Erwerb maßgeblich, mit dem die Betragsgrenze überschritten ist. Die Anzeige ist bei einem (beliebigen) Finanzamt mit allgemeinem Aufgabenkreis (dazu Tz 562) zu erstatten.

Die vorsätzliche Verletzung der Anzeigepflicht stellt eine Finanzordnungswidrigkeit dar und wird mit einer Geldstrafe bis zu 10% des gemeinen Wertes des nichtangezeigten Vermögensüberganges geahndet (§ 49 a FinStrG). Die fahrlässige Verletzung der Anzeigepflicht ist straffrei.

4. Befugnisse der Abgabenbehörde

565 **Auskunftspflichten:** Die Abgabenbehörden sind berechtigt, Auskunft über alle für die Abgabenerhebung maßgeblichen Tatsachen zu verlangen. Die Auskunftspflicht trifft jedermann, auch wenn es sich nicht um seine persönliche Abgabepflicht handelt (§ 143 BAO).

Das **Bankgeheimnis** gilt nicht in einem Strafverfahren wegen vorsätzlicher Finanzvergehen (§ 38 Abs 2 BWG; ausgenommen bei Finanzordnungswidrigkeiten). Davon abgesehen sind Auskünfte aus dem Kontenregister bei der Veranlagung zur ESt, KSt und USt nur zulässig, „wenn die Abgabenbehörde Bedenken gegen die Richtigkeit der Abgabenerklärung hat". Die Abgabenbehörde hat jedoch vorher die Bewilligung des Bundesfinanzgerichtes einzuholen; das BFG entscheidet darüber durch Einzelrichter, tunlichst binnen drei Tagen (§ 4 Abs 5 und § 9 Kontenregister- und Konteneinschaugesetz).

Außenprüfung (Betriebsprüfung): Bei Abgabepflichtigen, die zur Führung von Büchern oder von Aufzeichnungen oder zur Zahlung gegen Verrechnung mit der Abgabenbehörde verpflichtet sind, kann die Abgabenbehörde jederzeit alle für die Erhebung von Abgaben bedeutsamen tatsächlichen und rechtlichen Verhältnisse prüfen (Außenprüfung; § 147 BAO). Die Prüfung ist *„tunlichst"* (mindestens) eine Woche vorher anzukündigen, soweit dadurch der Prüfungszweck nicht vereitelt wird (§ 148 Abs 5 BAO). Nach Beendigung der Prüfung ist idR eine **Schlussbesprechung** abzuhalten (§ 149 BAO; dient dem Parteiengehör).

Beistandspflichten anderer Behörden: Die Abgabenbehörden sind für Zwecke der Abgabenerhebung berechtigt, mit allen Dienststellen der Körperschaften des öffentlichen Rechts und mit der österreichischen Nationalbank unmittelbares Einvernehmen zu pflegen; die Dienststellen der Gebietskörperschaften sind verpflichtet, den Abgabenbehörden jede zur Durchführung der Abgabenerhebung dienliche Hilfe zu leisten (§ 158 BAO).

Auskunftspflichten der Abgabenbehörden gegenüber dem Abgabepflichtigen

Allgemeine Auskunftspflichten der Behörde ergeben sich aus dem AuskunftspflichtG. Aus dem AuskunftspflichtG ergibt sich jedoch keine Verpflichtung der Behörde, zu einer vom Stpfl geplanten steuerlichen Gestaltung verbindlich Stellung zu nehmen.

Bei einer Auskunft der Behörde kann eine Bindung nach Treu und Glauben bestehen, dies jedoch nur dann, wenn die Auskunft von der zuständigen Behörde stammt (daher idR keine Bindung an eine Auskunft des BMF).

Nur ausnahmsweise ist ein sogenannter **Auskunftsbescheid** vorgesehen („Advance Ruling", § 118 BAO; § 118a BAO). Gegenstand eines solchen Auskunftsbescheides sind insbesondere Rechtsfragen in Zusammenhang mit

- Umgründungen,
- Unternehmensgruppen und
- Verrechnungspreisen.

Der Auskunftsbescheid ist nur für solche noch nicht verwirklichte Sachverhalte vorgesehen, für die in Hinblick auf die erheblichen abgabenrechtlichen Auswirkungen ein besonderes Interesse an einer behördlichen Auskunft besteht. Das FA ist an die im Auskunftsbescheid dargelegte Rechtsansicht gebunden, wenn der verwirklichte Sachverhalt vom angefragten Sachverhalt nicht oder nur unwesentlich abweicht. Für den Auskunftsbescheid ist ein Verwaltungskostenbeitrag bis zu 20.000 € zu leisten (abhängig von der Umsatzhöhe des Unternehmens).

5. Verfahrensgrundsätze

(Doralt/Ruppe II[7], Tz 1272 ff)

566 Zu den Verfahrensgrundsätzen des Abgabenverfahrens gehören insbesondere

- die Amtswegigkeit des Verfahrens (§ 115 Abs 1 BAO),
- die freie Wahl der Beweismittel und die freie Beweiswürdigung (§§ 166 f BAO),
- das Parteiengehör (§ 115 Abs 2 BAO).

Die **Auskunftspflicht** über abgabenrechtlich erhebliche Tatsachen trifft **jedermann;** die Behörde ist berechtigt, Auskünfte über alle für die Erhebung der Abgaben maßgebenden Tatsachen zu verlangen; die Auskunftspflicht betrifft auch die Abgabepflicht anderer (§ 143 BAO; siehe auch oben Tz 565).

Vorfragen im Abgabenverfahren, die als Hauptfragen von anderen Verwaltungsbehörden oder von den Gerichten zu entscheiden wären, hat die Abgabenbehörde nach eigener Anschauung zu beurteilen. Wird die Vorfrage von der zuständigen Behörde anders entschieden, kann dies einen Wiederaufnahmegrund darstellen (§ 303 Abs 1 lit c BAO). Eine Bindung an Entscheidungen von Gerichten besteht nur, wenn das Gericht bei der Ermittlung des Sachverhalts von Amts wegen vorzugehen hatte (§ 116 BAO).

Verletzt die Abgabenbehörde ihre **Entscheidungspflicht** und entscheidet sie aus eigenem überwiegendem Verschulden nicht innerhalb von sechs Monaten nach Einlangen des Anbringens, dann kann der Stpfl **Säumnisbeschwerde** beim Bundesfinanzgericht erheben (§ 284 BAO).

Wird das Bundesfinanzgericht säumig, dann kann ein Antrag auf Fristsetzung beim VwGH erhoben werden (Art 133 Abs 7 B-VG, § 38 VwGG).

6. Festsetzung der Abgaben

(Doralt/Ruppe II[7], Tz 1307 ff)

567 Die Abgabenbehörde hat die Abgabenerklärung des Stpfl zu prüfen und gegebenenfalls ergänzende Sachverhaltsermittlungen durchzuführen (Bedenkenvorhalt, Ergänzungsauftrag, sonstige amtswegige Ermittlungen; § 161 BAO).

Die Abgabenfestsetzung erfolgt mit **Bescheid** (§ 92 BAO).

Die Zustellung eines Abgabenbescheides ist nach dem Zustellgesetz vorzunehmen (§ 98 BAO).

Die Behörde kann einen **vorläufigen Bescheid** erlassen, wenn die Abgabepflicht zwar noch ungewiss, aber wahrscheinlich ist oder der Umfang der Abgabepflicht noch ungewiss ist (§ 200 BAO).

Beispiele:

1. Der Stpfl hat Einkünfte aus Gewerbebetrieb; außerdem hat er Verluste aus Vermietung erklärt. Da die Vermietung auch Liebhaberei sein könnte, er-

kennt das FA zwar die Verluste an, erlässt aber nur einen vorläufigen Bescheid, um die Einkünfteentwicklung in den Folgejahren abwarten zu können (vgl *Ritz,* BAO[5], § 200 Tz 5).

2. Die Höhe der GrESt ist noch ungewiss, weil die Endabrechnung durch den Bauträger noch nicht erfolgt ist.

Gesonderte Feststellungen erfolgen bei einheitlichen Einkünften aus betrieblichen Tätigkeiten und bei Einkünften aus Vermietung und Verpachtung unbeweglichen Vermögens, wenn an der Einkunftsquelle mehrere Personen beteiligt sind (§ 188 BAO; betrifft Mitunternehmerschaften und Miteigentümergemeinschaften; siehe auch Tz 123 ff).

Einwendungen, die im Verfahren über die gesonderte Einkünftefeststellung (Feststellungsbescheid) vorzubringen sind, können gegen den Veranlagungsbescheid (abgeleiteten Bescheid) nicht mehr erfolgreich vorgebracht werden (§ 252 BAO).

Unbedenklichkeitsbescheinigungen sind im Zusammenhang mit Eintragungen ins Grundbuch (GrESt, StiftEG) und mit Eintragungen bzw Löschungen im Firmenbuch (KSt) erforderlich; sie sind keine Bescheide, sondern bescheinigen nur, dass gegen die Eintragung keine steuerlichen Bedenken bestehen und erwachsen auch nicht in Rechtskraft (siehe § 160 BAO); spätere Änderungen der Abgabenhöhe sind daher ohne weiteres möglich.

7. Fälligkeit und Stundung

(Doralt/Ruppe II[7], Tz 159 ff)

Die **Fälligkeit einer Abgabe** ist grundsätzlich von der Festsetzung der Abgabe abhängig und tritt **einen Monat** nach Bekanntgabe des Abgabenbescheides ein (§ 210 BAO; anders bei Selbstbemessungsabgaben). 568

Wird die Abgabe nicht spätestens am Fälligkeitstag entrichtet und beträgt die Säumnis mehr als fünf Tage, dann ist ein **Säumniszuschlag** zu verhängen. Der Säumniszuschlag beträgt **2%** (§ 217 Abs 2 BAO). Die Fünftagesfrist gilt nicht, wenn der Stpfl in den vergangenen sechs Monaten schon einmal säumig war.

Ein **zweiter** und **dritter Säumniszuschlag** von jeweils 1% fällt an, wenn die Abgabe nicht innerhalb von drei Monaten nach Eintritt der Vollstreckbarkeit bzw drei Monate nach Entstehen der Verpflichtung zur Entrichtung eines zweiten Säumniszuschlags entrichtet wird (§ 217 Abs 3 BAO).

Herabsetzung des Säumniszuschlags: Trifft den Abgabepflichtigen kein grobes Verschulden an der Säumnis, dann sind Säumniszuschläge auf Antrag herabzusetzen bzw nicht festzusetzen (§ 217 Abs 7 BAO).

Zu unterscheiden sind:

- **Säumniszuschlag:** wegen Zahlungssäumnis (2%; Erhöhung nach drei bzw sechs Monaten um je 1%),
- **Verspätungszuschlag:** wegen verspäteter Abgabe einer Erklärung (bis 10%).

Stundung

Eine **Stundung** kann auf Antrag gewährt werden, wenn die sofortige Entrichtung

- mit erheblichen Härten verbunden wäre *und*
- die Einbringlichkeit der Abgabe durch den Aufschub nicht gefährdet wird (§ 212 BAO).

Beispiele:

1. Der Stpfl beantragt eine Stundung, weil er arbeitslos ist und daher kein Einkommen bezieht.
   In diesem Fall darf eine Stundung nicht gewährt werden, weil die Einbringlichkeit der Abgabe gefährdet ist.
2. Der Stpfl beantragt eine Stundung, weil er im Moment nicht liquid ist und er zur sofortigen Bezahlung der Abgaben Wertpapiere verkaufen müsste.
   In diesem Fall ist die Einbringlichkeit nicht gefährdet, aber die sofortige Entrichtung wäre eine erhebliche Härte.

Das **Stundungsansuchen** ist spätestens am Fälligkeitstag einzubringen; im Fall der Abweisung ist eine Nachfrist von 1 Monat zu setzen (§ 212 Abs 3 BAO).
Die **Stundungszinsen** betragen 4,5% über dem Basiszinssatz (für gestundete Beträge von mehr als 750 €; § 212 Abs 2 BAO).

Aussetzung der Einhebung

Aussetzung der Einhebung: Die Beschwerde gegen einen Abgabenbescheid hat **keine aufschiebende Wirkung** (§ 254 BAO). Der Abgabepflichtige kann jedoch eine „Aussetzung der Einhebung" beantragen; die Aussetzung ist in der Regel zu bewilligen (§ 212 a BAO).

Eine Aussetzung kommt insbesondere nicht in Betracht, wenn

- der Bescheid von der Erklärung nicht abgewichen ist (erklärungsgemäß veranlagt worden ist),
- die Beschwerde wenig Erfolg versprechend erscheint.

Beispiel:

Der Stpfl erhebt Bescheidbeschwerde, weil er in der Steuererklärung auf Sonderausgaben vergessen hat und dies im Rahmen der Beschwerde nachholen möchte. Gleichzeitig beantragt er eine Aussetzung der Einhebung.
Die Aussetzung der Einhebung ist nicht zu gewähren, weil die Veranlagung erklärungsgemäß erfolgt ist.

Die Aussetzung bewirkt einen Zahlungsaufschub ähnlich der Stundung, doch sind die Aussetzungszinsen niedriger (2% über dem Basiszinssatz; § 212 a Abs 9 BAO).

Der **Basiszinssatz** ist der gesetzlich definierte Nachfolgezinssatz für den bis Ende 1998 von der Nationalbank verlautbarten Diskontsatz und ergibt sich heute aus den inzwischen erfolgten Anpassungen durch die Europäische Zentralbank.

Bis zu einer **Bagatellgrenze von 50 €** unterbleibt die Festsetzung von Säumniszuschlägen (§ 217 BAO), Verspätungszuschlägen (§ 135 BAO), Stundungszinsen (§ 212 Abs 2 BAO) und von Aussetzungszinsen (§ 212 a Abs 9 BAO).

Von den Stundungszinsen und Aussetzungszinsen sind die **Anspruchszinsen** in der Einkommensteuer und Körperschaftsteuer wegen zu niedriger Vorauszahlungen **(Nachforderungszinsen)** bzw höherer Vorauszahlungen als die später festgesetzte ESt bzw KSt **(Gutschriftszinsen)** zu unterscheiden (§ 205 BAO; siehe oben Tz 168).

8. Entrichtung und Nachsicht

(Doralt/Ruppe II^7, Tz 163ff)

Die **Entrichtung** der Abgaben erfolgt insbesondere durch 569
- **Einzahlung** mit Erlagschein oder Banküberweisung, idR am Tag der Einzahlung bzw Überweisung (§ 211 BAO),
- **Umbuchung** eines Guthabens des Stpfl auf Abgabenschuldigkeiten beim selben FA bzw Überrechnung bei einem anderen FA bereits mit Entstehen des Guthabens (§ 211 iVm § 215 BAO).

Der Stpfl kann sein Guthaben auch auf die Abgabenschulden eines anderen Stpfl umbuchen bzw überrechnen lassen; in diesem Fall gilt die Abgabenschuld des anderen Stpfl jedoch erst mit der Antragstellung als entrichtet.

Eine „Umbuchung" erfolgt auf ein Konto beim selben FA, eine „Überrechnung" auf ein Konto bei einem anderen FA.

Beispiel:

Der Stpfl hat ein hohes Abgabenguthaben, das er mit eigenen Steuerschulden nicht verrechnen kann. Um den Zinsenverlust aus der Zeit bis zur Rückzahlung zu vermeiden, überträgt er sein Guthaben auf einen anderen Stpfl, der ihm den Betrag sofort erstattet (zB in Konzernen vorteilhaft).

Nachsicht für die Abgabenschulden kann gewährt werden, wenn die Einhebung „nach der Lage des Falls unbillig wäre" (§ 236 BAO). Die Unbilligkeit kann persönlicher oder sachlicher Natur sein.

Die Abgabenbehörde kann außerdem von der Festsetzung einer Abgabe absehen, wenn der Abgabepflichtige von den Folgen eines durch höhere Gewalt ausgelösten Notstandes betroffen wurde, oder wenn der Abgabenanspruch nicht durchsetzbar ist (§ 206 BAO).

Löschung mangels Einbringlichkeit erfolgt von Amts wegen insbesondere dann, wenn Einhebungsmaßnahmen aussichtslos sind (§ 235 BAO).

9. Rückzahlung (§§ 239ff BAO)

Guthaben sind auf Antrag des Stpfl zurückzuzahlen; dabei kann die Ab- 570
gabenbehörde Abgabenschulden in Abzug bringen, die **innerhalb von 3 Monaten** nach Stellung des Antrags zu entrichten sind.

Zu Unrecht einbehaltene Abzugsabgaben: Wurden Abgaben für Rechnung eines Abgabepflichtigen ohne dessen Mitwirkung einbehalten und lässt sich der unrichtige Abzug nicht im Rahmen einer Veranlagung korrigieren, dann kann der Abgabepflichtige die Rückzahlung eines zu Unrecht einbehaltenen Betrages beim zuständigen FA beantragen (§ 240 Abs 3 BAO; zB es wurde LSt einbehalten, obwohl nach Meinung des Dienstnehmers ein Dienstverhältnis nicht vorliegt).

Während eines Kalenderjahres zu Unrecht einbehaltene Abgaben kann der Abfuhrpflichtige bis zum Ablauf dieses Kalenderjahres ausgleichen oder dem Abgabepflichtigen (Abgabenschuldner) zurückzahlen (§ 240 Abs 1 BAO).

10. Verjährung

(Doralt/Ruppe II[7], Tz 174ff)

571 Die BAO kennt drei Arten der Verjährung
- die **Festsetzungsverjährung** (auch Bemessungsverjährung genannt),
- die **absolute Verjährung** (als Teil der Festsetzungsverjährung),
- die **Einhebungsverjährung**.

Mit der **Festsetzungsverjährung** verjährt das Recht, die Abgabe bescheidmäßig festzusetzen (§ 207 BAO). Die Verjährungsfrist beträgt
- grundsätzlich fünf Jahre,
- bei hinterzogenen Abgaben zehn Jahre.

Bei Verbrauchsteuern (zB AlkoholSt, TabakSt) beträgt die Verjährungsfrist drei Jahre; die USt gilt hier nicht als Verbrauchsteuer.

Beginn der Verjährung: Die Verjährung beginnt idR mit Ablauf des Jahres, in dem der Abgabenanspruch entstanden ist, also mit Beginn des Folgejahres (§ 208 BAO).

Ist über eine Abgabe eine **Beschwerde** anhängig, dann greift die Festsetzungsverjährung nicht ein (§ 209a BAO).

Verlängerung der Verjährung: Die **Festsetzungsverjährung** wird durch jede nach außen erkennbare und zur Geltendmachung des Anspruchs unternommene Amtshandlung verlängert (zB Zusendung einer Steuererklärung; Zusendung eines Vorhaltes). Die Verjährung verlängert sich dann um ein Jahr und jeweils um ein weiteres Jahr, wenn solche Amtshandlungen in einem Jahr unternommen werden, bis zu dessen Ablauf die Verjährungsfrist verlängert ist (§ 209 Abs 1 BAO).

Beispiel:

Die ESt für das Jahr 1 entsteht mit Ablauf des Jahres 1. Daher beginnt die Verjährung mit Beginn des Jahres 2 und endet grundsätzlich mit Ende des Jahres 6. Kommt es im Jahr 6 zu einer Verfolgungshandlung (zB Aufforderung zur Abgabe einer Steuererklärung), dann endet die (fünfjährige) Verjährung mit Ende des Jahres 7, wenn sie nicht nochmals verlängert wird.

Sind seit dem Entstehen des Abgabenanspruchs **zehn Jahre** verstrichen, darf die Abgabe nicht mehr festgesetzt werden (**absolute Verjährung,** § 209 Abs 3 BAO). Auch eine Verfolgungshandlung verlängert die absolute Verjährung nicht; nach Ablauf von zehn Jahren nach Beginn der Verjährung ist daher eine Festsetzung der Abgabe nicht mehr zulässig (gilt nicht für ein anhängiges Beschwerdeverfahren; § 209a BAO). Bei hinterzogenen Abgaben deckt sich die zehnjährige Verjährungsfrist mit der absoluten Verjährung, daher gibt es auch dort grundsätzlich keine Verlängerung der Verjährung.

Bei einer vorläufigen Abgabenfestsetzung (§ 200 Abs 1 BAO) beträgt die absolute Verjährung fünfzehn Jahre (§ 209 Abs 4 BAO).

Mit der **Einhebungsverjährung** verjährt das Recht, eine bereits festgesetzte Abgabe einzuheben (§ 238 BAO). Die Einhebungsverjährung beginnt mit Ablauf des Jahres, in dem die Abgabe fällig geworden ist und beträgt **fünf Jahre.**

Bei der **Einhebungsverjährung** führt eine nach außen erkennbare Amtshandlung zu einer Unterbrechung der Verjährung; in diesem Fall beginnt die fünfjährige Verjährungsdauer neu zu laufen (§ 238 Abs 2 BAO; Unterschied zur Festsetzungsverjährung, die nicht unterbrochen wird, sondern sich nur verlängert).

11. Rechtsmittelverfahren (Beschwerde)

(Doralt/Ruppe II[7], Tz 1316 ff)

Mit dem Finanzverwaltungsgerichtsbarkeitsgesetz 2012 wurde das Rechtsmittelverfahren mit Wirkung vom 1. 1. 2014 neu geregelt. Bis dahin entschied der Unabhängige Finanzsenat (UFS) über die Berufung gegen einen Bescheid des FA. Nunmehr tritt an die Stelle des UFS das Bundesfinanzgericht (BFG) mit Sitz in Wien und Außenstellen in den Bundesländern, ausgenommen Niederösterreich und Burgenland.

Hält der Stpfl den Abgabenbescheid des FA für rechtswidrig, dann kann 572
er gegen den Bescheid eine **Beschwerde** („Bescheidbeschwerde") beim Bundesfinanzgericht (BFG) erheben (§ 243 BAO).

Die Beschwerdefrist beträgt **einen Monat** ab Zustellung des Bescheides und ist auf Antrag **verlängerbar;** ein Antrag auf Bescheidbegründung hemmt die Beschwerdefrist.

Die Beschwerde muss enthalten (§ 250 BAO):
- die Bezeichnung des angefochtenen Bescheides,
- die Beschwerdepunkte, die angeben, welche Änderungen beantragt werden,
- eine Begründung.

Mängelbehebungsauftrag: Bei einer fehlerhaften Beschwerde hat die Abgabenbehörde dem Beschwerdeführer die Behebung der inhaltlichen Mängel mit dem Hinweis aufzutragen, dass die Beschwerde nach fruchtlosem Ablauf der Verbesserungsfrist als zurückgenommen gilt (§ 85 Abs 2 BAO).

Die Beschwerde ist bei der Abgabenbehörde einzubringen, die den Bescheid erlassen hat; die Einbringung beim BFG ist zulässig (§ 249 BAO), aber nicht zweckmäßig.

Die Beschwerde hat **keine aufschiebende Wirkung** (§ 254 BAO). Es kann jedoch eine **Aussetzung der Einhebung** beantragt werden (§ 212 a BAO; siehe oben Tz 568).

Neue Tatsachen und Beweismittel können im Beschwerdeverfahren bis zum Schluss des Verfahrens vorgebracht werden (§ 270 BAO; kein Neuerungsverbot; anders im VwGH-Verfahren!).

Beschwerdevorentscheidung (§ 262 BAO): Die Abgabenbehörde hat grundsätzlich über eine Bescheidbeschwerde immer mit Beschwerdevorentscheidung abzusprechen, es sei denn, es wird in der Beschwerde die Entscheidung durch das BFG beantragt und die Abgabenbehörde legt die Beschwerde innerhalb von drei Monaten ab Einlangen der Beschwerde an das BFG vor.

Eine Beschwerdevorentscheidung unterbleibt zB auch dann, wenn in der Beschwerde bloß die Verfassungswidrigkeit des Gesetzes behauptet wird (kann vom FA nicht berücksichtigt werden).

Mit der Beschwerdevorentscheidung kann das FA
- den Bescheid abändern bzw der Beschwerde stattgeben oder
- die Beschwerde abweisen.

Ist die Beschwerde unzulässig (zB der Beschwerdeführer ist nicht Partei) oder wurde sie verspätet eingebracht, ist sie mit Beschwerdevorentscheidung zurückzuweisen (§ 260 BAO).

Unterschied zwischen **„zurückweisen"** und **„abweisen":**

Eine „Zurückweisung" erfolgt aus formalen Gründen (zB verspätete Eingabe), es ergeht keine Entscheidung in der Sache.

Eine „Abweisung" ist eine Entscheidung in der Sache (zB eine Betriebsausgabe liegt nicht vor, weil kein betrieblicher Zusammenhang besteht).

Vorlageantrag: Gegen die abweisende bzw zurückweisende Beschwerdevorentscheidung kann der Stpfl innerhalb eines Monats (verlängerbar) beim FA oder beim BFG einen **Antrag auf Entscheidung** durch das BFG stellen (§ 264 BAO).

Aussetzung der Entscheidung: Ist wegen einer gleichen oder ähnlichen Rechtsfrage ein Verfahren beim BFG oder bei einem Gerichtshof öffentlichen Rechts anhängig, dann kann die Entscheidung über die Beschwerde ausgesetzt werden (§ 271 BAO).

12. Das Bundesfinanzgericht

573 Das Bundesfinanzgericht entscheidet über die Beschwerde gegen Bescheide von Finanzämtern (§ 243 BAO). Grundsätzlich entscheidet jedoch der Referent (Einzelrichter) alleine als **Einzelorgan;** der Senat entscheidet dann, wenn dies
- in der Beschwerde bzw im Vorlageantrag beantragt oder
- vom Berichterstatter verlangt wird (§ 272 BAO).

Dem **Senat des BFG** gehören vier Personen an (§ 12 BFGG):
1. zwei Richter, davon ein Senatsvorsitzender sowie
2. zwei fachkundige Laienrichter (§ 4 BFGG).

Die Berufsvertretungen der Notare, Rechtsanwälte und Wirtschaftstreuhänder sind nicht berechtigt, Mitglieder zu entsenden.

Über die Beschwerde hat eine mündliche Verhandlung stattzufinden, wenn
- der Stpfl es in der Bescheidbeschwerde oder im Vorlageantrag beantragt oder
- der Berichterstatter es für erforderlich hält (§ 274 BAO).

Der Senat fasst seine Beschlüsse mit einfacher Mehrheit. Bei Stimmengleichheit entscheidet die Stimme des Vorsitzenden (§ 277 BAO).

Die Abgabenbehörde ist Partei im Verfahren vor dem Verwaltungsgericht („Amtspartei"; § 265 Abs 5 BAO). Gegen Erkenntnisse des BFG kann sowohl vom Stpfl wie auch vom FA Revision beim VwGH eingebracht werden (Art 133 Abs 6 Z 2 B-VG; §§ 25a ff VwGG).

13. Entscheidungen des Bundesfinanzgerichts

(Doralt/Ruppe II[7], Tz 1326ff)

Über die Beschwerde entscheidet das BFG mit **Beschluss** oder – in der Sache – mit **Erkenntnis** (§ 278 BAO). 574

Mit **Beschluss** wird eine Beschwerde **zurückgewiesen,** wenn die Beschwerde verspätet eingebracht worden ist oder unzulässig ist (zB der Beschwerdeführer ist nicht Partei); eine Zurückweisung eines Bescheides erfolgt daher aus formalen Gründen und ist keine Entscheidung in der Sache (Unterschied zur „Abweisung").

Mit **Erkenntnis** entscheidet das BFG in der Sache; dabei kann das BFG die Entscheidung der Abgabenbehörde sowohl im Spruch als auch in der Begründung in jeder Richtung abändern, die Entscheidung aufheben oder die Beschwerde abweisen.

Gegen die Entscheidung des BFG kann sowohl vom Steuerpflichtigen als auch vom Finanzamt innerhalb von sechs Wochen Revision an den VwGH und/oder vom Stpfl Beschwerde an den VfGH erhoben werden (Art 133 B-VG, Art 144 B-VG).

Eine Revision an den VwGH ist nur zulässig, wenn es sich um eine Rechtsfrage von grundsätzlicher Bedeutung handelt bzw eine Rechtsprechung des VwGH fehlt oder nicht einheitlich ist. Ob eine Revision zulässig ist, hat das BFG in seinem Erkenntnis zu erklären, doch entscheidet das BFG darüber nicht. Erklärt das BFG die Revision an den VwGH für nicht zulässig, kann der Steuerpflichtige trotzdem Revision beim VwGH erheben; der VwGH entscheidet dann, ob die Revision zulässig war oder nicht.

Ist die Beschwerde erfolgreich und wird die bereits entrichtete Abgabe herabgesetzt, kann der Steuerpflichtige eine entsprechende Zinsengutschrift beantragen („Beschwerdezinsen", § 205a BAO).

Wird nur eine VfGH-Beschwerde eingebracht und diese vom VfGH abgewiesen, dann kann eine Abtretung der Beschwerde an den VwGH beantragt werden (Art 144 Abs 3 B-VG).

Neuerungsverbot: Während im Beschwerdeverfahren vor dem BFG ein Neuerungsverbot nicht besteht (§ 270 BAO), können im VwGH-Verfahren nur solche Tatsachen und Beweismittel berücksichtigt werden, die bereits im behördlichen Verfahren vorgebracht worden sind (Neuerungsverbot im VwGH-Verfahren, § 41 Abs 1 VwGG).

EuGH-Vorabentscheidung: Als Gericht iS des Art 267 AEUV ist das BFG berechtigt, dem EuGH eine Frage zur Auslegung des Unionsrechtes zur Vorabentscheidung vorzulegen (§ 290 BAO).

Zusammenfassung: Gang des Abgabenverfahrens

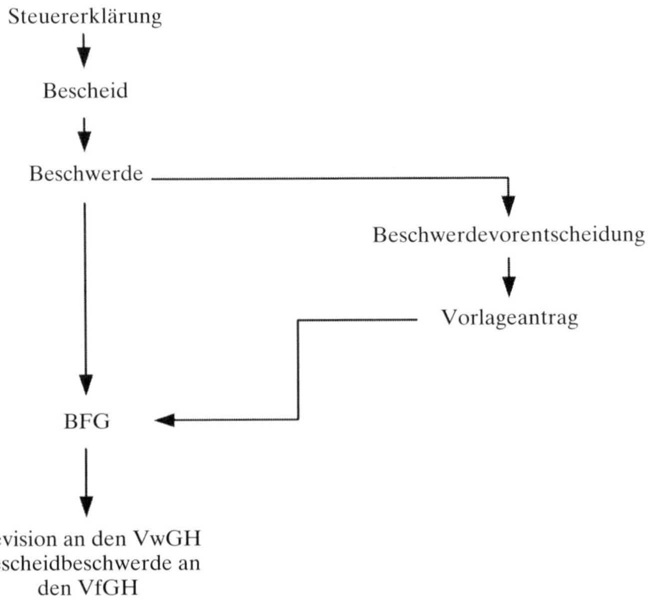

14. Änderung und Aufhebung rechtskräftiger Bescheide

(Doralt/Ruppe II[7], Tz 1330 ff)

575 Ein rechtskräftiger Bescheid kann grundsätzlich nicht mehr aufgehoben werden.

Formelle Rechtskraft: Der Bescheid kann durch ein ordentliches Rechtsmittel nicht mehr bekämpft werden.
Materielle Rechtskraft: Der Bescheid kann nicht mehr widerrufen werden.

Die BAO geht bei der **Durchbrechung der Rechtskraft** relativ weit; die Rechtskraft wird insbesondere durchbrochen durch:
- die Aufhebung des Bescheides (§§ 295 a, 299; siehe unten),
- die Wiederaufnahme des Verfahrens (§ 303; siehe unten Tz 576).

Außerdem kann ein Bescheid bei **offenkundigen Fehlern** (zB Schreib- und Rechenfehler) berichtigt werden (§ 293 BAO; allenfalls auch hinsichtlich der Einkunftsart, § 293 a BAO); insbesondere kann auch ein **abgeleiteter Bescheid** an einen geänderten Feststellungsbescheid angepasst werden (§ 295 BAO).

Aufhebung wegen Unrichtigkeit des Spruchs (§ 299 BAO)

Das FA kann auf Antrag der Partei oder von Amts wegen den eigenen Bescheid **wegen Unrichtigkeit des Spruchs** aufheben und durch einen neuen Bescheid ersetzen (§ 299 BAO). 575/1

Die Aufhebung des Bescheides ist grundsätzlich nur bis zum Ablauf eines Jahres nach Bekanntgabe des Bescheides zulässig (§ 302 Abs 1 BAO).

Eine Aufhebung des Bescheides nach § 299 BAO ist nicht mehr zulässig, sobald gegen den Bescheid Beschwerde erhoben worden ist und für die Erledigung nur mehr das BFG zuständig ist (insbesondere also, wenn ein Vorlageantrag gestellt worden ist, § 300 BAO).

Aufhebung wegen rückwirkender Ereignisse (§ 295 a BAO)

Ein Bescheid kann auf Antrag der Partei oder von Amts wegen abgeändert werden, wenn ein Ereignis eintritt, aus dem sich eine abgabenrechtliche **Wirkung für die Vergangenheit** ergibt (§ 295 a BAO). 575/2

Beispiele:

- dem Stpfl wird eine bereits geltend gemachte außergewöhnliche Belastung in einem späteren Jahr rückerstattet,
- eine nachträglich entrichtete Quellensteuer ist bei bereits versteuerten Kapitaleinkünften anzurechnen.

Die Auslegung der Bestimmung ist in Einzelfällen strittig; zB ist die nachträgliche Änderung des steuerbegünstigten Unternehmenskaufpreises kein rückwirkendes Ereignis (VwGH 4. 2. 2009, 2006/15/0151).

15. Wiederaufnahme des Verfahrens (§§ 303 ff BAO)

(Doralt/Ruppe II[7], Tz 1336 ff)

Die Wiederaufnahme eines mit Bescheid abgeschlossenen Verfahrens kommt aus folgenden **Wiederaufnahmsgründen** in Betracht (§ 303 Abs 1 BAO): 576

- **Neuerungstatbestand:** Tatsachen oder Beweismittel sind neu hervorgekommen (dazu unten),
- **Vorfragentatbestand:** Vorfragen wurden von der zuständigen Behörde nachträglich anders entschieden,
- **Erschleichungstatbestand:** der Bescheid wurde erschlichen (zB durch Fälschung einer Urkunde).

  Eine Bindung an eine geänderte Vorfragenentscheidung ergibt sich zB aus der Bestätigung über eine Behinderung für die außergewöhnliche Belastung (§ 35 EStG).

Eine Wiederaufnahme ist außerdem nur dann zulässig, wenn die maßgebenden Umstände einen Bescheid mit anders lautendem Spruch herbeigeführt hätten.

Der wichtigste Wiederaufnahmsgrund ist der **Neuerungstatbestand;** danach kann das Verfahren wieder aufgenommen werden, „wenn Tatsachen oder Beweismittel neu hervorkommen, die im abgeschlossenen Verfahren 577 nicht geltend gemacht werden konnten“ (im aktuellen Gesetzestext fehlerhaft).

Der Neuerungstatbestand gilt in gleicher Weise für die Behörde (amtswegige Wiederaufnahme) und genauso für den Stpfl (Wiederaufnahme auf Antrag) und zwar auch dann, wenn die neuen Tatsachen oder Beweismittel aus Verschulden der Behörde oder der Partei im abgeschlossenen Verfahren nicht bekannt waren.

Unterschied zum AVG: Nach dem AVG kann die Partei den Neuerungstatbestand nur dann geltend machen, wenn sie kein Verschulden daran trifft, dass die geltend gemachten Umstände im abgeschlossenen Verfahren nicht geltend gemacht worden sind (§ 69 Abs 1 AVG; ähnlich § 530 ZPO); insoweit weicht die BAO von den anderen Verfahrensordnungen ab.

Häufigster Anwendungsfall des Neuerungstatbestandes ist die Betriebsprüfung, zB zu Unrecht geltend gemachte Betriebsausgaben, fehlende Aufzeichnungen, unrichtige Bewertung, unterlassene Aktivierung.

Von den neu hervorgekommenen Tatsachen sind **neu hervorgekommene Umstände** zu unterscheiden; sie rechtfertigen keine Wiederaufnahme (Beispiele: geänderte Rechtspechung, nach Rechtskraft eingeholtes SV-Gutachten).

Der Antrag auf Wiederaufnahme muss vor Eintritt der Verjährung gestellt worden sein (§ 304 BAO).

Eine amtswegige Wiederaufnahme ist allerdings dann nicht zulässig, wenn die Behörde die Tatsachen oder Beweismittel im abgeschlossenen Verfahren bereits gekannt hat (zB der Stpfl hat die maßgeblichen Umstände offen gelegt, doch wurden sie von der Behörde versehentlich nicht berücksichtigt; keine neu hervorgekommene Tatsache).

Beispiel:

> Der Stpfl macht anlässlich der Veräußerung seines Betriebes die Verteilungsbegünstigung geltend (Verteilung des Veräußerungsgewinnes auf 3 Jahre, wenn der Betrieb bereits 7 Jahre bestanden hat). Das FA gewährt die Begünstigung, obwohl aktenkundig ist, dass der Betrieb erst seit 5 Jahren besteht.
> Eine amtswegige Wiederaufnahme käme in diesem Fall nicht in Betracht.
> Wird dagegen der Fehler innerhalb eines Jahres nach Bescheiderlassung entdeckt, wäre eine Bescheidaufhebung wegen Unrichtigkeit des Spruches möglich (§ 299 BAO, siehe dazu oben Tz 575).

578 **Wiederaufnahmebescheid und neuer Sachbescheid:** Wird das Verfahren wieder aufgenommen, so ergehen zwei Bescheide:
- der Bescheid, mit dem die Wiederaufnahme verfügt wird, und
- der neue Sachbescheid.

Beide Bescheide können getrennt bekämpft werden; daher ist bei einer Beschwerde aus Anlass eines wieder aufgenommenen Verfahrens klarzustellen, gegen welchen Bescheid sich die Beschwerde richtet.

Wird nur die Wiederaufnahme bekämpft und wird der Antrag abgewiesen, dann bleibt der Sachbescheid rechtskräftig; daher muss man idR auch den Sachbescheid bekämpfen.

16. Wiedereinsetzung in den vorigen Stand (§§ 308 ff)

(Doralt/Ruppe II[7], Tz 1347)

Gegen die Versäumung einer Frist ist auf Antrag eine Wiedereinsetzung in den vorigen Stand zu bewilligen, wenn die Partei glaubhaft macht, dass sie durch ein **unvorhergesehenes** oder **unabwendbares Ereignis** gehindert war, die Frist wahrzunehmen (§ 308 BAO). 579

Ein Verschulden minderen Grades schließt die Wiedereinsetzung nicht aus.

Der Antrag muss binnen **drei Monaten** nach Aufhören des Hindernisses bei der Abgabenbehörde eingebracht werden; nach Ablauf von 5 Jahren ab der versäumten Frist ist ein Wiedereinsetzungsantrag nicht mehr zulässig.

Spätestens **gleichzeitig** mit dem Wiedereinsetzungsantrag ist die versäumte Handlung nachzuholen (bei sonstigem **Verlust der Wiedereinsetzungsmöglichkeit!**).

17. Kostentragung

Die **Parteien** haben die ihnen im Abgabenverfahren erwachsenen Kosten selbst zu bestreiten (§ 313 BAO). Die **Abgabenbehörden** haben die Kosten für ihre Tätigkeit grundsätzlich selbst zu tragen (§ 312 BAO). Ausnahmen bestehen im Verbrauchsteuer- und Monopolverfahren. 580

frei 581–590

XIX. Finanzstrafgesetz

(Doralt/Ruppe II[7], Tz 1401)

591 Das FinStrG gliedert sich in zwei Abschnitte

- das (materielle) Finanzstrafrecht mit einem Allgemeinen Teil und einem Besonderen Teil und
- das Finanzstrafverfahren.

Die wichtigsten Delikte im FinStrG sind die vorsätzliche Abgabenverkürzung (Steuerhinterziehung), die grob fahrlässige Abgabenhinterziehung und die Finanzordnungswidrigkeiten. Dazu kommen Zollvergehen und Monopolvergehen.

Die fahrlässige Abgabenverkürzung ist nur bei grober Fahrlässigkeit strafbar (StRefG 2015/16).

A. Allgemeiner Teil

(Doralt/Ruppe II[7], Tz 1402 ff)

1. Geltungsbereich

592 Das FinStrG gilt insbesondere für die **bundesrechtlich geregelten Abgaben,** die von den **Abgabenbehörden des Bundes** zu erheben sind und außerdem für die Grundsteuer (§ 2 FinStrG).

Die Verkürzung von Gebühren nach dem GebG wird nach § 9 GebG geahndet.

Die Verkürzung von Landes- und Gemeindeabgaben unterliegt dem VerwaltungsstrafG.

2. Allgemeine Grundsätze

593 Die allgemeinen Grundsätze des FinStrG sind mit den Grundsätzen des Strafgesetzbuches (StGB) weitgehend ident. Dies gilt insbesondere für

- das **Rückwirkungsverbot** (§ 4 Abs 1 FinStrG; § 1 StGB),
- die **Zurechnungsfähigkeit** (§ 7 FinStrG; § 11 StGB; § 4 JGG),
- **Vorsatz** und (grobe) **Fahrlässigkeit** (§ 8 FinStrG; §§ 5 und 6 StGB),
- den **entschuldbaren Irrtum** (§ 9 FinStrG; §§ 8 und 9 StGB),
- den **Notstand** (§ 10 FinStrG; § 10 StGB),
- **Beteiligte** (§ 11 FinStrG; § 12 StGB),
- den **Versuch** (§§ 13 f FinStrG; §§ 15 f StGB).

Einzelfälle:

Wer eine **für die Erledigung steuerlicher Angelegenheiten ungeeignete Person heranzieht,** verantwortet fahrlässige Abgabenverkürzung.

Eine **vertretbare Rechtsansicht** ist kein entschuldbarer Irrtum, wenn der Stpfl wusste, dass die Behörde eine andere Rechtsauffassung vertritt.

Schwarzgeschäfte auf Weisung des Dienstgebers begründen idR keinen Notstand des Dienstnehmers (allenfalls einen Milderungsgrund).

Beihilfe (Beitragstäterschaft) liegt nicht schon dann vor, wenn man weiß, dass der Zahlungsempfänger die Steuer hinterzieht. Verzichtet man allerdings auf die Rechnung, *weil* der Zahlungsempfänger erklärt hat, dafür die USt nicht in Rechnung zu stellen, dann trägt man zur Ausführung des Finanzvergehens bei (vgl § 11 FinStrG).

Nur im **Inland** begangene Finanzvergehen sind strafbar; dazu genügt es, dass der Erfolg im Inland eingetreten ist oder eintreten sollte. Als Inland gilt auch das Zollgebiet der EU; eine **Auslieferung** gegenüber dem ausländischen Fiskus kommt nur auf Grund zwischenstaatlicher Verträge in Betracht (§ 5 Abs 3 FinStrG).

3. Strafen

Im FinStrG stehen **Vermögensstrafen** im Vordergrund; das sind: 594

- **Geldstrafen** (§ 16, die Mindestgeldstrafe beträgt 20 €),
- **Strafe des Verfalls** (§ 17 FinStrG; vor allem in Zoll- und bei Monopolabgaben).

  Dem Verfall unterliegen nicht nur die Gegenstände, hinsichtlich derer das Finanzvergehen begangen worden ist, sondern uU auch das Beförderungsmittel und die Geräte zur Erzeugung der verfallenen Gegenstände (bei Verbrauchsteuer und Zoll von Bedeutung).

- **Wertersatzstrafen** anstelle des Verfalls (§ 19 FinStrG).

Freiheitsstrafen kommen grundsätzlich nur bei Finanzvergehen in Betracht, die von den Gerichten geahndet werden (§ 15 Abs 3); Ausnahmen bestehen für Schmuggel und Abgabenhehlerei (§ 58 Abs 2 lit a FinStrG).

Eine Freiheitsstrafe kommt idR außerdem nur als Präventivmaßnahme in Betracht, um den Täter von weiteren Finanzvergehen abzuhalten oder der Begehung von Finanzvergehen durch andere entgegenzuwirken (§ 15 Abs 2).

Bedingte Strafnachsicht gibt es nur bei Strafen, die von den Gerichten geahndet werden (§ 26 FinStrG; nicht verfassungswidrig, weil im Gerichtsverfahren die Strafen höher sind; VfGH 5. 3. 1984, B 86/80, ÖStZB 1984, 425). Bei Geldstrafen ist die bedingte Nachsicht nur bis zur Hälfte zulässig.

4. Haftung, Verbandsverantwortlichkeit (§ 28 FinStrG)

Das FinStrG sieht eine **Haftung für Geldstrafen** in folgenden Fällen vor (§ 28 FinStrG): 595

- Der **Vertretene** haftet für seinen **(Parteien-)Vertreter,** der als sein Vertreter ein Finanzvergehen zu verantworten hat.
- Der **Dienstgeber** haftet für den **Dienstnehmer,** der im Rahmen seiner Dienstnehmertätigkeit ein Finanzvergehen zu verantworten hat.

Der Vertretene und der Dienstgeber haften nur eingeschränkt, insbesondere wenn sie vom Vergehen des Vertreters bzw Dienstnehmers wussten oder wissen hätten müssen und für das Auswahlverschulden. Sie haften außerdem nur subsidiär.

Juristische Personen unterliegen nach dem Verbandsverantwortlichkeitsgesetz dem Finanzstrafgesetz hinsichtlich der Finanzvergehen ihrer Entscheidungsträger und Mitarbeiter (§ 28a FinStrG).

5. Selbstanzeige (§ 29 FinStrG)

596 Durch Selbstanzeige kann Strafbefreiung erwirkt werden (§ 29 FinStrG). Die Voraussetzungen sind:

- Offenlegung der Verfehlung,
- Offenlegung der bedeutsamen Umstände,
- fristgerechte Entrichtung des verkürzten Betrages,
- Rechtzeitigkeit der Selbstanzeige.

Offenlegung der Verfehlung: Die Abgabenverkürzung (die Verfehlung) muss „dargelegt“ werden.

Daraus könnte geschlossen werden, dass die Selbstanzeige, zumindest das Ausmaß der Verkürzung, ausdrücklich zum Ausdruck gebracht werden muss. Es genügt allerdings zB die Einreichung einer berichtigten Erklärung; insbesondere eine Selbstbezichtigung ist nicht erforderlich.

Beispiele:

1. Sind die USt-Voranmeldungen unrichtig gewesen, dann führt die Abgabe einer richtigen Jahreserklärung automatisch zur Straffreiheit der unrichtigen Vorauszahlungen (Voranmeldungen).
2. Die ESt-Erklärung war unrichtig. – Der Steuerpflichtige reicht eine „Berichtigte Jahreserklärung“ ein. Daraus ergibt sich konkludent, dass die ursprünglich eingereichte Erklärung unrichtig war.
3. Die ESt-Erklärung wurde verspätet eingereicht. – Mit der, wenn auch verspäteten Einreichung der Erklärung ist die Finanzordnungswidrigkeit beseitigt. Das FA kann jedoch einen Verspätungszuschlag nach § 135 BAO verhängen (keine Strafe).

596/1 **Offenlegung der bedeutsamen Umstände:** Die für die richtige Abgabenfestsetzung bedeutsamen Umstände müssen offengelegt werden, dh, die Behörde muss mit den offengelegten Umständen in der Lage sein, die Abgabe richtig festzusetzen.

Teilselbstanzeige: Die Straffreiheit tritt „insoweit“ ein, als die maßgeblichen Umstände offengelegt werden. Danach ist auch eine teilweise Selbstanzeige wirksam. Werden daher nach der Selbstanzeige der Behörde weitere Verkürzungen (Verfehlungen) bekannt, bleiben zumindest die angezeigten Verfehlungen straffrei.

Entrichtung des verkürzten Betrages: Der verkürzte Betrag ist innerhalb eines Monats nach Bekanntgabe der Abgabenschuld (idR also ein Monat ab Bescheidzustellung) zu entrichten, bei Selbstbemessungsabgaben innerhalb eines Monats nach der Selbstanzeige. Eine Stundung ist jedoch möglich (bis zu zwei Jahren).

Zuschlag zur verkürzten Steuer: Wird eine Selbstanzeige erst aus Anlass einer behördlichen Nachschau (zB Betriebsprüfung) erstattet, dann ist von der verkürzten Steuer ein Zuschlag zur entrichten (je nach Höhe des verkürzten Betrags 5% bis 20%; § 29 Abs 6, FinStrG).

Rechtzeitigkeit der Selbstanzeige: Die Selbstanzeige muss rechtzeitig erstattet worden sein. 596/2

Die Selbstanzeige ist insbesondere nicht rechtzeitig,

a) wenn zum Zeitpunkt der Selbstanzeige bereits strafbehördliche Verfolgungshandlungen gesetzt worden sind,
b) wenn zum Zeitpunkt der Selbstanzeige die Verkürzung (objektive Tatseite) bereits entdeckt war und dies dem Anzeiger auch bekannt war,
c) wenn bei einem vorsätzlichen Finanzvergehen anlässlich einer behördlichen Nachschau oder Betriebsprüfung die Selbstanzeige nicht bereits bei Beginn der Amtshandlung erstattet wird,
d) wenn bei Verletzung von Zollvorschriften die Entdeckung der Tat unmittelbar bevorstand und dies dem Abgabepflichtigen bekannt war.

Die Selbstanzeige ist auch dann noch wirksam, wenn die Behörde eine Abgabenverkürzung nur vermutet, und ebenso auch dann, wenn der Stpfl nur vermutet, dass die Behörde bereits Kenntnis hat. Ermittlungen im Abgabenverfahren sind keine strafbehördlichen Verfolgungshandlungen. Daher ist die Selbstanzeige selbst dann noch möglich, wenn der Stpfl mit der Entdeckung der Tat bereits rechnen musste (anders bei Zollvergehen; siehe oben).

Beispiele:

1. Der Steuerpflichtige wird vom Finanzamt aufgefordert, eine geltend gemachte Betriebsausgabe nachzuweisen. Daraufhin verzichtet der Stpfl auf die Geltendmachung. Der Verzicht auf die Berücksichtigung der geltend gemachten Ausgaben gilt als Selbstanzeige.
2. Die entlassene Angestellte zeigt ihren früheren Chef beim Finanzamt wegen Steuerhinterziehung an. Eine Selbstanzeige ist noch immer möglich, solange das Finanzamt nicht weiß, ob die Vorwürfe richtig sind.
3. Am Flughafen verwendet der Abgabenpflichtige bei der Ankunft den „Grünkanal". Im Fall einer Kontrolle ist die Selbstanzeige nicht mehr rechtzeitig, weil die Entdeckung der Tat unmittelbar bevorstand.

Begünstigter Personenkreis: Die Selbstanzeige wirkt nur für denjenigen strafbefreiend, der sie erstattet hat und für den sie erstattet wird.

Beispiele:

1. Der Gesellschafter einer Personengesellschaft erstattet Selbstanzeige wegen Abgabenverkürzungen der Gesellschaft. – Die strafbefreiende Wirkung der Selbstanzeige wirkt für den Gesellschafter und für die Personengesellschaft, nicht dagegen für die Mitgesellschafter, auch wenn mit seiner Selbstanzeige auch die Verfehlungen seiner Mitgesellschafter der Abgabenbehörde bekannt werden. Offen ist in einem solchen Fall, ob die Mitgesellschafter noch zeitgerecht ebenfalls Selbstanzeige machen können.
2. Der Geschäftsführer einer Kapitalgesellschaft macht für die Gesellschaft eine Selbstanzeige. Auch wenn er die Selbstanzeige nicht ausdrücklich auch für sich selbst macht, wirkt sie auch für ihn strafbefreiend.

Verletzung der Anzeigepflicht für Schenkungen: Wird die Anzeigepflicht für Schenkungen (§ 121 a BAO; siehe oben Tz 564/1) vorsätzlich verletzt und damit eine Finanzordnungswidrigkeit gesetzt (siehe unten Tz 601), dann ist eine Selbstanzeige nur befristet – innerhalb eines Jahres – möglich (§ 49 a Abs 2 FinStrG). Im Hinblick auf die Rechtsprechung des VfGH (siehe unten Tz 596/3) möglicherweise verfassungswidrig.

Zuständigkeit für die Selbstanzeige: Die Selbstanzeige in Abgabenangelegenheiten kann bei jedem Finanzamt erstattet werden, also auch bei einem Finanzamt, das für die konkrete Abgabenfestsetzung nicht zuständig ist. In Zollangelegenheiten kann bei jedem Zollamt Selbstanzeige erstattet werden.

596/3 **Die strafbefreiende Wirkung der Selbstanzeige als verfassungsrechtliches Gebot:**

Die strafbefreiende Wirkung der Selbstanzeige ergibt sich im Grundsatz aus dem verfassungsrechtlichen Gebot, dass der Stpfl in einem Strafverfahren nicht verpflichtet werden darf, Beweise gegen sich selbst zu liefern. Da der Stpfl nach § 139 BAO verpflichtet ist, auch nachträglich erkannte Fehler in einer Steuererklärung gegenüber dem FA offen zu legen bzw anzuzeigen, setzt dies die Straffreiheit einer solchen Anzeige voraus (VfGH 16. 10. 1997, B 552/94, ÖStZB 1998, 280).

Selbstanzeige bei Gebühren: Da das FinStrG auf Gebühren nach dem GebG nicht anwendbar ist, kommt eine Selbstanzeige für Gebühren nach § 29 FinStrG nicht in Betracht. Auf Grund der verfassungsrechtlichen Überlegungen muss aber auch für Gebühren eine Selbstanzeige möglich sein. § 29 FinStrG wird daher analog auch bei der Gebührenverkürzung anzuwenden sein.

597

6. Verkürzungszuschlag (§ 30 a)

Verkürzungszuschlag statt Strafe

Der Steuerpflichtige (Abfuhrpflichtige) kann ein drohendes Finanzstrafverfahren abwehren, wenn er dafür einen Verkürzungszuschlag von 10% entrichtet.

Es müssen folgende Voraussetzungen erfüllt sein:

- die Steuernachforderung darf für ein Jahr (Veranlagungsjahr) insgesamt nicht mehr als € 10.000 und bei mehreren Jahren in der Summe nicht mehr als € 33.000 betragen (insbesondere bei Betriebsprüfungen über mehrere Jahre von Bedeutung),
- der Steuerpflichtige hat einen Rechtsmittelverzicht gegen den Verkürzungszuschlag erklärt,
- die Steuernachforderung und der Verkürzungsbetrag sind innerhalb eines Monats nach der Festsetzung zu entrichten; eine Stundung ist nicht zulässig.

Ein Verkürzungszuschlag (Verzicht auf die Strafverfolgung) ist ausgeschlossen, wenn

- ein Strafverfahren bereits anhängig ist, oder
- eine Selbstanzeige vorliegt, oder
- Wiederholungsgefahr besteht und eine Bestrafung erforderlich ist, um den Täter von der Begehung neuerlicher Straftaten abzuhalten (§ 30 a Abs 6).

Der Verkürzungszuschlag gilt nicht als Strafe sondern als Nebenanspruch zur Abgabenschuld (jedoch keine abzugsfähige Betriebsausgabe; § 20 Abs 1 Z 5 lit d EStG).

Der Gesetzeswortlaut des § 30 a FinStrG ist ein besonders anschauliches Beispiel für schlechte Legistik (Gesetzessprache; kritisch dazu RdW 2011, 506).

Offen ist, ob ein Beitragstäter die Strafe in vergleichbarer Weise vermeiden kann; das Gesetz regelt den Fall jedenfalls nicht ausdrücklich.

7. Verjährung (§§ 31, 32)

Die **Strafbarkeit** eines Finanzvergehens verjährt nach 598
- **5 Jahren** allgemein,
- **3 Jahren** für Finanzordnungswidrigkeiten nach § 49 FinStrG (insbesondere betreffend USt-Voranmeldungen und -Vorauszahlungen),
- **1 Jahr** für andere Finanzordnungswidrigkeiten.

Beginn der Verjährungsfrist: Grundsätzlich beginnt die Verjährungsfrist nicht früher zu laufen als die jeweilige Festsetzungsverjährung nach § 207 BAO; ansonsten beginnt die Verjährungsfrist, sobald die strafbare Handlung abgeschlossen ist oder das strafbare Verhalten beendet ist bzw mit Eintritt des Erfolgs.

Wird während der Verjährungsfrist ein vorsätzliches Finanzvergehen begangen, tritt für die erste Tat die Verjährung nicht ein, bevor nicht auch für die letzte Tat die Verjährungsfrist abgelaufen ist (§ 31 Abs 3 FinStrG).

Danach deckt sich die finanzstrafrechtliche Verjährung nicht mit der Verjährung des Abgabenanspruches. Daher kann ein Abgabenanspruch bereits verjährt sein, während die finanzstrafrechtliche Verjährung noch nicht eingetreten ist.

Beispiel:

Der Stpfl hinterzieht sieben Jahre hindurch Einkommensteuer. Die Verjährung für die ersten sechs Jahre tritt erst dann ein, wenn auch die Verjährung für das siebente Jahr eingetreten ist.

Absolute Verjährung: Bei Finanzvergehen, für deren Verfolgung die Finanzstrafbehörde zuständig ist, tritt Verjährung jedenfalls dann ein, wenn seit dem Beginn der Verjährungsfrist zehn Jahre verstrichen sind, nicht jedoch, so lange das Verfahren beim VwGH oder VfGH anhängig ist (§ 31 Abs 5 FinStrG).

Die **Vollstreckbarkeit** von Strafen wegen Finanzvergehen verjährt nach 5 Jahren ab Rechtskraft der Entscheidung (§ 32 FinStrG).

B. Besonderer Teil

(Doralt/Ruppe II[7], Tz 1440 ff)

Das FinStrG unterscheidet vor allem folgende Finanzvergehen: 599
- **Abgabenhinterziehung** (§ 33 FinStrG, vorsätzliche Abgabenverkürzung),
- **grob fahrlässige Abgabenverkürzung** (§ 34 FinStrG),
- **Finanzordnungswidrigkeiten** (§§ 49 ff FinStrG).

Daneben gibt es ua den Schmuggel (§ 35 FinStrG), die Abgabenhehlerei, insbesondere bei geschmuggelten Waren (§ 37 FinStrG) und Monopolvergehen (§§ 44 bis 47 FinStrG).

1. Abgabenhinterziehung

Abgabenhinterziehung begeht, wer **vorsätzlich** unter Verletzung einer abgabenrechtlichen Anzeige-, Offenlegungs- oder Wahrheitspflicht eine Abgabenverkürzung bewirkt (§ 33 FinStrG).

Abgabenhinterziehung begeht auch, wer die USt-Vorauszahlung, die Lohnsteuer oder den Dienstgeber-Beitrag bei gleichzeitiger Verletzung der Voranmeldungspflicht bzw Führung des Lohnkontos vorsätzlich verkürzt und die Verkürzung „nicht nur für möglich, sondern für gewiss hält" (direkter Vorsatz; § 33 Abs 2).

Die Abgabenverkürzung ist insbesondere bewirkt, wenn
- **bescheidmäßig festzusetzende Abgaben** zu niedrig oder in Folge Unkenntnis der Behörde mit Ablauf der Erklärungsfrist nicht festgesetzt werden konnten,
- **Selbstbemessungsabgaben** nicht entrichtet worden sind,
- **Abgabengutschriften** zu Unrecht oder zu hoch geltend gemacht worden sind.

Strafe bei Abgabenhinterziehung: bis zum **Zweifachen** des verkürzten Betrages, bei erschwerenden Umständen bis zum **Dreifachen;** darüber hinaus kann eine **Freiheitsstrafe** bis zu drei Jahren verhängt werden (je nach Höhe des strafbestimmenden Wertbetrages auch darüber; § 38 Abs 1).

Erfahrungsgemäß beträgt die Finanzstrafe bei erstmaliger Abgabenhinterziehung etwa 20 bis 35% des verkürzten Betrages.

Abgabenbetrug: Bei Delikten mit Gerichtszuständigkeit, also bei besonders erschwerenden Umständen, begeht Abgabenbetrug insbesondere, wer unter Verwendung falscher oder gefälschter Urkunden oder mit Hilfe von Scheingeschäften eine Abgabenhinterziehung begeht (§ 39). Die Fälschung der eigenen Geschäftsbücher fällt nicht darunter; dagegen wäre die Fälschung einer fremden Rechnung Abgabenbetrug.

Der Strafrahmen bei Abgabenbetrug besteht zusätzlich zu einer Geldstrafe in einer Freiheitsstrafe bis zu 3 Jahren, unter besonders erschwerenden Umständen bis zu 10 Jahren.

2. Grob fahrlässige Abgabenverkürzung

600 **Grob fahrlässige Abgabenverkürzung** bewirkt, wer grob fahrlässig durch Verletzung von abgabenrechtlichen Anzeige-, Offenlegungs- oder Wahrheitspflichten eine Abgabenverkürzung bewirkt (vgl § 34 FinStrG).

Auch berufsmäßige Parteienvertreter, die im Rahmen ihrer Berufsausübung eine grob fahrlässige Abgabenverkürzung begehen, sind strafbar (§ 34 Abs 3 FinStrG).

Strafe bei grob fahrlässiger Abgabenverkürzung: bis zum **Einfachen** des verkürzten Betrages (bei erstmaliger Begehung erfahrungsgemäß 10 bis 15% des verkürzten Betrages).

Die bloß fahrlässige Abgabenverkürzung ist nicht strafbar (StRefG 2015/16).

3. Finanzordnungswidrigkeiten

Finanzordnungswidrigkeiten (§§ 49 ff FinStrG) liegen insbesondere bei folgenden vorsätzlichen Handlungen vor: 601

- **vorsätzliche verspätete Zahlung von Selbstbemessungsabgaben** von mehr als 5 Tagen nach Fälligkeit, wenn dem FA auch nicht die Höhe des geschuldeten Betrages bekannt gegeben wird, soweit nicht eine Abgabenhinterziehung vorliegt; die Strafe beträgt bis zur Hälfte des nicht entrichteten Betrages (gilt insbesondere für die USt-Vorauszahlungen).

  Die Versäumung eines Zahlungstermins ist im Übrigen für sich alleine nicht strafbar (nur Säumniszuschlag, § 217 BAO; siehe auch Tz 568).

- **Erschleichung von Zahlungserleichterungen;** Strafe bis zu 5.000 € (§ 50),
- **vorsätzliche Verletzung abgabenrechtlicher Offenlegungs- und Wahrheitspflichten** oder Aufzeichnungspflichten, soweit dadurch kein anderes Finanzvergehen zu verantworten ist; Strafe bis zu 5.000 € (§ 51; zusätzlich kann es zu entsprechenden Sanktionen nach der BAO kommen, zB Verspätungszuschlag),
- Verfälschung automationsunterstützter Aufzeichnungssysteme (Strafe bis 25.000 €).

Die Verletzung der Anzeigepflicht für Schenkungen (§ 121 a BAO) stellt ebenfalls eine Finanzordnungswidrigkeit dar, wenn sie vorsätzlich unterlassen wird. Die Strafe beträgt bis zu 10% des Wertes der nicht gemeldeten Schenkung (verfassungsrechtlich bedenklich wegen Unverhältnismäßigkeit; zur Selbstanzeige siehe oben Tz 596 ff).

Die Verletzung von Anzeige- und Erklärungspflichten und anderen abgabenrechtlichen Ordnungsvorschriften ist nur strafbar, wenn sie vorsätzlich erfolgt, nicht dagegen wenn sie nur fahrlässig begangen wird.

Beispiel:

Der Stpfl unterlässt vorsätzlich/fahrlässig die Abgabe der Steuererklärung. – Bei der vorsätzlichen Unterlassung liegt eine Finanzordnungswidrigkeit vor; daneben kann die Behörde einen Verspätungszuschlag nach § 135 BAO verhängen. Bei einer fahrlässigen Unterlassung kommt nur der Verspätungszuschlag in Betracht (siehe auch oben).

4. Exkurs:

Berichtigung einer irrtümlich unrichtigen Steuererklärung

Erkennt der Stpfl nach Einreichung seiner Steuererklärung, dass die Erklärung unrichtig war, dann ist er verpflichtet, dies der Abgabenbehörde zu melden (§ 139 BAO). Verletzt er diese Berichtigungspflicht, dann kann sich daraus entweder eine Abgabenhinterziehung, eine grob fahrlässige Abgabenverkürzung oder eine Finanzordnungswidrigkeit ergeben: 602

- Erkennt der Stpfl die Unrichtigkeit der Erklärung vor der Veranlagung, dann führt die unterlassene Berichtigung zu einer Abgabenhinterziehung; denn er hat damit „unter Verletzung einer abgabenrechtlichen Anzeigepflicht" eine Abgabenverkürzung bewirkt (§ 33 Abs 1 FinStrG).

- Erkennt der Stpfl die Unrichtigkeit der Erklärung erst nach der Veranlagung, dann ist im Fall einer grob fahrlässigen Unrichtigkeit die fahrlässige Abgabenverkürzung bereits bewirkt; die unterlassene Berichtigung der Erklärung ist für die Verkürzung nicht mehr kausal, es bleibt daher bei der grob fahrlässigen Abgabenverkürzung; die Nichtberichtigung ist eine straflose Nachtat.
- Liegt keine vorsätzliche oder grob fahrlässige Abgabenverkürzung vor und verletzt der Stpfl nur seine Berichtigungspflicht, dann liegt eine Finanzordnungswidrigkeit vor.

C. Finanzstrafverfahren

(Doralt/Ruppe II^{7}, Tz 1459 ff)

603 Das Finanzstrafverfahren ist grundsätzlich ein **verwaltungsbehördliches Strafverfahren** mit Rechtsmittel an das Bundesfinanzgericht. Bei erschwerenden Umständen ist ein **gerichtliches Strafverfahren** vorgesehen (§§ 53 ff FinStrG).

1. Zuständigkeit

604 **Gerichtszuständigkeit** besteht bei

- **vorsätzlichen Finanzvergehen** mit einem strafbestimmenden Wertbetrag von **mehr als 100.000 €,**
- **Schmuggel** und **Abgabenhehlerei** mit einem strafbestimmenden Wert von **50.000 €** (§ 53 Abs 1 FinStrG).

Die Finanzstrafbehörde ist zuständig, soweit nicht das Gericht zuständig ist (§ 53 Abs 6 FinStrG).

Finanzordnungswidrigkeiten sind nur von den Finanzstrafbehörden zu ahnden (§ 53 Abs 5 FinStrG).

2. Verfahren vor der Finanzstrafbehörde (§§ 56 ff FinStrG)

605 **Finanzstrafbehörde** ist grundsätzlich das FA, das für die Erhebung der jeweiligen Abgabe zuständig ist.

Die Finanzstrafbehörde entscheidet:

- als **Einzelorgan im vereinfachten Verfahren** oder
- durch **Spruchsenate**.

Spruchsenate sind zuständig (§ 58 Abs 2 FinStrG)

- wenn der strafbestimmende Wert **33.000 €** übersteigt (bei Schmuggel 15.000 €),
- **auf Antrag** des Steuerpflichtigen.

Die Spruchsenate bestehen aus drei Mitgliedern. Den Vorsitz im Spruchsenat führt ein Richter, die weiteren Mitglieder sind ein Finanzbeamter und ein Laienbeisitzer (§ 66 Abs 2 FinStrG).

Vereinfachtes Verfahren: Die Finanzstrafbehörde kann das Strafverfahren durch **Strafverfügung** beenden, wenn der Sachverhalt hinreichend geklärt ist und die Entscheidung nicht einem Spruchsenat obliegt (§ 143 FinStrG). Gegen die Strafverfügung kann Einspruch erhoben werden; über den Einspruch entscheidet der Spruchsenat.

Beschwerde an das Bundesfinanzgericht: Gegen die Entscheidung der Finanzstrafbehörde kann Beschwerde beim BFG erhoben werden (§ 150 FinStrG). Die Senate für Finanzstrafrecht beim BFG bestehen aus vier Mitgliedern (§ 71 a FinStrG).

Öffentlichkeit des Verfahrens (§ 127 Abs 2): Das Verfahren vor dem Spruchsenat und dem Berufungssenat des BFG ist öffentlich; die Öffentlichkeit ist auszuschließen,

- wenn der Beschuldigte dies verlangt oder
- Verhältnisse erörtert werden, die der abgabenrechtlichen Geheimhaltungspflicht (§ 48 a BAO) unterliegen.

Amtswegigkeit des Verfahrens: die Finanzstrafbehörde hat den Sachverhalt von Amts wegen zu ermitteln; es besteht **keine Bindung der Finanzstrafbehörde an die Feststellungen der Abgabenbehörde.**

Anzeigepflichten: Dienststellen der Gebietskörperschaft mit behördlichem Aufgabenkreis, die Gebietskrankenkassen und das Arbeitsmarktservice sind verpflichtet, ihnen bekannt gewordene Finanzvergehen den Finanzstrafbehörden mitzuteilen.

Vertretungspflicht: Vor der Finanzstrafbehörde und dem Bundesfinanzgericht ist die Beiziehung eines Strafverteidigers nicht zwingend (dazu § 77 FinStrG). Im gerichtlichen Finanzstrafverfahren ist ein Strafverteidiger beizuziehen; ein Steuerberater kann zur Unterstützung des Strafverteidigers beigezogen werden (§ 199 FinStrG).

Rechtsschutzbeauftragter: Für bestimmte Fälle im verwaltungsbehördlichen Finanzstrafverfahren ist ein Rechtsschutzbeauftragter vorgesehen (§ 74 a FinStrG).

Beschlagnahme: Gegenstände, die im Finanzstrafverfahren als Beweis- 606
mittel in Betracht kommen, können beschlagnahmt werden; die Beschlagnahme ist mit Bescheid anzuordnen, soweit nicht Gefahr im Verzug ist (§ 89 FinStrG).

Hausdurchsuchungen dürfen ua vorgenommen werden, wenn begründeter Verdacht besteht, dass sich in den Räumlichkeiten Gegenstände befinden, die im Finanzstrafverfahren als Beweismittel in Betracht kommen; Entsprechendes gilt für **Personendurchsuchungen** (§ 93 FinStrG).

Beweisverwertungsverbot: Beweismittel, die unter Verletzung insbeson- 607
dere des Bankgeheimnisses gewonnen wurden, dürfen zum Nachteil des Beschuldigten nicht herangezogen werden (§ 98 Abs 4 FinStrG).

Kosten des Strafverfahrens hat der Bestrafte zu ersetzen (grundsätzlich mit 10% der Geldstrafe pauschaliert; § 185 FinStrG).

Tilgung: Bestrafungen durch Finanzstrafbehörden gelten nach Ablauf der Tilgungsfrist als getilgt (§ 186 FinStrG).

Die Tilgungsfrist beträgt grundsätzlich 5 Jahre, bei Finanzordnungswidrigkeiten 3 Jahre.

608 **Finanzstrafregister:** Zur Evidenthaltung der verwaltungsbehördlichen Finanzstrafverfahren ist ein Finanzstrafregister eingerichtet (§§ 194a ff FinStrG); die erfassten Daten sind 2 Jahre nach der rechtskräftigen Einstellung eines Strafverfahrens, nach Eintritt der Tilgung oder nach dem Tod zu löschen.

3. Gerichtliches Finanzstrafverfahren

609 Für gerichtliche Verfahren wegen Finanzvergehen gilt die Strafprozessordnung unter Berücksichtigung der Sondervorschriften der §§ 195 bis 246 FinStrG.

Bilanzen lesen

Der Unternehmer hat den Gewinn sowohl auf Grund einer Bilanz als auch auf Grund einer Gewinn- und Verlustrechnung zu ermitteln (§ 193f UGB). 610

In der Bilanz ergibt sich der Gewinn aus einem Vermögensvergleich (das Vermögen am Ende des Wirtschaftsjahres wird dem Vermögen am Ende des vorangegangenen Wirtschaftsjahres gegenübergestellt). Dagegen nimmt die Gewinn- und Verlustrechnung die während des Wirtschaftsjahres anfallenden erfolgswirksamen Geschäftsvorgänge (also alle Erträge und Aufwendungen) fortlaufend auf; sie gibt Aufschluss, wie und auf Grund welcher Geschäftsfälle das Ergebnis entstanden ist.

1. Die Bilanz

Ausgangspunkt der Bilanz ist das **Inventar** (Bestandsverzeichnis), in dem alle Vermögensgegenstände und alle Schulden aufgezeichnet sind. Das **Reinvermögen** ergibt sich aus dem Gesamtvermögen abzüglich der Schulden. 611

Beispiel:

Vermögen		**Schulden**	
Grundstücke	1.000.000 €	Bankverbindlichkeiten	150.000 €
Maschinen	200.000 €	Lieferverbindlichkeiten	50.000 €
Waren	100.000 €		200.000 €
Forderungen	50.000 €	Gesamtvermögen:	1.400.000 €
Kassa/Bank	50.000 €	– Schulden	–200.000 €
	1.400.000 €	**= Reinvermögen**	1.200.000 €

Gliederung der Bilanz

Die **Aktivseite** (linke Seite) der Bilanz enthält alle Vermögenswerte (Anlagevermögen, Umlaufvermögen), dagegen zeigt die **Passivseite** (rechte Seite) die Schulden und das Eigenkapital; die Passivseite zeigt also, wie sich das Kapital zusammensetzt (Eigenkapital oder Fremdkapital), das zur Anschaffung der einzelnen Vermögenswerte eingesetzt worden ist. Daher wird die Passivseite auch die **„Mittelherkunftsseite"** genannt; deshalb findet sich auf der Passivseite auch das vom Unternehmer eingesetzte Eigenkapital, das auch als Verbindlichkeit des Unternehmens an den Unternehmer gesehen werden kann. Dagegen wird die Aktivseite dementsprechend auch als **„Mittelverwendungsseite"** bezeichnet. 612

Bilanzen lesen

Beispiel:

Aktiva		Passiva	
Vermögen/Mittelverwendungsseite		Kapital/Mittelherkunftsseite	
Anlagevermögen		Eigenkapital	1.200.000 €
Grundstücke	1.000.000 €	Fremdkapital	
		Bankverbindlichkeiten	150.000 €
Maschinen	200.000 €	Lieferverbindlichkeiten	50.000 €
Umlaufvermögen			
Waren	100.000 €		
Forderungen	50.000 €		
Kassa/Bank	50.000 €		
	1.400.000 €		1.400.000 €

Die **Reihenfolge** der in der Bilanz ausgewiesenen Vermögenswerte richtet sich idR (mit Ausnahmen) nach ihrer Bindung an das Unternehmen und danach, wie rasch sie sich liquidieren lassen. Die flüssigen Mittel, wie etwa Bankguthaben und Kassa, sind am Schluss angeführt. Nach demselben Prinzip ist die Passivseite gegliedert: Das Eigenkapital, das auf Dauer dem Unternehmen gewidmet ist, bildet die erste Position, angeschlossen die Bankverbindlichkeiten, danach die kurzfristigen Verbindlichkeiten, wie insbesondere Lieferverbindlichkeiten.

Zwischen Eigenkapital und Verbindlichkeiten werden allfällige Rückstellungen ausgewiesen; sie dienen als Vorsorge für ungewisse Verbindlichkeiten und drohende Verluste, sind daher fremdkapitalähnlich; daraus erklärt sich die Positionierung zwischen Eigenkapital und Verbindlichkeiten.

Aktivseite der Bilanz

613 Die **Aktivseite** zeigt, welche Vermögenswerte im Unternehmen vorhanden sind, wie also das Kapital eingesetzt worden ist (daher Mittelverwendungsseite). Die Vermögenswerte sind in die folgenden Bilanzpositionen gegliedert:

Anlagevermögen (dauernd dem Geschäftsbetrieb gewidmet)
- Immaterielle Vermögensgegenstände (Konzessionen, Patente, Firmenwert)
- Sachanlagen (Grundstücke, Maschinen, Geschäftseinrichtung)
- Finanzanlagen (Beteiligungen, Ausleihungen)

Umlaufvermögen (nicht dauernd dem Geschäftsbetrieb gewidmet)
- Vorräte (Rohstoffe, Waren)
- Forderungen
- Wertpapiere
- Kassa/Bankguthaben

Aktive Rechnungsabgrenzungsposten (Ausgaben vor dem Abschlussstichtag, die einen Aufwand nach dem Abschlussstichtag betreffen, zB vorausgezahlte Mieten).

Passivseite der Bilanz

614 Aus der **Passivseite** der Bilanz ergibt sich die Herkunft des im Unternehmen eingesetzten Kapitals, nämlich inwieweit das Unternehmen mit Eigenkapital oder mit Fremdkapital finanziert wird (Mittelherkunftsseite).

Eigenkapital

Grundkapital (von den Gesellschaftern eingezahlt)
Kapitalrücklagen (zB Aufzahlungen zum eingezahlten Grundkapital)
Gewinnrücklagen (stehen gelassene Gewinne aus Vorjahren)
Bilanzgewinn (laufender Gewinn)

Rückstellungen (ungewisse Verbindlichkeiten, drohende Verluste)

Pensionsrückstellungen
Abfertigungsrückstellungen
sonstige Rückstellungen

Verbindlichkeiten

Bankverbindlichkeiten
sonstige Verbindlichkeiten

Passive Rechnungsabgrenzungsposten: Einnahmen vor dem Abschlussstichtag, die einen Ertrag nach dem Stichtag betreffen (zB erhaltene Mietvorauszahlungen).

Zum Eigenkapital gehören auch die **„stillen Reserven"**, die in der Bilanz nicht aufscheinen; stille Reserven entstehen vor allem durch die Unterbewertung von Aktiva (zB Wertsteigerungen im Anlagevermögen, überhöhte Abschreibungen) und durch die Überbewertung von Passiva (zB überhöhte Rückstellungen).

Gewinnermittlung durch Vermögensvergleich

Beim Vermögensvergleich ergibt sich der Gewinn (oder Verlust) aus der 615
Vermehrung (oder Verringerung) des Betriebsvermögens unter Berücksichtigung der Privatentnahmen und der Privateinlagen:

	Betriebsvermögen am Ende des Wirtschaftsjahres
–	Betriebsvermögen am Ende des vorangegangenen Wirtschaftsjahres
	Unterschiedsbetrag
+	Privatentnahmen
–	Privateinlagen
	Jahresergebnis (Gewinn oder Verlust)

Der **Gewinn** wird rechnerisch auf der **Passivseite** der Bilanz (Kapitalseite) sichtbar: Hat das Unternehmen mit dem vorhandenen Kapital im abgelaufenen Wirtschaftsjahr das Vermögen (Aktivseite) vermehrt, so ergibt sich in Höhe des Vermögenszuwachses gleichzeitig eine Erhöhung der Kapitalseite (Passivseite), eben der Gewinn. Der Gewinn wird entweder an den Unternehmer bzw an die Gesellschafter ausgezahlt oder bleibt im Unternehmen auf der Kapitalseite bestehen und vergrößert das Eigenkapital (allenfalls in Form einer Rücklage).

Bilanzen lesen

Beispiel:

Der Unternehmer hat im Jahr 1 als Eigenkapital 100.000 € eingebracht; dafür wurde ein Grundstück zur Vermietung als Parkplatz erworben. Im Jahr 2 (Beginn der Geschäftstätigkeit) betrugen die Mieteinnahmen 5.000 €.

Aktivseite (Vermögen)		Passivseite (Kapital)	
Grundstück	100.000 €	Eigenkapital	100.000 €
Kassa	5.000 €	**Gewinn**	**5.000 €**
	105.000 €		105.000 €

Der **Verlust** wird rechnerisch auf der **Aktivseite** sichtbar: Hat das Unternehmen im abgelaufenen Jahr schlecht gewirtschaftet, dann hat sich das Vermögen verringert; dies wird durch den Ausweis der Verluste auf der Aktivseite sichtbar. Um die Bilanz auszugleichen, müsste auf der Kapitalseite (Passivseite) das Kapital verringert werden; als Alternative kann der Verlust auf das Folgejahr vorgetragen werden (Verlustvortrag; bleibt auf der linken Seite, um ihn mit späteren Gewinnen zu verrechnen).

Beispiel (zunächst wie vorher):

Der Unternehmer erwirbt im Jahr 1 mit dem von ihm eingebrachten Eigenkapital von 100.000 € ein Grundstück als Parkplatz. Im Jahr 2 werden Mieteinnahmen von 5.000 € erzielt (Beispiel wie oben). Allerdings hat der Unternehmer eine Besitzstörungsklage verloren und schuldet am Jahresende 8.000 € als Prozesskosten. Der Unternehmer hat also im Jahr 2 einen Verlust von 3.000 € erlitten.

Aktivseite (Vermögen)		Passivseite (Kapital)	
Grundstück	100.000 €	Eigenkapital	100.000 €
Kassa	5.000 €	Prozessschulden	8.000 €
Verlust	**3.000 €**		
	108.000 €		108.000 €

2. Gewinn- und Verlustrechnung

616 Der Unternehmer muss am Schluss eines jeden Geschäftsjahres eine Gewinn- und Verlustrechnung (GuV-Rechnung) aufstellen (§ 193 UGB).

Im Gegensatz zur Bilanz, die eine Vermögensdarstellung zu einem bestimmten Stichtag (Bilanzstichtag) darstellt, zeigt die GuV-Rechnung die Entstehung des Gewinnes bzw des Verlustes in der abgelaufenen Periode. Die GuV-Rechnung ist daher eine Zeitraumrechnung.

Bei der GuV-Rechnung ergibt sich der **Gesamterfolg** des Unternehmens aus betriebsbedingten und betriebsfremden Aufwendungen und Erträgen. Das **Betriebsergebnis** zeigt, wie erfolgreich das Unternehmen in seinem eigentlichen Tätigkeitsbereich gewirtschaftet hat; betriebsfremde Aufwendungen werden herausgerechnet (zB Gewinne aus dem Verkauf einer vermieteten, für den Betrieb nicht genutzten Liegenschaft, Verluste oder Gewinne aus Veräußerung von Wertpapieren).

Die Gliederung der GuV-Rechnung

Die GuV-Rechnung ist nach dem Gesamtkostenverfahren aufzustellen (§ 231 UGB). 617

Beide Verfahren enthalten folgende zusammenfassende Positionen:
Betriebsergebnis
Finanzergebnis
außerordentliches Ergebnis

Das **Gesamtkostenverfahren** stellt die gesamte Leistung des Unternehmens in der Geschäftsperiode in den Vordergrund, und zwar unabhängig davon, ob die Leistungen auch tatsächlich am Markt abgesetzt werden konnten. ZB werden hier auch Eigenleistungen, wie selbst hergestellte Anlagen oder Bestandsvermehrungen, ausgewiesen.

Danach ergibt sich folgender Aufbau der GuV-Rechnung (§ 231 Abs 2 UGB):

I Betriebsergebnis

1 Umsatzerlöse: Erlöse aus der gewöhnlichen Geschäftstätigkeit
2 Bestandsänderung an fertigen und unfertigen Erzeugnissen: Differenz zwischen Anfangsbestand und Endbestand (Plus oder Minus)
3 andere aktivierte Eigenleistungen: zB selbst erstellte Anlagen; sie erhöhen die Erträgnisse
4 sonstige betriebliche Erträgnisse: zB Erträge aus der Veräußerung von Anlagevermögen, Erträge aus der Auflösung von Rückstellungen.
Gesamtleistung des Unternehmens aus der gewöhnlichen Geschäftstätigkeit
abzüglich
5 Materialaufwand und Aufwendungen für bezogene Leistungen
6 Personalaufwand einschließlich Sozialaufwendungen
7 Abschreibungen auf das betrieblich eingesetzte Vermögen
8 sonstige betriebliche Aufwendungen (zB Instandhaltungsaufwendungen, Mieten, Rückstellungen)
9 Steuern

Betriebsergebnis

II Finanzergebnis

1 Erträge aus Beteiligungen an verbundenen Unternehmen
2 Erträge aus anderen Wertpapieren an verbundene Unternehmen
3 sonstige Zinsen und Erträge von verbundenen Unternehmen
4 Aufwendungen aus Finanzanlagen und aus Wertpapieren des Umlaufvermögens
5 Zinsen und ähnliche Aufwendungen

Finanzergebnis

Betriebsergebnis und
Finanzergebnis ergeben das

Ergebnis der gewöhnlichen Geschäftstätigkeit

III Außerordentliches Ergebnis

Das Außerordentliche Ergebnis erfasst außerordentliche Erträge und Aufwendungen; sie stehen mit der betrieblichen Tätigkeit in keinem Zusammenhang, sind ihrer Art nach ungewöhnlich und sind auch keine regelmäßigen wiederkehrenden Erträge oder Aufwendungen (zB Betriebsveräußerungen, außergewöhnliche Schadensfälle).

IV Jahresüberschuss/Jahresfehlbetrag

Ergebnis der gewöhnlichen Geschäftstätigkeit (Betriebsergebnis und Finanzergebnis)
außerordentliches Ergebnis
Steuern vom Ertrag

---

ergibt den
Jahresüberschuss bzw Jahresfehlbetrag

V Bilanzgewinn/Bilanzverlust

Der Bilanzgewinn bzw Bilanzverlust ergibt sich aus dem Jahresüberschuss bzw Jahresfehlbetrag nach Bildung bzw Auflösung von Rücklagen.

Rücklagen sind Eigenkapital, werden aber getrennt ausgewiesen. Rücklagen dienen dazu, künftige Jahresverluste ausgleichen zu können; das formal als Eigenkapital ausgewiesene Kapital (insbesondere Grund- oder Stammkapital) bleibt damit betragsmäßig unverändert.

Gewinnrücklagen werden aus den Gewinnen gebildet, **Kapitalrücklagen** werden von außen dem Unternehmen zugeführt (zB Aufgeld bei der Ausgabe von Aktien).

3. Buchungen von Geschäftsvorgängen

618 Vorgänge in einem Unternehmen werden innerhalb eines Geschäftsjahres durch **laufende Buchungen** und am Ende durch **Abschlussbuchungen** erfasst. Einige Buchungen sind gewinnwirksam (Erträge, Aufwendungen); andere hingegen erhöhen bzw verringern den Gewinn nicht (Vermögensumschichtungen). Die Buchung erfolgt auf Bestandskonten (B) und Erfolgskonten (E); siehe dazu auch Tz 49. Eine Buchung besteht immer aus einem **Buchungssatz:**

SOLL / („an") HABEN.

Gewinnneutrale Buchung – Vermögensumschichtung

Beispiel: Bareinkauf von Waren um 100 € 619

AB = Anfangsbestand; K/B = Kassa/Bank.

Bilanz:

Aktivseite		Passivseite	
Vorrat	250	Eigenkapital	300
K/B	150	Verbindlichkeit	100

GuV:

Aufwand	Ertrag

	Soll	Vorrat (B)	Haben	Soll	K/B (B)	Haben
Unterkonten:	AB	250		AB	150	
Buchungssatz:	Vorrat	100	/ „an“		K/B	100
Gesamtsaldo:		**350**			**50**	

Änderungen in der Bilanz:

Aktivseite		Passivseite	
Vorrat	**350**	Eigenkapital	300
K/B	**50**	Verbindlichkeit	100

Änderungen in der GuV:

Aufwand	Ertrag

Vorl Gewinn/Verlust gesamt: EK- Änderung: **0** Saldo: **0** **0**

Beispiele für gewinnneutrale Buchungen:

Aktivierung von Wirtschaftsgütern, geleistete Anzahlungen, erhaltene Anzahlungen, Aufnahme eines Darlehens, Tilgung von Verbindlichkeiten, Erfüllung von Forderungen, Auflösung einer Rückstellung bei Eintreten des Grundes.

Ertragswirksame Buchung

Fortgesetztes Beispiel: Verkauf der erworbenen Waren um 150 € 620

Bilanz:

Aktivseite		Passivseite	
Vorrat	350	Eigenkapital	300
K/B	50	Verbindlichkeit	100

GuV:

Aufwand	Ertrag

	Soll	Kassa/Bank (B)	Haben	Soll	Umsatzerlöse (E)	Haben
Unterkonten:	AB	50				
Buchungssatz:	Kassa/Bank	150	/ „an“		Erlöse	150
Gesamtsaldo:		**200**				**150**

Änderungen in der Bilanz:

Aktivseite		Passivseite	
Vorrat	350	Eigenkapital	**450**
K/B	**200**	Verbindlichkeit	100

Änderungen in der GuV:

Aufwand	Ertrag	
	Erlöse	**150**

Vorl Gewinn/Verlust gesamt: EK- Änderung: **150** Saldo: **150**

Beispiele für ertragswirksame Buchungen:

Verkauf von Wirtschaftsgütern, Zuschreibungen, Auflösung einer Rückstellung wegen Nichteintreten des Grundes, Einstellen eines aktiven Rechnungsabgrenzungspostens (Neutralisierung von aufwandswirksamen Buchungen).

Aufwandswirksame Buchung

621 Fortgesetztes Beispiel: Verbrauch der Warenvorräte zum Buchwert von 100 €

Bilanz:

Aktivseite		**Passivseite**	
Vorrat	350	Eigenkapital	450
K/B	200	Verbindlichkeit	100

GuV:

Aufwand		**Ertrag**	
		Erlöse	150

	Soll	Verbrauch (E)	Haben	Soll	Vorrat (B)	Haben
Unterkonten:				AB	350	
Buchungssatz:	Verbrauch	100	/ „an"			Vorrat 100
Gesamtsaldo:		**100**			**250**	

Änderungen in der Bilanz:

Aktivseite		**Passivseite**	
Vorrat	**250**	Eigenkapital	**350**
K/B	200	Verbindlichkeit	100

Änderungen in der GuV:

Aufwand		**Ertrag**	
Verbrauch	**100**	Erlöse	150

Gesamtgewinn:	**50**	entspricht EK- Änderung:	**50**	entspricht Saldo:	**50**

Beispiele für aufwandswirksame Buchungen:

Warenverbrauch, Bildung einer Rückstellung, Abschreibung von Wirtschaftsgütern, Aufwandserfassung (Mietaufwand, Zinsaufwand), Einstellen eines passiven Rechnungsabgrenzungspostens (Neutralisierung von ertragswirksamen Buchungen).

Der Gewinn wird sowohl aus der **Änderung des Eigenkapitals** als Restgröße als auch aus dem **Saldo aus Aufwand und Ertrag** ermittelt (Gewinnermittlung durch doppelte Buchführung; siehe oben Tz 50); beide Beträge müssen einander entsprechen.

4. Unternehmenskennzahlen

Anlagen- und Umlaufintensität

622 Aus der Aktivseite ergibt sich ua die **Anlagenintensität** (insbesondere Sachanlagenintensität) und die **Umlaufintensität:**

Aus der **Anlagenintensität** (Anlagevermögen im Verhältnis zum Gesamtvermögen) ergibt sich ua ein entsprechender Bedarf an Eigenkapital bzw an langfristigem Fremdkapital. Je höher die Anlagenintensität, desto höher ist außerdem die Dauerbelastung mit fixen Kosten und Aufwendungen, zB Abschreibungen und Zinsen.

In der **Betriebswirtschaftslehre** versteht man unter **Aufwand** den Verbrauch von Waren und Dienstleistungen. Aufwendungen können, müssen aber nicht gleichzeitig Ausgaben und Kosten sein.

Aufwand ist jede Minderung von Betriebsvermögen (AfA, Verlust eines Wirtschaftsguts durch Zerstörung).

Ausgaben sind Zahlungsvorgänge; sie führen nur dann zu Aufwendungen, wenn sie vermögensmindernd sind; sind sie zu aktivieren, dann liegen zwar Ausgaben vor, aber keine Aufwendungen (Aktivierung von Anschaffungskosten).

Kosten können Ausgaben oder Aufwendungen sein; Herstellungskosten bestehen zB aus Ausgaben für Löhne und aus Aufwendungen für Materialverzehr.

Die **Umlaufintensität** zeigt das Verhältnis vom Umlaufvermögen zum Gesamtvermögen. Ein Unternehmen mit hoher Umlaufintensität kann vergleichsweise zu einem hohen Anteil mit kurzfristigem Kapital arbeiten; die Fixkosten ergeben sich ua aus der Lagerhaltung und aus den Zinsen.

Die **Vorratsintensität** (Höhe der Vorräte im Verhältnis zum Gesamtvermögen) gibt insbesondere bei einem Vergleich mit dem Vorjahr Aufschluss über die Intensität der Geschäftstätigkeit; gestiegene Vorratsintensität kann ein Indiz für einen verschlechterten Geschäftsgang sein.

Die **Forderungsintensität** (Verhältnis der Forderungen zum Gesamtvermögen) gibt ua Aufschluss über Risken durch Forderungsausfälle; insbesondere bei gestiegenen Forderungsbeständen ohne entsprechende Umsatzsteigerungen steigt die Gefahr zweifelhafter Forderungen.

Die Rentabilität des Unternehmens

Der Erfolg eines Unternehmens ergibt sich nicht allein aus der Höhe des 623
Gewinns; für den Unternehmer ist auch die Rentabilität des eingebrachten Kapitals von Bedeutung: Die Rentabilität des Unternehmens zeigt, wie sich das Kapital in der laufenden Periode verzinst hat.

Dabei werden die **Eigenkapitalrentabilität** und die **Gesamtkapitalrentabilität** unterschieden. Eine weitere Kennziffer ist die **Umsatzrentabilität.**

Die **Eigenkapitalrentabilität** leitet sich aus dem Verhältnis vom Reingewinn zum Eigenkapital ab und ergibt die Verzinsung des Eigenkapitals (= Rendite des Eigenkapitals).

Die **Gesamtkapitalrentabilität** setzt den Reingewinn zuzüglich der Fremdkapitalzinsen zum Gesamtkapital ins Verhältnis. Die Gesamtkapitalrentabilität ergibt sich daher aus der Verzinsung des im Unternehmen arbeitenden Gesamtkapitals (Eigenkapital zuzüglich Fremdkapital). Ist die Gesamtkapitalrentabilität höher als die Zinsen für das Fremdkapital, spricht dies für eine Erhöhung des Fremdkapitalanteils, um die Eigenkapitalrentabilität zu steigern (sog **„Leverage-Effekt“**). Andererseits steigt aber mit der höheren Fremdfinanzierung das Unternehmerrisiko.

Die **Umsatzrentabilität** setzt den Gewinn in Relation zum Umsatz. Bei einer hohen Umsatzrentabilität erzielt das Unternehmen im Verhältnis zum

Umsatz einen hohen Gewinn. Die Umsatzrentabilität ist insbesondere vom Unternehmensgegenstand abhängig (Produktionsbetrieb, Handelsbetrieb, Dienstleistungsbetrieb).

Die Eigenkapitalquote

624 Die **Eigenkapitalquote** ist das Verhältnis des Eigenkapitals zum Gesamtkapital. ZB beträgt die Eigenkapitalquote 50%, wenn das Eigenkapital gleich hoch ist wie das Fremdkapital und $33^1/_3$%, wenn das Gesamtkapital zu einem Drittel aus Eigenkapital und zu zwei Drittel aus Fremdkapital besteht. Bei einer Eigenkapitalquote von 50% kann daher das Fremdkapital aus dem Eigenkapital abgedeckt werden.

Umgekehrt ergibt sich der **Verschuldungsgrad** aus dem Verhältnis von Fremdkapital zu Eigenkapital.

Finanzierung des Unternehmens: Wie ein Unternehmen finanziert ist und ob die Finanzierung der Investitionen ausreichend gesichert ist, ergibt sich aus dem Eigenkapital und dem langfristigen bzw kurzfristigen Fremdkapital im Verhältnis zu den langfristigen bzw kurzfristigen Investitionen.

Für eine angemessene Finanzierung des Unternehmens wird die **Fristenkongruenz** verlangt (**„goldene Bilanzregel“;** wird auch kritisch gesehen): Das langfristig im Unternehmen investierte Vermögen (Anlagevermögen) muss auch durch langfristige Mittel finanziert sein (insbesondere durch das Eigenkapital selbst oder durch langfristiges Fremdkapital). Nur kurzfristig investiertes Vermögen (zB Waren) darf auch durch kurzfristiges Fremdkapital (insbesondere Warenkredite) finanziert werden. Werden dagegen langfristige Investitionen durch kurzfristiges Fremdkapital finanziert, können sich daraus für das Unternehmen gefährliche Finanzierungslücken ergeben, wenn das kurzfristige Fremdkapital nicht durch neues Fremdkapital ersetzt werden kann.

Aus der Fristenkongruenz ergibt sich die **Anlagendeckung:** Eine ideale Anlagendeckung besteht dann, wenn das Anlagevermögen zur Gänze durch Eigenkapital gedeckt ist; zumindest soll das Anlagevermögen durch langfristige Fremdmittel finanziert sein. Auch der eiserne Bestand des Warenlagers ist durch langfristige Mittel zu finanzieren.

Die Liquidität des Unternehmens

625 Die Liquidität des Unternehmens gibt Auskunft, inwieweit das Unternehmen alle Zahlungsverpflichtungen bei Fälligkeit erfüllen kann. Dementsprechend wird das liquidierbare Vermögen danach unterschieden, wie leicht es sich liquidieren lässt.

Zur **Liquidität erster Ordnung** gehören Zahlungsmittel, die unmittelbar zur Zahlung verwendet werden können (zB Kassabestand, Bankguthaben; kurz „flüssige Mittel“).

Zur **Liquidität zweiter Ordnung** gehören kurzfristige Forderungen aus Warenlieferungen, Wertpapiere wie Aktien oder Anleihen und leichtverkäufliche Warenvorräte (kurzfristiges Umlaufvermögen).

Zur **Liquidität dritter Ordnung** gehören der übrige Warenbestand, soweit er in absehbarer Zeit verkauft wird, Roh-, Hilfs- und Betriebstoffe, nicht jedoch der eiserne Bestand am Umlaufvermögen.

Danach beschränkt sich das in die Liquiditätsrechnung des Unternehmens einbezogene Vermögen auf das Umlaufvermögen. Innerhalb des Umlaufvermögens wird nach der Liquidierbarkeit unterschieden. Anlagevermögen bleibt unberücksichtigt, weil es in der Regel erstens nur schwer liquidierbar ist und außerdem zur Aufrechterhaltung des Unternehmens notwendig ist.

Die Höhe der liquiden Mittel gibt noch keine Auskunft über den **Grad der Liquidität** des Unternehmens; diese ergibt sich erst aus der Gegenüberstellung zu den kurzfristigen Zahlungsverpflichtungen. So etwa ist der Grad der Liquidität des Unternehmens auch bei geringen liquiden Mitteln hoch, wenn es nur geringe kurzfristige Zahlungsverpflichtungen gibt.

Von einer **Liquidität ersten Grades** spricht man dann, wenn kurzfristige Verbindlichkeiten durch flüssige Mittel gedeckt sind (zB geringe Liquidität ersten Grades, wenn trotz Verbindlichkeiten wenige flüssige Mittel vorhanden sind).

Die **Liquidität zweiten Grades** gibt Auskunft, inwieweit kurzfristige Verbindlichkeiten durch flüssige Mittel und durch kurzfristiges Umlaufvermögen gedeckt sind (hohe Liquidität zweiten Grades, wenn die kurzfristigen Verbindlichkeiten zB durch Wertpapiere gedeckt sind).

Die **Liquidität dritten Grades** gibt Auskunft, inwieweit kurzfristige Verbindlichkeiten durch liquidierbares Umlaufvermögen gedeckt ist (zB hohe Liquidität dritten Grades, wenn zwar keine anderen liquiden Mittel vorhanden sind, aber ein hoher liquidierbarer Warenbestand vorhanden ist).

Der Cash-Flow

Der Cash-Flow („Geldfluss-Rechnung") dient der Beurteilung der **Finanzierungskraft** des Unternehmens und ergibt sich in seiner einfachsten Form als Bargeldüberschuss (Überschuss der Einzahlungen über die Auszahlungen aus der laufenden Geschäftstätigkeit). 626

Der Cash-Flow zeigt den Betrag, der zur **Selbstfinanzierung** von Investitionen, zur Schuldtilgung und zur Gewinnausschüttung zur Verfügung steht. Dabei wird unterstellt, dass der Cash-Flow in den einzelnen Jahren in gleicher Höhe erwirtschaftet werden kann. Für die Berechnung des Cash-Flows ist daher der Bilanzgewinn zu adaptieren. Außerordentliche Erträge sind abzuziehen, außerordentliche Aufwendungen sind dem Bilanzgewinn hinzuzurechnen; zahlungsunwirksame Aufwendungen, die den Gewinn geschmälert haben, sind ebenfalls hinzuzurechnen (zB Abschreibungen).

Daraus ergibt sich folgende Formel:

Bilanzgewinn
\+ Abschreibungen
\+ Zuführungen zu langfristigen Rückstellungen
\+ außerordentliche periodenfremde Aufwendungen
\+ Zuführungen zu Rücklagen
– aufgelöste (reduzierte) langfristige Rückstellungen
– außerordentliche periodenfremde Erträge
– aufgelöste (reduzierte) Rücklagen

Cash Flow

Die Formel ist allerdings nicht verlässlich; wurden zB Investitionen aus Eigenmitteln finanziert, dann vermindert sich damit der Bestand an liquiden Mitteln und damit auch der Cash-Flow des Unternehmens. Der Cash-Flow ist daher ein Betrag vor der Investitionstätigkeit.

627–630 frei

Unternehmensbewertung

Als die Creditanstalt Ende der 90er Jahre verkauft wurde, gab es verschiedene Kaufangebote, die sich etwa zwischen 4 Mrd und 14 Mrd Schilling bewegten. Gekauft wurde die CA schließlich von der Bank Austria um 17 Mrd Schilling. 631

Es entspricht den täglichen Erfahrungen, dass Unternehmensbewertungen oft um ein Vielfaches schwanken. Das ergibt sich einerseits aus den verschiedenen Anlässen der Unternehmensbewertung und andererseits aus den unterschiedlichen Bewertungsmethoden und führt zu dem Vorwurf, dass sich im Rahmen der Unternehmensbewertung nahezu jeder Wert begründen lässt.

Je genauer allerdings die Beurteilungskriterien für die Unternehmensbewertung im Voraus determiniert sind, desto genauer sind auch die Bewertungsergebnisse. Daher sollte zB in Gesellschaftsverträgen von vornherein festgelegt werden, nach welchen Grundsätzen das Unternehmen zu bewerten ist, wenn etwa ein Gesellschafter ausscheidet.

Gesetzliche Bestimmungen erfordern häufig die Ermittlung eines Verkehrswertes von Objekten; die Bewertung selbst stellt jedoch ein **„Problem der Betriebswirtschaftslehre"** dar; das gewählte System sollte jedoch unter freier Beweiswürdigung der gestellten Aufgabe entsprechen (OGH 25. 9. 2003, 2 Ob 189/01 k).

Die Betriebswirtschaftslehre beschäftigt sich seit langem mit der Frage der Unternehmensbewertung (ausführlich dazu siehe *Fröhlich,* SWK 2004, 1249). Entscheidend für den Unternehmenswert ist

1. der **Zweck der Unternehmensbewertung** (funktionale Unternehmensbewertung) und
2. die **Methode der Unternehmensbewertung.**

Im Vordergrund steht dabei die Ertragskraft des Unternehmens. Die Ertragskraft des Unternehmens ist nicht gleichzusetzen mit den ausgeschütteten Gewinnen.

Der mit Hilfe der jeweiligen Methode der Unternehmensbewertung errechnete Unternehmenswert kann immer nur ein **Hilfswert** sein und deckt sich daher nicht unbedingt mit dem auf Grund von Verhandlungen erzielten **Kaufpreis** für das Unternehmen.

1. Berücksichtigung des Bewertungszwecks

Objektiver und subjektiver Unternehmenswert

Zunächst wird zwischen **objektivem** und **subjektivem Unternehmenswert** unterschieden. 632

Der **objektive Unternehmenswert** stellt einen allgemeingültigen Zukunftserfolgswert unter Annahme der unveränderten Fortführung des Unternehmens dar; subjektive Vorstellungen und Synergieeffekte mit anderen Unternehmen werden dabei ausgeklammert.

Der **subjektive Unternehmenswert** stellt den Wert zB aus der Sicht eines Kaufinteressenten dar; das Unternehmen wird aus der Käufersicht betrachtet, subjektive Vorstellungen fließen in die Bewertung ein; positive Synergieeffekte erhöhen den Unternehmenswert.

Funktionale Unternehmensbewertung

633 Bei der Bewertung eines Unternehmens muss festgestellt werden, aus welchem Anlass und damit zu welchem Zweck die Bewertung zu erfolgen hat. Die **unterschiedlichen Bewertungsanlässe** können insbesondere sein

- der Kauf oder Verkauf eines Unternehmens bzw eine Beteiligung an einem Unternehmen;
- Ausscheiden eines Gesellschafter aus der Gesellschaft gegen Barabfindung;
- Umgründungen;
- Börseneinführung.

Man spricht in diesen Fällen von **transaktionsbezogenen Bewertungsanlässen,** wenn das Unternehmen oder Unternehmensanteile übertragen werden sollen.

Nicht transaktionsbezogen sind Unternehmensbewertungen zB aus Anlass von Bonitätsprüfungen, Kreditüberwachungen, Wertsteigerungsanalysen oder der Sanierung des Unternehmens.

Unterschiedliche Bewertungsergebnisse aus Anlass des Unternehmensverkaufs oder Unternehmenskaufs ergeben sich beispielsweise schon daraus, ob etwa das Unternehmen in der bisherigen Form weitergeführt werden soll oder ob der Käufer des Unternehmens ein Konkurrenzunternehmen ist, das aus dem Unternehmenskauf Einsparungen erzielen kann (zB größere Produktionseinheiten, Einsparungen im Personal, Marketing etc). In beiden Fällen ergeben sich unterschiedliche Gewinnerwartungen, die auch zu unterschiedlichen Bewertungsergebnissen führen.

2. Bewertungsansätze und -methoden

634 Die Unternehmensbewertung erfolgt grundsätzlich nach zwei unterschiedlichen **Ansätzen:**

- Ermittlung nach dem Ertragswert;
- Ermittlung nach dem Substanzwert.

Die **Methoden,** mit denen der Wert eines Unternehmens oder Unternehmensteiles berechnet wird, lassen sich weiters in **drei Gruppen** einteilen:

- Gesamtbewertungsverfahren;
- Einzelbewertungsverfahren;
- Mischverfahren.

Beim **Gesamtbewertungsverfahren** wird mit Hilfe der zukünftig erzielbaren Erträge das gesamte Unternehmen bewertet; im Vordergrund steht das Unternehmen als funktionelle Gesamtheit, als lebender Organismus. Dazu dienen vor allem unterschiedliche Formen der Ermittlung des Ertragswertes. Das **Einzelbewertungsverfahren** geht von der Bewertung der einzelnen Vermögensgegenstände im Unternehmen unter Abzug der Schulden aus; im Vordergrund steht hier die Bewertung einzelner Bestandteile des Unternehmens. Ein Beispiel für ein derartiges Verfahren stellt das Substanzwertverfahren dar. Das **Mischverfahren** kombiniert beide Bewertungsverfahren; es werden sowohl Ertragswerte als auch Substanzwerte in die Berechnung einbezogen.

a) Gesamtbewertungsverfahren

Bei dem Gesamtwertverfahren wird im Wesentlichen zwischen Ertrags- 635
wertverfahren, Discounted Cash-Flow-Verfahren und Vergleichsverfahren unterschieden. Der Unternehmenswert wird dabei grundsätzlich aus der **künftigen Ertragskraft** abgeleitet; dies bringt den Nachteil mit sich, dass Prognosen über die Zukunft anzustellen sind und somit Unsicherheiten in Hinblick auf den ermittelten Unternehmenswert bestehen. Aus finanzieller Sicht bietet die Ermittlung nach dem Ertragswert hingegen einen erheblichen Vorteil; die künftigen Erträge können gleichzeitig zur Finanzplanung des Unternehmenskaufes herangezogen werden.

Ertragswertverfahren

Beim Ertragswertverfahren ergibt sich der Unternehmenswert aus den 636
künftigen Erträgen, die mit einem angemessenen Zinssatz abgezinst werden. Unternehmenswert ist der Barwert der künftigen Erträgnisse unter Einbeziehung der subjektiven Erwartungen und Risikoeinschätzungen etwa aus der Sicht des Käufers.

Beim Ertragswertverfahren werden außerdem die **steuerlichen Verhältnisse** des Erwerbers berücksichtigt. Daraus ergibt sich insbesondere ein unterschiedlicher Unternehmenswert für eine natürliche Person und für eine juristische Person.

Varianten ergeben sich danach, ob der Ertrag aus den Zahlungsströmen (Cash-Flow) ermittelt wird oder aus dem Periodengewinn, weiters danach, ob bei der Abzinsung eine ewige oder eine befristete Unternehmensbestandsdauer unterstellt wird; nicht zuletzt ist der bei der Abzinsung anzuwendende Zinssatz für das Ergebnis maßgeblich, wobei der Zinssatz einer Alternativanlage zugrunde gelegt wird.

Discounted Cash-Flow-Verfahren (DCF-Verfahren)

Nach dem DCF-Verfahren (Verfahren mit abgezinstem Cash-Flow) 637
wird der Unternehmenswert ebenfalls als **Barwert künftiger Cash-Flows** (Zahlungsströme) ermittelt. Im Gegensatz zum Ertragswertverfahren wird jedoch der Unternehmenswert **aus der Sicht des Kapitalmarkts** ermittelt.

Für die Ermittlung des Abzinsungsfaktors geht man von einem (imaginären) Kapitalgeber aus, der sich am Kapitalmarkt beteiligt und dabei – um sein Risiko zu minimieren – in ein möglichst breites Spektrum an Wertpapieren investiert, beispielsweise in Aktien und Anleihen. Aus den verschiedenen Erträgen der einzelnen Wertpapiere lässt sich ein **Mischzinssatz** errechnen, der der Unternehmensbewertung zugrunde gelegt wird.

Die insoweit kapitalmarktorientierte Unternehmensbewertung schaltet einerseits konkrete Unternehmensrisiken eines einzelnen Unternehmens aus, ebenso bleiben die für das Ertragswertverfahren charakteristischen individuellen Ertragserwartungen außer Betracht.

Nach dem Gutachten der Kammer der Wirtschaftstreuhänder hat eine Unternehmensbewertung entweder nach dem Ertragswertverfahren oder nach dem Discounted Cash-Flow-Verfahren zu erfolgen; andere Bewertungsverfahren sind darin grundsätzlich nicht vorgesehen.

Vergleichswertverfahren

638 Nach dem Vergleichswertverfahren wird der **Unternehmenswert** anhand von Werten anderer Unternehmen ermittelt. Als Berechnungsgrundlage dienen zB Börsekurswerte oder Marktpreise von **vergleichbaren Unternehmen.** Als **Vergleichsgrößen** werden unternehmerische Kennzahlen herangezogen, zB Umsatz oder EBIT. Dieses Verfahren zeichnet sich durch die einfache Anwendung und die Verfügbarkeit von bereits vorhandenen Daten aus.

b) Einzelbewertungsverfahren

639 Zu den Einzelbewertungsverfahren zählen die Substanzwertverfahren, zB das Substanzwertverfahren zu Reproduktionskosten (Teilwert) und das Substanzwertverfahren zu Liquidationswerten. Beim Substanzwertverfahren werden nur die **Sachwerte bewertet,** der Firmenwert bleibt unberücksichtigt. Vorteile, die das Unternehmen aus der Kombination unterschiedlicher Faktoren (Arbeit, Kapital) erzielt, fließen nicht in den Unternehmenswert ein; Prognoseberechnungen mit den damit verbundenen Unsicherheiten sind nicht erforderlich. Bei ertragreichen Unternehmen liegt allerdings der errechnete Wert regelmäßig unter dem tatsächlichen Wert. Derartige Bewertungsverfahren kommen am ehesten bei Familiengesellschaften vor, wenn es darum geht, den verbleibenden Gesellschaftern die Fortführung des Unternehmens zu erleichtern.

Ein **Sonderfall** des Substanzwertverfahrens ist die Übernahme von Gesellschaftsanteilen, bewertet mit Buchwerten („Buchwertklausel").

c) Mischverfahren

640 Mischverfahren verbinden **Ertragswertkomponenten mit Substanzwertkomponenten.** Beispiele sind das Übergewinnverfahren und das Mittelwertverfahren.

Beim **Übergewinnverfahren** ergibt sich der Unternehmenswert aus der Summe der Substanzwerte und dem Barwert der Übergewinne. „Übergewinn" ist der Gewinn, den das Unternehmen, bewertet zum Substanzwert, über der marktmäßigen Verzinsung erzielt. Das Übergewinnverfahren eignet sich vor allem zur Bewertung von Unternehmen mit hohen Substanzwerten und geringen Erträgen.

Das **Mittelwertverfahren** nimmt als Bewertungsgrundlage das Mittel aus dem Ertragswert und dem Substanzwert. Eine Form des Mittelwertverfahrens ist das „Wiener Verfahren", das nach der Verwaltungspraxis für Anteile an Kapitalgesellschaften anzuwenden ist (AÖF 1996/189). Auf Grund der einfachen Ermittlung eines Unternehmenswertes wird dieses Verfahren oft bei Abfindungen von Gesellschaftern auf gesellschaftsvertraglicher Basis vereinbart.

3. Das Kammergutachten zur Unternehmensbewertung

Das **Fachgutachten** des Fachsenats für Betriebswirtschaft und Organisation der Kammer der Wirtschaftstreuhänder zur Unternehmensbewertung 641
KFS/BW1 „legt vor dem Hintergrund der in Theorie, Praxis und Rechtsprechung entwickelten Standpunkte die Grundsätze dar, nach denen Wirtschaftstreuhänder Unternehmen bewerten" (Vorbemerkung).

Eine Unternehmensbewertung hat dem Fachgutachten zufolge entweder nach dem **Ertragswertverfahren** oder nach den unterschiedlichen **Cash-Flow-Verfahren** (Bruttoverfahren, Nettoverfahren, APV-Verfahren) zu erfolgen; die Bewertung orientiert sich am **Zukunftserfolgswert.** Dieser besteht aus dem Barwert der Nettozuflüsse an die Unternehmenseigner, wobei von der Fortführung des Unternehmens und einer möglichen Veräußerung von nicht betriebsnotwendigem Vermögen auszugehen ist. Davon unberührt bleiben ausdrücklich Wertermittlungen, in denen vertraglich oder auftragsgemäß Abweichendes festgelegt wurde. Das Übergewinnverfahren wird, anders als noch im Vorgängergutachten, auf Grund der Orientierung am Substanzwert abgelehnt.

Das Fachgutachten ist unter der Internetadresse http://www.kwt.or.at abrufbar bzw im Kodex des österr Rechts, „Rechnungslegung und Prüfung" abgedruckt.

Stichwortverzeichnis

Die Zahlen verweisen auf die Textziffern.

A

B

G

H

I

J

K

L

M

N

O

P

Q

R

S

T

U

W

Z